낙전당집

이 책은 2014년도 정부(교육부)의 재원으로 한국고전번역원의 지원을 받아
수행된 '권역별거점연구소협동번역사업'의 결과물임.

This work was supported by Institute for the Translation of Korean Classics - Grant funded by the Korean Government.

한국고전번역원 한국문집번역총서 / 단국대학교 동양학연구원

낙전당집 2

樂全堂集

신익성 지음
申翊聖

최예심
이라나
권진옥 옮김

일러두기

1. 이 책의 번역은 한국고전번역원에서 간행한 한국문집총간 93집 소재《낙전당집(樂全堂集)》을 대본으로 하였다. 번역 대본의 원문 텍스트와 원문 이미지는 한국고전종합DB(http://db.itkc.or.kr)에서 확인할 수 있다.
2. 내용이 간단한 역주는 간주(間註)로, 긴 역주는 각주(脚註)로 처리하였다.
3. 대본의 본문과 원주의 구분이 명확하지 않은 경우는 역자가 임의로 조정하였다.
4. 한자는 필요한 경우 이해를 돕기 위하여 넣었으며, 운문(韻文)은 원문을 병기하였다.
5. 맞춤법과 띄어쓰기는 한글 맞춤법과 표준어 규정을 따랐다.
6. 이 책에서 사용한 부호는 다음과 같다.

   ( ) : 번역문과 음이 같은 한자를 묶는다.
   〔 〕 : 번역문과 뜻은 같으나 음이 다른 한자를 묶는다.
   " " : 대화 등의 인용문을 묶는다.
   ' ' : " " 안의 재인용 또는 강조 문구를 묶는다.
   「 」 : ' ' 안의 재인용을 묶는다.
   『 』 : 「 」 안의 재인용을 묶는다.
   《 》 : 책명 및 각주의 전거(典據)를 묶는다.
   〈 〉 : 책의 편명 및 운문·산문의 제목을 묶는다.

차례

낙전당집 제5권

서序

낙전당집 제6권

낙전당집 제7권

기記

낙전당집 제8권

전傳

잡저雜著

서후書後

낙전당집

제4권

詩 시

한거잡영 서실

閑居雜詠 書巢

쓸쓸히 아무 일 없어	寥寥無一事
정사(精舍)의 문을 꼭꼭 닫는다	密密掩精廬
한 광주리 황금은 궁리하지 않고	不作籯金計
책상엔 하사받은 책이 있을 뿐[1]	床頭有賜書

둘째 其二 못가의 정자 池閣

작은 누각에 성근 발 걷으니	小閣捲疏簾
물 위로 새 연꽃이 올라왔네	芙蓉新出水
향기로운 바람이 쉼 없이 부는데	香風吹不休
마름 잎 끝에서 잔물결 이네	蘋末微波起

1 한 광주리……뿐 : 한 광주리의 황금이란 많은 재물을 말한다. 《한서(漢書)》 권73 〈위현전(韋賢傳)〉에 "자식에게 한 상자 가득 황금을 물려주는 것이 책 한 권을 가르치는 것보다 못하다.〔遺子黃金滿籯, 不如教子一經.〕"라고 하였다.

셋째 其三 버드나무 아래의 다리 柳橋

다리 밑 수면을 스치는 버들가지에　　煙絲拂橋水
해지자 북처럼 들락이던 꾀꼬리 숨네　　日夕藏鶯梭
꾀꼴꾀꼴 한 봄이 다 가도록　　綿蠻一春盡
녹음만 짙푸르게 짜내는구나　　織得綠陰多

강을 따라 가다

江行

밤비가 강 가득 희뿌옇게 내리더니	夜雨連江白
성곽을 두른 산 이내가 푸르구나	山嵐帶郭青
썰물은 바야흐로 아득히 넓으니	歸潮方浩渺
사공은 한창 돛을 펼쳐 올린다	舟子正揚舲

느낌을 적다

感述

세상사는 산머리의 구름이요	世事山頭雲
인생은 풀잎 위의 이슬이라	人生草上露
산 구름은 옅다가 다시 짙어지고	山雲淡復濃
풀잎의 이슬은 금세 말라버린다	草露晞朝暮

최국보[2] 체로 짓다

崔國輔體

영롱한 누각은 꽃으로 뒤덮이고　　花覆玲瓏閣
비취빛 누대에 봄은 깊어 가네　　春深翡翠樓
미녀는 잠에서 일어나지 않는데　　嬌娃眠不起
앵무새가 시름을 불러일으키네　　鸚鵡喚人愁

2 최국보(崔國輔) : 당나라 오군(吳郡)의 산음(山陰) 사람으로 5언 절구를 잘하여, 그의 시체를 본받아 지은 시들이 많다.

저녁 해

日夕

해 저무는 산에 취해 잠드는데	醉眠山日夕
못 가엔 저녁 그늘이 생겨난다	池塘生晩陰
지친 새 급히 날아 돌아가는데	倦鳥歸飛急
숲은 어둑어둑 보슬비에 잠긴다	沈沈煙雨林

최국보의 〈사시사〉를 본받아 짓다

效崔國輔四時詞

첫째 其一 봄 春

새우 수염 같은 가는 주렴을 걸고 簾掛蝦鬚細
한 단 봉미[3] 향을 사른다 香燒鳳尾團
한 그루의 눈 같은 배꽃이 梨花一株雪
옥난간에 날아 들어온다 吹入玉欄干

둘째 其二 여름 夏

제비는 채색 들보 가에서 새끼 먹이고 燕乳雕梁畔
벌들은 옥섬돌 그늘에서 시끄럽다 蜂喧玉砌陰
새로 돋은 원추리로 풀싸움을 하고 宜男新鬭草
자수 놓던 손 곤하여 바늘을 쉰다 刺繡倦停針

셋째 其三 가을 秋

맑은 서리에 고운 나무 시들고 淸霜凋錦樹
은빛 고리 같은 초승달 비추네 新月映銀鉤
고요히 인적이 끊어졌는데 悄悄人無跡

3 한 단(團) 봉미(鳳尾) : 봉황 꼬리는 보통 파초나 댓잎 같이 평평하고 길게 늘어진 것들을 미화할 때 주로 쓰이고 단(團)은 구형이나 원형의 물품을 말하는데, 정확히 어떤 향을 가리키는지 자세하지 않다.

비단 창에 반딧불이 떠다니네　紗窓螢火流

넷째 其四 겨울 冬

비단 장막 금빛 집을 둘러싸고　繡幕圍金屋
용연향[4] 상아 침상을 감돈다　龍涎繞象床
조롱 속의 아리따운 새가 알려주네　籠中嬌鳥報
싸락눈이 매화를 단장한다고　微雪點梅粧

4 용연향(龍涎香) : 고래의 분비물로 만들었다는 옛날의 유명한 향료의 이름이다.

객중에

客中

산골짝에 오랫동안 나그네살이	峽中羈棲久
봄빛은 다시 새로운 한해인데	春光又一年
마음은 호수 따라 저 멀리	心隨湖水遠
밤이나 낮이나 아득하여라	日夜共悠然

우연히 짓다

偶占

봄풀은 다복하게 올라오고	草色茸茸短
새 소리 호로로 새롭구나	禽聲滑滑新
풍광이 이미 이러하니	風光已如此
돌아가지 못한 이 시름겹네	愁殺未歸人

기탄

岐灘

산 햇살 무색으로 담박하고　山日淡無色
호수 빛은 깊고도 맑은데　湖光深更淸
어부는 선창에서 잠들고　漁人篷底睡
물새는 배 가까이서 운다　水鳥近船鳴

석문
石門

물살 급해 산은 달리는 듯	水急山如走
바람 거세 돛은 나는 듯	風狂帆若飛
막 봉대를 내려가더니만	纔從鳳臺下
벌써 석문 지나 돌아가네	已過石門歸

현등연

懸燈淵

엷은 아지랑이 호수 빛에 이어졌는데	淡靄連湖色
갑자기 이는 파도에 햇볕이 부서지네	驚濤破日光
모래톱 갈매기는 사람 그림자 피해	沙鷗避人影
날개깃 맞붙이고 몇 소리 길게 우네	接翼數聲長

남이촌
南二村

가는 물은 끊임없이 흐르고	逝水去無已
흰 구름은 호수 위에서 일어나는데	白雲湖上起
저무는 햇빛 속 뱃노래가	棹歌夕陽中
아련히 그림 속에서 들리는 듯	依依畫圖裏

이 만호의 정자

李萬戶亭子

돌 비탈길에 담쟁이덩굴 그득 드리웠고 　磴路懸蘿密
암벽 정자는 푸른 나무들 사이에 있네 　巖亭雜樹青
빈 배 시골 나루를 지나는데 　虛舟橫野渡
새들은 모래사장에 가득하네 　羽族滿沙汀

평담

平潭

산은 멀고 강물은 넓은데　山遠水流曠
깊은 마을 솔 소리 쓸쓸하네　村深松籟寒
돌아가는 구름 초가지붕에 걸렸고　歸雲擁茅屋
다듬이 소리 세찬 여울에 떨어지네　砧響落風湍

둘째 其二

마을은 즈믄 봉우리 아래 자리하고　村住千峯下
호수는 쏟아지는 수많은 물줄기 삼키네　湖呑百派懸
소용돌이치는 여울과 좁고 험한 골짝에　盤渦與束峽
어렵사리 돌아가는 배를 보내네　辛苦送歸船

횡성 가는 도중에

橫城途中

동주 길에서 오랜 나그네살이	久客東州路
행색은 북방 기러기 같구나	行裝朔雁同
온 산 가을 빛 물든 속에	萬山秋色裏
석양 속에 한 필 말로 가네	匹馬夕陽中

강촌
江村

강 마을 초가 객점에 드니 江郡依茅店
인적 드물어 풀이 둑을 덮었네 人稀草覆堤
외론 배 옛 나루를 비껴 지나는데 孤舟橫古渡
때때로 물새 울음소리 들려오네 時有水禽啼

둘째 其二

해와 달은 뜬 구름에 가렸고 日月浮雲蔽
강과 호수엔 풍랑 높이 이네 江湖風浪多
성문 길에서 나지막이 읊조리는데 沈吟郭門路
비낀 해가 너른 모래밭에 떨어지네 斜日下平沙

셋째 其三

옛 나루 인적 드문데 古渡少人跡
봄바람이 풀잎에 불어오네 春風吹草色
텅 빈 마을에 저녁 해 비추는데 夕陽虛巷中
개 한 마리 나그네 향해 짖네 一犬吠行客

분매에 쓰다
題盆梅

그루터기는 늙었지만 골격은 남아	查老猶存骨
성근 꽃에 아직 향기가 남아있네	花疏尚有香
풍류가 무척이나 나와 비슷하니	風流太似我
의당 칠송당에 두어야겠네	宜置七松堂

봄날, 북동에서 마시다

春日飮北洞

큰 산 기세 들쭉날쭉 보이고	岳勢參差見
시냇가 꽃들 차례로 피었네	溪花次第開
석양은 한없이 좋기만 한데	夕陽無限好
세심대를 이리저리 배회하네	徙倚洗心臺

둘째 其二

저녁 무렵 하늘 너머 바라보니	夕眺無何外
어렴풋이 비원에 노을이 물드네	微茫禁苑霞
우연히 한 번 술에 취하여	偶然成一醉
성에 가득한 꽃구경 놓치지 않네	不負滿城花

의고 원사

擬古怨詞

첩의 나이 이제 겨우 열 넷	妾年才十四
검은 머리 양 갈래로 묶었지요	綠髮披兩肩
화장에 머리단장 배웠어도	從人學粧梳
남에게 사랑받을 줄 어찌 알겠어요	那知被人憐

둘째 其二

남문 길에서 서로 마주치고	相逢白門路
서쪽 집 잔치에서 손 맞잡네	握手西第宴
부끄러워 고개 들지 못하니	含羞不擧頭
무슨 맘으로 감히 뽐내리오	何心敢自衒

셋째 其三

수놓은 띠 서로 묶어 맺은 정	繡帶合歡結
비단 옷에 수놓은 연리지	錦衣連理文
사창 밖으로 밤하늘 달 보노라니	紗窓看夜月
단청 누각에 아침 구름 지나네요	珠閣行朝雲

넷째 其四

어린 연뿌리 연실은 끊어지지 않고	弱藕絲不斷
정향나무 가지는 절로 얽혔네요	丁香條自結

은미한 맹서 가슴 속에 담아두고　微誓在衷襟
환은 지키고 결은 지키지 않을 테요[5]　保環不保玦

다섯째 其五

차라리 이슬 아래 풀이 되겠으니　願爲露下草
바람 앞의 버들개진 되지 말아야지　莫作風前絮
이슬 맺힌 풀은 시들었다가도 무성해지지만　露草枯復榮
버들개진 되레 바람 따라 날아가잖아요　絮飛還隨風

여섯째 其六

남들은 기쁨이 정을 저버린다 하지만　人言歡負情
저는 기쁨에 정이 두터워진다 믿어요　我恃歡多情
한번 헤어져 다시 보지 못하는데　一別不復見
아, 절기는 자주도 바뀌네요　節序嗟屢更

일곱째 其七

꽃이 지고 잎 다시 푸르렀다가　花殘葉復綠
잎 떨어지고 서리 눈 내리는데　葉落霜雪零
긴 밤 거문고 안고 앉았노라니　抱琴坐遙夜

5 환은……테요 : 환(環)은 다시 만날 약속을 뜻하고 결(玦)은 헤어짐을 의미한다. 《순자(荀子)》 〈대략(大略)〉에 "임금이 조정을 떠난 신하에 대해서 용서하지 않고 결별하는 뜻을 보일 때에는 한쪽이 떨어진 결(玦)을 보내고, 다시 조정으로 불러들일 때에는 고리가 완전히 이어진 환(環)을 보낸다.〔絶人以玦, 反絶以環.〕"라는 말이 나온다.

물시계 소리만 또록또록하네요 蓮漏還丁丁

여덟째 其八

먼 길 가는 그대에게 묻노니 問君遠行役
신선 길 난새 타고 떠나는가요 仚路驂鸞去
봉래산은 일만 겹겹이고 蓬萊一萬重
약수[6]는 삼천리라던데요 弱水三千里

아홉째 其九

기쁨의 정은 어찌 그리 엷디엷고 歡情一何薄
첩의 생각은 어찌 그리 많을까요 妾意一何多
아침저녁으로 남산을 바라보니 日夕望終南
노량의 강물은 넓고도 넓네요 浩浩鷺梁河

열 번째 其十

경대며 화장품 던져 버리고 棄擲鏡奩粧
불 때고 밥 짓느라 고생이랍니다 辛苦執炊薪
아침이면 부엌에서 분주하고요 朝從廚下走
저녁이면 집 귀퉁이에 먼지투성이로 잠들어요 暮宿廡邊塵

6 약수(弱水) : 봉래산이 있는 섬으로부터 약 30만 리쯤 떨어져서 인간 세상과 격리시키며 그 섬을 둘러싸고 있다는 전설상의 물 이름인데, 그 물은 새털처럼 가벼운 물체도 바로 가라앉히기 때문에 사람이 도저히 건널 수가 없다고 한다.《海內十洲記》《太平廣記 神仙》

아름다운 명성도 세우지 못했는데 늙음은 어찌 그리 갑작스레 이르는가. 이자시[7]의 시에 차운하다

修名不立老至何遽次李子時韻

저들은 부질없이 쉬지 않고 애쓰지만	彼能徒劫劫
나는 스스로 여유롭게 지낸다네	吾自任悠悠
영예도 치욕도 운명으로 편히 여겨야지	榮辱且安命
충직과 수양으로 꾀할 수 없다오[8]	不得謀謇修

둘째 其二

태양은 달려 멈출 줄 모르는데	日馳不知止
어리석은 자들은 오직 영화를 흠모하네	昧者唯貌榮
도도한 티끌세상 속에서	滔滔塵世內
누가 능히 이익과 명예를 버릴 수 있겠나	誰能遺利名

셋째 其三

세상살이 아무 낙 없으니	處世苦無悰

7 이자시(李子時) : 이민구(李敏求, 1589~1670)로, 본관은 전주, 자는 자시, 호는 동주(東洲)·관해(觀海)이다.

8 충직과……없다오 : 원문의 '건수(謇修)'는 '박건호수(博謇好修)'의 줄임말로, 매우 충직하고 수양하기를 좋아한다는 뜻이다. 《초사(楚辭)》 〈이소경(離騷經)〉에, "그대는 왜 옛날의 충직을 널리 알고 수양을 좋아하여 혼자만 아름다운 절개를 가지고 있단 말인가.〔汝何博謇而好修兮, 紛獨有此姱節.〕" 하였다.

답답한 마음엔 원유가 최고지 遠遊宣壹鬱
발로 유리광[9]을 밟고 足踏瑠璃光
직접 사리불을 본다네 親看舍利弗

넷째 其四

한번 두견새 울음 들리더니 一聞鶗鴂鳴
가을 기운이 남쪽 시내에 모였네 秋氣南澗集
뭇나무 그 빛깔 쇠하려 하는데 衆木色欲摧
푸른 소나무 초연히 홀로 섰구나 青松超獨立

다섯째 其五

백발이 일찍이 봐준 적이 없는데[10] 白髮不曾饒
안색이야 어찌 좋을 수 있겠는가 顔色何由好
그런대로 노년을 보내고 있으니 且可任衰遲
늙었단 말 꺼릴 것이 무에 있으랴 何須諱言老

여섯째 其六

천지도 정해진 기한이 있고 天地亦有期
부평초 인생 본래 붙어사는 것 浮生元是寄

9 유리광(瑠璃光) : 약사유리광여래(藥師琉璃光如來) 대의왕불(大醫王佛)이 있는 세계를 말한다.

10 백발이……없는데 : 두목(杜牧)의 시에 "세간에 공정한 것이 있다면 오직 백발뿐, 귀인의 머리라고 해서 봐준 적이 없다오.〔公道世間惟白髮, 貴人頭上不曾饒.〕"라는 구절이 있다.《樊川詩集 卷4 送隱者》

내 마음이 부끄럽지 않다면　　吾心苟不怍
삼지[11]를 어찌 두려워할 것 있으리오　　何可畏三至

일곱째 其七

순박한 풍속을 돌이키지 못하니　　淳風挽不回
세상 근심 많기도 하여라　　世道憂虞多
한밤 뜬눈으로 잠 못 들고　　中夜耿不寐
이리저리 방황하니 어찌 하리　　彷徨無奈何

여덟째 其八

서늘한 바람 날로 소슬한데　　涼風日以颯
고향으로 장차 돌아가고자　　東山且歸去
마소유[12]의 말을 몰고 싶다만　　欲驅少游馬
자산의 수레[13]를 버리지 않으리　　不棄子產遽

11 삼지(三至) : '삼지투저(三至投杼)'의 준말로, 참소가 여러 번 이르면 끝내는 믿게 되고 만다는 말이다. 《戰國策 秦策》

12 마소유(馬少游) : 후한(後漢) 복파장군(伏波將軍) 마원(馬援)의 종제(從弟)이다. 그는 마원이 웅지를 품고 세상에 나가 크게 활동하는 것이 못마땅한 나머지 "선비가 한 세상을 살아가는 데는 배불리 먹고 따뜻하게 옷 입고서 달구지에 올라앉아 느릿느릿 걷는 말을 몰며, 고을의 작은 관리가 되어 선조의 무덤을 지키는 정도면 충분합니다. 그것을 벗어나 더 큰 명리(名利)를 추구하는 것은 스스로 괴로움을 찾는 것일 뿐입니다."라고 하였다. 《後漢書 卷24 馬援列傳》

13 자산(子產)의 수레 : 백성에게 은혜를 베푸는 일을 말한다. 자산은 정(鄭)나라 대부 공손교(公孫僑)인데, 도보로 강을 건너는 백성을 보고 자신이 타고 있던 수레에 태워 강을 건네주었다. 《孟子 離婁下》

수운정 청계에 내리는 저녁 비

水雲亭 青溪晩雨

저물녘 홀로 난간에 기대었는데 向晩獨憑危
청계가 바로 문 앞에 있네 青溪正當戶
배꽃에 솔솔 바람이 불고 梨花陣陣風
버들개지에 부슬부슬 비 내리고 柳絮疏疏雨

둘째 其二 전교[14]의 평원 箭郊平蕪

사원[15] 밖에서 봄은 오는데 春生沙苑外
화양[16]의 거리에 해는 지네 日落華陽道
수천 무리 멀리 구름 같은데 千群望似雲
더북하게 자란 왕손초[17]여 漠漠王孫草

14 전교(箭郊) : 살곶이로 전관(箭串)이라고도 하는데 지금의 뚝섬 벌이다. 도성(都城)의 동교(東郊)인데, 지세가 평탄하고 지역이 넓어서 국마(國馬)를 기르거나 군사훈련을 하는 곳으로 쓰였다. 아래 시구에서 사원(沙苑), 화양(華陽)이라고 칭한 것도 모두 말을 방목한 것을 두고 인용한 것이다.

15 사원(沙苑) : 섬서성(陝西省)에 있는 지명으로, 위수(渭水) 부근에 있으며, 견위는 견수와 위수를 말하는데 견수는 위수의 지류(支流)이다. 이 일대가 모두 목축하기에 알맞은 곳이라 한다.

16 화양(華陽) : 화양(華陽)은 화산(華山)의 남쪽. 주 무왕(周武王)은 주(紂)를 친 다음 다시는 전쟁을 하지 않겠다는 뜻으로 화산의 남쪽에 말을 돌려보냈으며 소를 도림(桃林)의 들에 방목하였다. 《書經 武成》

17 왕손초(王孫草) : 고향 떠난 사람의 수심을 불러일으키는 정경을 말한다. 한(漢)

셋째 其三 백사장의 나그네 平沙行客

무성한 강가의 풀　　萋萋江上草
어둑한 강변의 나무　　薆薆江邊樹
그 아래로 바삐 가는 사람　　行人有底忙
모래사장 길에 해는 저무는데　　日暮沙平路

나라 회남왕(淮南王) 유안(劉安)이 〈초은사(招隱士)〉에서 "왕손은 출유(出遊)하여 돌아오지 않건만, 봄풀은 돋아나서 무성하구나.〔王孫遊兮不歸, 春草生兮萋萋.〕"라고 한 데서 유래하였다.

망해사

望海寺

가현산 사찰에서 하룻밤 묵는데	一宿歌絃刹
칠성당이 지척 간에 있네	星壇指點間
강가 성곽은 띠처럼 보이고	江城看一帶
바닷가 봉우리는 쪽진 머리 쌍으로 드러내네[18]	海嶠露雙鬟

18 바닷가……드러내네 : 쪽진 머리 같은 짙푸른 산 두 개가 나란히 바닷가에 솟아있는 것을 표현한 것이다.

검장[19]의 송대에서 취해 부르짖다

黔莊松臺醉呼

소나무 숲 아래 취해 누웠더니	醉臥松林下
솔 이슬 얼굴에 방울져 술을 깨우네	松露滴面醒
술이 깨자 객들은 흩어져 가고	醒來客散去
나 홀로 앞산의 푸르름 대한다오	獨對前山青

19 검장(黔莊) : 검포(黔浦)에 있는 집을 말한다. 검포는 지금의 김포(金浦)로 저자의 선영이 있는 곳이다. 부친 신흠(申欽)이 김포 상두산(象頭山) 아래에 머물렀다.

강가에서 기옹[20]을 전송하며

江上送畸翁

이 물가에서 객을 전송하니	送客此水湄
돌아가는 배에 그리움 끝이 없네	回舟意未已
내일 아침이면 한강 굽이에서	明朝漢江隈
봉창 안에서 빗소리 듣고 있겠지	聽雨篷窓裏

20 기옹(畸翁) : 정홍명(鄭弘溟, 1592～1650)으로, 본관은 연일(延日), 자는 자용(子容), 호는 기암(畸庵)이다.

창연정 팔영 지주

蒼然亭八詠 砥柱

뭇 산 끊임없이 지나가며　　群山去不盡
두 물줄기 도로 합쳐져 흐르네　　二水還同流
우뚝 선 천길 벼랑이　　矻立千尋壁
용 마냥 머리를 높이 치켜드네　　昻昻龍擧頭

둘째 其二 고산 孤山

고산이 상류를 막아서니　　孤山捍上流
깎아지른 절벽이 기세를 되돌리네　　絶岸還氣勢
조화옹의 마음을 이제야 알겠노니　　方識造化心
도도히 흐르는 강물이 싫어서지　　却嫌滔滔逝

셋째 其三 상연대 爽然臺

벼랑이 기울어 본래부터 떨어지려 하니　　厓傾元欲落
무성한 바위에 설 곳이 없어선가　　巖矗疑無地
6월 한가운데 옷깃을 열어젖히니　　披襟六月中
좌우로 맑은 바람이 이르는구나　　左右清風至

넷째 其四 용진현 龍津縣

천리나 되는 용문산이　　千里龍門山
멀리 큰 들판 끝에 있네　　逈臨大野斷

옛 현을 끼고 강물 흐르고 古縣挾江流
밭두둑은 괘 모양과 같네[21] 井陌猶分象

다섯째 其五 고운대 孤雲臺

황폐한 고운대 있는 곳에 孤雲有荒臺
옛 절이 남아있는데 丹釋餘古社
천추에 한결같은 달이 一種千秋月
차갑게 선학을 비추네 冷然笙鶴下

여섯째 其六 중은동 中隱洞

울창한 중은동에 鬱鬱中隱洞
들쭉날쭉 정사를 열었다오 差差開精廬
아직 한음의 매화[22] 있어 尙有漢陰梅
눈 속에 절름발이 나귀 타고 가네[23] 雪中跨蹇驢

21 밭두둑은……같네 : 논밭이 가지런히 구획되고 정비된 모양을 나타낸 것이다.

22 한음(漢陰)의 매화 : 한음은 한강 북쪽을 말하므로 한강 북쪽에 매화가 있다는 말로 보인다. 단, 정경세(鄭經世)의 시에 한음 이덕형이 용진(龍津)에 심기 위해 매실을 청해 수천 개를 싸 보냈다는 기록이 있는 것으로 보아 그 때 심은 한음의 매화나무를 가리키는 말로 볼 수도 있지만 확실하지 않다. 《韓國文集叢刊 68輯 愚伏集 券2 漢陰李相公以書索梅子》

23 눈 속에……가네 : 절름발이 나귀는 행색의 초라함을 나타내는데 사용되는 표현이기도 하고, 또 당나라 시인 맹호연(孟浩然)이 설중(雪中)에 다리를 저는 나귀〔蹇驢〕를 타고 패교(灞橋)에 가서 매화를 구경한 일이 있다. 소식(蘇軾)의 〈증사진하수재(贈寫眞何秀才)〉 시에 이에 대해 표현한 시구가 있다.

일곱째 其七 소내 牛川

푸른 산 병풍처럼 모여 섰고	靑巒簇似屛
초록빛 들 손바닥마냥 평평하네	綠野平如掌
몇 집 마을엔 밥 짓는 연기	煙火幾家村
어둑어둑 해지기 전에 소를 몰아오네	驅牛適泱漭

여덟째 其八 월정 月汀

늙은 시인이 옛날 이곳에 올라	騷翁昔登此
그길로 호를 월정[24]이라 하였지	因之號月汀
사시사철 맑은 바람 끌어와	四時引淸風
나를 취했다 깨었다 만드네	令我醉還醒

24 월정(月汀) : 윤근수(尹根壽, 1537~1616)로, 본관은 해평(海平), 자는 자고(子固), 호는 월정이다.

감흥이 일어

感興

베개에 기대어 밤비 소리 들으며　　敧枕聽宵雨
창문 열고 연꽃을 바라보네　　開窓看藕花
시름겨운 붉은 꽃 초록 못물에 떠있어　　愁紅浮漲綠
분단장한 여인보다 갑절이나 아름답네　　一倍減鉛華

부채 머리에 써서 극보에게 주다[25]

書扇頭貽克甫

극보는 노래를 잘한다.

그대가 〈백설곡〉을 부르니	以君白雪調
나는 〈양춘곡〉으로 화답하네[26]	和我陽春曲
창해는 넓어 흐르지 않은 듯	滄海漭不流
금강산은 우뚝 옥과 같구나	金剛屹如玉

25 부채……주다 : 이 시는 금강산 기행 중에 태수 이경인(李敬仁)에게 써 준 것이다. 당시의 일이 본서 제7권 〈금강산 유람 소기〉에 기록되어 있다. 극보(克甫)는 이경인의 자이다.

26 그대가……화답하네 : 백설곡과 양춘곡은 전국 시대 초나라의 고아한 곡인데, 여기서는 두 사람이 주고받는 시를 높여 칭한 것이다. 송옥(宋玉)의 〈대초왕문(對楚王問)〉에, 어떤 사람이 영중(郢中)에서 처음에 〈양아(陽阿)〉와 〈해로(薤露)〉를 부르자 그 소리를 알아듣고 화답하는 사람이 수백 명이었는데 〈양춘(陽春)〉과 〈백설(白雪)〉을 부르자 화답하는 사람이 수십 명으로 줄었다. 이렇게 곡조가 더욱 높을수록 이에 화답하는 사람이 더욱 적었다. 《文選 卷45》

경진년(1690, 인조18) 입춘에 취하여 읊다

庚辰立春醉吟

만년에 고향에서 모임을 맺으니 晩結枌榆社
좋은 일도 참으로 많을시고 居然好事多
술동이 속에는 천일주[27] 있고 樽中千日酒
계단 위에는 사시화[28] 피고 階上四時花

둘째 其二

변새 밖 봉화는 식었고 塞外氛煙息
산중엔 즐거운 일 많네 山中樂事多
도서의 흥은 다하지 않고 圖書興不盡
취한 몸 가누며 한창 꽃 구경하네 扶醉看時花

27 천일주(千日酒) : 한 번 마시면 천 일 동안 취한다는 술이다. 옛날에 유현석(劉玄石)이 천일주를 마셨는데, 집에서 죽은 것으로 알고 장례를 치르기까지 했다가, 3년이 지나 주가(酒家)에서 찾아가 관 뚜껑을 열고 보니, 바야흐로 술이 깨어나고 있더라는 고사가 전해 온다. 《博物志 雜說下》

28 사시화(四時花) : 일년 사시사철 피는 꽃이란 뜻으로, 무궁화를 가리킨다. 양형(楊炯)의 〈송양처사반초복거곡강(送楊處士反初卜居曲江)〉 시에, "사기는 천 년을 사는 나무요, 황근은 일년 사철 피는 꽃이네.〔絲琪千年樹, 黃槿四時花.〕"라고 하였는데, 여기서 황근은 무궁화를 이른다.

조수민과 송시화가 술을 들고 와서 작별하였는데, 배 안에서 두 사람의 부채머리에 쓰다

曺秀民宋時曄載酒來別舟中書兩子扇頭

강은 넓어 새 급히 날아가고　江闊鳥飛急
산은 높아 해 더디 솟네　山高日上遲
뱃전에 기대어 객에게 술 따르며　倚舷沾客酒
시구 찾느라 흰 수염을 비비꼬네　覓句撚霜髭

둘째 其二

새벽녘 강가 배가 막 떠나려하는데　江曙舟將發
숲이 떠들썩하게 손님이 또 오네　林暄客又來
다정히 한 잔 술 권하느라　殷勤一尊酒
모래사장 변에서 다시 머뭇거리네　沙際更遲回

동궁을 지송하러 기천[29]을 뫼시고 탕춘대에 이르다

祇送東宮陪杞泉到蕩春臺

산과 물은 천년토록 같은 빛깔인데	水石千秋色
기쁘기도 슬프기도 한 오늘의 이 마음	悲懽此日情
모래 가에서 몇 잔 술 기울이는데	沙頭數杯酒
빗긴 석양에 봉우리 절반만 푸르네	斜照半峯靑

29 기천(杞泉) : 의창군(義昌君) 이광(李珖, 1589~1645)으로, 자는 장중(藏仲)이다. 선조의 여덟째 아들로 모친은 인빈 김씨(仁嬪金氏)이다.

분서[30]의 시에 차운하다

次汾西韻

병으로 자리에 누운 지 벌써 일 년 臥病忽經年
누구인가 나의 가슴을 열어줄 이 誰歟開我襟
그대가 내 마음 알고 시를 보내주어 君詩解相送
적적한 이내 마음 위로하네 慰此寂寥心

30 분서(汾西) : 박미(朴瀰, 1592~1645)로, 본관은 반남(潘南), 자는 중연(仲淵), 호는 분서(汾西)이다. 선조의 다섯째 딸인 정안옹주(貞安翁主)와 혼인하여 금양위(錦陽尉)에 봉하여졌다.

거산역으로 떠나는 여만을 칠괴정에서 전송하며 지의를 주다[31]

七槐亭送汝萬赴居山驛贈紙衣

말은 쓸쓸히 떠나려 하고	馬欲蕭蕭去
사람은 외따로 돌아가려 하네	人將落落歸
흰 눈 뒤덮인 관산의 길	關山白雪路
떠나는 네게 옷 한 벌 주노라	贈爾一端衣

31 거산역으로……주다 : 1641년(인조19) 아우 신익전(申翊全)이 함경도의 거산도 찰방(居山道察訪)이 된 시기에 쓴 시이다. 여만(汝萬)은 신익전의 자이다.

자리 위의 부채 머리에 쓰다

書座上扇頭

소나무와 노인 달이 누대를 비추고	松老月臨臺
하늘 맑아 강은 들에 이어졌네	天淸江接野
그대 위해 한 잔 술 잡는다네	爲君把一杯
서서히 흘러가는 가을 구름 아래서	冉冉秋雲下

시우정 팔영 뒷산에서 고사리를 캐다

時雨亭八詠 後山採薇

세상의 진미 달게 여기지 않고 不甛世上味
산중의 고사리 캐어먹네 言採山中薇
푸른 언덕 한두 차례 지나니 翠厓一兩過
통통한 고사리 순이 돋아 있구나 茁茁雙拳肥

둘째 其二 꽃 아래서 술잔을 띄우다 花下流觴

꽃 아래로 일렁이는 맑은 시냇물 花下漾淸流
떠가는 술잔은 오르락내리락 流觴上復下
이를 대하매 남은 봄이 아쉬운 건 對此惜餘春
꽃에 홀려서만은 아니라오 不是迷花者

셋째 其三 세 그루 홰나무 그늘 三樹槐陰

옛날에 홰나무 심은 뜻 있었는데[32] 古槐種有意
지금에 홰나무는 저절로 나서 늙는구나 今槐自生老
뜻이야 있고 없고 따질 것 있나 何論意有無
그저 맑은 그늘 좋은 것 사랑한다네 秖愛淸陰好

32 옛날에……뜻있었는데 : 소식(蘇軾)의 〈삼괴당명(三魁堂銘)〉에, 위국공(魏國公) 부자의 덕을 칭송하면서 그가 훗날을 위해 세 그루 홰나무를 심은 뜻을 밝혔다.

넷째 其四 연못 가득한 연꽃의 향기 一池荷香

푸른 잎 뒤덮더니 다시 붉은 꽃 나부끼는데　碧覆復紅飜
하늘은 텅 비어 연못 거울 하나 맑아라　天空一鏡淨
때때로 흩어지는 향기 보내오니　時時送生香
빛깔만 곱게 비치는 것이 아니라오　不獨色相映

다섯째 其五 동쪽 울타리 밑에 국화를 키우다 東籬養菊

하늘과 땅에 이슬 서리 쌓였는데　乾坤積霜露
울타리 아래 꽃이 다투어 피었네　籬下花爭發
사물의 성질도 이와 같으니　物性有如此
늘그막 인생길 소홀치 말아야지　晩途不可忽

여섯째 其六 남산의 솔 소리를 듣다 南山聽松

울창한 남산 곁으로　鬱鬱南山陲
가을 물결 한 밤에 이르네　秋濤半夜至
이 솔 소리 듣는 이 누구인가　阿誰聽此松
또렷한 맑은 소리에 잠 못 이루네　耿耿淸不寐

일곱째 其七 화로를 안고 밤을 굽다 擁爐燒栗

질화로에 마들가리로 불 지피니　土爐熾柮榾
한 귀퉁이에 따뜻한 봄이 머무네　一曲留陽春
깎은 밤이 붉은 불꽃에 탁탁 튀니　剝栗撥紅焰
산 속의 살림살이 가난치 않네　山資未是貧

여덟째 其八 문을 열고 눈을 감상하다 開門賞雪

고개 아래서 밤중에 소리 들려오니	夜響從嶺底
소록소록 나무 끝에 쌓이네	蕭蕭集林端
내일 아침 갑자기 문을 열면	明朝忽開戶
옥 같은 연못에 은빛 산이 함께 하겠지	玉沼兼銀巒

기옹[33]에게 부치다

寄杞翁

병중에 지음

한 차례 병에 걸린 후 세 계절 지나	一病經三節
민머리로 참선하듯 가만히 앉았네	科頭坐似禪
가을바람 홀연 소슬히 불어오는데	秋風忽以颯
못 가 버들에서 외로운 매미소리 들려오네	池柳響孤蟬

33 기옹(杞翁) : 호가 기천(杞泉)인 의창군(義昌君) 이광(李珖)을 가리키는 듯하나, 자세하지 않다.

풀로 엮은 둥지를 타고 장난삼아 짓다[34]

乘藁窩戲作

감히 수레를 타지 못하여 제비둥지 모양으로 풀을 엮어 부담롱(負擔籠)으로 사용하여 갔다.

눈 쌓인 관산과 하천의 길　　積雪關河路
가는 부담롱 차례로 이어졌네　　行窩次第聯
응당 알리라, 구천 위에　　應知九霄上
광채가 오성에 감겨 움직임을　　光動五星躔

34 풀로……짓다 : 1642년 명나라와 밀무역을 하던 선주 부사(宣州府使) 이계(李烓)가 청나라에 잡혀갔는데, 이계는 심문과정에서 조선이 명나라를 지지하고 청나라를 배척한다고 고하면서, 저자와 신익전(申翊全)·허계(許啓)·이명한(李明漢)·이경여(李敬輿)를 '척화오신(斥和五臣)이라 지목하였다. 이해 12월 저자는 심양으로 호송되었는데, 이 시는 이때에 지은 작품이다.

병중에 회포를 서술하다
病中述懷

남산 아래에 시사를 맺어	結社終南下
시를 말하고 또 이치를 논했네	談詩復談理
각각 〈오자시〉[35]를 지어서	各賦五子編
천고의 선비를 내려다보기도 하였네	睥睨千古士

둘째 其二

선왕께서 갑자기 세상을 떠나시고	先王忽棄代
현자들도 따라서 달아나 숨어버렸네	賢者隨迸竄
온 집안이 배 한척 의지해 떠다니는데	全家泛一舸
바다 위 하늘은 은하수까지 아득하여라	海天杳江漢

셋째 其三

간악한 귀신이 폐모를 청하는데	奸鬼請廢母
소신은 감히 따를 수 없었네	小臣不敢從
황망 중에 산택에서 지내면서	棲遑草澤下

35 오자시 : 오자(五子)는 박미(朴瀰), 정홍명(鄭弘溟), 최명길(崔鳴吉), 장유(張維), 이명한(李明漢)을 가리킨다. 박미가 먼저 〈오자시〉를 짓고 저자를 포함한 다섯 사람에게 화답시를 청하였다. 정홍명과 이명한이 화답시를 남겼고 저자도 오언고시 5편을 지어 박미에게 화답하였다. 본서 제1권 〈오자시〉 참조.

깊은 밤 선조 위해 울었다오　中夜泣宣宗

넷째 其四

하늘과 땅 홀연히 지위를 정하니　乾坤忽定位
만물이 모두 다시 소생하게 되었네　萬物俱昭穌
조정에 직과 계 현신이 우뚝 서니　巖廊立稷契
요순 시대 문물제도가 활짝 열렸네　制度開唐虞

다섯째 其五

성대한 온조의 나라　鬱鬱溫祚國
군신이 한번 죽기를 각오했네　君臣期一死
상소 올려 충신과 간신을 분변하였으니　尺疏辨忠奸
이 마음에 참으로 다른 맘 없었다오　此心良無二

여섯째 其六

때가 위급하면 화를 얻는 것이 좋으니　時危善得禍
세상이 태평하면 되레 비방을 부르는 법　世泰猶招謗
강가의 누대로 돌아와서는　歸歟江上樓
백운루라 편액을 걸었지　扁以白雲榜

일곱째 其七

요동 산은 만장이나 높고　遼山萬丈高
요하는 백 척이나 깊다오　遼水百丈深
용과 호랑이가 나의 발을 물었어도　龍虎齧我足

천지는 나의 마음 밝게 비추네　　天地照我心

여덟째 其八

늙그막에 죽을병에 걸려서　　晩得燒身病
돈은 모두 발을 덥히는데 쓰고　　資歸暖足兒
집 안에 다른 물건은 하나도 없고　　室中無一物
오직 낙재의 시만 있다오[36]　　唯有樂齋詩

36 오직……있다오 : 낙재(樂齋)는 신익상의 다른 호이다. 시의 내용상, 늘그막에 병이 들어 발을 따뜻하게 하는 물건을 사느라고 돈을 다 써버려서 집에는 아무것도 남아 있지 않고 오직 자작시만 남아 있다는 말인 듯하다.

삼가 어제 시에 화답하다

奉和聖製

을사년(1605, 선조36) 여름, 나는 친가에 있었는데 성상께서 법주 한 동이를 내려주시며 건육과 육해 진미를 함께 보내주셨다. 당시 숙부와 여러 종제가 마침 모였는데 서둘러 술동이를 열어보니 초주(椒酒)가 넘실거리며 향기가 코를 찔렀다. 그리고 동이에 어필로, "신선의 빚은 술이 맞는가, 아닌가. 한 말 기울이니 온갖 느낌이 요동치네. 죽림칠현 생각자니 못내 우습나니, 동이 앞에서 머리 풀고 석양을 바라보았겠지.〔仙廚雲液是耶非? 一斗傾來百感揮. 堪笑竹林賢七士, 樽前散髮對斜暉〕"라는 절구 한 수를 쓴 것이 보였다. 성상이 지으신 시가 밝게 빛나 해와 별이 서로 빛나는 것 같았으니 서로 영광스레 바라보았다. 모친께서 도마와 칼을 잡으시고 안주를 마련하였기에 친척과 손님을 두루 맞아 늘어앉아서 술잔을 드니, 초주는 진짜가 아니라 바로 쓴 찻물에 술맛만 돌게 한 것이었다. 그제야 비로소 성상께서 '맞는가, 아닌가.'라고 하신 뜻을 깨달았다. 모든 사람이 크게 웃으며 마음속으로 더욱 감격하고 이에 화운하여 시를 올렸다. 얼마 있다가 술동이가 다시 이르렀는데 바로 추로홍(秋露紅)이었다. 동이에 또 절구 한수가 쓰여 있었다. “외면은 본래 시비를 어지럽히는 법, 세상에 허깨비 많으니 물리칠 수 있겠는가. 한 병에 새 술을 다시 채워 넣었으니, 취하여 종남산 석양 빛 바라보시게.〔外面從來混是非, 世間多幻若爲揮? 一壺換貯新秋露, 醉對終南日夕暉.〕” 상 위에 받들어 올려놓고 취해 고꾸라질 때까지 마시고서 그 자리를 파하였으니, 참으로 성대한 일이었다. 우연히 글상자를 뒤지다가 옛날 써 놓은 것을 보고는 마침내 눈물을 훔치며 그 때의 일을 기록한다.

미주를 두고 어찌 기다 아니다 논하랴	雲液寧論是與非
임금께서 지으신 글 새로 받들었거늘	九重新奉綵毫揮
미욱한 신이 은혜를 갚을 길 없어	微臣報效知無地
일월 비추는 황도를 길이 바라보네	黃道長瞻日月暉

둘째 其二

취중엔 맞는 것도 그른 것도 없다며	醉中無是亦無非
내려주신 술 오늘일 같아 감격의 눈물 뿌리네	拜賜如今感淚揮
비록 이 몸 빻아지고 가루가 된다 하더라도	縱使此身糜又粉
한 치 풀이 봄빛에 은혜 갚기만큼 어려우리[37]	難將寸草報春暉

37 한……어려우리 : 원래는 자식이 어머님 사랑을 보답하기 어렵다는 뜻인데, 여기서는 임금의 은혜에 보답하기 어려움을 표현하였다. 당나라 시인 맹교(孟郊)의 〈유자음(遊子吟)〉 시에 “한 치의 풀과 같은 마음 가져서, 봄볕 같은 어머님 사랑 보답키 어려워라.〔難將寸草心, 報得三春暉.〕”고 한 데서 온 말이다.

금직 중에 새벽에 일어나서

禁直曉起

북두는 가로 걸렸고 남두는 낮게 떠있는데	北斗闌干南斗低
봉성에 깃든 까마귀 먼저 일어나 운다	啼烏初起鳳城棲
계인이 새벽을 알리지만 너무 이른 시간	鷄人報曉還應早
어스름 새벽빛 하늘에 달이 서쪽으로 기우네	曙色空濛落月西

지일에 쓰다

至日賦得

실낱같은 희미한 양기 땅속에 숨어	微陽如縷地中藏
다해가는 음기를 깨치고 날마다 자라나네	破得窮陰日日長
거사는 이때에 도의 오묘함 관찰하면서	居士此時觀道妙
초연히 안석에서 일일랑 온통 잊어버리네	翛然一榻事渾忘

둘째 其二

만물의 풀무인 천지에 한 기운 돌고 돌아	橐籥乾坤一氣周
끝도 없고 시작도 없이 변화가 유행하네	無端無始化機流
이 이치 팔괘가 있기 전에도 매우 분명하니	畫前此理分明甚
굳이 용마의 등에서 구할 것 없다네[38]	不待龍駒背上求

38 이……없다네 : 천지 순환의 이치가 분명하니 하도낙서(河圖洛書)가 없어도 알 수 있다는 말이다. 복희씨(伏羲氏)가 황하(黃河)에서 나온 용마(龍馬)의 등에 그려진 무늬를 보고 팔괘를 만들었으며, 하우(夏禹)가 홍수를 다스릴 때 낙수(洛水)에서 나온 신구(神駒)의 등에 박힌 무늬를 보고 구주의 내용을 썼다고 한다.

입으로 시를 부르다

口呼

여덟 폭 병풍 수묵화에	八疊屛風水墨圖
가벼운 주렴 땅을 쓸고 금포[39]를 흔드네	輕簾窣地撼金鋪
사마상여처럼 병이 많아 일 년 내내 누워	茂陵多病終年臥
밤마다 등을 매달고 약탕로를 마주하네	夜夜懸燈對藥爐

39 금포(金鋪) : 문에 설치한 금장식으로 짐승이나 용이 문고리를 물고 있는 형상을 말한다.

즉사

卽事

계곡의 풀 무성하고 제방의 버들 그늘 짙은데	草暗閑谿柳暗堤
작은 집 깊이 가리어 비단 발 드리웠네	小堂深掩繡簾低
숨어 사는 이 봄바람 뜻을 이해하고는	幽人解領春風意
계단에 가지런히 핀 꽃 한참을 바라보네	看盡階花次第齊

낮잠

午眠

낮잠에서 막 깼는데 새들은 동무를 부르고	午眠纔罷鳥呼群
금압로[40] 속에서 보배로운 향 일어나네	金鴨爐中起寶薰
단청 누각 쓸쓸하고 봄은 저물려 하는데	畫閣寂寥春欲暮
살구꽃 보슬비 속에 어지러이 흩날리네	杏花微雨正紛紛

40 금압로(金鴨爐) : 오리처럼 생긴 동화로이다. 옛날에는 오리 모양의 화로가 많았는데 이를 금압(金鴨) 또는 보압(寶鴨)이라 한다.

비 오는 저녁

雨夕

깊은 담 안 사람 없고 꾀꼬리 어지러이 우는데	深院無人鶯亂啼
빈 뜰에는 파초 위로 주룩주룩 비 내리네	空庭陣陣芭蕉雨
실바람이 수정 주렴 걷어 올리니	微風捲却水晶簾
적막한 작은 병풍에 한줄기 향 피어오르네	寂寞小屛香一炷

눈병이 나서 부질없이 읊다

病眼謾吟

종일 발을 드리우고 좌망[41]을 배우는데	終日垂簾學坐忘
되레 어두운 곳에서 햇빛을 보네	却從暗處見天光
차 화로 약탕기와 한가로이 서로 짝하며	茶爐藥鼎閑相伴
눈바람 소슬하여 작은 집 문을 닫네	風雪蕭蕭掩小堂

41 좌망(坐忘) : 사물과 자기의 존재를 다 잊어버리고 담담하게 아무런 상념이 없는 정신세계를 말한다. 《莊子 大宗師》

한가로이 읊다

閑吟

홰나무 그늘에 꾀꼬리 울고 날은 한창 긴데	鶯囀槐陰日正長
곤히 잠든 찬 대자리에 낮 바람 시원하네	倦眠氷簟午風涼
문 앞에 속객이 어찌 이른 적 있는가	門前俗客何曾到
무수한 푸른 이끼가 담장 위에 끼었네	無數蒼苔上印墻

병중의 마음

病懷

약 화로 차 솥과 쓸쓸히 벗하며	藥爐茶鼎伴寥寥
메마른 몸으로 즐거울 일도 없다네	戌削形骸不自聊
병산에 기대 살며 슬픈 눈으로 바라다보니	倦倚屛山成悵望
사창 너머 남쪽 이랑에 어린 매화 어여쁘네	綺窓南畔小梅嬌

느낌을 적다

志感

한로와 사옹[42]은 차례로 돌아가시고	漢老沙翁次第亡
풍류 아는 선배들도 갈수록 적어지네	風流先輩日荒涼
아직 살아남아 긴 슬픔 안은 것 못내 애달프니	堪憐後死懷長痛
요동의 학[43]인 양 아득히 상전벽해 바라보네	遼鶴冥冥海變桑

42 한로(漢老)와 사옹(沙翁) : 한음(漢陰) 이덕형(李德馨, 1561~1613)과 백사(白沙) 이항복(李恒福 1556~1618)을 가리킨다.

43 요동의 학 : 한(漢)나라 때 요동의 정영위(丁令威)란 사람이 일찍이 영허산(靈虛山)에 들어가 신선술을 배우고서 뒤에 학(鶴)으로 변하여 고향 요동에 돌아와 성문(城門)의 화표주(華表柱)에 앉았다는 고사에서 온 말이다. 《搜神後記》

중양절

重陽

무너진 언덕에 서리에 시든 나무 외로이 섰고	崩厓獨樹半凋霜
들국화 여기저기 피어 절로 향기롭네	野菊羅生亦自香
시름겨운 이별의 회포를 어쩌지 못하는데	悄悄離懷裁不得
소슬한 비바람에 다시 또 중양절을 맞네	蕭蕭風雨又重陽

궁사
宮詞

다섯 걸음 연못 열 걸음 누대	五步池塘十步樓
금수레는 한낮에 봄나들이 한다	金輿分日作春遊
천 줄로 선 미녀들이 신선의 행차를 맞이하는데	千行粉黛迎仚蹕
다만 맨 앞에 소용[44]을 허락하네	特許昭容壓上頭

둘째 其二

내시가 아침마다 궁궐 문을 열면	中使朝朝魚鑰開
서총대[45]에서 어연이 성대히 베풀어지네	御筵還壓瑞蔥臺
잠시 동안 궁정 음악이 바람 따라 들려오면	須臾天樂隨風便
바로 세 미인이 떡을 내오는 것이라네	知是三媛進餠來

셋째 其三

두 마리 학 보련[46]을 돌며 춤을 추고	雙鶴翩躚步輦回
춘당대 위로 화려한 연회가 열리네	春塘臺上綺筵開
궁녀가 나와서 처용무를 추니	宮娃引出處容舞

44 소용(昭容) : 고대 궁중 여관(女官)의 이름이다.

45 서총대(瑞蔥臺) : 임금이 임어(臨御)하여 무관(武官)의 활 쏘는 것을 점검하던 대(臺)이다.

46 보련(步輦) : 사람이 끄는 수레로 보만거(步挽車)라고도 한다.

금과 비단 내와 전두[47]를 서둘러 내리네　　催賜纏頭金帛來

넷째 其四

창합[48]이 처음 열려 궁전 뜰에 해 비추는데　　閶闔初開日映墀
별감이 심부름하는 아이를 재촉해 부르네　　別監催喚問安兒
상공에게는 김치를 상서에게는 면을　　相公沈菜尙書麪
궁중의 수라 시간에 맞추어야만 하기에　　須及宮中水剌時

다섯째 其五

옥함을 열 겹 싸고 자색 실로 묶었으니　　瑤函十襲紫絲籠
성도 수령이 새로이 진상한 것이라네　　云是成都新進封
여기저기 박힌 진주가 밤알만큼 크고　　錯落明珠大如栗
흑초피 위로 서린 용이 수놓아져 있네　　黑貂被上綉盤龍

여섯째 其六

새로 지은 푸른 비단 십리 장막이　　新製靑羅十里帷
외원을 둘러 가려 궁정 뜰을 만들었네　　圍遮外苑作宮墀
미녀가 곧장 용상 아래로 나아가서　　紅粧直進龍牀下
일제히 군왕의 만세를 노래하네　　齊唱君王萬歲詞

47 전두(纏頭) : 가무(歌舞)하는 기녀(妓女)에게 주는 선물이다. 옛날에 예인(藝人)이 가무를 마치면 손님들이 비단을 선물로 머리에 얹어 주었던 데서 유래하였다.

48 창합(閶闔) : 창합은 원래 하늘로 통하는 문이지만 여기서는 전하여 궁문(宮門)을 말한다.

일곱째 其七

임금의 수레가 경덕궁 봄나들이 나가니 玉輦春遊慶德宮
상궁이 먼저 어문 동쪽으로 들어가네 尙宮先入御門東
송패의 이름 적힌 곳을 점검하고 松牌點檢題名處
저물녘 용지의 정자각으로 행차하네 晩幸龍池合閣中

여덟째 其八

사신이 새로 상국에서 돌아오니 使价新從上國還
전각 가운데에 선물이 날마다 쌓이네 苞封日積殿中間
백옥에 용 새긴 동이와 우열을 겨루니 爭如白玉龍樽刻
웃음 띤 군왕께서 오래 바라보시네 贏得君王帶笑看

아홉째 其九

동지에 처음 나아갔던 작은 용주 日南初進小龍舟
봄바람 부는 궁중 연못에 날마다 떠있네 御沼春風日日浮
궁녀가 목란의 노를 잠깐 저어 가며 宮女乍移蘭棹去
신선 사는 모래톱에서 마름꽃을 꺾는다네 蘋花折得隱仚洲

열 번째 其十

봉래산 선인이 궁궐에 들어와 蓬萊仚子入丹墀
진궁에서 성상께 축사를 절하고 올렸네 拜獻眞宮祝聖詞
모임 흩어진 화려한 누대에 옥첩이 남았으니 會散瓊樓留玉牒
흡사 서왕모가 연 요지의 연회[49]와 같구나 恰如王母宴瑤池

49 서왕모(西王母)가……연회 : 요지(瑤池)는 고대 전설 상 곤륜산(崑崙山) 위에 있는 연못의 이름으로 서왕모가 거처하는 곳이다. 주 목왕(周穆王)이 정사는 돌보지 않은 채 팔준마(八駿馬)가 모는 수레를 타고 천하를 두루 유람하다가 곤륜산 꼭대기의 요지에 이르러 서왕모의 환대를 받고 연회를 가졌다고 한다. 《列子 周穆王》

변방을 나가는 노래[50]

出塞曲

오랑캐 정벌하는 도독부 육군(六軍)을 거느리니	督府征奴擁六師
속국의 병사 징발하는 조서가 날아왔네	收兵屬國羽書馳
우리나라 백성들 은혜 갚을 날 만났으니	東民會是酬恩日
서쪽 요양에 가서 죽는 것도 마다 않으리	西去遼陽死不辭

50 변방을 나가는 노래 : 아래 시와 함께 1618년(광해군10)에 있었던 심하(深河) 전투를 소재로 삼은 것이다.

변방에서의 노래

塞下曲

사막의 먹구름 짙게 끼어 개이지 않는데	磧裏陰雲慘不舒
장군은 갑옷 벗고 오랑캐에게 절하네	將軍解甲拜穹廬
가련타, 제 한 몸 살기를 도모하는 곳에	可憐一介謀身地
삼만 정병이 모두 어육이 되었구나	三萬精兵盡化魚

춘성에 머물며[51] 시흥으로 돌아가는 재명[52]을 전송하다
滯春城送再明還始興

천 겹 봉우리 흰 구름 뚫고 솟아올랐고	千重嶺出白雲端
백리 강은 양 협곡 사이를 휘도는구나	百里江回兩峽間
춘성이 길 험하다 말하지 말어라	莫道春城行路險
청산이 끝나는 곳이 바로 한양이라네	靑山盡處卽長安

51 춘성에 머물며 : 부친 신흠이 계축년 옥사에 연루된 후 1617년(광해군9)에 춘천에 부처(付處)되었을 때인 듯하다.

52 재명(再明) : 강문성(姜文星, 1603~1646)으로, 본관은 금천(衿川), 자는 재명이다. 저자의 넷째 매제로, 부친은 통훈대부(通訓大夫) 행 이조좌랑(行吏曹佐郎) 강석기(姜碩期)이다. 동생은 강문명(姜文明)·강문두(姜文斗)·강문벽(姜文璧)·강문정(姜文井)이다. 누이는 소현세자(昭顯世子)의 빈(嬪)이다. 1645년(인조 23)에는 소현세자의 장사 날짜가 불길하다는 주장을 하며, 지관(地官) 최남(崔楠) 등에게 날짜를 바꿀 것을 강요하였는데, 이 일이 화근이 되어 절도(絶島)로 유배되었다. 1646년(인조 24)에는 세자빈의 폐출과 관련하여 역적으로 몰리게 되었고, 그 결과 의금부(義禁府)에 투옥되어 심문을 받았다. 이후 심문 도중 곤장에 맞아 사망하였다.

밤에 성남에서 술을 마셨는데 취지, 경삼, 중연, 선응, 임종이 함께 하였다. 밤은 다 가고 술은 잔뜩 취하였을 때, 임종이 슬픈 노래를 잘 불렀는데 곁에 아무도 없는 듯 무릎을 끌어안고 소리를 울렸다. 그 소리에 자리에 있던 모든 사람이 얼굴빛이 변하였다. 절구 한 수를 지어 당시의 아름다운 모임을 기록한다

夜飮城南就之景三仲淵善應林宗與焉夜闌酒酣林宗能爲變徵音抱膝振響傍若無人滿座爲之動色爲賦一絶以紀勝集

소나기 외로운 등 밤은 깊어가는데　急雨孤燈夜欲央
비가 한 곡조가 높은 집을 흔드네　悲歌一曲撼高堂
천 년 전 그 뜻을 누가 알 수 있으랴　千年此意誰能解
세상에 협객의 향기 남았음 이제야 믿겠네　始信人間俠骨香

가을밤

秋夜

석지엔 푸른 이끼 끼었고 반딧불 나는데 石池苔澁水螢飛
한 밤 서릿바람이 작은 누대를 흔드네 半夜霜風撼小樓
그리운 먼 임 꿈꾸지 못하고 물시계에 밤은 긴데 遠夢不成蓮漏永
달밤 기러기 소리 이별의 시름 일으키네 雁聲和月起離愁

재명에게 작별하며 주다

贈別再明

마을 집은 쓸쓸하여 선가와 같고	村居寥落等仚家
깊은 골목엔 사람 없이 햇볕만 비추네	深巷無人白日斜
푸른 산 깎아 평지로 만들고서	欲剗青山作平地
아침마다 두 눈으로 한양을 바라보고 싶네	朝朝雙眼望京華

조용히 지내며

幽居

비는 어둠 속 조수처럼 작게 소리 내고	雨似暗潮微有響
구름은 푸른 절벽으로 돌아가며 엷게 흔적이 없네	雲歸蒼壁淡無痕
마을 문은 외로이 등나무 그늘 속에 있고	洞門寂寂蘿陰合
산새는 둥지에서 편안한지 시끄럽지 않네	山鳥安棲自不喧

봄을 보내며

送春

비 갠 후 동산의 나무는 그림자 가지런하고	雨後林園樹影齊
뜰 가득 핀 꽃은 모두 오솔길을 이루었네	滿庭芳蕊摠成蹊
아리따운 꾀꼬리도 봄이 가는 걸 아는지	嬌鶯亦解春歸去
은둔한 이를 향해 마음껏 지저귀네	却向幽人盡意啼

장난삼아 짓다

戲賦

만월이 막 오르고 이슬 방울지는데	金魄初昇玉露團
주렴 너머 노래 소리에 쓸쓸함 이기지 못하네	隔簾歌吹不勝寒
다정이 도리어 정 없는 물건이 되는데	多情却是無情物
양왕이 꿈속에서 본 것과 어떠한가[53]	何似襄王夢裏看

53 양왕이……어떠한가 : 초 양왕(楚襄王)이 송옥과 양대산(陽臺山) 고당(高唐)에서 놀 때, 송옥이 들려준 고사이다. 초 회왕(楚懷王)이 고당에 놀러가 낮잠을 자는데 꿈에 한 부인이 와서 "저는 무산(巫山)의 여자로 고당의 나그네가 되었는바, 왕이 여기 계시다는 소문을 듣고 왔으니, 침석(枕席)을 같이 해 주소서." 하므로, 하룻밤을 같이 잔 뒤, 이튿날 아침 떠나면서 "저는 무산의 양지쪽 높은 언덕에 사는데 매일 아침이면 구름이 되고 저녁에는 비가 됩니다." 하므로, 왕은 사당(祠堂)을 지어 조운(朝雲)이라 하였다.

밤에 앉아서

夜坐

온갖 감정에 매인 마음 날로 어지러워져	嬰心百感日紛紜
근심스러운 심사에 한밤중까지 앉았네	悄悄愁懷坐夜分
흐린 달 잠시 잠기고 바람이 일어나니	微月乍沈靈籟動
창문 너머 오동잎 소리 차마 들을 수 없네	隔窓梧葉不堪聞

감상인의 시축에 쓰다

題鑑上人軸

성 남쪽 폐가에 봄바람을 가두는데	城南廢宅鎖春風
한 줄기 명향이 원공[54]을 대하였네	一炷名香對遠公
선심[55]이 정진한 곳을 묻고자 하노니	欲問禪心精進處
불가의 광명도 본래는 공이라오	佛天光景本來空

54 원공(遠公) : 진(晉)나라의 고승 혜원(慧遠)을 이르는데, 여기서는 감상인을 가리킨다. 혜원(慧遠)은 여산(廬山) 동림사(東林寺)에서 불법을 전하였는데, 후대 사람들이 존경의 뜻을 담아 원공(遠公)이라고 불렀다.

55 선심(禪心) : 불교의 말로, 청정하고 고요한 마음을 가리킨다.

공암에서 배를 기다리며

孔巖待船

강 머리에 말을 쉬이며 작은 안장에 앉아서	稅馬江頭坐小韉
곧바로 어린 노복을 시켜 나루터 배를 부르네	旋教僮僕喚津船
조수가 밀려와 모래사장이 사라짐 깨닫는데	潮來漸覺沙痕沒
저물녘 바람에 파도가 하늘까지 크게 치솟네	向晩風波正拍天

검장 잡영

黔莊雜詠

우뚝 솟은 절벽의 누대 아스라이 높은데　　樓居斗絶勢岧嶢
천리 강산이 멀리까지 눈 안으로 들어오네　　千里江山入望遙
봄 다 지난 물가는 하늘과 한색으로 푸른데　　春盡鳳洲天一色
걷힌 구름 달아나는 물결에 조수 밀려오네　　卷雲奔浪認生潮

시골집에서 새벽녘에

村莊曉思

은하수 은은하게 강산을 비추는데	星河落落映江關
초승달 희미하게 작은 산에 숨네	微月依依隱小山
뻐꾸기 울음소리에 날은 밝아오는데	布穀數聲啼欲曉
객창의 지친 꿈은 근심안고 돌아오네	客窓殘夢帶愁還

밤에 읊다

夜吟

어둑어둑 봄비에 나그네 꿈 맑은데	春雨冥冥客夢淸
여관엔 쓸쓸히 등 하나 밝혀있네	旅齋寥落一燈明
창문 너머 바람이 배꽃 나무 두드리는데	隔窓風打梨花樹
지는 달 삼경에 두견새 소리 들려온다	殘月三更蜀魄聲

평양 소윤 허약허 실 에게 주다

贈箕城小尹許若虛 實

평양은 아름다운 경치가 전당과 비슷하여	箕都形勝似錢塘
성곽 밖 맑은 호수에 그림 배 모여드네	郭外明湖簇畫檣
손님 흩어진 높은 누대에 노래 소리 시끄러운데	客散高樓歌吹鬧
깊은 밤 등촉 밝히고 미인이 기대었네	夜深燈燭倚紅粧

도재 윤흔 이 '지' 자 운으로 시를 거듭 보내왔기에 급히 사례하다

陶齋 尹昕 用枝字韻疊至走謝

제비 그림자 오르락내리락, 해 그림자 더딘데	燕影差池日影遲
눈에 보이는 풍광이 모두 새로운 시로구나	望中煙景摠新詩
내일 아침 만날 약속에 좋은 시절 술 나누며	明朝約伴酬佳節
꽃 아래에서 잔 세는 산가지 몇 개나 되려나	花下傳籌當幾枝

전주에서 짓다[56]

全州作

이곳에 왔을 때 봄 아직 일러 풀싹 어렸고	來時春早草微芽
추위에 관청 매화 아직 꽃이 피지 않았지	寒勒官梅未著花
타지에 오랜 객 살이 스스로 가련한데	異地自憐爲客久
길가 홰나무 버드나무 까마귀 숨기려 하네	夾道槐柳欲藏鴉

56 전주에서 짓다 : 1627년(인조5) 정묘호란 중에 전주에 이르러 당시 사정을 차자로 올렸는데, 이 시기에 지은 것으로 추정된다.

한가로운 정취

閑情

눈 속의 사람이 꿈속의 사람이 되어	眼中人作夢中人
꿈속에서의 그윽한 기약 진짜와 같네	夢裏幽期恰似眞
하소연 하고픈 마음의 정 더욱 한스러워지는데	欲訴衷情增惋轉
떨어진 꽃잎 빛바랜 분 모두 맘을 아프게 하네	殘紅褪粉摠傷神

둘째 其二

난이 타고 옥 깨어져 못내 가슴 아프니	蘭焚玉碎正堪傷
시인의 한 치 간장 애가 끊어지는구나	惱得騷人一寸腸
옥은 깨어지는 순간에도 소리가 있고	玉到碎時方有響
난초 타는 곳에 향기 맡을 수 있네	蘭遭焚處便聞香

승려에게 주다

贈僧

물가 누대 동쪽 찬 삿자리 새끼줄 의자로	氷簟繩床水檻東
때때로 살랑살랑 연꽃 바람 불어오네	微涼時引芰荷風
거사에게 아무 일 없다 말하지 마시게나	休言居士全無事
승에게 줄 시가 크게 취한 중에 이루어졌네	僧軸詩成爛醉中

통상인에게 주다

贈通上人

봄 한창인 서울은 살구꽃 흩날리는데	洛城春半杏花飛
늘어진 수양버들 그늘 속 홀로 문 닫은 집	垂柳陰中獨掩扉
불자가 문 두드리며 와서 시를 구하는데	釋子款門來乞句
내일 아침이면 흰 구름 밟으며 돌아가겠지	明朝却踏白雲歸

둘째 其二

기사[57]는 천덕을 이룬 지 이미 오래고	機師天德已多年
견로[58]는 곡기 끊고 백련암에 머무네	堅老休糧住白蓮
산속 청정한 땅을 나누어 차지하여	分占山中淸絶地
향 피우고 연화탑에서 선불(仙佛)을 수행하네	薰爐花榻證金仚

셋째 其三

삼장 늙은 중이 가장 맑고 참되니	三藏老釋最淸眞
선가의 해탈한 사람과 같음 알겠네	知是禪家解脫人
백천동에 옮겨 산다 말하는 걸 들었노니	聞道移居百川洞

57 기사(機師) : 승려 언기(彦機)를 가리킨다. 본서 제7권 〈금강산 유람 소기〉에 금강산에서 언기를 만난 일을 언급하였다.

58 견로(堅老) : 백련암(白蓮菴) 장로인 법견(法堅)을 가리킨다. 법견과의 만남도 금강산 유람 소기〉에 언급하였다.

어디서든 봄이면 산꽃 피고 산새 울겠지	山花山鳥一般春

넷째 其四

운수암에서 지난날 차 달일 때	雲水庵中昔點茶
네 선사의 진영은 푸른 비단 둘렀지[59]	四禪眞影護靑紗
밝은 등 맑은 물 장재[60]하는 이곳에	明燈淸水長齋地
일만 떨기 연꽃이 자줏빛 노을에 싸여 있네	萬朶芙蓉擁紫霞

59 네 선사……둘렀지 : 본서 제7권 〈금강산 유람 소기〉에 따르면 모두 다섯 선사이다. 달마(達摩), 서산(西山), 청련(靑蓮), 송운(松雲), 부수(浮水)의 탱화가 걸려 있는데 비단으로 덮여 있다고 하였다.

60 장재(長齋) : 불가(佛家)에서 일생 동안 율행(律行)을 정진하며 낮 한 때만 식사를 하고 오후에는 음식을 취하지 않는 것을 말한다.

자리에서 입으로 시를 불러 구천 정자에 적어 두다
席上口占留題龜川郊亭

꽃은 어지러이 날리고 제비는 가벼이 나는데	花飛歷亂燕飛輕
들판의 파란 빛깔 드넓게 눈 안에 들어오네	野色蒼然入望平
노랫소리 커져 가는데 홰나무 그림자 옮겨가고	歌管欲喧槐影轉
안개 비 자욱한 강에는 몇 척 돛단배 지나가네	半江煙雨數帆橫

이안정에 쓰다

題易安亭

부침 많은 벼슬살이 오가는 중에	浮沈薄宦去來中
몇 뙈기 전원에 한 뙈기 집이라	數畝林園一畝宮
이제부터는 급물살에서 용감히 물러나와	自是急流能勇退
평생토록 북창의 바람결에 실컷 잠들리라	平生睡足北窓風

납일 가까이에 천장, 도장[61]과 함께 술을 마시다

近臘日與天章道章飮

작은 화로에 술 데우니 추위 덜하고 矮爐煖酒覺寒微
셋이 앉아 시를 읊으니 침이 튄다네 鼎坐吟詩唾屑飛
눈 남은 숲 언덕에 바람소리 이는데 林坨雪殘虛籟發
눈썹 같은 초승달이 사립문을 비추네 一眉新月下柴扉

61 천장(天章) 도장(道章) : 월사(月沙) 이정귀(李廷龜)의 두 아들 이명한(李明漢, 1595~1647)과 이소한(李昭漢, 1598~1645)이다.

기옹이 보여 준 '비' 자를 좇아 함부로 본떠서 쓰다[62]

從畸翁所見飛字漫有拙效

늘 쓸쓸히 지내자니 세상사 희미한데　端居寥落世緣微
비 온 후 이끼는 문 위로 오르려 하네　雨後苔痕欲上扉
버드나무 선 연못엔 봄물이 가득한데　楊柳池塘春水滿
높은 누대에 홀로 기대니 꽃 몇 잎 날리네　獨憑高閣數花飛

둘째 其二

젊은 날 호방한 뜻이 늙어 작아짐 깨달으니　少日豪情老覺微
봄이 오니 시골집으로 돌아가는 꿈을 꾸네　春來歸夢在郊扉
조수 머리로 고기잡이 배 쌍쌍이 나오는데　潮頭漁艇雙雙出
따뜻한 모래밭에 기러기 무리 짝지어 나네　沙暖群鴻兩兩飛

62 기옹이……쓰다 : 정홍명의 《기암집(畸庵集)》 권4 〈견민(遣悶)〉을 가리키는 듯하다. 한편, 정홍명은 저자의 이 시에 다시 화운하여 〈우직옥당차낙전신도위(寓直玉堂次樂全申都尉)〉 2수를 지었다.

관해[63]의 시에 화운하다

和觀海

높은 버드나무 짙은 그늘이 앞산을 가려	陰陰高柳礙前山
물가 난간 사이로 짙푸른 산 빛이 반쯤 드러나네	半露雲鬟水檻間
숙취에 아직 깨지 않았는데도 다시 술을 찾으니	宿醉未醒仍索酒
세상에 그 누가 나와 더불어 한가함 다투려나	世間誰與我爭閑

둘째 其二

평소 동산[64]에 있기를 꿈꾸었는데	平生夢想在東山
어찌하여 백발로 여기서 늙어가나	白髮如何老此間
조만간 사직하고 산골짜기로 들어가	早晩乞身雲壑裏
약 달이고 경전 읽으며 길이 한가히 지내리	藥爐經卷占長閑

63 관해(觀海) : 이민구(李敏求, 1589~1670)로, 본관은 전주(全州), 자는 자시(子時), 호는 동주(東州)·관해(觀海)이다.

64 동산(東山) : 회계(會稽)의 동산으로, 사안(謝安)이 이곳에 은거하였다. 진(晉)나라의 재상인 사안은 자가 안석(安石)으로 경륜과 지략이 뛰어나 명망이 높았는데 회계의 동산에 은거하였다. 《晉書 卷79 謝安列傳》

차운하여 무료함을 풀다

次韻遣聊

작은 집에 박산향로는 맑은 향기 뿜어내는데	小室淸芬噴博山
이 한 봄, 취하고 깨는 사이 시흥이 일어나네	一春詩興醉醒間
꾀꼬리 게을러지고 제비 늙는 건 잠깐 사이니	鶯慵燕老須臾事
풀과 꽃을 감상하느라 한가하지 않다네	點草評花也不閑

능원군의 정자

綾原亭子

아침 연기 자욱하여 자태 더욱 고운데	朝煙點綴自多姿
오롯한 푸른 쪽 머리에 반쯤 보이는 눈썹이라	全露螺鬟半露眉
저물녘 큰 바람 불어 모든 것 말아 가는데	向晩長風吹捲盡
주렴 가득 아름다운 푸른 기운 어른거리네	滿簾佳氣碧參差

경치를 읊어 합귀당에 부치다

即景寄盍歸堂

목련꽃 떨어지자 복사꽃 피어나는데	辛夷初落小桃開
뺨 붉은 살구꽃 분단장 배꽃 차례로 재촉하네	杏臉梨粧次第催
나그네 마음 한식 지나 참으로 어지러워져	客意正迷寒食後
강 가득한 비바람 속에 홀로 누대에 오르네	滿江風雨獨登臺

비 오는 밤 취하여 읊다

夜雨醉吟

밤 깊어지자 등불은 푸른 등잔 속에 어둑한데	夜深燈火翳青缸
술 마신 뒤라 서늘한 기운 쐬려 창을 닫지 않네	酒後迎涼不閉窓
연못에 내리는 빗소리 꿈결에 듣고는	池雨蕭蕭和夢聽
가을 강 거룻배 바닥에서 잠들었나 의심하네	却疑篷底睡秋江

연경으로 가는 송 사관 창언 에게 주다

贈宋寫官 昌言 赴京

배와 수레 타고 요수 건너 연경으로 가니	槎浮遼海轂馳燕
만 리 먼 길이 발아래 달려있다네	萬里長程足下懸
동회의 늙은 거사 못내 우습나니	堪笑東淮老居士
한 창가에서 신음하는 우물 안 개구리 신세	一窓吟病井蛙然

7월 9일 노량진에서 기옹과 작별하고 돌아온 후 느낌이 있어

七月九日別畸翁于鷺津回後有感

가랑비 강 가득 내려 간밤의 안개 걷히고	小雨連江宿靄收
총총히 작별하며 떠나는 배 전송하네	悤悤離思解行舟
술잔 앞에 남산과 맑은 한강 보이나니	終南清渭樽前色
나그네는 가을에 남쪽의 대나무와 난초 보겠지	楚竹湘蘭客裏秋

소내에서 고기잡이

牛川打魚

어스름 저녁 짝을 지어 소내로 내려가니	黃昏約伴下牛川
어망 속에 은빛 고기비늘이 푸득거리네	網底銀鱗潑剌然
여울 소리 점점 커지고 강가 달은 흰데	灘響漸高江月白
하늘 가득 바람 찬데 홀로 배를 돌린다	滿天風露獨廻船

늦봄에 우연히 읊다

晩春偶吟

공연한 근심에 시름겨워 빈 집 문을 닫는데　　閑愁悄悄閉空堂
연잎에 내리는 빗소리가 한바탕 시원하네　　荷雨霏霏一霎涼
슬프다, 봄빛은 기울어 가는데　　惆悵年華將晼晩
꾀꼬리 울음소리 느긋하고 제비는 바삐 나네　　黃鸝啼緩燕飛忙

둘째 其二

시흥은 사라져가고 주흥은 외로운데　　吟興闌珊酒興孤
술잔 기울고 먹물은 말라간다　　尊罍顚倒硯池枯
연잎 바람 난간에 불고 홰나무 그늘지는데　　荷風拂檻槐陰合
졸음 겨운 몽롱함에 어느덧 오후가 되었네　　睡思朦朧到日晡

여주 수령으로 가는 한형보를 전송하며[65]

送韓亨甫宰呂州

광주의 동쪽 가산의 송백 나무 있는 곳	家山松柏廣陵東
물길이 황려현에 접해 한 갈래로 합해지네	水接黃驪一派通
깊은 가을 달 밝은 밤을 기다려	待得深秋月明夜
명랑탄 가에서 털보 노인 불러보려네	鳴榔灘上喚顩翁

65 여주……전송하며 : 형보(亨甫)는 한회일(韓會一, 1580~1642)의 자이다. 한회일의 부임 시기는 정확하지 않으나 《승정원일기》 인조13년 1월 3일 기사에 여주 목사 한회일의 개차를 청하는 비변사의 계문으로 미루어 이 시는 대략 1634년(인조12) 가을 경에 쓰여진 것으로 추정된다.

여러 학사들과 남궁에서 술을 마시다

與諸學士飮南宮

만취해 돌아오는 길 물시계 잦아들고	爛醉歸來漏欲殘
차가운 이슬 옷에 가득, 추위가 파고드네	滿衣涼露透肌寒
하늘 12궁도는 물처럼 맑은데	天街十二淸如水
달 아래 남산을 말 세우고 바라본다	月下南山立馬看

남파[66]에게 부치다

寄南坡

부들 싹 물에서 올라오고 제비 처음 나는데	蒲芽出水燕初飛
작은 집 향로엔 세속의 마음 꺼져간다	小閣薰爐息世機
생각자니 강관에 봄날은 기울어 가는데	政憶江關春事晚
꽃 지는 깊은 곳에서 사립 아니 열 테지	落花深處不開扉

둘째 其二

처마에 들이치는 빗줄기 어지러이 옷을 적시는데	入簷斜雨亂沾衣
출렁이는 유하주 술잔에 그득하네	瀲灩流霞盞面肥
아흔 날 봄빛은 얼마나 남았으려나	九十春光留幾許
복숭아 꽃망울 터지려하고 살구꽃은 날리는데	桃花欲綻杏花飛

66 남파(南坡) : 심열(沈悅, 1569~1646)로, 본관은 청송(青松), 자는 학이(學而), 호는 남파이다.

성정에게 보내다

贈性淨

상원사에 가을 깊어 일만 낙엽 싸늘한데	上院深秋萬葉寒
한 생애 부들자리 위에서 쓸쓸하네	生涯蕭瑟一蒲團
금강연 속에 가을 달은 맑은데	金剛淵裏淸秋月
면벽 수도 마음공부에 당을 내려서지 않네	面壁觀心不下壇

기천의 집에서 짓다

杞泉宅賦得

깊은 담 안 쓸쓸히 비단 장막 낮게 드리웠는데	深院寥寥繡幕低
여러 꽃들 시들어 떨어지고 풀이 새로 돋았네	雜花零落草新齊
탐스런 쪽머리 한 가닥 봄날 설운 한이오	雲鬟一抹傷春恨
단청 누각 앞 처마는 어미 제비의 둥지라	畫閣前頭乳燕棲

나몽뢰 만갑 에게 부치다

寄羅夢賚 萬甲

다리 끝 버드나무 집 낮에도 문이 닫혔는데	橋頭楊柳晝關門
굽이진 연못 반짝이는 물결에 비 지난 흔적	曲沼波光過雨痕
술잔 앞에서 잠을 깨니 봄 일은 늦어지는데	睡起尊前春事晚
지는 꽃 우는 새소리에 혼이 녹아내리네	落花啼鳥正銷魂

서툰 시구를 전해 직접 뵙고 말씀 드리는 것을 대신한다

寄語用拙以替言面

늙은 부마 지금 한 가지도 능한 것 없고	老尉如今百不能
늘그막에 그래도 매를 부릴 수 있습니다	暮歸猶得喚胡鷹
임금께 음산종[67]을 부탁해 구할 수 있다면	憑君乞得陰山種
눈 속에 갖옷 걸치고 광릉으로 나서렵니다	雪裏披裘出廣陵

67 음산종(陰山種) : 음산(陰山)에서 나는 매를 말한다. 음산은 하투(河套) 이북과 대막(大漠) 이남에 있는 여러 산의 통칭으로, 흔히 중국 북방의 오랑캐 지역에 있는 산들을 가리키는 말로 쓰인다.

청음의 〈청평록〉 시에 차운하다[68] 입산

次淸陰淸平錄韻 入山

그때 청평으로 지팡이 짚고 돌아올 적에　　憶昔淸平策杖廻
해 저물녘 우화대에 종소리 흩어졌었지　　夕陽鐘散雨花臺
산은 철협에서 나뉘어 천겹으로 솟아있고　　山分鐵峽千重出
물은 추지에서 나와 한 줄기로 흘러왔었지　　水自楸池一派來

둘째 其二 식암 息庵

근원에서 흘러나오는 물은 한껏 투명한데　　源頭活水十分淸
황홀한 그림자 맑고 맑아 거울처럼 밝다네　　幻影澄澄一鑑明
그때의 그 유람이 온통 꿈인 양 하여　　當日游蹤渾似夢
백발로 처량하게 벼슬살이 부끄러워하네　　白頭蕭瑟媿簪纓

셋째 其三 주행 舟行

강어귀에 비 개니 물면에 이끼 생기고　　江門雨歇水生衣
복사꽃 다 지고 금궐어는 살이 오르네　　落盡桃花錦鱖肥
모였다 흩어지는 소양강에 봄은 저무는데　　會散昭陽春事晩
청산을 에둘러 조각배 돌아오네　　靑山繚繞片帆歸

68 청음(淸陰)의……차운하다 : 저자가 차운한 〈입산〉, 〈식암〉, 〈주행〉 3수는 각각 김상헌의 《청음집》 권10 〈청평록〉에 수록된 〈입산(入山)〉, 〈영지(影池)〉, 〈출협(出峽)〉 3수에 차운한 것이다.

금릉[69] 군수에게 주다

贈金陵使君

조수 급하고 바람 일어 일엽편주 떠있는데	潮急風生一葉浮
바다 어귀는 떠오른 아침 해에 안개 걷힌다	海門初日霽煙收
인생은 편안한 물결 위에 있어야 하는 법	人生合在安流地
금릉 시월의 배에는 오르지 마시기를	莫上金陵十月舟

69 금릉(金陵) : 김포(金浦)의 옛 이름이다.

눈 온 후

雪後

매화 시내 대나무 둑 모두 폭 묻혀버리고	梅溪竹塢都埋沒
모여선 계수나무 어린 소나무 역시 빼어나네	叢桂稚松亦擅奇
올해를 보내며 시 한 줄 못썼는데	斷送今年無一句
아침이 와 눈을 보고서야 시를 읊조리네	朝來見雪始吟詩

둘째 其二

눈 덮인 적막한 집, 아침에 게을리 일어나	蕭條雪屋朝慵起
종이 장막과 작은 화로 누운 자리 절로 기이하네	紙帳矮爐臥自奇
한번 동주에서 진을 나선 뒤로는	一自東州出鎭後
문 두드리며 시 보내 주는 이 더는 없구나	叩門無復和來詩

청음의 시에 차운하다

次淸陰韻

처마 위 푸른 산 크게 아름다우니	當簷瓊岫太奇哉
작은 집 주렴을 하루 종일 열어두네	小屋簾櫳盡日開
언덕 서쪽 천척 푸르름 가장 사랑스러우니	最愛坨西千尺翠
밤사이 풍설에도 굽히고 꺾이지 않네	夜來風雪不低摧

차운 윤기 공의 창해정 시

次韻 尹公昕滄海亭韻

강물 바람 없어 거울마냥 평평한데	江水無風鏡樣平
삿자리 베고 누워 말간 가을 하늘을 바라본다	僑居枕簟屬秋晴
오경 지는 달 아래 높은 누각의 꿈은	五更殘月高樓夢
먼 하늘 기러기 소리에 놀라 깨어진다	驚破長空一雁聲

김화의 동헌에서 청음의 시[70]에 차운하다

金化東軒次淸陰韻

숲에 비 세차게 내리고 촛불 그림자 낮은데	林雨霏霏燭影低
작은 집 서편에 피곤해 돌아와 베개에 기대네	倦來欹枕小軒西
가을 깊어 골짜기 안 서늘한 밤은 길기만한데	秋深峽裏涼宵永
가을 풀벌레만이 나그네 곁에서 울고 있네	唯有寒蟹伴客啼

70 청음의 시 : 《청음집》 권3 〈금화객사(金化客舍)〉를 가리킨다.

구현[71]에서 가마를 졌던 승려 무일에게 주다

狗峴贈擔輿僧無一

까마득한 고갯길 십 리도 먼데	嶺路迢迢十里遙
한나절 가마 메고 위태로운 다리 내려가네	擔輿半日下危橋
산길 열린 쪽으로는 고성군을 마주했고	山開一面高城郡
창해는 아득하게 푸른 하늘까지 넘실대네	滄海茫茫漲碧霄

71 구현(狗峴) : 금강산의 구점(狗岾)을 가리킨다.

경호 가의 김씨 초당에서, 신기재의 운[72]을 쓰다

鏡湖上金氏草堂用申企齋韻

주인의 이름은 충각이고, 그의 아들은 지안(志顔)이다.

호숫가에 희미하게 대사립 열린 집 보이는데	湖上微茫啓竹扉
밤은 깊어 바람과 이슬에 나그네 옷 젖는다	夜深風露濕征衣
바다와 하늘 만 리 머나먼 이향 저 밖	海天萬里無何外
소나무 아래에서 초연히 피리 불며 돌아가네	松下翛然一篴歸

72 신기재(申企齋)의 운(韻) : 신광한(申光漢, 1484~1555)의 《기재별집(企齋別集)》 권2 〈최동년경포별서즉사차창방운(崔同年鏡浦別墅卽事次昌邦韻)〉을 가리킨다.

원성에서 영장 양신용을 만나다

原城逢梁營將信容

여행 중에 원성에서 우연히 만났는데	邂逅原城逆旅中
하얗게 센 머리 노인이 다된 것에 서로 놀라네	各驚衰白已成翁
인간 만사가 분수를 따라야 마땅하니	人間萬事宜隨分
풍진 속 떠돌이 신세일랑 한탄치 마세나	莫恨風塵跡似蓬

산해 유람 중 마음에 드는 곳을 읊다.[73] 절구 열수

賦得山海遊歷會心處十絶

첫째[74] 其一

일곱 별 같은 봉우리 바다어귀에 늘어섰는데	七點星峯羅海口
높고 가파르게 고을 성루와 마주 하고 있네	崢嶸直對郡城樓
조화옹의 제련 솜씨 공교함을 내 알겠으니	應知造物爐錘巧
금강을 깨고 부수어 바닷물을 막았구나	破碎金剛障海流

둘째[75] 其二

하늘 맑고 바다 거세 몹시 두려운데	天晴海惡偏堪懼
비 온 뒤 큰 고래 그 싸움 더욱 새롭네	雨後長鯨鬪更新
만 리 파도 사나워 큰 기세로 몰려오는데	萬里洶洶驅大勢
설산과 은빛 집[76], 땅 끝에서 키질 하는 듯	雪山銀屋簸坤垠

73 산해…읊다 : 저자는 1631년(인조9) 가을에 휴가를 얻어 고성(高城) 탕천(湯泉)에서 목욕을 한 뒤 금강산 일대를 유람하였는데, 당시 유람에 대한 기록이 본서 제7권 〈내외금강산 유람기〉와 〈금강산 유람 소기〉에 남아 있다.

74 첫째 : 원문에는 제목이 없지만 편의상 첨가하였다. 이 시는 고성(高城)의 칠성석(七星石)을 읊은 것이다. 본서 제7권 〈금강산 유람 소기〉 참조.

75 둘째 : 청간정(淸澗亭)에서 듣는 파도소리를 읊은 것이다. 〈금강산 유람 소기〉 참조.

76 설산과 은빛 집 : 하얗게 솟아오르는 큰 파도를 형용한 말이다.

셋째[77] 其三

정전의 정자는 세상에 다시없으니 鄭洇亭子世間無
신필 용면[78]도 반드시 그려내진 못하리 妙筆龍眠未必圖
몹시 우습구나, 하지장은 호수 한쪽에서 笑殺知章湖一半
지금까지 천년 동안 삼오에서 이름 날리네[79] 秪今千載擅三吳

넷째[80] 其四

낙산사 벽 위에 기이함 남겨 두었으니 洛寺曾留壁上奇
단구의 초성 석천[81]의 시라네 丹丘草聖石川詩
짐짓 겁화로 잿더미를 만들었으니 故將刦火成灰燼
조물주의 마음 또한 의심스럽네 造物機心亦可疑

77 셋째 : 감호(鑑湖)를 읊은 것이다. 감호 곁으로 정자가 하나 있는데 토호(土豪)인 정전(鄭洇)이 세운 것이라고 한다. 본서 제7권 〈금강산 유람 소기〉 참조.

78 신필(神筆) 용면(龍眠) : 송나라의 유명한 화가 이공린(李公麟)의 별호이다. 이공린은 벼슬에서 물러난 뒤 용면산에서 생을 마감하며 스스로 용면 거사라고 칭하였다.

79 하지장(賀知章)은……날리네 : 삼오(三吳)는 중국의 지명인 고소(姑蘇), 광릉(廣陵) 건업(建鄴), 혹은 오여(吳與), 오군(吳郡), 회계(會稽)를 가리킨다. 감호(鑑湖)는 일명 경호(鏡湖)라고도 하는 호수 이름인데, 당 현종(唐玄宗) 때에 비서감(祕書監) 하지장(賀知章)이 은퇴할 적에 주궁호(周宮湖) 몇 경(頃)을 자신의 방생지(放生池)로 삼게 해 주기를 요구하여 현종의 특명에 의해 감호의 섬계(剡溪) 일곡(一曲)을 하사받았다는 고사가 있다. 《新唐書 卷196 隱逸列傳 賀知章》

80 넷째 : 낙산사 벽에 남긴 석천(石川) 임억령(林億齡)의 시를 읊은 것이다.

81 단구(丹丘)의 초성(草聖) 석천(石川) : 초서에 능했던 임억령(林億齡)을 가리킨다. 단구는 전설에 신선(神仙)이 사는 곳으로 영생을 얻을 수 있는 곳이다. 《초사(楚辭)》〈원유(遠遊)〉에 "단구로 우인에게 나아감이여, 죽지 않는 고장에 머무르련다.〔仍羽人於丹丘兮, 留不死之舊鄉.〕"라고 하였다. 석천은 임억령의 호이다.

다섯째[82] 其五

오대산은 본래 다섯 주먹 언덕이라　五臺元是五拳堆
덜그럭 하늘 동쪽으로 지축이 회전하네　磅礴天東地軸廻
면면이 연꽃은 일천 세계요　面面蓮花千世界
알알이 금속은 일만 여래라[83]　頭頭金粟萬如來

여섯째[84] 其六

한 국자 우동수 그 빛깔 맑으니　一勺于同色湛然
신선손바닥에 받은 이슬[85]과 어떠한가　何如仚掌露華圓
육우는 천고에 가벼이 품평하였으니[86]　陸生千古輕題品
인간 세상 제일 샘을 알지 못하였네　不識人間第一泉

82 다섯째 : 오대산을 읊은 것이다. 본서 제7권 〈금강산 유람 소기〉 참조.

83 알알이……여래라 : 금속(金粟)은 황금 색깔의 곡식 낟알과 같은 등화(燈火)의 모습을 시적(詩的)으로 표현한 것인데, 여래 중에 금속여래(金粟如來)가 있어 이렇게 표현한 것이다. 금속여래는 유마힐(維摩詰)의 전신(前身)의 이름이다.

84 여섯째 : 오대산의 우동수(于同水)를 읊은 것이다. 저자가 한 모금 마셔보니 달고 차가웠고, 차를 끓이니 더욱 맛이 좋았다고 하였다. 본서 제7권 〈금강산 유람 소기]〉 참조.

85 신선손바닥에 받은 이슬 : 승로반(承露盤)을 말한다. 한 무제(漢武帝)가 신선술에 미혹되어 감로를 받아 마셔 수명을 연장시키고자 하여 건장궁(建章宮)에 신명대(神明臺)를 세우고 동으로 선인의 손바닥 모양을 만들어 세워 동반(銅盤)을 떠받치고서 감로를 받게 하였다. 《漢書 卷25 郊祀志上》

86 육우(陸羽)는……품평하였으니 : 육우는 당(唐)나라 때의 은사(隱士)인데, 차(茶)를 매우 즐겨 후인(後人)들에게 다신(茶神)으로 일컬어졌고, 《다경(茶經)》을 지었다. 육우가 천하의 찻물을 품평하였으나 오대산 우동수의 물을 알지 못했다고 비판하며 우동수를 칭송한 것이다.

일곱째[87] 其七

열 폭 병풍을 반쯤 펴보니	十疊屛風半壁開
용이 당기듯 범이 낚아채듯 기세 웅장하네	龍拏虎攫氣雄哉
분명 경태[88] 연간의 작품으로	分明景泰年中作
청지[89]의 손으로 쓴 것임을 알겠네	知是淸之手寫來

여덟째[90] 其八

드넓은 맑은 호수에 흰 구름 흘러가는데	澄湖千頃白雲流
높은 누대 꼭대기에 선객이 올랐어라	仚客高臺在上頭
청정한 자연은 속세 밖의 풍경이니	淸淨自然塵外界
되레 이 몸이 영랑[91]의 무리인 듯하여라	却疑身是永郎儔

87 일곱째 : 상원사(上院寺)에 있는 흰 비단 병풍을 읊은 것으로 안평대군의 글씨라고 한다. 본서 제7권 〈금강산 유람 소기〉 참조.

88 경태(景泰) : 명나라 대종(代宗)의 연호이다.

89 청지(淸之) : 안평대군(安平大君, 1418~1453)으로, 이름은 용(瑢), 자는 청지(淸之), 호는 비해당(匪懈堂)・낭간거사(琅玕居士)・매죽헌(梅竹軒)이다. 세종의 셋째 아들이다.

90 여덟째 : 간성(扞城)의 영랑호(永郎湖)를 읊은 것이다. 본서 제7권 〈금강산 유람 소기〉 참조.

91 영랑(永郎) : 영랑호 이름이 유래한 인물로 어느 시대 어디 사람인지는 모르지만 대략 신라시대 신선이라고 추측한다. 금강산에 영랑점(永郎岾), 고성(高城)에 영랑호(永郎湖), 간성(扞城)에 영랑호가 있다.

아홉째[92] 其九

상운역 곁으로 몇 그루 소나무　祥雲驛畔幾株松
붉은 갑옷 푸른 수염에 만 겹으로 푸르구나　赤甲蒼髯翠萬重
파도와 바람이 절로 피리가 되었으니　海濤天風自成籟
학 타고 생황 부는 안기[93]와 혹 만나려나　安期笙鶴倘相逢

열째[94] 其十

관란정 아래에 수레를 멈추었는데　觀瀾亭下駐征輈
누가 거문고 보내어 나그네 위로했나　誰遣瑤琴慰客遊
소년이 지금 백발 된 것 이상타 말라　莫怪少年今白髮
반랑은 스물에 한가로운 시름 안았다오[95]　潘郎廿載抱閑愁

92 아홉째 : 상운역(祥雲驛)을 읊은 것이다. 본서 제7권 〈금강산 유람 소기〕〉 참조.

93 안기(安期) : 선인 안기생(安期生)을 가리킨다. 진 시황이 동쪽을 순시할 때 그와 더불어서 3일 밤낮을 이야기 나누었는데 자기를 찾고 싶으면 동해 봉래산으로 오라고 말하고는 바다 속으로 떠났다고 한다. 《列仙傳》

94 열째 : 우두대(牛頭臺)에서 강릉의 관기(官妓) 옥랑(玉娘)을 만난 일을 읊은 것이다. 젊은 시절 알고 지내다 십여 년 만에 재회하였는데, 저자는 옥랑의 나이든 모습을 발견하였고 옥랑도 저자의 수염과 머리칼이 하얗게 변한 것에 놀랐다고 한다. 본서 제7권 〈금강산 유람 소기〉 참조.

95 반랑(潘郎)은……안았다오 : 반악(潘岳)이다. 반악(潘岳)은 32세 때부터 귀밑머리가 세기 시작하여, 그가 지은 〈추흥부(秋興賦)〉서문에 "내 나이 서른두 살에 처음으로 흰 머리칼을 보았다.〔余春秋三十有二, 始見二毛.〕"라고 하였다. 《晉書 卷55 潘岳傳》 여기에서 스물이라고 한 것은 어떤 이유인지 자세하지 않다. 혹 '입(廿)'이 '삽(卅)'의 오자인 듯하다.

한식에 느낌이 있어

寒食有感

난리가 있은 후 마을은 모두 재가 되었으니	亂餘村落盡成灰
무덤가 나무 쓸쓸한 바람에 소리 절로 서글프네	宰樹凄風響自哀
한식이라 한 잔 술에 한 가닥 향 사르고	冷節一杯香一炷
묘문 사이로 기우는 해에 홀로 배회하네	墓門斜日獨徘徊

광릉의 배 안에서

廣陵舟中

창연정 곁에서 닻을 풀어 배 띄우니	蒼然亭畔解行舟
백 리 긴 강이 순식간에 흘러가네	百里長江一瞥流
취하여 봉창에 기대어 청량함에 놀라는데	醉倚篷窓驚颯爽
광릉에서 날아온 비가 양주를 지나네	廣陵飛雨過楊州

정축년(1637, 인조15) 11월 26일에 최와 향 두 아이를 데리고 도성을 나와 광나루를 건너며 짓다

丁丑十一月二十六日携最咼二兒出城渡廣津口占

이때 용골대와 마골대를 맞는 교영례가 있었다.

방한모에 두터운 갖옷 입고 필마로 돌아오니 暖帽重裘匹馬還
따뜻한 햇볕에 눈 녹아 들판은 굽은 활 같구나 華陽雪盡野如彎
아이가 멀리 고향의 사당을 가리키는데 兒童遙指枌楡社
한 점 외로운 산이 두 물 사이에 있구나 一點孤山二水間

둘째 其二

서쪽 길 수레와 말에 먼지 자욱이 일어나는데 西街車馬漲紅塵
동쪽으로 도성문을 나서 광나루에 이르렀네 東出都門到廣津
병 많은 몸 매어 있던 도시 잠시 작별하는데 多病暫辭城市累
곁에 있는 이들 벼슬 버린 사람이라 잘못 말하네 傍人錯道掛冠人

몸에 늘 가까이하는 기물을 읊다

詠隨身物

처음 출사한 후 광릉 집으로 돌아가게 되니　　初衣獲返廣陵居
행장을 수습하여도 나귀 짐이 차지 않네　　收拾行裝不滿驢
평생 익힌 습관을 아직 그만두지 못하고　　習氣平生猶未了
손에는 한, 유 두 작가의 책을 들고 있네　　手携韓柳二家書

한유와 유종원의 문집

둘째 其二

서적이 당한 곤액이 진나라 때보다 심하여　　詩書之厄甚於秦
내리신 것이며 전하는 것 모두 티끌이 되었네　　君賜家傳盡化塵
그나마 요부[96]의 전집이 남아 있기에　　賴有堯夫全集在
늙도록 만물을 살피고 몸을 살피노라　　老來觀物且觀身

《소강절집》

셋째 其三

설루의 유집은 종이가 구름 같으니　　雪樓遺集紙如雲
연경 시장에서 사서 열 번 싸고 좀약 넣어 왔네　　燕市購來十襲芸
난리 후에도 온전한 것은 이것뿐이니　　亂後璧完唯此物
귀신이 훌륭한 문장을 지켰음을 분명 알겠네　　定知神鬼護奇文

96 요부(堯夫) : 송(宋)나라의 강절(康節) 소옹(邵雍)을 가리킨다.

《백설루집》[97]

넷째 其四

궁벽한 시골의 좁은 집이라 휘장을 치지 않고　窮村蝸室不施帷
종이로 병풍을 만드니 내 글씨에 잘 어울리네　紙作屛風拙筆宜
예부터 좋은 문장이 어찌 끝이 있으리오마는　從古文章何限好
내 마음에 맞는 건 오직 귀거래사뿐이라네　會心唯有去來辭

흰 병풍

다섯째 其五

반평생 나를 따라서 함께 생활했으니　半生隨我與輿居
접었다 펴는 모습이 학 다리 같구나　伸屈之形鶴膝如
세상의 번잡스런 일엔 도무지 상관 않고　世上煩囂都不管
따뜻한 바람 부는 맑은 날에 화서의 꿈[98] 꾸리라　暖風晴日夢華胥

목침

97 백설루집(白雪樓集) : 명나라 이반룡(李攀龍)의 문집을 가리키는데, 백설루는 그의 서실 이름이다.

98 화서의 꿈 : 태평 시대를 뜻한다. 옛날 황제(黃帝)가 낮잠을 자다가 꿈속에 화서씨(華胥氏)의 나라에 놀러 가 안락하고 평화로운 이상세계를 보았다. 그곳에는 통치자도 신분의 상하도 연장(年長)의 권위도 없고, 백성들은 욕망도 애증도 이해(利害)의 관념도 없을 뿐 아니라 삶과 죽음에도 초연하였다. 꿈에서 깨어난 황제는 문득 깨달은 바 있어 정치를 베푼 결과 천하가 잘 다스려졌다고 한다. 《列子 黃帝》

여섯째 其六

광주의 사립은 크기가 소반만 해서 光山蓑笠大如盤
금잠의 일품 관과 바꿀 수 있네 換得金簪一品冠
못내 우습나니, 이 늙은이 무슨 일로 堪笑此翁緣底事
센 머리로 어부 되어 강 위에서 낚시질 하는가 白頭江上老漁竿

도롱이와 삿갓

일곱째 其七

오죽 지팡이 하나가 강호에서 나와 一枝烏竹自湖中
동회의 백발노인을 부축하네 扶得東淮白髮翁
마을 북쪽 남쪽 마음대로 다니니 村北村南隨意去
강산의 경치 좋은 곳에서 봄바람을 부리네 江山勝處領春風

대나무 지팡이

여덟째 其八

한식 바람 불기 전, 곡우 내린 후에 寒食風前穀雨餘
모여든 물고기 떼 여울로 올라오기 시작하네 磨顋魚隊上灘初
때를 타 모두 잡는 것은 나의 뜻 아니기에 乘時盡物非吾意
아이에게 그물을 성글게 짜라 하네 故使兒童結網疏

고기잡이 그물[99]

99 고기잡이 그물 : 《대동시선》에는 〈귀전결망(歸田結網)〉으로 되어 있다.

향의 시에 차운하다

次咼韻

목은은 일찍이 이 한한[100]이라고 부르며	牧翁曾號李閒閒
만년에 읊은 시를 스스로 고치지 않았네	晩歲詩吟不自刪
세상이 어지러워 그때의 일을 생각해 보니	世亂却思當日事
행장이 언제나 생사의 기로에 있었을 때라네	行裝長在死生間

100 이 한한(李閒閒) : 여유롭고 한가로운 사람이라는 의미이다. 목은 이색(李穡)의 성이 '이'씨이기 때문에 '이 한한'이라고 부른 것이다.

건중[101]과 배에서 이별하며

與建中舟中別

강어귀에 그물 걸고 술잔 자주 건네니	江頭掛網細傳杯
저도 맑은 물결에 거울 같은 수면이 열렸네	楮島晴波鏡面開
창연정자를 한 번 바라보니	試向蒼然亭子望
한 칸 초가집이 흰 구름 모퉁이에 서있네	一間茅屋白雲隈

101 건중(建中) : 김진표(金震標, 1614~1671)로, 본관은 순천(順天), 자는 건중, 호는 오애(浯涯)이다.

향의 시에 차운하다

次扃韻

산꽃은 붉은 빛 다 바래고 풀은 청청한데	山紅褪盡草青青
강가에 비 막 개이자 작은 정자에 앉았네	江雨初晴坐小亭
새소리 잠시 끊긴 중에 엷은 잠에서 깨어나니	禽語乍闌微睡罷
흙 계단에 빗긴 해에 명협이 시들어 떨어졌네	土階斜日落殘蓂

풍악산인 쌍흘과 벗하여 누각에서 하룻밤 묵으며 새벽에 읊다

與楓岳山人雙仡伴宿江閣曉吟

강 구름 한 조각 처마 끝에 잠자고	江雲一片宿簷端
이지러진 달 몽롱한데 새벽기운 차갑네	缺月空濛曉氣寒
빈 누각 꿈에서 깨어 베개에 기대 들으니	虛閣夢回欹枕聽
숲 너머 맑은 바람 소리 여울에 떨어지네	隔林淸籟落風湍

영오의 시축에 차운하다

次靈悟軸韻

난리 후에 무심하게 좋은 경치 노니는데	亂後無心辦勝遊
센 머리 쓸쓸하게 또 새로이 가을이 왔네	白頭蕭瑟又新秋
동회 한 구비에 초가집 자그마한데	東淮一曲茅茨小
양 골짜기 가운데로 두 물이 흐르는구나	兩峽中間二水流

자용에게 보내다

柬子容

기옹은 남으로 가고 재옹(睟翁 박미(朴瀰))은 서로 가고
畸翁南去睟翁西

홍자(洪子 홍서봉(洪瑞鳳))는 병이 깊어 흙인형처럼 앉아있네
洪子沈痾坐似泥

그때는 바둑에 술에 참으로 즐거웠는데　當日棋尊眞樂事

지금은 쓸쓸히 산천에 묻혀있구나　秖今蕭瑟掩山谿

덕연의 배 안에서

德淵舟中

송대의 객은 흩어지고 해는 서로 기우는데	松臺客散日西斜
물은 자갈에 부딪히고 버들은 모래밭을 쓸고 있네	水拍苔磯柳拂沙
골짜기 안은 사흘 내린 비가 막 지나	峽裏纔經三日雨
온 산 가득 모두 꽃이 피려하네	滿山都是欲開花

여만의 부채 머리에 쓰다

書汝萬扇頭

흐릿흐릿한 강마을 비라도 오려는 듯한 하늘	漠漠江村欲雨天
잡은 손 놓으며 물결 거스르는 배에 홀로 오르네	分携獨上泝流船
내일 아침 한 번 사립문 닫고 누우면	明朝一掩柴門臥
만 장의 붉은 먼지 아득히 멀어지겠지	萬丈紅塵隔杳然

재미삼아 기천에게 드리다

戲呈杞泉

주렴 장막 깊고 깊이 등불 그림자 나지막한데	簾幕深深燭影低
울금향 향기 속에 눈썹을 가지런히 그리네	鬱金香裏畫眉齊
무정한 이 되레 다정한 이 때문에 괴로워지는데	無情却被多情惱
문 밖 앵무새는 곱게도 우짖는구나	戶外流鸎恰恰啼

기옹에게 기록해 올리다

錄奉畸翁

깊고 깊은 후원에 막 비 개었는데	深深院落雨晴初
오피궤[102] 괴고 널은 평상에 편안히 누웠네	烏几匡床臥自如
꿈속에서 도리어 향기로운 풀길 찾았지만	夢裏却尋芳草路
병든 후론 유독 흰 구름 있는 곳[103] 생각하네	病來偏憶白雲居

102 오피궤(烏皮几) : 검은 염소 가죽으로 장식한 안석(案席)으로, 한가로운 생활을 말한다. 두보의 〈장부성도초당도중유작(將赴成都草堂途中有作)〉 시에, "금관성 서쪽의 생활은 곤궁하지만, 오피궤가 있기에 도리어 가고만 싶네.〔錦官城西生事微, 烏皮几在還思歸.〕"라고 하였다.

103 흰……곳 : 어버이를 간절히 생각하는 것을 형용한 말이다. 당(唐)나라 적인걸(狄仁傑)이 태행산(太行山)을 넘어가던 중에 흰 구름이 외로이 떠가는 남쪽 하늘을 바라보면서 "저 구름 아래에 어버이가 계신다.〔吾親所居, 在此雲下.〕" 하고는 한참 동안 머물러 있다가 구름이 다른 곳으로 옮겨 간 뒤에 다시 길을 떠났다는 고사가 있다. 《舊唐書 卷89 狄仁傑列傳》

양천의 객사에서 묵으며

宿陽川客舍

강어귀 솟는 해는 밝은 노을에 잠겼는데	江門初日蘸明霞
조수 물러나고 바람 일어 포말이 꽃을 피우네	潮退風生浪欲花
관사 누각에서 꿈을 깨자 가을소리 상쾌하여	官閣夢回秋籟爽
이내 몸 물 속 신선의 집에 있는가 하여라	却疑身在水仚家

여만에게 주다

酬汝萬

잇단 밤 가을비에 물가 모래밭 잠겼는데	連宵秋雨沒汀沙
수많은 상선이 골짜기를 빗겨 지나가네	無數商帆過峽斜
호수의 해 잠기려 하매 여울 소리 거센데	湖日欲沈灘響急
물새는 날개 맞대고 갈대 꽃 아래 앉았네	渚禽聯翼下蘆花

천장의 시에 차운하다

次天章韻

산머리 찬 해가 강어귀에 떨어지는데 山頭寒日下江門
낙엽 진 성근 숲에 작은 마을이 보이네 葉盡疏林見小村
푸른 새매 앞에 날고 누렁이 뒤따르는 蒼隼在前黃犬後
십리 너른 모래밭 광릉 들판이라 平沙十里廣陵原

둘째 其二

골짜기 사이 백성은 진나라 유민[104] 같아 峽中民物似秦餘
세모에 돌아와 처음 모임을 맺었네 歲暮歸來結社初
한양 길 희미한데 일천 산에 눈이 내리니 京洛路迷千嶂雪
질화로에 차 끓이며 서재 문을 닫네 土爐茶火掩齋居

104 진나라 유민 : 순수하고 평화로운 백성을 가리키는 말로, 진(秦)나라 때 일부 백성들이 당시의 전란을 피해 지금의 호남성(湖南省) 사양현(泗陽縣)인 무릉 골짜기로 들어가 마을을 이루고 평화롭게 살았는데, 동진 무제(東晉武帝) 때 어떤 어부에 의해 그곳에서 계속 살고 있는 그 후손들을 발견했다고 한다.

광릉의 배 안에서 청금정 주인을 만나 구봉(九峯 송익필(宋翼弼))의 시에 화운하다
廣陵舟中逢聽琴亭主人和九峯詩

점점이 보이는 구름과 산, 면면이 드러난 언덕	點點雲山面面堆
작은 산마루 가파른 곳에 몇 칸 집이 열렸네	小峥嶸處數椽開
눌옹[105]의 시는 삼강의 풍경을 담아냈고	訥翁詩攬三江色
우륵의 가야금은 만고의 누대에 전하네	于勒琴傳萬古臺

둘째 其二

나는 백로 멱 감는 오리는 아침부터 저녁까지	飛鷺浴鳧自朝暮
떠가는 구름 흐르는 물은 예나 지금이나	浮雲流水還今古
배 안에서 구봉의 시에 하나하나 화운하며	舟中細和九峯詩
술잔 잡고 나지막이 읊조리는 강에서의 오후	把酒沈吟江日午

105 눌옹(訥翁) : 박상(朴祥, 1474~1530)으로, 본관은 충주(忠州), 자는 창세(昌世), 호는 눌재(訥齋)다.

이일상의 시에 차운하다

次李一相韻

노인은 가을빛 속에 노래 부르고	老子歌吟秋色裏
나그네는 술 잔 기울이는 중에 말을 타네	客行鞍馬酒杯中
중양절 막 지나 노란 꽃 피었는데	重陽纔過黃花在
백 척 높은 누대에 모자 날리며 바람이 부네[106]	百尺高臺落帽風

106 모자……부네 : 진(晉)나라 맹가(孟嘉)가 중구일(重九日)에 환온(桓溫)이 베푼 용산(龍山)의 주연(酒宴)에 참석했다가 술에 흠뻑 취한 나머지 바람에 모자가 날아가는 것도 깨닫지 못했다는 고사가 있다. 《世說新語 識鑑》

박상지 서 가 소식을 보내온 것에 사례하며

謝朴尙之寄訊 遾

거문고 잡고 학과 짝하여 생애를 보내며　携琴伴鶴送生涯
낮에도 강가 사립문 닫으니 하루해 더디네　晝掩江扉白日遲
땅 가득한 천궁에 안개비 가늘게 내리는데　滿地蘼蕪煙雨細
친구의 서찰이 그리움을 위로하네　故人書札慰相思

이 양양 시해 에게 주다

贈李襄陽 時楷

나는 신미년(1631, 인조9) 가을에 바다와 산을 두루 유람했었다. 어느덧 10년이 지났지만 꿈속의 혼은 끊임없이 그곳을 왕래해서 관(關)을 나가는 사람을 만날 때면 정신이 그쪽으로 내달리고 있음을 깨닫게 된다. 양양 군수로 있는 학사 이자범(李子範)이 동회(東淮)에 있는 나를 방문했기에 마침내 네 수로 작별의 말을 대신하고, 또 절구 두 수 중 한 수에는 뜻을 의탁하고 한 수로는 스스로를 비웃는다.

지난 날 휴가를 얻어 관동을 다녔는데	曾因休沐踏關東
해상의 기이한 경관 모두 아름다웠으나	海上奇觀大抵同
낙가봉 산사의 새벽이 그중 으뜸이라	最是洛迦峯寺曉
여섯 용이 붉은 수레 하나 받들어 내었네	六龍擎出一輪紅

낙산사(洛山寺)

둘째 其二

누대가 완성된 것은 연우 갑진년[107]	樓成延祐甲辰年
벽 위에 쓰인 시는 옛 선현의 글이라네	壁上題詩認昔賢
그대가 가서 이곳에 올라 세세히 화운하여	君去登臨應細和

107 연우(延祐) 갑진년 : 연우는 원나라 인종(仁宗)의 연호로, 이 기간 중에 갑진년이 들어있지 않다. 아마 갑인년(1314)의 오류로 보이는데 저자의 착오가 있는 듯하다.

때때로 쌍 잉어에 새 시편을 보내주시게　　時憑雙鯉寄新篇

태평루(太平樓)

셋째 其三

정자와 누대 그림 같지 않은 곳 없지만　　亭臺無處不如畫
특히 관란정은 푸른 하늘에 기대어 있네　　特地觀瀾倚碧虛
십리 긴 강이 바다로 흘러 들어가는데　　十里長川流入海
두세 채 어부의 집이 숲 너머로 앉았네　　兩三漁屋隔林居

관란정(觀瀾亭)

넷째 其四

상운역 주변의 만 그루 소나무　　祥雲驛畔萬株松
소나무 밖 큰 바다 파도 산을 이루네　　松外滄溟浪作峯
취해 소나무 뿌리에 기대인 밝은 달 밤　　醉倚松根明月夜
봉래산 학 탄 신선 행여 만나려나　　蓬萊笙鶴倘相逢

상운정(祥雲亭)

다섯째 其五

학사가 지금 또 한 번 수령이 되었으니　　學士如今又一麾
습가지[108]에서 취하지 못할 것 있으랴　　何須不醉習家池

108 습가지(習家池) : 옛날 중국 양양(襄陽)의 호족(豪族)인 습씨(習氏)들의 아름다운 원지(園池)인데, 산간(山簡)이 양양 태수(襄陽太守)로 있을 때 이곳의 빼어난 경치를 사랑하여 매번 와서 술을 마시고 갔다고 한다. 《晉書 卷43 山簡列傳》 이시해가 이때

큰 제방 남쪽 가에 피리와 노래 소리 우렁차니　大堤南畔笙歌咽
응당 길을 가로막고 손뼉 치는 아이 있으리라[109]　應有攔街拍手兒

여섯째 其六

그날의 풍류 전부 성글어지지 않아　風流當日未全疏
깨인 곳에서 읊은 시를 취한 후에 쓰네　醒處吟詩醉後書
한 가닥 옥비녀만 부질없이 남았는데　一股瑤簪謾留跡
두위랑[110] 지금은 이미 빗질을 이기지 못하네　韋娘今已不勝梳

양양 부사로 있었기에 이 고사를 들어 말한 것이다.

109 응당……있으리라 : 진(晉)나라 때 산간(山簡)의 고사에서 온 말로, 이백(李白)의 〈양양가(襄陽歌)〉에, "석양은 현산 서쪽으로 넘어가려 하는데, 백접리 거꾸로 쓰고 꽃 아래서 길 헤매네. 양양의 아이들 일제히 손뼉 치면서, 길거리 가로막고 다투어 백동제를 노래하네. 옆 사람에게 무슨 일로 웃는가 물으니, 곤드레 취한 산간을 보고 웃는단다.〔落日欲沒峴山西, 倒著接䍦花下迷. 襄陽小兒齊拍手, 攔街爭唱白銅鞮. 傍人借問笑何事? 笑殺山翁醉似泥.〕" 하였다.

110 두위랑(杜韋娘) : 당대의 저명한 가기(歌妓)로, 여기서는 늙은 작가 자신을 빗댄 말이다.

김도원[111]의 부채 머리에 있는 시에 차운하다

次金道源扇頭韻

이부의 맑은 시가 뺨과 이를 상쾌하게 하는데	吏部淸詩爽頰牙
여러 차례 읊자 취한 눈동자 비스듬하네	數回吟罷醉眸斜
배 나누어 타며 하는 작별이 도리어 그림이 되니	分舟作別還堪畫
십리 맑은 물결에 저녁노을 잠기네	十里晴波蘸夕霞

111 김도원(金道源) : 김세렴(金世濂 1593~1646)으로, 본관은 선산(善山), 자는 도원, 호는 동명(東溟)이다.

수성 가는 길 위에서 입으로 시를 짓다
隋城路上口占

풀 덮은 너른 밭에 물은 어지러이 흐르는데	草沒平疇水亂流
적막한 마을은 가을걷이가 마땅치 않네	蕭條村落不宜秋
난리 뒤라 옛 자취를 찾을 길 없는데	亂餘舊跡無尋處
석불이 의연하게 길 끝에 서 있다네	石佛依然路上頭

덕륭 상인에게 주다

贈德隆上人

호수 위 하늘 서리 내려 감나무 숲 붉은데	湖天霜落柿林紅
나그네길 가을빛 속에 기러기 빈 곳에 내려앉네	客路秋光雁下空
버려진 암자 기운 햇빛 속에 외로이 읊조리자니	廢院孤吟斜照裏
끊어진 다리에 승 그림자, 그림 속에 있는 듯	斷橋僧影畫圖中

이산관에서 사암(思庵 박순(朴淳))의 시에 차운하다
伊山館次思庵韻

일년 가을빛 물든 갈림길 사이	一年秋色路岐間
곳곳에 안개 노을 객의 얼굴 위로하네	處處煙霞慰客顔
현각에 해는 기울어 베개 높이하고 누우니	縣閣日斜高枕臥
낮은 담 긴 대나무 사이로 청산이 드러났네	短墻脩竹露靑山

이로당에서 밤에 술을 마시다

怡老堂夜酌

나그네 회포 쓸쓸하여 깊은 잔 손에 쥐었는데	客懷牢落把深杯
주렴 밖에서 가벼운 한기가 끊임없이 들어오네	簾外輕寒陣陣來
한 곡조 거문고 소리 이별의 한 울리는데	一曲瑤琴彈別恨
별들은 그림자 옮기고 촛농은 언덕을 이루었네	玉繩移影燭成堆

강을 건너며 입으로 시를 부르다

渡江口呼

송골산은 높고 압록강은 깊은데　松鶻山高鴨水深
변새는 푸른 안개로 새벽녘 어둑하네　塞垣蒼靄曉沈沈
하늘 동쪽 솟는 해 맑게 가린 것 없어　天東初日晴無翳
외로운 신하의 한 조각 마음을 비추어주네　來照孤臣一片心

배를 타고 두미진에 들어가며[112]

舟入斗津

섣달에 갔던 사람 사월에 돌아오니	臘月行人四月歸
강물은 탈 없어 백구가 나는구나	江流無恙白鷗飛
이제 다시 어부 나무꾼과 짝하여	從今更約漁樵伴
비와 안개에 젖어 낚시바위에 오르리라	和雨和煙上釣磯

112 배를……들어가며 : 1642년 12월 심양에 잡혀갔던 저자가 1643년 4월 동회(東淮)로 돌아오는 길에 두미진을 지나면서 지은 시이다. 《대동시선(大東詩選)》에는 〈환회중(還淮中)〉으로 되어 있다.

우연히 읊다

偶吟

이슬 뚫고 구름 젖히며 조각달 걸렸는데　破露披雲片月懸
숲 끝으로 물빛은 맑은 가을 하늘이더니　林端水色淡秋天
잇단 밤 비바람에 온통 자취가 사라져　連宵風雨渾無迹
장실이 도리어 일엽편주와 같구나　丈室還如一葉船

송대 주인 최충일은 일흔 몇 살인데 강령하고 무탈하였다. 하루는 마을 아이를 시켜 책을 읽게 하였는데, 갑자기 귀가 먹어 말을 하지 못하다가 마침내 죽었다. 그 사람됨이 침착하고 말과 웃음이 적었으며 마을에서 효성스럽고 의롭다고 칭송하였다. 평소 고기잡이 하고 몸소 밭을 갈아서 어머니를 봉양하였는데, 어머니가 돌아가시자 다시는 고기잡이를 하지 않았다. 가난 속에서도 편안히 지내며 유유자적하였고 늘그막에 나를 만나 매우 사이가 좋았다. 술을 잘해 한 말을 마시고도 몸이 흐트러지지 않았으니 은둔자의 부류이다. 손수 몇 그루 소나무를 누대 주변에 심었기 때문에 송대 주인이라고 불렀다

松臺主人崔忠一七十餘歲康强無恙一日教鄕里兒讀書忽聵聵不能語遂卒其人沈厚寡言笑鄕里稱孝義平生漁釣躬耕以養母母死不復爲漁安貧自適晩遇余契甚善食酒能盡一斗不亂蓋隱遯者流也手植數松於臺邊故云

평소 효성스럽고 의로워 이웃을 교화하였고	平居孝義化鄕隣
나이 칠십에 물고기 잡으며 생활하였네	漁釣生涯七十春
태사가 만일 고사전을 엮는다면	太史若編高士傳
그의 맑은 풍도 밭 갈던 이[113]에 부끄럽지 않으리	淸風不媿耦耕人

113 밭 갈던 이 : 장저(長沮)와 걸닉(桀溺)을 가리킨다. 이들은 세상을 등지고 농사를 지으며 생활하였는데, 공자(孔子)가 천하를 주유하는 것을 비웃었던 고사가 《논어》 〈미자(微子)〉편에 보인다.

둘째 其二

늘그막 강호 향하여 함께 이웃해 살면서	晩向江湖共卜隣
봄날 초당에서 술 마시던 것이 몇 번이던가	幾番尊酒草堂春
내년 얼음 풀려 물고기 바라보는 곳에서	明年氷泮觀魚處
술잔 전하는 자리에 한 사람이 적겠구려	座上傳杯少一人

수종사에서 묵고 돌아오는 길에 매를 보다

宿水鍾歸路觀鷹

종소리 잦아진 때 밥을 먹고 산문 내려와	鐘殘飯罷下山門
나귀 등에 채찍 잡은 시인이 외딴 마을 지나네	驢背吟鞭過別村
평소의 습관을 아직 그만두지 못하여	習氣平生猶未已
광릉의 첫 눈 맞으며 들판에서 사냥한다네[114]	廣陵初雪獵平原

114 평소의……사냥하네 : 명도(明道) 정호(程顥)의 고사를 떠올리게 하는 구절이다. 정호는 소년시절 사냥을 좋아하였으나 학문에 뜻을 둔 후로는 그 마음이 사라졌다고 생각하였다. 그러나 12년이 지난 어느 날 교외를 지나다가 사냥하는 사람을 보고 자기도 모르게 즐거운 마음이 일었다고 한다. 《心經 卷1》

저물녘에 앉아서 입으로 시를 부르다

晩坐口呼

외로운 등불 깜박깜박 나그네 혼에 짝하고　　孤燈耿耿伴羈魂
멀리멀리 닭울음소리 외딴 마을에 들려오네　　遠遠鷄聲起別村
한 번 동창에 눈 돌려 밤빛 바라보니　　試拓東窓看夜色
새벽산은 꿈같은데 달이 흔적 남겼네　　曉山如夢月留痕

밤에 읊다
夜吟

서늘함 이는 빈 누각 벽오동 지는 가을에	涼生虛閣碧梧秋
어둔 하늘 기러기 한 마리 객의 시름 일으키네	一雁冥冥喚客愁
등자리 대침상에 잠 못 드는 맑은 밤에	藤簟竹床淸不寐
하늘 가득 별들이 큰 강 되어 흘러가네	滿天星斗大江流

천장의 석상에서 화운하다

天章席上和韻

매양 농부를 만나 날씨 이야기 하다보면	每對村農較雨晴
밭 갈고 낚시하며 여생을 보내고 싶어지네	欲將耕釣送餘生
가을바람에 지팡이 짚고 물가 바위에 나가면	秋風杖屨苔磯畔
갈대밭 기러기 모래밭 갈매기도 놀라지 않네	蘆雁沙鷗也不驚

배를 타고 광릉으로 내려가며 서울을 바라보다

舟下廣陵望京城

눈 내리는 차가운 강 저물녘 노를 젓는데	雪落江寒動晩橈
교자에 병든 몸을 부축하고 망루를 바라보네	軟輿扶病望華譙
노인의 신세 참으로 자랑할 만하니	老夫身世眞堪詑
반은 산림 속에 반은 저자와 조정에 있다오	半是山林半市朝

달을 보며 탕참에 있는 청음의 시에 차운하다[115]

見月次湯站淸陰韻

강가 매화와 눈 덮인 산, 한해가 저물어 가는데	江梅山雪歲將殘
작년 변방 나설 때의 추위가 아직 생각나네	尙記前年出塞寒
슬프구나, 함께 갔으나 함께 오지 못했으니	惆悵同行不同返
오늘 밤 밝은 달을 뉘와 함께 보랴	今宵明月共誰看

115 달을……차운하다 : 저자는 1642년(인조20) 12월에 청나라로 압송되어 다음해 1월에 심양에 있다가 2월에 돌아왔는데, 이때 청음 김상헌도 함께 압송되었으나 저자만 돌아오게 되었다. 이 시의 내용으로 보아 1643년 경에 지은 것으로 추정된다. 저자의 이 시에 대하여 김상헌이 재차 화운한 〈봉황성도중차동회상원감회운(鳳凰城途中次東淮上元感懷韻)〉 2수가 《청음집》에 전한다.

부질없이 읊다

漫吟

초가 정자 한 칸 배보다 작은데	茅亭一架小於舟
9월이라 가을에 손님이 와서 머무네	客子來憑九月秋
취한 눈 몽롱한 중에 강 위로 새벽 오는데	醉眼朦曨江日曉
먼 산은 눈썹먹 같고 강물은 기름 같네	遠山如黛水如油

우연히 읊다

偶吟

하루가 반이 지났는데 잠이 달아	一日中分睡味多
산창으로 석양이 기우는 것도 몰랐네	山窓不覺夕陽斜
계곡에 홀연 구름 일어 강물 소리 거센데	溪雲忽起江聲厲
뜰 앞에는 치자꽃에 비가 내려치네	雨打庭前薝蔔花

느낌을 읊다

感吟

병중이라 쇠잔한 눈물 걷잡을 수 없는데　病中衰淚自無從
서쪽에서 오는 소식에 가슴이 두근거리네　消息西來斗膽春
만절필동[116]의 말씀 그날의 일　萬折必東當日事
지금에 누가 다시 신종을 위해 울음 울려나　秖今誰復泣神宗

116 만절필동(萬折必東) : 원래는 강물이 만 번 꺾여 흘러도 결국은 동해에 이른다는 말로 여러 곡절이 있더라도 귀결은 일정하다는 의미이다. 선조가 임진왜란 때에 명나라 신종이 원병을 보내 준 일에 고마움을 표하기 위해 한 말이다.

낙전당집

제5권

序서

서 序

호서로 가는 조 동지 존성 를 전송하는 서[1]

奉送趙同知 存性 歸湖西序

저 익성(翊聖)은 일찍부터 집안에서 전수받은 바를 잃고서 집안의 명성을 떨어뜨렸습니다. 학사대부들과는 추구하는 길이 달라서 비록 선생과 같이 덕이 성대한 분의 문하일지라도 감히 제자가 되지 못했으니, 이는 제가 원래 오만해서가 아닙니다. 병오년(1606, 선조39) 가을에야 비로소 댁을 방문하여 침상 아래에서 선생께 인사를 드리게 되었습니다. 선생의 사기(辭氣) 사이에서 보고 느낀 것은 참으로 부박하고 경박하고 사납고 오만한 습성을 제거하기에 충분하였습니다. 물러나 전현들과 그 덕을 비교해 보니 서한(西漢)의 행실이 순후한 군자에 가까웠습니다. 선생께서 견책을 당하신 뒤로는 교관(郊關) 밖으로 떠돌아다니기도 하고 강담(江潭) 가에서 우거하기도 하였으니, 편안히 지낼 겨를이 없었습니다. 저는 조랑말을 타고 성곽을 나서서 때때로 선생을 따라 술자리를 함께 하였는데, 종종 장유(長幼)의 예를 따지지

1 호서로……서 : 이 글은 저자가 1613년(광해군5)에 조존성(趙存性, 1554~1628)이 광해군의 생모추존에 반대하다가 파직당하여 호서로 갈 때 전송하면서 쓴 글이다.

않고 언론을 극진히 펼치다가 날이 저물도록 돌아갈 것을 잊은 때도 있었습니다. 하루는 선생이 호외(湖外)로 떠난다며 제게 말씀하기를,

"내 이제 늙었으니 장차 고향 언덕으로 돌아가 여생을 즐기려 하네. 자네가 송별의 글을 써주게나."

라고 하였습니다. 저는 절을 하고 그 명을 받들고는 선생에 대해 평소 생각한 바를 차례대로 서술하여 다음과 같이 말합니다.

임금을 섬길 때는 직언하여 숨김이 없고[2] 부모를 섬길 때는 온화한 낯빛으로 뜻을 어김이 없으며,[3] 자제는 그 가르침에 복종하고 종족은 그 덕에 교화되며, 붕우는 그 절의를 믿고 이민(吏民)은 그 은혜를 가슴속에 품는 것은 행실이 완성되고 재주가 달통한 것입니다. 선생은 조정에 나아가 언사(言事)가 합치되지 않으면 조정을 떠났으니 숨김이 없다고 할 만하며, 모친을 종신토록 모시면서 뜻을 받들고 물질로 봉양하는 데 지극함을 다하였으니 뜻을 어김이 없다고 할 만합니다. 집안이 조정과 같이 엄숙하였으니 자제가 그 가르침을 복종한 것이요, 인척에선 화목하게 다른 말이 나오지 않았으니 종족이 그 덕에 교화된 것입니다. 쇠를 끊을 정도의 날카로운 우의(友誼)가 머리가 희도록 쇠하지 않았으니 교의(交誼)가 신실한 것이요, 복잡다단한 공무를 잘 처리하여 칭송이 그치지 않았으니 직무 능력이 훌륭한 것입니다. 이 몇 가지는 당세의 선비라면 누구나 항상 말할 수 있는 것들입니다.

2 임금을……없고 : 《예기》 〈단궁 상(檀弓上)〉에, "임금을 섬길 때는 직언하여 숨김이 없어야한다.〔事君有犯而無隱〕"라고 하였다.

3 부모를……없으며 : 《논어》 〈위정(爲政)〉에서 자하(子夏)가 효를 묻자, 공자가 "얼굴빛을 온화하게 가짐이 어렵다.〔色難〕"라고 하였고, 《논어》 〈위정(爲政)〉에서 맹의자(孟懿子)가 효를 묻자, 공자가 "어김이 없어야 한다.〔無違〕"라고 하였다.

제가 보건대 옛 사람들은 재주와 능력을 가지고 오랫동안 세상에서 떨어져 지내면서도 세상사의 오욕을 겪지 않을 수 없었으니, 태사공(太史公)의 기록한 바가 그것입니다. 시대가 흘러 진(秦)나라와 한(漢)나라에 이르러서는 양운(楊惲)이 콩을 심는 노래를 불러 스스로 화를 자초하였고,[4] 은호(殷浩)는 빈 봉투만을 돌려보내 결국 폐출 당하였습니다.[5] 그들의 덕은 자신의 재주를 가리기에는 부족하였던 만큼 환난의 지경에 처했을 때 조급하게 다투며 남을 헐뜯고 원망하는 기색을 면하지는 못하였습니다.

선생은 뜻밖의 재앙으로 인해 파직되어 유락한 것이 대략 6년 정도였습니다. 아내가 세상을 떠나도 찾아가 보지 못하고 자식이 병에 걸려도 보살펴 줄 수 없었으니 그 곤궁함과 괴로움이 마음을 뒤흔들기에 충분하였습니다. 그러나 선생은 영욕의 경계에서 잘 분별하여 지조를 확고히 하고 유순하게 따라 지기(志氣)는 더욱 씩씩해지고 정신은 더

4 양운(楊惲)이……자초하였고 : 한(漢)나라 사람 양운(楊惲)은 염결(廉潔)하고 재주가 뛰어난 선비로서 평소 자신의 재능을 과시하고 남의 음사(陰私)를 파헤치기 좋아한 것 때문에 조정에 그를 원망하는 자가 많았다. 그리하여 태복(太僕) 대장락(戴長樂)이 그를 임금에게 참소하자, 임금이 그를 차마 죽이지는 못하고 관작을 삭탈하여 서인(庶人)으로 강등시켰다. 그는 파직을 당한 뒤 시골에 돌아와서 불만스러운 뜻을 〈보손회종서(報孫會宗書)〉라는 시로 표현하였다. 그 시에 이르기를, "남산의 저 밭을 황무지로 방치하였네. 일경의 밭에 콩을 심으니 떨어져 콩깍지만 남았네.〔田彼南山, 蕪穢不治. 種一頃豆, 落而爲萁.〕"라고 하였는데, 이를 빌미로 요참형(腰斬刑)을 당하였다.

5 은호(殷浩)는……당하였습니다 : 진(晉)나라의 은호(殷浩)는 어릴 적 친구였던 환온(桓溫)으로부터 중상모략을 당해 파직되었는데, 환온이 화해를 구하며 서신을 보내어 그를 상서령(尙書令)으로 등용하였다. 은호는 답장을 쓴 후 혹시 잘못된 곳이 없나 수십 번을 더 살피다가 결국은 빈 봉투만을 환온에게 보냈고, 이로 인해 환온은 화가 나서 그를 폐출시켰다.《晉書 卷77 殷浩列傳》

욱 왕성해졌습니다. 빈객을 만날 때마다 술 단지를 가져와 큰 술잔을 건네고 갓 잡은 물고기와 시장에서 사온 포를 안주거리로 내어 즐겁고 화락하기가 유유자적했으니, 이는 더욱 더 대인의 국량이라 하겠습니다. 아! 세상일이 날로 어그러져 은둔한 선비들로 산속은 가득하고 도읍은 텅 비었으니, 천지가 닫히고 대도(大道)가 숨은 듯합니다.

호중(湖中 충청도)은 바로 선생의 고향입니다. 전원의 즐거움, 종족의 번성함, 산수의 승경, 술자리 모임 등 이목을 즐겁게 하고 마음을 기쁘게 하는 것은 강담에서 쓸쓸히 거닐며 읊조리는 것[6]과는 함께 말할 수 없는 것입니다. 그런데 선생은 교목세신(喬木世臣)으로 한 번 호해(湖海) 가로 내려가시면 종남산(終南山)과 맑은 위수(渭水)[7]는 아득히 천리 밖이 되어버립니다. 대궐을 그리워하고 임금을 사모하는 정성과 시대를 근심하고 도를 걱정하는 마음을 스스로 그칠 수 없는 것이 있기에 선생이 이번에 떠나는 것을 깊이 안타까워하며 저에게 글을 요구하신 것이니, 그 담긴 뜻이 깊습니다. 막히거나 순탄한 운수는 그 화복의 뒤바뀜이 끝이 없고 닫히고 열리는 기미는 그 변통함이 일정하지 않으니, 지난 일을 헤아려 미래의 일을 아는 것은 성인이 《주역》을 보는 이유입니다. 그러하니 선생의 예전 일은 머지않아서 회복될 것입니다. 저 익성은 죄인으로 몸은 나라를 저버린 죄에 빠져 날마다 먼 변방으로

6 강담에서……것 : 관직에서 쫓겨나 있는 상황을 말한다. 초(楚)나라 굴원(屈原)이 《초사(楚辭)》 〈어부(漁父)〉에서, "일단 쫓겨난 다음에 강담에서 노닐고 택반에서 읊조렸다.〔屈原既放, 游於江潭, 行吟澤畔.〕"라고 하였다.

7 종남산(終南山)과 맑은 위수(渭水) : 종남산(終南山)과 위수(渭水)는 장안(長安)의 남쪽과 북쪽에 있는 산과 강의 이름이기 때문에, 한양의 남산과 한강의 별칭으로 자주 쓰인다.

귀양 가는 벌을 기다리고 있습니다.[8] 한 번 조정을 떠난 뒤로 임금과는 멀어졌습니다. 선생의 행차에 실로 강개하고 흡족하지 않은 점이 있기에 여러 번 탄식하며 이 글을 씁니다.

8 저……있습니다 : 저자는 광해군 때 폐모론(廢母論)이 일어나자 이를 반대하다가 추방되어 쫓겨났다. 한편, 이 글을 지었던 1613년(광해군5)에 그의 부친인 신흠(申欽) 역시 무함을 입어 하옥되었다가 방귀전리(放歸田里)되었다.

임지로 가는 황운봉[9] 일호 을 전송하는 서
送黃雲峯 一皓 之任序

내가 보건대, 선비가 평소에 강개하여 담론할 때에 세도(世道)를 논하면 삼대(三代)를 일컫고 학문을 논하면 공맹(孔孟)을 일컬으면서 공명에 급급해하지 않기를[10] 스스로 기약한다. 그런데 한 번 나아가 벼슬을 하게 되면 지향하는 바가 날마다 낮아지고 몸가짐이 날마다 엉성해져서 결국은 이름을 욕보이고 몸을 망가뜨리게 될 뿐이다. 어째서인가. 선비가 곤궁한 데에 처하게 되면 그 마음을 잡는 것이 위태로우며 우환을 염려함이 깊어서[11] 논의하는 바가 거침없이 나오게 된다. 인의(仁義)로 헤아려보면 그 자질은 강하고 유약함이 있고 지식에는 넓고 간약함이 있어서, 큰일을 당하게 되면 마음과 뜻이 어그러지고 변하여 이치를 보는 데에 혼미해지고 득실에 유혹되어 방정하고 청렴함을 깎아 없애 세상에 영합하게 된다. 이것이 이른바 "터럭만큼의 차이가 결국은 천리까지 어긋난다"는 것이다. 벼슬을 하는 자는 반드시 이것을 알아야 한다.

9 황운봉 : 황일호(黃一皓, 1588~1641)로, 본관은 창원(昌原), 자는 익취(翼就), 호는 지소(芝所)이다. 저자의 3남인 신경(申炅)이 황일호의 딸과 혼인을 맺었다.

10 공명에……않기를 : 《장자》 〈소요유(逍遙遊)〉에 "열자(列子)가 복을 구하는 데에는 그다지 급급해하지 않았다.〔彼於致福者, 未數數然也.〕"라고 한 데서 나온 말이다.

11 마음을……깊어서 : 《맹자》 〈진심 상(盡心上)〉에 "오직 외로운 신하와 서자(庶子)들은 그 마음을 잡는 것이 위태로우며 우환을 염려함이 깊기 때문에 통달하는 것이다."라고 한 데서 나온 말이다.

안으로는 공경(公卿)과 밖으로는 지방의 수령이 어느 것인들 중요한 직임이 아니겠는가. 관리의 도리는 임금을 받들고 백성을 가까이하는 것이다. 백성의 평안과 근심에 따른 관리의 어짊과 불초함이 또한 임금에게 알려져, 임금의 상벌이 행해지고 권면하고 경계함이 있는 것이다. 이 때문에 옛날부터 순리(循吏)·묵리(墨吏)·간리(姦吏)·혹리(酷吏) 등의 호칭이 있었고, 그 중에서 간리와 묵리는 선비가 부끄러워하는 것이다. 혹리라고 하는 것은 호걸을 억압하고 교활한 이를 격퇴하여 그 명성과 위엄이 날로 생장하여 당시의 명예를 한껏 취하는 자들인데, 앞서 강개하여 담론하는 자들은 할 수 있는 일이다. 그러나 순리는 그러하지 않으니 혁혁한 명성은 없지만 실제의 은택은 있고, 부박하고 음탕한 좀 벌레들을 제거하여 지극한 공변됨을 이룬다. 그 잘 다스림의 효과는 떠난 뒤에도 그리워하게 만들고 오랜 시간이 지나도 남게 되니, 아정한 유자의 습속을 가지고 오로지 인의를 숭상하는 자가 아니면 그렇게 할 수 있는 사람이 드물다. 그러므로 지금의 관리들 중에서 상등의 치적으로 높은 관직에 이른 자들은 많지만 그 자취를 궁구하고 그 실질을 징험해 보면 순리라는 호칭에 걸맞은 사람은 듣지 못했다. 아! 세도는 낮아지고 민심은 흩어진지 오래되었다. 방원(方圓)이 구분되지 못하고 권계도 징험이 없어 점점 나라의 근본이 흔들리고 수재(水災)와 한재(旱災)가 이르렀다. 이러하니 관리의 어짊과 불초함이 어찌 중하지 않겠는가. 전하는 말에 이르기를,

"불초한 자는 잘 다스려진 시대를 어지럽히고, 어진 이는 어지러운 시대를 잘 다스린다."[12]

12 불초한……다스린다 : 《한비자(韓非子)》 〈난세(難勢)〉에, "현자를 등용하면 나

라고 하였다.

지금 임금께서 황군(黃君)을 포의(布衣)의 선비들 사이에서 등용하여 갑자기 백 리의 명운을 맡기셨는데, 황군 또한 임금의 지우에 감격하여 사양하지 않고 명을 받들어 자신이 배운 것을 가지고 백성을 보살펴 임금의 은혜에 보답하는 방법으로 삼고자 하니, 현명한 임금과 어진 신하가 서로 만났음을 알겠다. 황군의 행실을 나는 알고 있으니, 강직함으로 제재하는 바가 있고 청렴하면서도 너무 각박하지 않으며, 식견과 도량이 통창하고 자애로운 마음까지 지니고 있다. 그 지조는 외물을 막을 만하고 그 재주는 번다한 공무를 잘 처리할 만하다. 이로써 백성을 다스리면 순리이면서 양리(良吏)가 되지 않겠는가. 정사가 훌륭히 이루어져 어진 명성이 날로 번창하게 되면 간리는 두려워하고 묵리는 없어지고 혹리는 너그러워져서 한 지방의 백성들 또한 그로부터 덕을 입을 것이다. 나는 이에 임금께서 사람을 잘 알아보시고 황군 또한 그 지우를 받았음을 축하하는 바이다. 군의 명성이 성대해질 날을 나는 장차 목을 빼고 기다리겠노라.

라가 잘 다스려지고, 불초한 자를 등용하면 나라가 어지러워진다.〔賢者用之, 則天下治, 不肖者用之, 則天下亂.〕"라고 하였다. 참고로, 신흠(申欽) 역시 〈장원수출사서(張元帥出師序)〉에서, "語曰 : 賢者治亂, 不肖者亂治."라고 하였는데, 아마도 저자가 이 구문을 차용한 듯하다.

바다 건너 천자에게 조회하러 가는 이 참판 현영 을 전송하는 서[13]

奉送李參判 顯英 航海朝天序

임진왜란 때 사대부들은 명을 받들어 국사에 매진하였는데 부친도 나라 안팎에서 일을 보시느라 익성(翊聖)은 남곽(南郭) 박공(朴公)[14] 선생에게서 수학하였다. 남곽공은 격의 없이 나를 아껴주고 보살펴 주시고, 익성 역시 자제의 예법으로 남곽공을 섬겼으며 남곽공 내외 친속의 장유(長幼)들과 더욱 친숙하게 되어 그 문하에서 공에게 인사를 드릴 수 있게 되었다. 공은 남곽공의 당종(堂從)으로 부친과는 실제 매우 친한 사이였으니, 이 때문에 공은 나를 더욱 돈독하게 대하셨다.

정유재란 때 온 집안이 철옹(鐵甕)[15]으로 피난을 가게 되었다. 이때에 남곽공은 통판(通判)이 되었고 이공은 평사(評事)가 되어 그의 부친[16]을 모시고 거처하게 되었으니, 난리 때문이었다. 익성은 그의 부친에게도 학업을 배웠고 공은 말씀으로 일러주신 바가 매우 많았다. 익성은 남곽공을 섬긴 예법으로 이공 부자를 모신 세월이 20여 년이었다. 그 사이에 임금이 바뀌고 온갖 변고가 일어나 공의 부친은 세상을 떠났

13 바다……서 : 이 글은 저자가 1619년(광해군11)에 명나라에 성절사(聖節使)로 떠나는 이현영(李顯英, 1573~1642)을 전송하면서 쓴 글이다.

14 남곽(南郭) 박공(朴公) : 박동열(朴東說, 1564~1622)로, 본관은 반남(潘南), 자는 열지(悅之), 호는 남곽(南郭)·봉촌(鳳村)이다.

15 철옹(鐵甕) : 평안도 영변(寧邊)에 있는 성의 이름이다.

16 그의 부친 : 이대수(李大秀)를 가리킨다.

고 남곽공은 병이 들었는데, 익성은 죄를 짓고 스스로 폐기되어 오랫동안 찾아가 뵙지 못하였다. 간혹 공을 모시면서 즐거운 시간을 보낼 때면 번번이 옛날의 일을 실컷 말하였는데, 돌아보니 공은 이미 머리가 세었다. 근래에 세상의 변고가 날로 늘어나 스스로 몸을 잘 간수한다고 이름이 높은 자들은 모두 변절하거나 아니면 낭패를 당했다. 공은 백이(伯夷)처럼도 유하혜(柳下惠)처럼도 하지 않아[17] 초연히 구속됨이 없었으니 이른바 이미 도리에 밝고 사리에도 밝은[18] 사람이 아니겠는가.

공은 벼슬살이를 한 지 30년에 이르렀으니 태상(太常)으로부터 차근차근 품계가 올라 하대부(下大夫)의 반열에 올랐고, 오래지 않아 경사로 조회 가는 명을 받게 되었다. 앞서 사행을 떠난 자들이 대부분 풍랑에 곤액을 겪었기 때문에 관리들이 사람마다 임무를 피해 모두 세 번 바뀌어 결국 그 임무가 공에게 돌아갔다. 사람들이 모두 그 사행길을 위태롭게 여기고 걱정을 하기에 익성이 찾아가 여쭤 보니, 공은 화락한 모습으로 어떠한 기미의 낯빛도 보이지 않고 종일토록 온화한

17 백이(伯夷)처럼도……않아 : 백이처럼 너무 결백하게 지내지도 않고 유하혜(柳下惠)처럼 무턱대고 벼슬하지 않았다는 뜻이다. 《맹자》 〈공손추 상(公孫丑上)〉에 "백이(伯夷)는 섬길 만한 군주가 아니면 섬기지 않았으며 악한 사람의 조정에 서지 않으며 악한 사람과 더불어 말씀하지 않았다." 하였고, 역시 〈공손추 상(公孫丑上)〉에 "유하혜(柳下惠)는 더러운 군주를 섬김을 부끄러워하지 않으며 작은 벼슬을 낮게 여기지 않아 나감에 어짊을 숨기지 않아 반드시 그 도리를 다하였으며 벼슬길에서 누락되어도 원망하지 않으며 곤액을 당하여도 근심하지 않았다." 하였다. 한편, 양웅(揚雄)의 《법언(法言)》 〈연건(淵騫)〉에서 "백이도 아니고 유하혜도 아니요, 옳다고 하고 그르다고 하는 그 사이에 처한다.〔不夷不惠, 可否之間也.〕"라고 하였다.

18 이미……밝은 : 《시경》 〈증민(烝民)〉에 나오는 말이다. "이미 도리에 밝고 사리에도 밝아 그 몸을 보전하도다.〔旣明且哲, 以保其身.〕"라고 하였다.

모습을 보였다. 익성은 감히 위로하는 말 한 마디 하지 못하고 물러나 공의 도량에 더욱 더 감복하였다. 평소에 초연하게 지내며 구속됨이 없는 것은 공의 지조가 확고한 것이고, 위태로움에 처했을 때 화락한 모습으로 아무 내색도 하지 않는 것은 공의 뜻이 과단성이 있는 것이다. 뜻이 과단성이 있고 지조가 확고하니 그 출처에 있어서 무슨 어려움이 있겠는가. 이에 사람들이 또 그 의리를 칭송하지 않음이 없었고 임금은 더욱 장려하여 특별히 품계를 높여 주었으며 또 손수 비답을 내려 소사구(少司寇 참판)로 발탁하여 파견하였다. 공이 떠나려고 할 때 익성에게 송별의 글을 요청하였다. 길을 떠날 때 주는 전별의 글은 서로 간곡하고 자상한〔偲切〕[19] 뜻을 말해 주는 것이니, 동등 이하의 사람을 위해서나 하는 것이다. 익성이 공에 대해 무슨 말로 말을 전하겠는가.

그런데 지금 천하에서 소매를 걷어붙이고 담론하는 자들은 모두 천하의 경중이 우리에게 달려있고 우리에게 책임이 있다고 하면서 열에 일고여덟은 그 말이 의리를 내세우지 않으면 은정을 내세워 격렬하게 혀를 놀리는 데에 이르렀다. 아! 이것은 그 명분만을 좇고 그 실제는 헤아려보지 않고서 다만 면종복배(面從腹背)의 깨우침[20]을 아는 것이

19 간곡하고 자상한 : 시시절절(偲偲切切)의 준말이다. 시시(偲偲)는 자상하고 부지런한 것이며, 절절(切切)은 간곡하고 지극한 것이다. 《논어》 〈자로(子路)〉에서, "자상하고 부지런하며 간곡하고 지극하며 화락하면 선비라고 이를 만하다.〔偲偲切切, 怡怡如也, 可謂士矣.〕"라고 하였다.

20 면종복배(面從腹背)의 깨우침 : 여기서 면종복배의 깨우침이란 우리나라가 겉으로는 명나라를 따르면서 속으로는 명나라를 배신하고 후금을 따라서는 안 된다는 것이다.

다. 노추(奴酋 누르하치)가 요동(遼東)과 광녕(廣寧) 땅을 점령하고 그 곳을 이용하여 곧바로 중국에 진격하려고 하면 우리가 뒤에서 공격할까 의심하고 동쪽으로 머리를 돌려 침략하려고 하면 중국의 군사들이 관문을 나올까 두려워한다. 그 사안의 중대함이 본디 우리에게 달려 있는 듯하지만 우리가 그 중대함을 감당하기에 부족하다는 것은 참으로 분명하다. 임진년에는 이백 년 태평의 왕업을 바탕으로 나라의 총병력이 제(齊)나라와 초(楚)나라에 필적할 만하였는데, 갑자기 왜병이 들이닥치자 싸워보지도 못하고 금수(禽獸)처럼 의주까지 쫓겨가 이천여 리의 강토를 쓴 듯이 속수무책으로 적에게 내주고서, 할 수 있는 계책이라고는 중국에 가서 원군을 요청하는 것뿐이었다. 비록 중국 군대의 위엄으로 십만의 병사를 징발하고 군수품을 실어 나르는 것이 그 갑절에 달하였지만, 전장에서 싸운 지 6, 7년이 지나서야 비로소 안정될 수 있었으니, 또한 오로지 병력만으로는 이길 수가 없었다. 지금 전쟁을 논하는 자들은 왜병은 대적하기 어렵고 오랑캐는 대적하기 쉽다고 하니, 이는 왜병이 대적하기 어려운 줄만 알고 오랑캐 역시 대적하기 쉽지 않다는 것은 모르는 것이다.

가정(嘉靖) 연간에 왜병이 민월(閩越)과 절강(浙江)을 유린하여 천리가 시끄러워지자 대장군 척계광(戚繼光)을 등용하였는데, 일개 군대를 거느리고 공격하여 전복시킨 것이 마치 매미 줍는 것[21]과 같았다.

21 매미……것 : 매우 쉽게 하는 것을 비유한 말이다. 공자가 초나라로 가는 길에 숲 속을 지나다가 어떤 꼽추가 매미를 잡는 것을 보았는데, 마치 매미를 줍듯이 하고 있었다. 이에 공자가 무슨 도(道)가 있느냐고 물으니, 꼽추 노인이 매미에만 정신을 집중하고 다른 어떤 사물에도 마음을 빼앗기지 않는 것이 요령이라고 대답하자, 공자가 제자들을 돌아보고 "마음을 흩트리지 않고 정신을 집중한다는 것은 이 꼽추 노인을

만력(萬曆) 초에는 오랑캐가 서북 방면으로 진출하자 대장군을 불러서 오랑캐를 상대하게 하니 오랑캐는 곧 도망가서, 대장군이 서북 방면에 있는 동안에는 남쪽으로 침범하지 못하였다. 임진년 이후로 동쪽으로 정벌하러 온 여러 장군들은 그 병법이 대체로 모두 대장군의 《기효신서(紀效新書)》를 사용하였으니, 대장군은 진실로 근세에 군대를 잘 지휘한 사람이었다. 그러나 대장군이 오랑캐가 왜병보다 상대하기 어렵다고 말한 것이 다섯 가지이니, 반드시 군법을 느슨하게 하고 편의대로 시행하여 삼십 인의 부장(副將)을 선발하여 변방 군읍으로 보내고 재관(材官) 십만과 병기와 군량은 모두 현관(縣官)에게서 공급받아 더욱 훈육하여 3년이 지난 뒤에야 전쟁의 승패를 의논할 수 있었다. 그러나 대장군이 맡은 일은 단지 수초(水草)에서 도적질하던 자들을 쫓아낸 것뿐이니, 이들은 작게는 금백(金帛)과 가축을 노략질하고 크게는 벽을 허물어 뜨려 뜻에 충족된 후에 떠나버렸는데도, 그 어렵기가 이와 같았다. 오랫동안 흉악한 뜻을 품어온 오랑캐의 경우라면 책략으로 이길 수 있는 것이지 칼날로 맞설 수 있는 것이 아니며, 오랫동안 지키고 있어야 하는 것이지 단숨에 몰아서 해결할 수 있는 것이 아니다. 대장군에게 맡기더라도 반드시 십년이나 이십년을 기약하여 군사를 화합시켜 움직이고 완전한 계책을 마련하여 출병할 것이다. 이전에 원수를 지냈던 자들은 군사를 가벼이 써서 천하의 용맹한 군대를 호랑이 입에 머리 조아리게 하여 일거에 모두 잃어버렸으니 천하의 병력이 열에 네댓은 사라지도록 하고, 또 요동 땅 전체를 잃어버렸으니 형세가 몇 배나 어려워졌다.

두고 한 말일 것이다."라고 하였다. 《莊子 達生》

우리의 온전하고 왕성한 기세로도 대장군이 쉽게 대적한 것조차 감당할 수 없어 중국의 근심을 끼쳤으며, 전쟁을 치른 지 6, 7년이 지나서야 겨우 강토를 회복하게 되었다. 지금 피폐하고 지탱하지 못하는 나라로 천하에 제압하기 어려운 적을 상대하고 있으니, 전쟁의 승패에 대해 열에 일고여덟은 알 수 있다. 대장군의 책략과 비교하면 어떠한가. 우리가 여전히 군신과 부자간의 의리를 지키고 오랑캐의 옷을 입지 않는 것은 실로 선황제께서 거듭 만들어 주신 덕분이다. 중국을 이롭게 할 수 있다면 마땅히 사직(社稷)을 들어 본디 담론하는 자들의 입을 기다릴 필요가 없으나, 필부의 분노를 이기지 못하여 원대한 계획에 어두운 채 무모하게 맨발로 강을 건너는[22] 노여움을 감행한다면, 조급히 앞으로 달려 나가자마자 좌절되어 결국은 지탱하지 못할 것이다. 그렇게 되면 오랑캐들은 더욱 더 동쪽을 신경 쓰는 근심이 없이 오로지 명나라로 향하는 관문만을 공격하여 천하의 일은 어그러지게 될 것이다. 중국을 위한 계책은 우리가 섣불리 움직이지 말고 더욱 관문의 수비를 철저히 하여 안으로 침범하지 못하게 하며, 대장군과 같은 사람을 얻어서 방어할 방법을 마련하고 기묘한 전술로 제압하여 안에다 칼날을 비축하고 백전백승의 병법을 지니고서 조용히 기다리는 것 만한 것이 없다. 그렇게 하면 오랑캐들이 진퇴할 방법을 몰라서 몇 년이 지나지 않아 스스로 곤궁해 질 것이니, 우리는 그 쇠잔해진 틈을 이용하여 앞에서 뒤에서 일제히 공격한다면 오랑캐들은 반드시 어떠한 요

22 무모하게……건너는 : 《논어》 〈술이(述而)〉에서, 공자가 자로에게 "맨주먹으로 범을 치고 맨발로 강을 건너면서 죽어도 뉘우치지 않는 자와는 내가 함께하지 않을 것이다.〔暴虎馮河, 死而無悔者, 吾不與也.〕"라고 하였다.

령을 써 볼 겨를도 없이 우리의 포로가 될 것이다.

공이 중국의 조정에 들어가 천하의 큰 계책을 도모하는 집정자가 공에게 묻고 따지거든, 공이 대장군의 책략을 가지고 진언하고 천천히 우리의 형편을 설명한다면, 대장군과 같은 사람이 여럿이 나와 공의 말을 깊이 이해해 주지 않을지 어찌 알겠는가. 부합된다면 천하의 이익이 될 것이고 부합되지 않더라도 우리의 충성심을 밝혀서 중국 조정에서 우리를 참소하는 무리들을 제거할 수 있을 것이다. 그러한 이후에 발해(渤海)와 태산(泰山) 지역의 회재불우한 선비들을 방문하고 추로(鄒魯) 지방의 문물이 모인 데를 둘러보고서 중용(重用)되는 바탕으로 삼는다면, 목로(牧老 이색(李穡)) 집안의 대절이 땅에 추락하지 않을 것이고 예의가 중국 수준에 나아간 것이 선인을 빛낼 것이다. 풍이(馮夷)와 해약(海若) 역시 음산한 기운을 거두어들이고 앞과 뒤에서 비호해 줄 것이다. 익성은 마땅히 머리를 숙이고 돌아올 날을 기다리겠노라.

선위왜사로 떠나는 이 상례 민구 를 전송하는 서[23]

送李相禮 敏求 宣慰倭使序

자시(子時)가 선위왜사(宣慰倭使)로 나갈 때 익성(翊聖)에게 편지를 보내어 말하기를,

"반드시 전송하는 글을 써 주게나."

라고 하였다. 그래서 나는 다음과 같이 말했다.

"그대가 아는 바를 그대 스스로도 다하지 못하고 있는데, 어찌하여 남이 그것을 써주기를 바라는가."

자시가 웃으면서 말하길,

"나와 그대가 어려서부터 장성할 때까지 서로 사모하여 집안 대대로 맺어온 교분을 돈독하게 한 것을 차례대로 서술하여 글로 써 주게나."

라고 하였다. 그래서 나는 다음과 같이 말했다.

"이는 글로 쓰기에는 부족한 것이네. 집안 대대로 맺어온 교분은 나와 그대가 함께 돈독하게 한 것이고 어려서부터 장성할 때까지 서로 사모하는 것 역시 함께 느끼고 있는 감정이니, 어찌 이를 가지고 글로 쓰기에 충분하겠는가. 또한 나와 그대가 함께 한 것을 글로 쓴다면 이는 나와 그대가 모두 이미 알고 있는 것이네. 나와 그대가 함께 하지 않은 것을 글로 쓴다면 이는 나와 그대가 모두 알지 못하

23 선위왜사……서 : 이 글은 저자가 1621년(광해군13)에 선위왜사(宣慰倭使)가 되어 일본 사신을 영접하러 가는 이민구(李敏求, 1589~1670)를 전송하면서 쓴 글이다.

는 것이네. 나에게만 해당하는 것을 글로 쓴다면 나만 알고 있지 그대는 알 수가 없고, 그대에게만 해당하는 것을 글로 쓴다면 그대만 알고 있지 나는 알 수가 없으니 어찌 이를 가지고 글로 쓰기에 충분하겠는가.

나와 그대가 함께 한다고 말한 것은 무엇인가? 인의(仁義)의 본성과 존양(存養)의 절도는 나와 그대가 함께 품부 받아 함께 힘쓰는 것이네. 나와 그대가 함께 하지 않는다고 말한 것은 무엇인가? 상도(常道)를 버리고 의리를 배신하며 자신의 이욕을 따르고 욕심을 추구하는 것은 나와 그대가 함께 추구하고 함께 제거할 것이 아니네. 나에게만 해당된다고 말한 것은 무엇인가? 외척의 반열에 몸을 맡기고 궁정의 사이에 출입하여 구마(狗馬)와 성색(聲色)의 사치스러움을 좋아하고 동산과 못에서 연회를 즐거워하는 것은 나에게만 해당되는 것이지 그대에게 해당되는 것은 아니네. 그대에게만 해당된다고 말한 것은 무엇인가? 단정하게 나아가고 공손하게 담론하여 짧은 언사가 유림의 바른 도에 관계되고 길고 짧은 시문이 국가의 흥성함을 돕는 것은 그대에게만 해당되는 것이지 나에게는 해당되는 것은 아니네.

아는 바를 스스로도 다하지 못한다고 말한 것은 무엇이겠는가? 아! 그대가 돌아올 때면 도와 덕은 더없이 높을 것이니, 우선 그 다음의 것을 논하겠네. 삼장(三場)[24]에서의 민첩한 재능과 교서를 작성하는 직임은 화려하지 않다고 할 수 없지만 글 솜씨를 발휘하는 데에만 재주를 굽힌 것이 안타까우며, 안에서 예의 의식을 돕고 밖에

24 삼장(三場) : 과거 시험의 초시(初試), 복시(覆試), 전시(殿試)를 말한다.

서 사신을 전대(專對)하는 것은 공이 아니라고 할 수 없지만 시대를 만난 것이 불우하다고 일컬을 만하네. 이는 반드시 지식과 재주를 지니고서도 그것들을 다 써보기를 기약하지도 또 스스로 다 써보지도 못하는 것이네."

가축의 고기는 사람들이 달게 먹는 것인데 자시는 변변찮은 음식을 먹고, 화려한 비단은 사람들이 아름답게 여기는 것인데 자시는 베옷을 입는다. 높고 밝은 집은 사람들이 바라는 것인데 자시는 남루한 집에 살고, 거마의 화려한 장식은 사람들이 즐거워하는 것인데 자시는 여윈 나귀를 탄다. 관직도 한직이고 접대하는 사신도 오랑캐이니, 자시의 기호가 어찌 이리도 남들과 다른 것인가. 은미한 이치를 찾는 것을 편벽에 가깝다고 하고 괴이한 행실을 하는 것을 명예를 구하는 데에 가깝다고 한다.[25] 등용되어 도를 행하거나〔用行〕 등용되지 않아 은둔하거나〔舍藏〕 때에 맞게 중도(中道)를 얻는〔時中〕[26] 세 가지 일 중에서 그대는 어디에 처하는가? 자시의 행실은 내가 알고 있다. 군부(君父)가 있음을 알아서 험난함을 마다하지 않고 나아가며, 맡은 직무가 있음을 알아서 자리를 가리지 않고 처한다. 마음에 즐거운 것이 있어서 그 피곤함을 잊어버리고 몸에 편안히 여기는 것이 있어서 그 낮은 자리도 잊어버린다. 몸에 알맞으면 옷이 어떠한지는 잊어버리고 입에 알맞

25 은미한……한다 : 《중용장구》 제11장에, "은미한 것을 찾고 괴이함을 행함을 후세에 칭술하는 이가 있는데, 나는 이러한 짓을 하지 않는다." 하였다.

26 등용되어……얻는 : 《논어》 〈술이(述而)〉에, "등용되면 도를 행하고 등용되지 않으면 은둔하는 것을 오직 나와 너만이 이것을 지니고 있을 뿐이로구나.〔用之則行, 舍之則藏, 惟我與爾有是夫.〕"라고 하였다. 또 시중(時中)은 모든 일에 과불급(過不及)이 없이 그때그때에 꼭 맞게 행하여 중도(中道)를 얻는 것을 뜻한다.

으면 맛이 어떠한지 잊어버린다. 자시의 앎은 안으로 축적하지 외면을 추구하지 않는다. 그의 재주는 거기에 걸맞으니, 작은 것을 만나면 작게 처리하고 큰 것을 만나면 크게 처리하니 스스로 다 쓰지 못한 것을 장차 다 쓸 수나 있겠는가.

다만 다 쓰는 것에 급급해 하지 않는 것을 어렵다고 하니, 이른바 가득해도 빈 것처럼 여기고 있어도 없는 것처럼 여기는 것[27]이 아니겠는가. 자시는 선위왜사로 나아가 특히 이런 훌륭한 점들을 가지고서 그 직무에 쓰면 될 뿐이다. 그대가 가는 길에 지리한 말로 전송하는 것은 망령된 것이니, 나와 그대가 함께 나누었던 말을 서술하여 글을 써 주는 바이다.

27 가득해도……것 : 안연(顔淵)의 겸허함에 대해 증자(曾子)가 한 말이다. 《論語 泰伯》

천자에게 조회하러 가는 이 판서 정귀 를 전송하는 서[28]

奉送李判書 廷龜 朝天序

계축년(1613)의 옥사 때 경대부로부터 선비에 이르기까지 감금되어 심문을 당한 자들이 날마다 수십 사람이다. 이들은 차례대로 방축되었고, 월사(月沙) 이공과 같이 무고가 밝혀져 석방된 사람 역시 폐출되어 등용되지 못하였다. 병진년(1616) 겨울에 임금이 특별히 기용하여 중국으로 사신을 보냈는데,[29] 일을 잘 수행하고 돌아오자 임금이 가상히 여겨 포상하였다.[30] 무오년(1618) 사화 때 조정의 중신과 학덕이 높은 선비들은 차례로 폐출되어 공이 교외의 집에서 거적을 깔고 명을 기다린 것이 2년이었다.

이때에 노추(奴酋 누르하치)가 반란을 일으켰는데 군대가 대패하자 우리의 장졸들을 사로잡아 협박하면서 화친을 꾀하였다. 중국 조정의 대각 신하들은 우리가 오랑캐에게 두 마음을 둔다고 의심하여 천자에게 이간질하였다. 우리 성상은 이 소식을 듣고 걱정하시어 다음과 같이 말씀하셨다.

"이 아무개의 나라를 빛낼 솜씨가 아니면 이 일을 변무(辨誣)할 수

28 천자에게……서 : 이 글은 저자가 1619년(광해군11)에 진주상사(陳奏上使)로 중국으로 사행을 가는 이정귀(李廷龜, 1564~1635)를 전송하면서 쓴 글이다.

29 병진년(1616)……보냈는데 : 이정귀가 이때에 공성왕후관복주청사(恭聖王后冠服奏請使)가 되어 중국을 갔다.

30 일을……포상하였다 : 이정귀는 이듬해 1월에 중국으로부터 주청을 허락받고 귀국하였는데, 임금이 그를 판중추부사에 임명하였다.

없으니, 특별히 기용하여 죄를 면해주고 품계를 주어서 중국의 조정에서 진주(陳奏)하게 하라."

공은 감격하여 힘차게 일어나 명을 받들었는데, 공의 사행이 어려울 것이라 여기는 사람들이 있었다.

이에 나는 다음과 같이 말한다.

"공이 이 사행에 있어서 무슨 어려움이 있겠는가, 무슨 어려움이 있겠는가. 신하된 사람으로서 임금의 신임을 얻게 되면 일을 맡게 되는 것이니, 임금의 신임을 얻는 것이 어려운 것이 아니라 그 올바름을 잃지 않는 것이 어려운 것이요, 일을 주관하는 것이 어려운 것이 아니라 그 도를 잃지 않는 것이 어려운 것이다. 재주로써 그 공적을 이루고 덕으로써 그 자리를 얻었으니 이 때문에 공이 임금의 신임을 얻은 것이요, 힘과 마음을 다하여 나라의 무고함을 해결하였으니[31] 이 때문에 공이 일을 맡게 된 것이다. 그러나 이것은 외면의 일이지 내면의 일이 아니니, 어찌 이를 가지고 공의 마음을 살피고 공의 자취를 다 알 수 있겠는가. 고귀한 벼슬도 영예가 되지 못하고 옥에 갇힌 것도 치욕이 아니니 공의 뜻이 그러하였고, 몸은 치욕을 당할 수 있지만 도는 굽힐 수 없으니 공의 지조가 그러하였다. 그 얻은 바가 올바르고 그 잃은 것 역시 올바르지 않은 적이 없기에 영예는 기뻐하는 바가 아니고 치욕을 당하는 것도 걱정하는

31 힘과……해결하였으니 : 이정귀는 1598년(선조31)에 명나라의 병부 주사(兵部主事) 정응태(丁應泰)가 조선이 왜병을 끌어들여 중국을 침범하려 한다고 자기 나라에 무고한 사건이 일어나자, 변무주문(辨誣奏文)을 지어 진주부사(陳奏副使)로 명나라에 갔었다.

바가 아니니, 이른바 영예와 치욕의 경계를 잘 변별하는[32] 자가 아니겠는가.

아! 공은 충(忠)과 성(誠)이 안에서 배양되고 화(和)와 문(文)이 밖으로 드러나 조정에 있을 때는 유신(儒臣)의 종주가 되고 강토를 벗어나서는 사신의 현인이라 일컬어진다. 그 마음을 정성스럽게 하고 그 정신을 순결하게 하며 사물의 법칙을 밝혀서 사총(四聰)에 이르게 하였다. 이 사방의 말을 밝게 듣도록 하였다.[33] 공이 이 사행에 있어서 무슨 어려움이 있겠는가, 무슨 어려움이 있겠는가. 충은 인의(仁義)의 부절이요, 성은 이치의 항구함이요, 화는 정의(情誼)의 통함이요, 문은 바탕의 쓰임이다. 공이 이 사덕(四德)으로써 우리 임금에게 신임을 얻어 여러 번 폐출되고 여러 번 기용되었으니 어찌 우리 임금에게 신임을 얻은 도로써 천자의 조정에 행하지 못하겠는가. 공이 이 사행에 있어서 무슨 어려움이 있겠는가, 무슨 어려움이 있겠는가."

마침내 위와 같은 말을 기록하여 진주사로서 사행을 떠나는 월사 이공에게 받들어 전별하노라.

32 이른바……변별하는 : 《장자》 〈소요유(逍遙游)〉에 나오는 말이다. "온 세상이 모두 그를 칭찬하더라도 더 힘쓰지 아니하며 온 세상이 모두 그를 비난하더라도 더 기가 꺾이지 아니하니, 그는 자기의 내면과 밖이 구분된다는 것을 확립하고 영예와 치욕의 경계를 변별하고 있는 것이다." 하였다.

33 사총(四聰)에……하였다 : 온갖 실정을 빠짐없이 임금에게 진달했다는 뜻이다. 《서경》 〈순전(舜典)〉에 순 임금이 즉위하고 나서 "사악에게 자문을 구하여 사방의 문을 열어 놓고 사방의 눈을 밝히고 사방의 말을 밝게 들으셨다.〔詢于四岳, 闢四門, 明四目, 達四聰.〕"라는 말이 나온다.

관서의 변방으로 진무하러 가는 장 부찰 만 을 전송하는 서[34]

送張副察 晩 出鎭西邊序

공은 두 명의 장수가 적에게 패한[35] 이후에 천하의 불안한 때를 이어받아 퇴곡(推轂)[36]의 임무를 받들고 온 백성의 명운을 책임지고서 관외를 진무하러 나아가게 되었다. 또 우리를 겁주고 협박하는 오랑캐의 국서(國書)[37]가 있었고 적들이 우리의 국경에 들이닥칠 날이 조석 간에 다가오고 있었다. 조정이 공에게 의지하여 중하게 되고 사민들이 공에게 의지하여 삶을 영위하니, 공의 임무가 얼마나 중한가. 임무가 중하면 걱정 또한 따르기 마련이기에 사람들 중에 공을 염려하는 자도 있었다. 그런데 나는 다음과 같이 말한다.

공은 또한 무슨 걱정을 하고 무슨 염려를 하는가. 천하의 일은 형국(形局)과 시세(時勢)일 뿐이다. 형국에는 평안하고 위태로운 것이 있으며 시세에는 이롭고 불리한 것이 있으니, 평안함에 머무르면 반드

34 관서의……서 : 이 글은 저자가 1619년(광해군11)에 도체찰부사(道體察副使)가 되어 관서(關西)로 나아가는 장만(張晩, 1566~1629)을 전송하면서 쓴 글이다.

35 두……패한 : 1619년(광해군11) 후금과의 전투에서 대패한 명나라의 유정(劉綎)과 조선의 강홍립(姜弘立)을 가리킨다.

36 퇴곡(推轂) : 변방의 장수로 임명되는 것을 뜻한다. 옛날에 임금이 장수를 변방에 파견할 때에 바퀴통을 밀어 주면서 "곤내(閫內)는 과인이 제어할 테니 곤외(閫外)의 일은 그대가 제어하라."고 하며 전권(全權)을 위임하였다.

37 우리를……국서(國書) : 명나라와 후금과의 전쟁에서 명나라로 원군을 갔던 많은 조선의 병사들이 후금에게 포로로 잡혀있었다. 이들을 인질로 삼아 후금은 조선에게 화친을 주장하는 국서(國書)를 보내었다.

시 위태로워지는 형국을 축적하게 되고 이로움을 추구하면 반드시 불리해지는 시세가 이어진다. 장상(將相)이 명성을 망치고 몸을 잃는 것이 항상 여기에서 연유하고 충열(忠烈)이 의리를 위해 몸을 바치는 것 또한 항상 여기에서 연유하는 것이니, 그래서 이 두 가지에 있어서 지혜로운 자는 평안함에 머무르는 것을 도모하지 않고 책사들은 이로움을 추구하는 것을 일삼지 않는다. 재상 노릇을 잘하는 자는 국가가 평안하고 위태로운 기미를 살펴 그 치적을 이루어내고, 장수 노릇을 잘하는 자는 시세의 변화가 이롭고 불리한 때를 헤아려 그 공업을 이룬다.

반드시 위태로운 형국이란 무엇인가? 임금은 오랫동안 평안한 즐거움에 안주하고 재상은 아첨하는 태도에 익숙하여 법도는 안에서 파괴되어 확립되지 않고 군령은 밖에서 해이해져 통제되질 않아서 상하가 서로 속이고 조야가 서로 이견을 내니, 이와 같이 되면 반드시 형국이 위태롭게 되는 것이다. 반드시 불리해지는 시세란 무엇인가? 조정에서는 심원한 계획에 어둡고 국경 지역에서는 병란의 재앙이 없어서 주군(州郡)은 가혹한 조세를 일삼고 번진(藩鎭)은 명예에만 안주하여 병사는 마음이 해이해지고 병기는 무뎌지니, 이와 같이 되면 반드시 기세가 불리해지는 것이다. 평안하고 위태로운 기미란 무엇인가? 국가가 안에서 피폐해지고 주변의 적들은 밖에서 침략하는데 임금과 재상은 두려워하는 마음을 품고 있고 선비와 백성은 적개심으로 용맹함을 떨친다. 선비가 이때에 계책을 내면 반드시 행해지고 조치한 것이 반드시 효험을 내어 필부의 말이라도 구정(九鼎)보다 무거워진다. 이롭고 불리한 때란 무엇인가? 적들이 비록 강대하지만 국경까지는 무너뜨리지 못하고 국가가 비록 피폐해졌지만 망하는 데는 이르지 않아 병졸들은 훈련

시켜서 쓸 수 있고 곡식은 거두어들여 쌓아둘 수 있어서 군사들은 온전했던 군대가 새로 패배하는 것에 분개하고 장수들은 패배를 귀감으로 삼음이 있으니, 이른바 장군에게는 죽을 각오로 싸우는 기세가 있고 사졸은 살기위해 도망가려는 마음이 없는 것이다. 이때에 현명한 자는 자신의 역량을 헤아리고 남의 능력을 알아주며, 능력 있는 자는 옛것을 참고하여 지금에 증험한다. 오늘 나라의 형세를 가지고 논한다면, 평안하고 위태로운 기미와 이롭고 불리한 때를 맡길 만하고 또한 장상들이 임용되어 성공할 수 있는 때라 말할 수 있다. 이러하니 공은 또한 무엇을 걱정하고 무엇을 염려하는가.

그러나 부박하고 음탕한 좀벌레들을 어떻게 하면 제거할 수 있고 실제로 공로가 있는 인사들을 어떻게 하면 등용할 수 있겠는가? 전쟁에 피폐해진 백성을 어떻게 하면 돌볼 수 있고, 교만하고 나태해진 이들을 어떻게 하면 복종시킬 수 있겠는가? 교만하고 나태한 이들을 복종시키지 못하면 군령은 어그러지고, 전쟁에 피폐해진 이들을 돌보지 못하면 병사들을 권면할 수 없다. 실제로 공로가 있는 인사들을 모두 등용하지 않으면 그 취사가 공정하지 않게 되고, 부박하고 음탕한 이들을 모두 제거하지 않으면 권력이 쉬이 흔들리게 된다. 이 때문에 일을 맡는 것을 꺼리고 일을 행하는 데 해가 되는 것이다. 이것이 비록 공이 마땅히 잘 살펴서 행할 것이지만, 또한 공이 홀로 운용할 수 없는 것이기도 하다. 공이 잘 살펴서 행한다면 공이 무슨 걱정을 하며 무슨 염려를 할 필요가 있겠는가. 생각건대, 공은 국가가 평안하고 위태로운 기미에 처해있고 세상의 변화가 이롭고 불리한 때를 잡고 있으며, 또 조정의 기대와 사민들의 촉망을 얻고 있으니, 앞서 말한 네 가지 사안에 닫고 열며 나아가고 물러나기를 실제로 잘 주관한다면 공이 무슨 걱정을 하고 무슨 염려를 할 필요가 있겠는가. 공이 완대(緩帶)[38]하는 여가에 묵묵히 알아서 그 도를 구한다면 거의 이룰 수 있을 것이다.

38 완대(緩帶) : 경구완대(輕裘緩帶)의 줄임말이다. 경구완대는 전진(戰陣) 속에서 치밀하게 작전에 대처하면서도 한가롭고 여유로운 모습을 보여 주는 장수의 풍도(風度)를 표현한 것이다. 진(晉)나라의 명장 양호(羊祜)가 군중(軍中)에서 갑옷도 입지 않은 채 경구완대(輕裘緩帶)의 차림으로 지냈다는 고사에서 비롯되었다.《晉書 卷34 羊祜列傳》

출병하는 도원수 장공 만 을 전송하는 서[39]

送都元帥張公 晩 出師序

부친을 대신하여 지음

우리나라는 북쪽으로는 말갈(靺鞨)과 연접해 있고 서쪽으로는 여진(女眞)과 맞닿아있으며 남쪽으로는 왜와 통해 있어서, 옛날부터 사방에서 적국의 침입을 받는다고 일컬어졌다. 삼국시대는 본디 전쟁에 휩싸인 시대였고, 고려에 이르러서는 금나라와 원나라가 번갈아 침범하여 편안할 날이 없었으며 왜 역시 여러 번 도발하였다. 성조(聖祖 태조)가 천명을 받아 새롭게 일어난 것은 바로 홍무(洪武) 25년(1392)이었으니, 고황제(高皇帝 명나라 태조)가 중국을 통일하여 천지가 새로 부흥하는 때였다. 우리나라의 역대 임금들은 제후국의 법도에 삼가고 오랑캐는 변발을 풀고 약속을 받들었으며 왜는 멀리서 조공을 바쳐 나라 안이 고요하고 안정된 것이 200년이었으니, 국가는 전쟁을 알지도 못하고 또한 전쟁을 일삼은 적도 없었다. 전고를 통해 본조에서 제육을 받은[40] 경우를 꼽자면 어유소(魚有沼)·윤필상(尹弼商) 등 몇

39 출병하는……서 : 이 글은 저자가 부친인 신흠(申欽)을 대신하여 1623년(인조1)에 팔도병마도원수(八道兵馬都元帥)가 되어 관서로 나아가는 장만(張晩)을 전송하면서 쓴 글이다. 참고로, 이 작품은 한국문집총간속 15집에 수록된 《낙서집(洛西集)》 부록에 〈장원수출사서(張元帥出師序)〉라는 제목으로 수록되어 있다. 작품 말미에 계해년(1623) 동지에 신흠(申欽)이 지은 것이라고 부기되어 있다.

40 제육을 받은 : 임금의 명을 받고 출병하는 것을 뜻한다. 《춘추좌씨전》 민공(閔公) 2년 조에, "군대를 거느린 자는 종묘(宗廟)에서 명령을 받고 의사(宜社)에서 제육(祭

사람으로 하사품을 내리는 것을 상경(上卿)이 주관하였는데도 오히려 성대하게 알려지고 있다. 어공이 담당한 것은 다만 자잘한 오랑캐[41]일 뿐이어서 크게는 군사 수만을 운용하고 작게는 그 절반을 운용하였으며, 그 직위는 한 지역만을 제어하는 데 불과했으니 그곳의 기세가 유리하고 불리한지는 국가의 중함이 되기에는 부족하였다.

임진왜란 때 원수(元帥) 권율(權慄)이 비로소 팔도를 통어하게 되어 그 직임이 중대하다고 할 만한데도 나라가 어지러운 때라 예수(禮數)가 갖추어지지 않고 다만 부절만 나누어 받았을 뿐이었다. 그러나 선황제[42]가 천하의 병사로 왜병을 진압하여 대사마(大司馬)와 같은 사람이 군대를 감독하고 대장군(大將軍)과 같은 사람이 군대를 지휘하며[43] 곁에서 비호하는 급사(給事)는 측근의 신하이고 계책을 돕는 낭서는 막부의 관리들이었으며 편비(褊裨)와 재관(材官)은 수천수만으로 헤아릴 수 없을 정도였으니, 왜구들이 비록 우리나라를 공격한 것이지만 실제로는 대국을 상대한 것이었다. 권공이 거대한 군대를 이끄는 원수였는데도 몸종과 같이 명나라 군대의 부림을 당하여 감히 뜻대로 하지

肉)을 받는다.〔帥師者, 受命於廟, 受脤於社.〕" 하였다.

41 어공이……오랑캐 : 1479년(성종10)에 명나라에서 조선의 힘을 빌려 건주위야인(建州衛野人)을 정벌하였다. 조선에서는 먼저 어유소(魚有沼)가 서정대장(西征大將)이 되어 1만의 군사를 이끌고 출병했으나 압록강의 해빙(解氷)으로 도하가 곤란하여 회군하였고, 다시 윤필상(尹弼商)을 서정도원수(西征都元帥)로 삼아 명나라를 돕게 하였다.

42 선황제 : 명나라의 신종(神宗)을 가리킨다.

43 대사마(大司馬)와……지휘하며 : 대사마(大司馬)는 석성(石星)을 가리키고, 대장군(大將軍)은 척계광(戚繼光)을 가리킨다.

못하였다. 이후에는 이항복(李恒福)·한준겸(韓浚謙) 등이 차례로 변 큰 중책을 맡아 백성을 편안히 하는 책임을 졌는데 그 군사의 규모는 따질 것 없고 그들이 관할한 곳은 몇몇 지역에 국한될 따름이었다.

왜란이 끝나고 천하가 차츰 전쟁을 치르지 않은 지 12년이 흘러 선왕(先王 선조)이 세상을 떠났고 또 12년이 흘러 선황제가 세상을 떠났다. 노추(奴酋 누르하치)가 반란을 일으켜 요동 땅 전부를 삼키니 바로 여진의 후예였다. 우리나라와 가깝고 실제로 조공의 통로에 끼여 있는지라 그 기세가 우리 목을 조이고 등을 치는 격이었다. 그들이 실로 천하를 삼키려고 할 때 그 불똥이 우리나라에게 미쳐 우리 군사들은 전쟁에 나가서 돌아오지 못하였고 소인배가 적의 조정에 복역하여 우리의 허실을 실어 날랐으니 중외가 모두 두려움에 떨었다.

나라의 운수가 비운을 만나 큰 법도가 무너졌는데, 성상(聖上 인조)께서 흉악한 무리들을 소탕하고 나라의 명운을 새롭게 하여 모자(母子)의 인륜이 어그러졌다가 다시 펼쳐지고 군신의 의리가 어두워졌다가 다시 밝아졌다. 흉악한 신하를 주벌하고 백성을 위로하는 것은 선대의 업적을 밝히기 위한 것이요, 천자가 분개하는 상대를 대적하여[44] 그 수모를 막는 것은 선대의 공렬을 빛내기 위한 것이다. 이에 백성의 뜻에 따르고 군중에게 자문하여 삼군(三軍)을 맡아 적국에게 위엄을 떨칠 수 있는 자를 구하여 전곤(專閫)[45]을 주려고 하였다. 이에 모두들 "판중추부사 장만(張晩)은 실로 선왕이 믿고 맡겼던 신하입니다. 백성

44 왕이……대적하여 : 《춘추좌씨전》 문공(文公) 4년에, "제후는 왕이 분개하는 상대를 토벌해서 그 공을 바친다.〔諸侯敵王所愾, 而獻其功.〕"라고 하였다.

45 전곤(專閫) : 도성 밖의 군권(軍權)을 장악하는 것을 가리킨다.

을 다스리게 하면 백성이 편안해지고 군사를 맡기면 군사가 복종하였습니다. 또 너그럽고 포용하는 마음이 있어 반드시 큰일을 이룰 것입니다."라고 하였다. 그러자 특별히 손수 비답을 내려 장만을 팔도병마수군도원수(八道兵馬水軍都元帥)로 임명하여 관서에서 군사를 통솔하게 하고 길한 날을 잡아 마제(禡祭)[46]를 지내게 하였다.

성상은 성대하게 재계를 마치고 친히 교단에 행차하여 그를 전송하였다. 신(臣) 장만은 용맹을 드러내며 진격 준비를 마치고 검패(劍佩)를 차고 나아가서 옥절(玉節)은 앞에 두고 금월(金鉞)은 곁에 두고 군례(軍禮)로 성상을 배알하고 손을 들어 읍하였다. 성상은 계단을 내려와 그를 맞이하고는 차고 있던 보검(寶劍)을 벗어 신 장만에게 건네주며 말하기를,

"명을 따르지 않는 자는 이것으로 처리하라."

라고 하였다. 신 장만은 올라가 보검을 받고 읍한 뒤에 물러났다. 공손하게 옆에서 시립(侍立)하고 있던 군신들은 한탄하면서 지켜보았고, 주위에 빙 둘러 서있는 금군들은 놀라면서 바라보았다. 이를 지켜보던 모든 인사들은 떠들썩하며 기이하게 여기며,

"원수가 도대체 누구이기에 임금과 대등한 예를 행하는가."

하였고, 원수가 거느리는 군관(軍官)들은 기쁜 마음으로 으스대면서,

"우리 장군은 임금에게도 절을 하지 않는구나."

라고 하였다. 예식이 끝나자 성상의 술이 무사들에게까지 내려오고 편을 나누어 기예를 겨루니 풍족하게 하사품을 내렸다. 이에 신 장만이

46 마제(禡祭) : 전쟁 때 군사가 주둔한 곳에서 군법을 처음 제정한 사람에게 지내는 제사를 가리킨다.

백 번 절하고 고개를 조아려 공경의 마음을 더욱 더 드러내니 부장과 군리 이하의 사람들은 포복하여 나아갔다. 탄식하면서 지켜보던 자들은 낯빛이 온화해졌고 놀라면서 바라보던 자들은 마음을 누그러뜨렸으며, 떠들썩하던 자들은 감개해졌고 기뻐하던 자들은 엄숙해졌다.

신흠(申欽)은 총재(冢宰 이조판서)로서 성상의 곁에서 모시면서 주선하였는데 태사(太史 대제학)의 직임을 실제 맡고 있었기에 그 일을 기술하여 다음과 같이 서(序)를 쓴다.

국가의 전장에 수록되어 있는 출사(出師)의 예식은 삼고시대를 따르고 있으니, 이는 국가의 대사(大事)이기 때문이다. 전례(典禮)가 200년 동안 보존되어 있을 뿐 아직 거행한 적이 없고, 전고를 통해 성대하다고 꼽을 수 있는 경우도 오히려 옛 의식에 비하면 줄인 것이 된다. 장공이 겪은 것은 바로 국조의 200년 동안 거행된 적 없는 성대한 의식이었으니, 어찌 성대하지 않겠는가. 비록 그러하나 200년 동안 거행되지 않은 데에서 국가가 전쟁을 알지도 못하고 또한 전쟁을 일삼은 적도 없었음을 알 수 있다. 그러하니 이 어찌 성조가 천명을 받아 새롭게 일어난 것이 굉대하고 천지를 새로 부흥한 고황제의 교화를 받들어서 천자를 섬기는 예가 온전하여 온전히 창성해진 것[47]이 아니겠는가. 이 때문에 전쟁을 알지도 못하고 전쟁을 일삼지 않을 수 있었다.

우리나라와 명나라는 이미 부자지국(父子之國)으로서 태평하거나 혼란한 시대를 시종 함께 하였다. 지금 천하의 형세로 말하자면, 성상

47 온전하여……것 : 《사기》 권46 〈전경중완세가(田敬仲完世家)〉에, "온전함을 얻으면 온전히 창성하고 온전함을 잃으면 온전히 망한다.〔得仝仝昌, 失仝仝亡.〕"라고 하였다. 여기서 '득전(得仝)'이라는 말은 신하로서 임금을 섬기는 예가 온전함을 뜻한다.

이 다시 시작하는 공업이 천하의 중함이 될 것이 분명하다. 성상이 임금의 몸을 굽히고 계단을 내려가 예우하고, 200년 동안 거행하지 않은 예식을 거행하여 화려하게 한 것이 어찌 장공을 위해서 베푼 것이겠는가. 우리나라가 중국을 호위하여 동쪽의 울타리[48]가 되어서이리라. 임진왜란 때 성패의 운수는 본디 중국의 한 터럭도 움직일 수 없었는데도 천하의 병력을 가지고 진압하여 대사마와 대장군을 수고롭게 하고 우리의 거대한 군대를 이끄는 원수로 하여금 감히 뜻대로 하지 못하게 하는 데에 이른 것은 선황제가 속국을 위해 대신 적국을 상대했기 때문이다. 우리나라가 먹고 숨 쉬며 옷을 갖추어 입는 것에 있어서 그 덕과 은혜를 헤아린다면, 과연 누구의 덕택이겠는가. 천하의 국력이 소추(小醜 후금)에게 곤액을 겪고 있어서 요동(遼東)과 광녕(廣寧)이 오랑캐의 소굴이 되어 천자는 날마다 수고롭게 근심하고 있다. 그런데 오랑캐와 화친하는 것을 달게 여기고 몰래 획책을 꾀하는 저들은 과연 어떤 마음인가.

모장군(毛將軍)이 한 부대를 거느리고 바다 끝에서 주둔하고 있을 때[49] 그 형세가 매우 고립되었는데도 부도한 무리를 막을 수 있어서, 위로는 중국의 위엄을 굳세게 하고 중간으로는 우리나라 사람들의 마음을 고무시키며 아래로는 오랑캐의 꼬리를 진압하였으니 어찌 참으로

48 동쪽의 울타리 : 《시경》 〈판(板)〉에, "대덕(大德)의 사람은 나라의 울타리이며 많은 무리는 나라의 담이며 큰 제후국은 나라의 병풍이며 대종은 나라의 울타리이다." 하였다.

49 모장군(毛將軍)……때 : 모장군은 명나라의 모문룡(毛文龍)을 가리킨다. 1623년(인조1) 후금 태종에게 쫓긴 명나라의 요동도사(遼東都事) 모문룡이 의주(義州) 앞의 가도(椵島)에 동강진(東江鎭)을 설치하고 후금의 배후를 교란하였다.

대장부가 아니겠는가. 우리 성상이 즉위하고부터 중국이 우리에게 병세(兵勢)를 넘겨준 것이 더욱 더 많아졌으니, 이는 성상이 큰일을 도모하려는 뜻이 있어서 중국을 위해 대신 적국을 상대하려한다는 것을 깊이 알아서이다. 이러하니 장공은 실로 천하의 중임을 맡고 있는 것이다. 여기서 시운(時運)이 성쇠하는 기미를 살필 수 있고 왕래하여 중국 천자의 은혜에 보답하는 도를 다할 수 있을 것이다. 아! 오랑캐가 변발을 풀고 약속을 받들고 왜가 멀리서 조공을 바치며 우리나라가 제후국의 법도로써 중국과 소통하는 것은 바로 이때일 것이다. 전하는 말에 이르기를, "어진 이는 어지러운 시대를 잘 다스리고, 불초한 자는 잘 다스려진 시대를 어지럽힌다."[50]라고 하였다. 장공의 재능으로 성명하신 임금의 퇴곡(推轂)[51]의 막중한 임무를 맡았으니, 그 수하의 전마(戰馬)를 탄 있는 병사들조차도 모두 적군을 격멸하고서야 아침밥을 먹겠다는 의리[52]에 분발한다면 1장 2척의 인끈[53]으로도 오랑캐를 묶어 사로잡을 것이다. 교외에서 음지(飮至)[54]할 때 출정할 때처럼 성대한 예가 거행될 것을 기약하노라.

50 불초한……어지럽힌다 : 자세한 내용은 201쪽 주12 참조.

51 퇴곡(推轂) : 변방의 장수로 임명되는 것을 뜻한다. 자세한 내용은 217쪽 주36 참조.

52 말을……의리 : 적을 섬멸시키고자하는 투지를 말한다. 《춘추좌씨전》 성공(成公) 2년에, "제후(齊侯)가 '나는 우선 진(晉)나라 군대를 격멸하고 돌아와서 아침밥을 먹겠다.'라고 하면서 말에 갑옷도 입히지 않고 달려갔다."라는 내용이 보인다.

53 1장……인끈 : 《한서(漢書)》 권64 〈엄조전(嚴助傳)〉에서, "폐하께서는 사방 한 촌의 관인과 1장 2척의 인끈으로도 방외 지역을 진무하십니다." 하였다.

54 음지(飮至) : 장군이 출정했다가 개선하여 돌아오면 군신과 함께 종묘에 가서 개선을 고하고 연음하는 예식을 말한다.

전주 부윤으로 임지에 가는 막내 외삼촌을 전송하는 서[55]

奉送季舅氏全州府尹序

증별(贈別)의 말은 친구 사이의 도이니, 자제의 항렬에 있는 사람이 감히 한 마디의 말도 보태어서는 안 되지만 공은 특별히 나를 인정하여 나랏일로 길을 떠날 때마다 글을 요구하였다. 만력(萬曆) 계묘년(1603, 선조36)에 공이 비로소 과거에 장원급제하고 이듬해에 경사로 조회하러 갔는데, 익성(翊聖)은 공이 떠날 때 서문을 지어 그 지조를 면려하였다. 3년 후인 을사년(1605)에 공이 고산 찰방(高山察訪)으로 좌천되었는데, 익성은 공이 떠날 때 서문을 지어 그 낙척됨을 위로하였다. 또 몇 년 지나 공이 상서랑(尙書郞)으로 있다가 외직으로 나가 서원(西原)을 다스렸는데,[56] 서원은 바로 외조부이신 청강공(淸江公)께서 교화를 펼치신 곳[57]이기에 익성이 그 세덕(世德)을 서술하여 공을 면려하였다. 공이 바닷가로 좌천되었을 때[58] 평소 친구들 사이에

55 전주……서 : 이 글은 저자가 1625년(인조3)에 전주 부윤으로서 임지로 떠나는 막내 외삼촌 이명준(李命俊, 1572~1630)을 전송하면서 쓴 글이다.

56 서원(西原)을……다스렸는데 : 이명준은 1611년(광해군3)에 서원 현감(西原縣監)이 되었다.

57 청강공(淸江公)께서……곳 : 청강공은 이제신(李濟臣, 1536~1583)으로, 본관은 전의(全義), 자는 몽응(夢應), 호는 청강(淸江), 시호는 평간(平簡)이다. 이제신은 1573년(선조6) 청주 목사(淸州牧使)를 역임하였다.

58 공이……때 : 이명준은 1613년(광해군5) 이이첨(李爾瞻)이 영창대군(永昌大君)을 죽이는 데 서제(庶弟) 이경준(李耕俊)이 연좌된 것으로 인해 영덕(盈德)으로 유배되었다.

주고받은 시문을 권으로 엮었는데, 익성이 그 말미에 글을 지어 공의 뜻을 슬퍼하였다. 익성이 전후로 공의 일을 논하여 서술한 것이 모두 네 번이었으니, 공의 출처를 대략 개괄할 수 있다.

기억하건대, 공이 그가 천자에게 조회하러 떠날 때 익성이 서문을 써 준 때가 17세였고, 공은 겨우 33세였다. 공은 한창 나이라서 행실에 과감하였고, 익성은 어리고 몽매하였으니, 그때 쓴 서문이 병아리의 울음소리와 무슨 차이가 있겠는가. 그러나 뜻을 드러내지 못했다고는 할 수 없다. 아! 지금 보잘 것 없는 익성은 어느덧 나이 40에 가까워졌는데 갖은 고초를 겪으면서 조금이나마 영욕의 경계를 분별하게 되었고, 공의 머리 또한 새하얗게 세었으니, 분명 격세지감이 있다 하겠다. 그리고 모이고 흩어지는 것 역시 끝이 없어 지금 완산(完山 전주) 부윤으로 가면서 내게 전별의 글을 요구한 것이 예전과 같다. 익성이 오묘한 말로 재주를 부릴 수가 없으니, 장차 그 말을 진실 되게 하고 숨김없이 쓰는 것이 괜찮겠는가.

공은 세상과 맞는 부분이 적었다. 공을 아는 자를 나라에서 헤아려 보면 열에 다섯도 되지 않는데, 공을 안다고 하는 자 중에는 더러 공의 강직함을 칭하기도 하고 공의 개결함을 칭하기도 한다. 모르는 자들은 말하길,

> "강직함은 은혜가 적은 것에 가깝고 개결함은 시속과 어긋나는 것과 비슷하다."

하니, 공을 아는 사람이건 공을 모르는 사람이건 공을 제대로 다 안다고 할 수 있겠는가. 공이 조정에 나오면 겉으로만 앙모하다가 공이 물러나 있으면 이내 두려워하고 꺼려서, 공으로 하여금 조정에 편안히 있을 수 없게 하였다. 충청도 관찰사를 그만 둔 뒤로 헛되이 비방하는

소리가 수레에 가득하였으며, 근근이 호조에 있다가 또 외직으로 나아감을 면하지 못하였다. 공이 말을 재촉하여 빨리 내려가고 어떠한 기색도 보이지 않으니 사람들은 공의 아량을 칭송하였다. 그러나 공의 뜻은 어찌 내직과 외직을 구분했겠는가. 임금이 내린 명일뿐이었다. 어찌 좋고 나쁨을 따졌겠는가. 직임을 다할 뿐이었다. 자신의 직무를 닦아서 임금의 명을 받드는 것이 신하로서의 분수이다. 오직 천하에 군신간의 큰 분의(分義)만이 있음을 알았으니, 일체의 진퇴와 훼예가 어찌 공의 마음에 걸렸겠는가. 이러해서 익성은 일찍이 공을 칭송하였다.

공은 실로 화락하고 단아한 사람으로 처신하고 외물을 접함에 화평하고 인애하였다. 오직 시세에 부앙하고 맞추는 데 서툴렀지만 흔들리지 않고 빼앗을 수 없는 우뚝한 절조가 있었으니 그 지조는 청백했고 그 행실은 용맹했으며 그 도는 올곧았다. 옛날에 올곧은 자로는 반드시 사어(史魚)[59]를 일컬었고, 용맹한 자로는 반드시 중유(仲由)[60]를 일컬었고, 청백한 자로는 반드시 백이(伯夷)를 일컬었다. 이 세 군자는 모두 백세의 스승이지만 한 쪽으로 치우친 점이 없지 않아 당시에 그들을 아는 사람도 있고 모르는 사람도 있었다. 그러하니 세상에서 공을 모르는 자가 열에 다섯이라는 것을 어찌 안타까워하겠는가. 옛 사람이 말하길,

"상세(上世)에는 시비(是非)가 없었고, 중세(中世)에는 시비는 있

59 사어(史魚) : 춘추 시대 직간(直諫)을 잘한 위(衛)나라 대부(大夫) 사추(史鰌)를 가리킨다.

60 중유(仲由) : 공자(孔子)의 제자 중 용맹함으로 이름이 높았던 인물이다. 중유의 자(字)는 자로(子路)이다. 공자가 그를 두고 "유는 용맹을 좋아함은 나보다 더하나, 재목을 취할 데가 없도다."라고 하였다. 《論語 公冶長》

었지만 호오(好惡)가 없었으며, 하세(下世)에는 시비는 사라지고 호오만 남아있다."[61]

라고 하였다. 지금 시대와 견주어 보면 과연 어떠한가.

완산(完山)은 동남쪽의 큰 도회지이다. 풍속은 조급하고 교활하여 이익을 챙기는 것을 추숭하니, 장부들은 광대처럼 노닐고 간악한 짓을 저지르며, 여자들은 금슬을 타며 이리저리 아양을 떨고, 토호들은 세금을 체납하면서 윗사람을 헐뜯는다. 이들을 느슨하게 대하면 오만해지고 급박하게 대하면 원수가 되어 그 기세가 제어하기 매우 어렵다. 공의 올곧은 도로써 호오(好惡)만 남은 시대를 만나 제어하기 어려운 도읍을 다스리기에 그 명성에 득실이 없을 수 없지만, 득실이 없을 수 없는 것은 공이 구차하게 영합하지 않았음을 보이는 것이고, 임지에서의 은택이 하층의 필부(匹婦)들에게까지 미친다면 그들이 모두 부모처럼 섬길 것이다. 익성은 이와 같이 공의 행차에 대해 사실대로 말할 뿐이니, 공을 모르는 다섯을 깨우쳐 주려는 것도 아니요 또한 공을 알고 있는 나머지 다섯을 깨우쳐 주려는 것도 아니다. 백아(伯牙)는 한 사람의 종자기(鍾子期)를 얻었으니, 알아주는 이가 많아서 뭐하겠는가.

61 상세(上世)에는……남아있다 : 원출전은 미상이나 저자의 부친인 신흠(申欽)의 〈구정록(求正錄)〉에, "상세에는 시비와 호오가 모두 없었고 중세에는 시비만 있고 호오는 없었으며, 계세에는 호오만 있고 시비는 없다.〔上世, 是非好惡俱亡, 中世, 有是非而無好惡, 季世, 有好惡而無是非.〕"라는 말이 보인다.

평안도 관찰사로 부임하는 민 감사 성징 를 전송하는 서[62]

送閔監司 聖徵 出按關西序

사상(士祥)은 나보다 여섯 살이 많다. 정유년(1597)에 사상을 문성(文城)[63]에서 만났는데 당시 사상은 나이가 열여섯 살이었고 나는 열 살이었다. 함께 먹고 자며 기거한 것이 한 달이 넘었으니 어릴 적 사귄 벗이라 할 만하다. 이때에 사상은 부친을 여의고 집이 가난하여 당숙에게 와서 의지하고 있었으니,[64] 어찌 어린 나이에 상을 당한 정도에서 그칠 뿐이겠는가. 그 모습을 보면 어린 장부요, 그 행실을 보면 이미 정해진 추향이 있었다.

독서를 하고부터는 경박한 기색이 없었으며 때로 영특한 기운을 발하여 뛰어난 인재라 할 만하였다. 몇 년이 지나지 않아 명성이 자자해졌고, 또 몇 년이 지나 벼슬을 하고부터는 선배와 덕 있는 자들이 그의 재주를 헤아려 복잡하고 어려운 일을 맡겼다. 사상은 스스로 노력하여 순수하고 청백하였으며 직무에도 부지런하였다. 또 몇 년이 지나자 훌륭한 수령으로 일컬어졌으며, 또 몇 년이 지나자 훌륭한 자사(刺史)로 일컬어졌다. 여러 번 전임되어 호남과 영남을 다스릴 때는[65] 토호들

62 관서……서 : 이 글은 저자가 1630년(인조8) 평안도 관찰사가 되어 관서로 떠나는 민성휘(閔聖徽, 1585~1647)를 전송하면서 쓴 글이다.

63 문성(文城) : 황해도 곡산(谷山)에 있는 문성진(文城鎭)을 가리킨다.

64 당숙에게……있었으니 : 민성휘는 어려서부터 당숙인 민유경(閔有慶, 1565~1632)의 집에서 자랐다.

65 호남과……때는 : 민성휘는 금산과 여주의 목사를 역임하였고, 개성부 유수 재직

을 꺾고 교활한 이들을 격퇴시켰다고 일컬어졌으니 조경조(趙京兆)와 한빙익(韓馮翊)[66]과 같은 풍도가 있었다. 세상에서 어렵게 여기는 것으로 배를 타고 사행을 가는 것보다 심한 것이 없는데, 사상은 명을 받고서는 태연히 어떠한 기색도 보이지 않았으며, 망망한 바다를 마치 사통팔달의 대로처럼 여겼으니[67] 그가 어려운 일을 사양하지 않음을 더욱 믿게 되었다. 어려운 일을 사양하지 않으니 천하의 일에 대해서 감당하지 못할까 어찌 근심하겠는가. 나는 사상에 대해 여기까지만 알 뿐이다.

사상이 관서 지방을 다스리게 되자 나에게 전별의 글을 청하였다. 관서 지방은 중요한 지역이다. 옛날에는 압록강이 경계를 짓고 있었는데 지금은 청천강이 경계를 짓고 있으니 줄어든 것이 몇 백 리이다. 청천강을 지키지 못하면 패강(浿江 대동강)이 관방(關防)이 된다. 관서 지방은 산을 안고 강을 등지고 있어 지세는 광활하며 풍속은 상업을 숭상하여 사내들은 미혹되고 꽉 막혀 있고 아낙들은 금을 연주하면서 이리저리 돌아다니고 밖에 노닐며 음란하니, 전쟁을 치룰 만한 지역이

시 이괄(李适)의 난이 일어나자 그 책임으로 파직 당하였는데, 그 후 1625년(인조3)에 전라도 관찰사로 다시 기용되었다.

66 조경조(趙京兆)와 한빙익(韓馮翊) : 조경조는 전한 때의 조광한(趙廣漢)을 가리키고, 한빙익은 후한 때의 한연수(韓延壽)를 가리키는데, 모두 간사한 자들과 도적들을 격퇴한 치적으로 유명하였다. 한나라 때 장안의 삼면에 위치한 지역을 다스리는 관직으로, 경조윤(京兆尹), 좌풍익(左馮翊), 우부풍(右扶風) 등이 있었다.

67 사상은……여겼으니 : 민성휘는 1627년(인조5)에 명나라 숭정제(崇禎帝)의 즉위를 축하하는 등극사행의 부사로 사행을 떠났다. 당시 해로를 택해 가던 중 폭풍을 당해서도 조금도 동요하지 않아 모든 사람들이 탄복하였다고 한다.

아니다. 멀리는 강한 금(金)나라가 있고 가까이에는 교활한 유홍치(劉興治)[68]가 있으니 사상이 어떻게 원근의 적을 상대하여 중대한 관서 지방을 견고히 할지 모르겠다.

내가 듣건대, 제후에게는 지켜야할 도리가 있으니 사방의 경계를 지키는 것이다. 압록강을 수비하지 않고 청천강을 경계로 지은 것은 무슨 뜻인가? 청천강으로부터 압록강까지는 사방 오백 리로, 땅이 비옥하고 백성들이 부유하니 천부지국(天府之國)[69]이라 할 만하다. 임진왜란 때 임금은 피난을 가고 온 나라가 폐허가 되었는데, 목릉(穆陵 선조)께서 이 오백 리의 땅을 이용하여 대장군의 십만 군사들에게 군량을 공급하였고 삼백 년의 종묘사직을 회복하는 계획의 기틀을 잡았다. 그런데 나라가 이 지역을 포기하기를 마치 헌신짝 버리듯이 하였으니, 어찌 조정의 큰 계책이 일반 사람들의 평범한 생각을 크게 뛰어넘었다 하겠는가. 내가 말하는 것은 이해(利害)를 가지고 말한 것이고, 또한 대의(大義)로써 경계하는 것이다. 조종(祖宗)의 구업(舊業)을 버리는 것이 어찌 이처럼 쉽단 말인가. 낙양(洛陽)의 가생(賈生 가의(賈誼))이 한(漢)나라 문제(文帝) 때 중항열(中行說)을 매질하지 못하여[70] 눈물

68 교활한 유홍치(劉興治) : 명나라 말기의 장수로 당시에 가도(椵島)에 주둔하고 있으면서 명나라를 배반하고 후금에 투항하려고 하였다.

69 천부지국(天府之國) : 토지가 비옥하고 물산이 풍부한 지역을 뜻한다.

70 낙양(洛陽)의……못하여 : 중항열(中行說)은 한 문제(漢文帝) 때의 환관(宦官)이다. 종실의 딸을 옹주(翁主)로 삼아 선우(單于)에게 시집보내면서 중항열에게 데리고 가게 하였다. 중항열은 원하지 않는 사행 길을 떠나서는 선우에게 항복하고, 그의 총애를 받으며 한나라에 대항하는 계책을 제시함으로써 한나라에 큰 부담을 안겨줬다. 당시에 가의(賈誼)가 한 문제에게 올린 장문의 글 속에 "신의 계책을 따른다면 중항열

을 흘리며 통곡했으니, 그가 만약 지금 태어난다면 마땅히 어떠한 마음이 들겠는가.

사상은 지금 목숨 바쳐 일할 곳을 얻었다 하겠다. 본조의 경우를 살펴보자면, 김종서(金宗瑞)가 영묘(英廟 세종)에게 지우를 입어 황폐한 곳을 개척하여 육진(六鎭)을 설치하였다. 육진은 북으로 말갈(靺鞨)과 접해 있어 그 풍속이 대체로 사납다. 오랑캐 같은 마음과 금수 같은 성품을 지닌 자들이 하루아침에 약속하였으니, 그렇다면 본디 이미 호시탐탐 기회를 엿보고 있었던 것이며, 이에 김공이 죽음을 불사했던 것이다. 황폐한 곳을 개척하여 육진을 설치한 것은 바로 남의 땅을 개척하여 우리의 소유로 만든 것이니 이는 본디 쉽지 않은 일이다. 그렇다면 우리의 백성을 거두고 우리의 강토를 회복하는 사상의 임무는 김공이 한 것에 비해 어려운가, 쉬운가.

내가 살펴보니 사상의 근면함과 민첩함은 도사행(陶士行)[71]과 비슷하지만 충심은 더 뛰어나다 하겠다. 재주를 헤아려 일을 맡긴 선배와 덕 있는 자들이 사상이 중대한 관서 지방을 감당할 수 있을 것이라 반드시 알지는 못했겠지만, 또한 인재를 알아보지 못했다고는 할 수 없다. 사상이 망망한 바다를 마치 사통팔달의 대로처럼 여겼으니, 청천강 서쪽 지방을 망망한 바다처럼 여기겠는가. 비록 그러하나 사상은 젊은 장부이기에 안중에는 이미 강한 금나라도 교활한 유흥치도 없을

을 항복시켜 그의 등에 매질을 가할 수 있습니다."라는 내용이 있다. 《史記 卷110 匈奴列傳》

71 도사행(陶士行) : 진(晉)나라의 도간(陶侃)을 가리킨다. 그는 지방의 수령을 맡으면서도 천하의 일을 근심하며 부지런하게 정사를 행한 것으로 이름이 높았다. 사행은 그의 자(字)이다. 《晉書 卷66 陶侃傳》

것이다. 어려서부터 사귄 친구가 사상을 제대로 아는 것인가, 아닌가. 아! 선비는 자신을 알아주는 사람을 위해 죽는 법이다. 진정으로 어렵다고 피하지 않아야 할 일은 배를 타고 사행을 가는 일에 있지 않고 바로 관서 지방을 수비하는 데에 있을 것이다. 사상은 힘쓸지어다.

홍양으로 돌아가는 막내 외삼촌을 전송하는 서[72]

奉送季舅氏歸洪陽之行序

외삼촌 잠와공(潛窩公)은 길을 떠나는 모든 경우에 반드시 익성(翊聖)에게 서문을 요구하였고 익성은 그때마다 응하였으니, 그때마다 요청하고 그때마다 응한 것은 문명(文名)이 있었기 때문이 아니다. 전후로 공이 길을 떠날 때 서문을 써 준 것은 임금의 명을 받아 국경을 벗어난 경우가 아니면 지방관으로 나갈 때 였다. 지금 공이 길을 떠나는 것은 휴가를 청하여 고향으로 돌아가는 것으로 그 기한이 정해져 있어서 수개월 동안 이별하는 것이니, 또 어찌 서문이 필요하겠는가. 공이 말하길,

"나는 병들고 지쳤다네. 다행히 휴가를 청해 고향으로 돌아가게 되었으니, 부득이한 경우가 아니면 갑자기 기용될 수는 없을 것이네."

하였다. 익성은 세상을 경험하면서 징험한 것이 있는데, 군자가 어지러운 세상에서는 버려지고 잘 다스려진 세상에서는 버려지지 않는 것은 항상된 이치이다. 옛날 현인 가운데 잘 다스려진 세상에서 버려진 자들을 많이 꼽을 수 있으니, 잘 다스려진 세상에서 버려지게 되면 영원히 세상에서 버려지는 것이다. 이와 같다면 그 사람을 탓해야하는가, 그 세상을 탓해야 하는가. 의심하지 않을 수 없다.

공의 행실을 보면 적이 비슷한 바가 있으니, 진실로 감히 공을 탓할

72 홍양으로……서 : 이 글은 저자가 1625년(인조3)에 홍양(洪陽)의 동막촌(東幕村)으로 돌아가는 막내 외삼촌 이명준(李命俊)을 전송하면서 쓴 글이다.

수도 없고, 또한 감히 세상을 탓할 수도 없다. 공의 뜻은 견고하고 공의 행실은 독실하고 공의 지조는 올곧으며 그 덕성은 한결같고 그 몸가짐은 세속에 따라 움직이지 않았으니, 평소 실천한 것은 모두 실제적인 것이었다. 공이 함께 종유한 사람을 살펴보면 그리 많지 않았는데 어떤 이는 공의 명성을 사모하고 어떤 이는 공의 사적을 좇아 따라했으나 공의 마음을 제대로 알기에는 부족하였다. 시험 삼아 공을 세상에 질정해 보면, 세상에서는 한 목소리로 모두 공을 어질다고 하니, 비록 원수지간이라도 공이 어질지 않다고 말하지는 못한다. 그러나 공을 어질게 여기는 사람들의 마음을 살펴보면 공을 두려워하는 것이 아니면 공을 꺼리는 것이다. 한 목소리로 공을 어질다고 하는 자들의 입장에서 보자면 공이 과연 세상에서 버려진 것인가. 공을 두려워하고 꺼리는 자들의 입장에서 보자면 공이 과연 세상에서 버려지지 않은 것인가. 공의 경우를 미루어보면 옛날 현인이 잘 다스려진 세상에서 버려진 것이 이상할 게 없다. 이와 같다면 공을 탓할 수 있겠는가. 세상을 탓할 수 있겠는가.

아! 후세에 태평성대에 사는 사람이 없는 것도 아니요, 현인이라 불리는 사람이 없는 것도 아니다. 선왕(先王)의 도가 행해지지 않은 지 오래되었는지라 습속이 날로 낮아졌으니, 문장은 과거에 합격하는 것으로 족하고 행실은 겉모습만 닦는 것으로 족하고 언변은 중요한 일을 해결하는 것으로 족하고 지혜는 이해를 분별하는 것으로 족하였으니, 이것이 세상에서 일컫는 일반적인 명사(名士)이다. 그 덕성은 한결같지 않고 그 몸가짐은 세속에 따라 움직이지 않을 수 없으며 평소 실천한 것이 모두 실제가 아니니, 공이 어찌 세상에서 영원히 버려지지 않을 수 있겠는가.

공이 조정에서 벼슬살이 한 것이 거의 30년인데, 공경의 지위에 오르고 각 부서를 거쳤으니 영달하지 않았다고 말할 수 없지만 또한 하루라도 조정에서 편안히 지내지 못하였다. 그렇다면 후인들에게 공의 자취를 고찰하게 하더라도 또한 익성이 옛 현인에 대해 의심한 것과 마찬가지일 것이다. 한(漢)나라의 이소(二疏)[73]는 만족함을 아는 자들이기에 백세토록 그들의 행실을 염모하는데 지금의 사람은 어찌하여 고인에게 미치지 못하는 것인가. 그 형세가 같지 않음이 있고 그 처지에 편치 못한 바가 있어서이니 평생토록 일에 골몰한 이들이 어찌 한정이 있겠는가. 공의 머리와 다 센 것은 물론이고 공보다 열 일고여덟 어린 나도 이미 머리카락이 듬성듬성해졌다. 세도는 날로 어려워지고 전쟁은 날로 잦아져 속세에서 힘겹게 지내느라 즐거운 날이 드물다. 산골짜기에 은거할 날을 어떻게 기약할 수 있겠는가. 그러하니 공이 고향에서 편안히 지내고 부득이한 일로 기용되지 않는다면 다행일 것이다. 공의 요구를 받들어 마음껏 말하고 숨기지 않았으니, 공과 같은 사람이 세상에 버려진 데 대해서 아는 자가 아니겠는가.

73 한(漢)나라의 이소(二疏) : 한(漢)나라 선제(宣帝) 때의 명신(名臣) 소광(疏廣)과 조카 소수(疏受)를 말한다. 관직이 높아지고 명성이 널리 퍼졌으나, 그만두고 돌아가지 않으면 후회할 일이 생길 것이라면서 이내 고향으로 돌아갔다.《漢書 卷71 疏廣傳》

임지로 가는 오 여주 숙 를 전송하는 서[74]

送吳驪州 翻 之任序

나는 일찍부터 외람되게도 현귀한 자리에 있게 되어 감히 학사대부들과는 종유하지 못하고, 마을의 몇몇 사람들과 집안 대대로 맺어진 교의로써 서로 왕래하였다. 당세에 훌륭한 문장가를 논할 때면 숙우(肅羽)를 그런 사람이라 칭하는데, 숙우가 벼슬에 오른 뒤로 사방으로 다니며 임금의 명을 수행하다 보니 정사의 재주로 더욱 드러났다. 나는 마음으로 사모하여 한번이라도 만나보길 바랐다. 얼마 있지 않아 반정을 통해 임금이 새로 즉위하여 경연의 선비들을 신중하게 선발하였다. 호당(湖堂)에서 독서할 인재를 선발하는 것은 선대의 조정에서부터 이미 중요시하였고 문병(文柄)을 잡은 자가 인재 선발을 주관하는 것은 그 영예가 영주(瀛洲)에 오르는 것[75]에 비견되었다. 이때 선대부께서는 실로 대제학으로 있으면서 인재를 선발하여 나라가 희망하는 열 사람의 학사를 뽑았는데, 숙우가 거기에 들어있었다. 나는 마음속으로 말하길,

"숙우가 어떠한 사람이기에 세상의 청탁(淸濁)에 관계없이 이처럼

74 임지로……서 : 이 글은 저자가 1631년(인조9)에 여주 목사(驪州牧使)로 부임하는 오숙(吳䎘, 1592~1634)을 전송하면서 쓴 글이다.

75 영주(瀛洲)에……것 : 영주는 신선이 사는 삼신산(三神山) 중의 하나로 선비가 영예로운 지위에 오름을 비유한 것이다. 당태종(唐太宗)이 문학관(文學館)을 지어 놓고 방현령(房玄齡)·두여회(杜如晦) 등 18학사를 불러들인 뒤 극진히 대접하자, 세상 사람들이 그들을 흠모하여 "영주에 올랐다〔登瀛洲〕"고 하였다.

특별한 명성이 있는 것인가."

하였다. 얼마 되지 않아 숙우는 마침내 크게 현달하여 사간원과 홍문관의 벼슬에 올랐고 그 사이 사신으로 가거나 지방의 수령으로 나갈 때는 모두 신중히 간택되었던 것이니, 이르는 곳마다 명성이 매우 자자하였다.

내가 그가 지은 사령문(辭令文)과 시를 읽어보니 과연 그 명성을 저버리지 않는 사람이었고 또 그 정사의 재주를 살펴보니 그 직분을 저버리지 않는 사람이었다. 그러한 이후에야 그가 완전한 재주를 지닌 사람이라는 것을 믿게 되었다. 내가 부친상을 당하여 상중에 있을 때 숙우가 와서 매우 슬프게 곡을 하였으니, 자신의 지기(知己)를 저버리지 않는 사람이었다. 나는 이에 그가 군자라는 것을 더욱 더 믿게 되었다. 얼마 있지 않아 숙우 역시 상을 당해 떠나갔다. 3년이 지나 부모상을 당한 사람으로 서로 만나보니, 나는 병으로 거의 몸을 지탱하지 못하는 처지였고 숙우 역시 매우 초췌하였다. 서로 손을 잡고 위로하며 슬퍼하였다.

얼마 뒤에 나는 다시 두문불출하게 되어 세상사와 이별한 것이 거의 반년이었다. 하루는 숙우가 긴 편지를 보내어 나에게 글을 요청하길,

"제가 장차 외직으로 나아가 황려(黃驪 여주)를 다스리게 되었습니다."

하였다. 나는 오랫동안 멍하니 있었다. 숙우는 마땅히 내직에 있어야지 외직은 마땅하지 않다. 더군다나 나라가 많은 변고를 겪어서 부족하고 빠진 부분을 보충하고 수습해야하는 것이 시급한데, 숙우와 같은 사람이 외직으로 있으면 누가 이 일을 감당하겠는가. 그런데 찬찬히 생각해보니, 외직으로 나가는 것은 어버이 봉양을 위해서이니 그렇다

면 바로 성상이 효성으로 나라를 다스리는 뜻을 미룬 것이다. 그러나 황려는 한양과 멀지 않은 가까운 지역이며 그곳의 백성은 피폐하고 수가 적으며 그곳의 풍속은 가난하고 나약하니, 유약한 자도 충분히 다스릴 수 있는 곳이다. 숙우가 임지로 가서는 느긋하게 공관에 앉아서 번거롭게 명령 하나 내지 않을 것이니 문무해(文無害)[76]로 일컬어질 수 있으리라. 내 어찌 숙우에게 한 마디라도 해 줄 말이 있겠는가.

지리지를 살펴보니, 황려는 바로 선후(先后 원경왕후)의 고향이자 영릉(英陵 세종의 묘호)이 있는 곳이다. 이 때문에 여주목이 한양 근방 경기 지방 중에서 우월하다고 일컬어지고 있는데 봉사(奉祀)의 체통(體統)이 자못 존귀하다. 강산이 아름답기로 나라 안에서 으뜸이니, 올라가 관망할 미관으로는 청심루(淸心樓)가 있고 웅장한 사찰로는 신륵사(神勒寺)가 있으며, 고려 시대 목은(牧隱)의 유적이 아직도 남아있다. 사인묵객들이 종종 갈대 물가와 모래섬 사이를 배를 타고 오가면서 배회하고 깊이 사색하느라 날이 저물도록 돌아갈 줄 모른다. 그 백성이 피폐하고 적으니 어루만지고 보호하기를 소홀히 하지 말고 그 풍속이 가난하고 나약하니 후하게 보살피기를 마땅히 급선무로 해야 한다. 성왕의 능에 참배하게 되면 성왕의 다스림을 상상해보고, 누대의 승경을 탐방하면 남들보다 먼저 걱정하고 남들보다 뒤에 즐거워할 것[77]

76 문무해(文無害) : 공문서・법령 등을 처리하는데 있어서 흠결이 없음을 뜻한다. 《사기》 권53 〈소상국세가(蕭相國世家)〉에서, "상국 소하는 패군 풍읍 사람이다. 법령과 제도 등에 통달하여 패현의 관리가 되었다.〔蕭相國何者, 沛豐人也, 以文無害爲沛主吏掾.〕"라고 하였다.

77 남들보다……것 : 범중엄(范仲淹)의 〈악양루기(岳陽樓記)〉에 나오는 "천하의 걱정거리에 대해서는 그 누구보다도 먼저 걱정하고, 천하의 즐거운 일에 대해서는 그

이다. 선왕의 아득한 자취와 진승(眞僧)[78]의 빼어난 궤적에서 자신을 일으키고 자신을 계발시킬 수 있는 것이 많을 것이다. 숙우와 같은 자가 아니면 그 지역에 걸맞지 못하다.

나는 이에 조정에서 숙우에게 황려를 다스리게 한 것이 다만 봉양을 위해서가 아님을 알겠다. 숙우는 황려를 작다고 여기지 않고 지방의 수령 자리를 하찮게 여기지 않아서 실력을 두텁게 쌓되 조금만 드러내어[79] 풍성하게 소유하고 날로 새로워지는 공업[80]을 이루어 치적을 보고하는 날을 기다렸다가, 조정에 들어가서는 임금의 정사를 보좌하여 세도를 빛낸다면 그 명성을 저버리지 않은 것 일뿐 아니라 위로는 임금의 은혜를 저버리지 않게 되고 아래로는 지기의 알아줌을 저버리지 않을 수 있을 것이다.

누구보다도 뒤에 즐긴다."는 말을 요약한 것이다.

78 진승(眞僧) : 나옹(懶翁)을 가리킨다. 신륵사(神勒寺)에 나옹이 머물렀고, 그가 죽은 뒤에 진당(眞堂)을 세워 사리를 보관하였다.

79 실력을……드러내어 : 소식(蘇軾)의 〈잡설(雜說)·송장호(送張琥)〉에 나오는 말이다. "책을 널리 보되 핵심을 취하며, 실력을 두텁게 쌓되 조금만 드러낸다."에서 나온 것이다.

80 풍성하게……공업 : 《주역》〈계사 상(繫辭上)〉에 나오는 말이다. "풍부히 소유함을 대업(大業)이라 이르고, 날로 새로워짐을 성덕이라 이른다."에서 나온 것이다.

배를 타고 천자에게 조회하러 가는 김청음 상헌 을 전송하는 서[81]

奉送金淸陰 尙憲 航海朝天序

저 익성(翊聖)은 고향에 있을 때 두서너 명의 형제들과 당세의 군자에 대해 사적으로 논의하였는데, 공을 감수(鑑水)로 삼고 공을 형석(衡石)으로 삼고 공을 폄약(砭藥)으로 삼고 공을 염매(鹽梅)[82]로 삼는다면 나라가 잘 다스려질 것이라고 하였습니다. 얼마 있지 않아 공이 조정에 들어가 이조의 낭관이 되고 홍문관의 관원이 되었으며 사헌부의 대사헌이 되었으니, 예전에 사적으로 논의한 것과 마치 한 쪽 부절이 꼭 합친 듯이 맞았습니다. 공 또한 충절을 다하여 아는 바를 모두 말하고 말을 하면 끝까지 다 말하여 논자들은 오히려 공이 이 직분에 있으면서 치적이 여기에서 그칠 것이라고 말하였습니다. 공이 충절을 다하여 아는 바를 모두 말하고 말을 하면 끝까지 다 말하였지만 국론은 안정되지 않고 국사는 다스려지지 않았으니, 아마도 직임이 오로지 할 수 없는 바가 있고 임금의 귀에 아직 이르지 못한 바가 있어서일

81 배를……서 : 이 글은 저자가 1626년(인조4) 성절겸사은진주사(聖節兼謝恩陳奏使)가 되어 천자를 조회하러 가는 김상헌(金尙憲, 1570~1652)을 전송하면서 쓴 글이다. 이때 김상헌은 중국 조정에 들어가 모문룡(毛文龍)이 우리나라를 무고한 사정을 진달하였다.

82 공을……염매(鹽梅) : 감수(鑑水)는 거울처럼 맑은 물, 형석(衡石)은 준칙이 되는 법도, 폄약(砭藥)은 침과 약제, 염매(鹽梅)는 음식에 꼭 필요한 조미료로 국가에 필요한 인재를 뜻한다.

것입니다. 공은 또한 오랫동안 조정에 편안히 있을 수 없어서 공은 과감히 아침에 상소를 올리고 저녁에 성문을 나가[83] 선비들이 모두 안타까워하였는데, 바다를 건너 사행을 가는 명이 또 내려오니 선비들은 안타까워할 겨를도 없이 놀라며 서로 바라만 보고 감히 한 마디의 말도 입 밖으로 꺼내지 못했습니다.

아, 이 일이 어찌 공에게 해가 되겠습니까. 공은 일찍이 여러 번 낙척되고 기용되었지만 도는 절로 높아지고 명성은 더욱 더 성대해졌습니다. 만약 공이 관직에서 임무를 수행하면서 성실히 명을 받들며 봉록을 지키고 편안함을 탐하여 남을 따르기만 한다면, 조정에서 이와 같은 사람은 참으로 적지 않습니다. 날카로운 기물은 얽히고설킨 것에 시험하고, 뛰어난 말은 가파른 비탈길을 내달리게 합니다. 성인이 외물을 다스림에 반드시 어려운 일부터 먼저 시행하니 삼대에 두루 시험한 일에서도[84] 알 수 있습니다. 지금에 명을 받드는 것 중에서 상국(上國)에 사신으로 가서 전대(專對)하는 것보다 어려운 일은 없습니다. 모(毛) 장수[85]는 우리에게 의지하면서 두 마음을 품고 있으며, 요(遼) 땅의 백성들은 우리에게 의탁하면서 해코지 하며, 조공의 길은 이미

83 아침에……나가 : 김상헌은 1625년(인조3)에 상소를 올려 목성선(睦性善), 유석(柳碩) 등을 논척하고 석실(石室)로 돌아갔다.

84 삼대에……일에서도 : 요 임금이 순 임금을, 순 임금이 우 임금을 여러 어려운 일을 수행하게 한 후에 천자의 지위를 물려준 것을 가리킨다.

85 모(毛) 장수 : 명나라 장수 모문룡(毛文龍, 1576~1629)을 가리킨다. 그가 요동도사(遼東都司)로 있을 때 청나라에 의해 요동이 함락되자 가도(椵島)에 머문 채 후금의 배후를 교란하는 한편, 명나라 황제의 명을 칭탁하고 우리나라에 양식 등 온갖 요구를 하며 약탈을 일삼았다.

큰 바다를 사이에 두고 있고 유언비어는 황고(簧鼓)[86] 정도일 뿐만이 아니니, 이 몇 가지 문제들은 오랫동안 깊이 생각하여 처리하지 않으면 다만 우리나라의 득실이 될 뿐만 아니라 실로 천하 안위의 추기(樞機 관건)가 될 것입니다.

임금께서 공을 사행에 보낸 것은 일부러 공을 배척한 것이 아니라 공을 어질게 여겨서입니다. 공의 성심과 실질은 남을 움직일 수 있고 재주와 계책은 나라를 중하게 만들 수 있으며 올곧은 지조와 거대한 국량은 남의 법도가 되어 일을 주관할 수 있으니, 지금 상국에 사신으로 가서 전대(專對)하는 일을 과연 누구에게 맡기겠습니까. 임금께서 공을 두루 시험한 것은 공을 생각하는 마음이 깊은 것입니다. 공이 바다를 건너 사행을 떠난다는 말을 듣고서 안타까워할 겨를도 없이 놀라서 서로 쳐다보며 감히 한 마디의 말도 입 밖으로 꺼내지 못하는 자들은 그 식견이 좁은 것입니다. 공이 사신의 일을 마치고 돌아온 뒤에 반드시 재상에 조용(調用)되는 명을 받아 평소에 지녔던 포부를 펼친다면, 국가가 거의 다스려질 것입니다. 저 익성은 공과는 대대로 알고 지낸 집안의 자제로서 외람되게도 공에게 인정을 받아 편지를 보내어 글을 요구하시기에 감히 일찍이 공에 대해 논했던 바를 차례대로 서술하여 전별의 서문으로 삼고자 합니다.

86 황고(簧鼓) : 생황(笙簧)과 북처럼 혀를 놀려 공교한 말로 임금의 마음을 의혹(疑惑)시키는 것을 뜻한다.

김제 군수로 부임하는 정 부학 홍명 을 전송하는 서[87]

送鄭副學 弘溟 出守金堤郡序

임진왜란 때 선대부께서 선상국(先相國)[88]의 막부에서 종사하면서 군사의 일을 주선하였는데 실로 지우의 고마움이 있었다. 얼마 되지 않아 상국이 세상을 떠나자 일은 크게 잘못되어 도처에 함정이 널려있고 공격과 비방이 다투어 일어났는데 선대부께서는 맨 먼저 칼날을 맞아 꺾이고 좌절된 지가 오래되었다. 그 사이에 울분을 삼키고 토하며 한을 풀고 보복을 하려다가 죄에 연루되어 화가 파급된 것이 구당(鉤黨)[89]보다 가혹하였다. 강한 자들은 움츠려들고 약한 자들은 순순히 따르기만 하여 상국의 성명을 말하기 꺼린 지가 거의 30년이었다.

상국의 자손들은 모두 어질어 스스로 방축되는 것을 감내하여 전원에 유락하였다. 자용(子容)은 사계(沙溪) 김 선생(金先生 김장생(金長生))에게 수학하여 제법 학문을 연마하고 몸을 수양하였으며 또 고문사(古文詞)에 뛰어났다. 하루는 경사에 와서 나를 만나길 구하기에 서로 즐거이 뜻이 맞았으니, 평소 알고 지내던 친구 이상이었다. 자신이 지은 《기암고(畸庵稿)》를 꺼내주어 그것을 읽어보니, 그가 지은 부(賦)와 뢰(誄)는 《이소(離騷)》와 《문선(文選)》과 같았고, 그가 지은

87 김제……서 : 이 글은 저자가 1633년(인조11)에 외직을 청하여 김제 군수로 부임하는 정홍명(鄭弘溟, 1592~1650)을 전송하면서 쓴 글이다.

88 선상국(先相國) : 정홍명의 부친인 정철(鄭澈, 1536~1593)을 가리킨다.

89 구당(鉤黨) : 자기 당으로 끌어들여 서로서로 비방하고 무고해 죽이는 것을 말한다.

문장은 양한(兩漢)에 근본하고 창려(昌黎)를 출입한 것이 많았다. 시도(詩道)는 깊고 웅혼하였고 간간이 호방한 말로 표현한 것은 오롯이 한 사람의 대가였다. 술이 담긴 항아리를 안고 서로 권하면서 강개하여 담론하다보니 신사(神思)가 넘쳐흘러 속세 밖으로 훌쩍 벗어나 지금 처지가 함정에 빠져 곤란한 상황이라는 것을 모를 지경이었다. 그 언행을 살펴보니 처사(處士)처럼 삼가고 주밀하며 계율을 지키는 승려처럼 담박하였으니 그 정밀한 생각과 넓은 학식은 다른 사람들이 알 수 있는 것이 아니었다.

반정 초에 청요직에 선발되어 명망과 실력이 그보다 더 나은 자가 없었지만, 겸손하게 물러나 입으로는 당대의 일을 담론하지 않았고 황량한 곳에 거하면서 날마다 한적한 사람이나 유랑하는 나그네들과 함께 둘러앉아 바둑을 두고 저자에서 포와 술을 사와 먹는 것도 싫어하지 않았다. 또 병이 잦아서 외직을 청하여 호남의 조그마한 마을을 다스리게 되었다. 자용을 알고 있는 자로서 자용을 전송하며 증별의 말을 건네는 자가 많을 것이니, 그 말이 반드시 한둘이 아닐 것인데 어눌한 내가 장차 어떠한 말로 자용을 전송할 수 있겠는가. 그러나 집안끼리 대대로 서로 알고 지낸 것이 깊다고 할 수 있으니, 나 또한 수년을 거치면서 조금 그 사이를 엿보게 되었다. 자용은 기구한 인생살이를 겪어서 물정(物情)을 살핌에 있어 기지 넘치고 예리한 말은 모두 감추고 화려한 수식도 벗어던졌다. 오직 그 기른 바가 크고 두터워 확연하게 변하지 않는 것이 마음속에 있어 사람들이 바라보고서 두려워하였고 두려워하다보니 시기하는 마음이 없을 수 없었다. 어찌 유독 자용만 그러하겠는가. 옛날에 자용과 같은 분들도 역시 그러하였다.

아! 자용이 바둑을 두고 술로 자신을 달래며 세상사를 담론하지 않고 관직이 승랑(丞郎)의 반열에 불과했는데도 이처럼 겸손하게 물러나지 않을 수 없었던 이유는 무엇일까. 몸이 대신이 되어 어깨에 국가의 중임을 지고서 위로는 임금의 사랑을 받고 아래로는 백성들의 염원에 묶여 진퇴가 자유로울 수 없고, 은연중에 곁에서 엿보며 모래를 머금어 그림자를 쏜다면,[90] 그 함정을 피할 수 없어서이다. 잘 변화하는 자가 낙척되는 것은 괴이할 것도 없다. 자용은 이미 머리카락이 듬성듬성해졌으니, 꼬장꼬장한 7척의 몸으로 자잘한 공무에 시달리며 낮은 관직에 오래 있을 수 있겠는가. 장유(長孺)[91]는 문을 닫고서도 위엄을 기르기에 충분하였다. 고을을 다스리다 조금 지치면 옛 학업을 찾아 다스려 책을 읽으며 조용하게 지내면서 오묘한 이치를 완미하고 탐색하여, 날로 새로워지고 풍성하게 소유하는 것[92]을 만년의 소득으로 삼기를 기약한다면 머지않아 오묘하게 계합하여 빨리 기록하게[93] 될 것이다. 그렇게 되면 조정에 나아가서 임금의 계책을 돕고 물러나서 여러 후학

90 모래를……쏜다면 : 소인이 음흉한 수단으로 남을 해치는 것을 가리킬 때 주로 사용된다. 전설 속에 나오는 괴물인 함사역(含沙蜮)이 모래를 머금어 사람의 그림자를 쏘면 그 사람은 병이 나서 결국은 죽는다고 한다.

91 장유(長孺)는……않고도 : 한 무제(漢武帝)때의 급암(汲黯)을 가리킨다. 장유는 그의 자이다. 급암이 동해 태수(東海太守)가 되었을 때 몸에 병이 있어서 밖으로 나가지 않은 채 누워서 다스렸는데도 동해가 아주 잘 다스려졌다. 그 뒤에 회양(淮陽)이 잘 다스려지지 않자 무제가 "그대의 위엄을 얻어 누워서 다스리게 하고자 한다."라고 하여 급암을 보내어 다스리니, 회양 역시 잘 다스려졌다. 《漢書 卷50 汲黯傳》

92 날로……것 : 자세한 내용은 243쪽 주80 참조.

93 오묘하게……기록하게 : 주희(朱熹)의 〈횡거선생찬(橫渠先生贊)〉에 "정밀하게 사색하고 힘껏 실천하며, 오묘하게 계합하여 빨리 기록하였네.〔精思力踐, 妙契疾書.〕"라는 말에서 보인다.

들을 인도하여 사문(師門)의 전통을 계승하고 사우(士友)의 바람에 부합하게 될 것이니, 자용이 이처럼 하지 않는다고 어찌 장담하겠는가. 자용이여, 힘쓸지어다.

천자에게 조회하러 가는 한 참판 인급 을 전송하는 서[94]

送韓參判 仁及 朝天序

내가 보건대, 세상에서 진퇴를 주관하는 자는 스스로는 명성과 실질을 정밀하게 알아서 조금도 빠트리지 않는다고 생각한다. 그 기세가 또 사람을 영예롭게 만들 수도 있고 욕되게 만들 수도 있는데, 영예롭게 만든 자들은 과연 모두 어진 사람들인가. 욕되게 만든 자들은 과연 모두 어질지 않은 사람들인가. 어질고 어질지 않음은 허명(虛名)이고 영예와 오욕이 실제가 된다. 바뀌고 변화하며 화복이 서로 기인함이 끝이 없으니, 방생(方生)의 설[95]과 가깝다.

나는 이 때문에 일찍이 원지(元之)의 출처에 대해 강개한 마음을 지녔다. 원지는 풍채가 헌칠하고 용모가 의연하였으며 문장은 빛나고 글씨는 난숙하였다. 일찍부터 명성이 높아 홍문관에 몸담으니 사람들이 모두 참된 학사라고 칭찬하였고 또 모두 재상의 국량이라고 생각하였다. 중간에 재난을 만나 좌절되어 낙척한 지 십여 년이 지났으나, 이는 서로서로 빠지는 것[96]과 같으니 원지의 영욕만이 되는 것은 아니

94 천자에게……서 : 이 글은 저자가 1633년(인조11) 한성부 우윤(漢城府右尹)에 제수되었다가 세자책봉주청정사(世子冊封奏請正使)에 충원되어 사행을 떠나는 한인급(韓仁及, 1583~1644)을 전송하면서 쓴 글이다.

95 방생(方生)의 설 : 저것이 이것에서 나오고 이것은 또 저것에 기인한다는 설을 뜻한다. 이와 관련된 내용은 《장자》 〈제물론(齊物論)〉에 자세하다.

96 서로서로……것 : 정사가 어지러웠던 광해군 시절에 많은 인사들이 폐출된 것을 가리킨다. 원문의 "서닉(胥溺)"은 《시경》 〈상유(桑柔)〉에 "그 어찌 선할 수 있겠는가.

다. 임금이 새로이 즉위하여 무너진 것을 일으켜 사방에서 인재들이 함께 나올 때에 원지의 벼슬길도 크게 열릴 것 같더니 침체되어 떨치지 못한 것이 또 수년이었으니, 어찌 진퇴를 주관하여 명성과 실질을 자세히 살펴 사람에게 영욕을 줄 수 있는 자가 조금 빠트리는 실수를 범함이 있었던 것인가. 비록 그러하나 원지가 자신의 재능을 잘 써서 스스로 공경의 반열에 이르고 경조윤까지 올랐으니, 나는 진퇴를 주관하는 자가 진실로 운명을 관장하는 자를 이길 수 없음을 알겠다.

세자 책봉을 청하는 전례는 나라의 중요한 일이니 반드시 재주가 있고 어진 사대부를 선발하여 보내야 한다. 원지가 마침내 이 명을 받들어 우승상(右丞相)을 모시고 길을 떠나니 영예롭다고 할 만하다. 그러나 원지가 어진지 어질지 않은지를 따져보면 분명 전과 그대로이니, '외물에 막히거나 얽매임이 없다'는 장주(莊周)의 말[97]을 나는 더욱더 믿게 되었다. 혹자들은 원지의 사행이 거센 파도를 건너고 변방의 경계(警戒) 지역을 지나고 법령이 다소 엄밀한 것을 걱정한다. 그러나 나는 이 세 가지가 오히려 원지에게 도움이 되는 것이 많다고 생각한다. 바람이 불고 파도가 일어 용이 솟아오르고 고래가 뛰어올라 원지의 유람을 장대하게 해 줄 것이 그 첫 번째이고, 변방의 군진이 별처럼 나열되어 조두(刁斗) 소리가 끊이지 않아 원지의 뜻을 강하게 만들어 줄 것이 그 두 번째이고, 단속을 엄격히 하고 법령을 엄밀하게 하여

서로 더불어 함닉에 빠질 뿐이로다.〔其何能淑? 載胥及溺.〕"에서 나온 말이다.

97 외물에……않음 : 원래 굴원(屈原)의 〈어부사(漁父辭)〉에 나오는 말인데, 장주(莊周)의 말로 잘못 인용한 듯하다. 〈어부사〉에 "성인은 사물에 막히거나 얽매이지 않고 세상을 따라 미루어 옮겨다닌다.〔夫聖人者, 不凝滯於物, 而能與世推移.〕"라고 하였다.

원지의 지조를 가다듬게 할 것이 그 세 번째이다. 그 헌칠한 풍채로 의연한 용모를 닦고 그 난숙한 글 솜씨를 분발하여 그 빛나는 문장을 지어서 중국 조정의 고관대작들과 서로 주선한다면, 중국 조정의 인사들이 원지를 학사라고 칭할 뿐만 아니라 또한 장차 참된 재상으로 지목될 수 있을 것이다. 나는 이에 이른바 영예롭게 되고 욕되게 되는 것이 남에게 달려있지 않음을 알겠다. 원지여, 떠나시게. 운명을 관장하는 분이 계실지니.

영남 관찰사로 부임하는 홍감사 명구 를 전송하는 서[98]
送洪監司 命耈 出按嶺南序

나라가 수십 년 동안 남쪽과 서쪽 지방이 번갈아 병화를 입어 역내에 온전한 땅이 거의 없다. 임금의 명을 받들어 근심을 분담하여 지방을 다스려서 안정시키고 조절하여 조화롭게 만들어 한 지방에 법도를 세우는 것은 감사(監司)에게 달려있다. 사람의 재주와 식견을 헤아려 복잡하거나 쉬운 일에 맡기는 것은 목전만 근심하는 낮은 소견이다. 서쪽 지방에서 원로(元老)를 들어 마침내 남쪽 지방을 다스리게 한 것은 깊이 생각하여 중임을 맡긴 것이니 일월처럼 밝은 것이다. 서쪽 지방에 오랑캐가 침략하면 그래도 남쪽 지방을 의지함이 있다. 옛날 남쪽 지방에 왜나라가 침략했을 때 서쪽 지방을 근본하여 나라를 지탱하였는데, 남쪽 지방의 난이 끝난 것은 황제가 동쪽으로 힘을 써준 태산(泰山)보다 깊은 은혜에 힘입은 것이다. 이와 비교하면 지금은 개미와 같은 소소한 원조가 있을 뿐이다. 그러니 남쪽 지방은 서쪽 땅의 근본이 될 뿐만이 아니라, 실로 국가의 근본이 된다. 근본이 뽑힌다면 장차 어떻게 손쓸 방도가 있겠는가. 이것이 원로가 서쪽으로 가지 않고 남쪽으로 가는 이유이니 그 임무가 크고 그 책임이 따라서 막중하다 하겠다.

영남의 부세는 허리와 등으로 둘로 나누어 상등의 것은 호조에 관계

98 영남……서 : 이 글은 저자가 1633년(인조11)에 경상도 관찰사(慶尙道觀察使)로 부임하는 홍명구(洪命耈, 1596~1637)를 전송하면서 쓴 글이다.

되고 하등의 것은 빈객을 수용하는 비용으로 충당하여 수송하는 곳이 다르니, 이것이 백성을 힘들게 한다. 지방의 호족들은 유자의 복식을 입고 도척(盜跖)처럼 행동하여 크게는 관령(官令)을 어기고 작게는 백성들에게 사납게 굴어 점점 길들일 수 없는 무리가 되었으니, 이들은 교화시키기 어렵다. 이것은 이전부터 있은 병폐라 동시에 시행할 수 없는 것이 징발과 안무이다. 근래에 내부에서 붕괴되는 조짐이 있는데 오랑캐가 우리 땅에 머물면서 우리의 허실을 다 파악하고 있으니, 어찌 호시탐탐 기회를 엿보지 않을 줄 알겠는가. 용사년(龍蛇年)의 경계[99]로 징험해 볼 수가 있다. 본말을 따지지 않더라도 다스리기 어렵고 쉬운 기세는 분명하니 깊은 생각으로 중임을 맡겨 원로를 남쪽으로 보낸 것이다. 옛말에, "신하를 알아주는 사람은 바로 임금이다."라 하였으니, 또한 훌륭한 말이 아닌가.

원로는 나의 어린 벗으로 내가 동생처럼 보살펴 주었다. 이미 유년 시절부터 재주가 빼어나고 문장이 뛰어나 조만간 현달하게 될 것이라고 기대하였는데, 과연 약관의 나이로 지푸라기를 줍듯 쉽게 장원급제를 하였다. 혼탁한 광해군 시대에는 자취를 감추고 은거하였으니 더욱더 그의 지조를 알 수 있다. 반정 이후에는 그 명망과 실질이 모두 융성했으니 이조 낭관으로 있을 때는 인재를 선발하는 것이 공정하였으며, 전시(殿試)에 장원하여 노련한 유자도 그에 미치지 못하였다. 이러한 재주와 자질을 가지고 평양의 전투에서 절개를 드러내어 마침내 주장(主將)과 함께 패배하는 죄를 달게 여겼으니,[100] 열사(烈士)의

99 용사년(龍蛇年)의 경계 : 용과 뱀은 각각 진년(辰年)과 사년(巳年)을 상징하는데, 왜란이 일어났던 임진년과 계사년을 가리킨다.

풍모가 있었다. 화친을 하느냐 전쟁을 하느냐에 대한 논의가 일어나자 의리를 내세워 봉소(封疏)하였는데 늠름하여 감히 범할 수 없는 기색이 있었으며, 이해를 헤아려 계획하는 것이 정확히 이치에 합당하여 여유롭게 세상을 경영하는 책략이 있었으니, 황제가 낯빛을 바꾸고 조정의 신하들이 입을 떡 벌렸다. 그러니 큰 임무와 책임이 원로에게 돌아가지 않을 수 없었다.

원로의 선대는 아득한데, 명성과 덕이 대대로 계승되다가 익성공(益城公)[101]에 이르러 더욱 성대해졌다. 익성공의 문학과 공훈은 한 시대의 으뜸으로 조금 드러내어 정사를 행함에 옛날의 정교(鄭僑)[102]와 비슷하였는데, 덕과 명예는 그보다 더 훌륭하였다. 남쪽 변방에 정사를 시행한 것[103]이 아직도 구비(口碑)에 오르내리고 있다. 원로의 선대부가 해평(海平)을 다스릴 때[104]에도 순리(循吏)와 양리(良吏)의 명성이 드러났고, 원로가 안동(安東)을 다스릴 적에도 신명하다는 칭송을 받았다. 조부와 부친 그리고 아들이 모두 이 지역에서 벼슬하여 다행히 그 명성을 실추시키지 않고 그 아름다움을 이었으니, 이는 보기 드문

100 평양의……여겼으니 : 1627년(인조5) 정월에 오랑캐 3, 4만이 쳐들어와 평양성이 함락되고 평안 감사 윤훤(尹暄)은 도망을 갔다. 이때의 일에 대해서 평안도 순안어사였던 홍명구가 상소한 일이 있다.

101 익성공(益城公) : 홍명구의 조부인 홍성민(洪聖民, 1536~1594)을 가리킨다.

102 정교(鄭僑) : 춘추 시대 정(鄭)나라의 어진 대부(大夫)이자 훌륭한 정치가였던 공손교(公孫僑), 즉 정자산(鄭子産)을 가리킨다.

103 남쪽의……것 : 홍성민은 1580년(선조13), 1585년에 경상 관찰사를 두 번 역임하였다.

104 원로의……때 : 홍명구의 부친은 홍서익(洪瑞翼, 1572~1623)으로, 자는 익지(翼之), 호는 화옹(禾翁)이다. 홍서익은 1614년(광해군6)에 선산 부사에 제수되었다.

일이다. 남쪽 지방의 백성들이 원로를 기다린 것이 오래되었다. 백성들이 기다리고 있었으니 은택이 쉽게 미칠 것이다. 그러나 익성공의 치적은 오직 정신이 총명하여 일을 잘 처리하는 능력이 아니라, 반드시 그 덕이 널리 퍼지고 그 신실함이 두터워져 오래되어도 잊을 수 없게 한 것이다.

아! 세도는 어려움, 민생은 곤란함, 폐단의 불어남, 습속의 사나움 등은 익성공 때에 비하면 갑절, 다섯 갑절이 될 뿐만이 아니다. 임금께서 원로를 임명한 것은 선조께서 익성공을 임명한 것에 비하면 또한 차이가 있다. 원로가 자신의 마음과 힘을 다하는 것이 익성공보다 열 배나 되어야 공업을 드러낼 수 있을 것이니, 어찌 크게 두려워하지 않을 수 있겠는가. 원로의 정사가 그곳을 다스려 장차 안정시키고 그곳을 조절하여 장차 조화롭게 만들 것인지 감히 알지 못하겠으나, 다스리기 어려운 것을 다스리는 것이 안정시키는 것이고 조절하기 힘든 것을 조절하는 것이 조화롭게 만드는 것이다. 다스려서 안정시키고 조절하여 조화롭게 만들면 기강이 이로 말미암아 세워지게 될 것이다. 원로여! 이것은 북돋고 보호하는 데 달려 있으니, 국가의 근본을 두텁게 하는 데 힘써서 그 기틀이 뽑히지 않도록 하여 우리 임금의 지우(知遇)에 보답할지어다.

김 나주 상복 를 전송하는 서[105]

送金羅州 尙宓 序

아! 사랑하는 바를 미루어 가면 사랑이 같아지고 공경하는 바를 미루어 가면 공경이 같아지니, 그 미루는 바에 따라 그 정(情)을 펼치는 것이다. 늘 산수 수려한 곳에서 선원(仙源 김상용(金尙容))과 청음(淸陰 김상헌(金尙憲)) 두 선생을 따르면서 막내인 공은 낭랑한 언사와 굳센 위의로 그 사이를 주선하였으니 화락한 군자라 할 만하다. 또한 그 집은 솥발처럼 우뚝 서 있고 마을은 확 트여 있어 세속에서 월등히 뛰어나 확연히 그림 가운데 있는 듯하는데, 불행하게도 선원 선생은 절개를 지켜 돌아가셨고 청음공은 그 지위를 떠나셨으며 또 그 자손들은 별처럼 흩어져버렸으니 풍계(楓溪)의 수석은 주인이 없어지고 북리(北里)의 문 앞길은 쓸쓸해졌다. 이는 세도가 한 번 변해서 그런 것이다.

막내인 공은 일찍이 회수(淮水) 가로 나를 찾아와 호롱불을 밝히고 하루를 묵었는데, 지난 일을 회상하니 감개무량하여 멍한 상태로 무어라 할 말이 없었다. 아, 죽은 자야 어쩔 수 없지만 살아있는 사람도 다시 볼 수가 없구나. 살아있는 자는 참소를 당하고 죽은 자도 비방을 받는구나. 평소 사랑하고 공경하는 마음이 생사로 나뉘어 찢어지는

105 김……서 : 이 글은 저자가 나주 목사(羅州牧使)로 부임하는 김상복(金尙宓, ?~1652)을 전송하면서 쓴 글이다. 김상복의 본관은 안동(安東), 자는 중정(仲靜)이다. 김상용(金尙容, 1561~1637)과 김상헌(金尙憲, 1570~1652) 아우이다.

비통함이 되어버렸으니, 어찌 한 마디의 말과 한 줄기의 눈물이 없을 수 있겠는가.

얼마 되지 않아서 막내인 공은 살고 있던 곳에서 기용되어 금성(錦城 나주)의 목사로 부임하게 되자 군이 나의 졸렬한 말을 구하여 전별의 선물로 삼고자 하였다. 무릇 화락한 군자의 자질로써 집안에서 체득한 바가 넉넉하여 작은 마을에서부터 큰 주현에 이르기까지 그 명망이 드러나 임금의 간택을 받은 것이니, 어찌 감히 군더더기 말을 할 수 있겠는가. 다만 호남(湖南)은 나라의 근본이고, 금성은 호남의 근본이 되니, 공이 맡은 임무는 실로 한 일국의 중임을 어깨에 지는 것이다. 그 임무가 중하다는 것을 알고서 중하게 될 만한 치적을 행한 이후에 완급을 도모한다면 거의 의지하는 바가 있게 되어 집안의 명성을 실추시키지 않을 것이다. 아! 바뀌고 변화하는 것은 무궁하고 죽은 자들은 이미 사라져버려 오직 예전의 자취를 추억할 뿐, 정(情)을 펼칠 곳이 없음을 어찌하겠는가. 공이 길을 떠남에 자못 강개하고 석연치 않은 점이 있도다. 오호라!

황해도 관찰사로 부임하는 박상지 서 를 전송하는 서[106]

贈朴尙之 遾 出按海西序

나는 어렸을 적에 한퇴지(韓退之)의 "원빈(元賓)을 생각해도 볼 수가 없으니 원빈이 사귀던 사람을 본다"[107]는 말을 읽고서 너무 지나치게 슬퍼한다고 의심하였는데, 세상일을 두루 겪고 나니 비로소 말이 지나치지 않음을 알겠다. 내 나이도 50이 넘어 이제 내 동년배들이 점점 세상을 떠나고 있으니, 더구나 나보다 나이가 몇 년 많은 사람이야 어떻겠는가. 취지(就之)[108]는 나보다 나이가 몇 년 많은 사람으로 이웃에 살면서 막역한 우정을 나누었는데, 둘 다 술을 좋아하여 술이 생기면 항상 취지와 함께 마시지 않은 적이 없었으니, 그에게 주덕(酒德)이 있는 것을 좋아해서였다. 그러나 기쁜 마음으로 사모하여 서로 왕래한 것이 어찌 다만 술 때문이었겠는가.

함께 왕래하며 지낸 지 십년 남짓 되었을 때 취지가 황해도와 평안도로 벼슬살이를 하게 되어 서로 만나지 못한 것이 또 십 년이었다. 그가

106 황해도……서문 : 이 글은 저자가 1643년(인조21) 즈음에 황해도 관찰사로 부임하는 박서(朴遾, 1602～1653)를 전송하면서 쓴 것이다.

107 한퇴지(韓退之)가……본다 : 원빈(元賓)은 한유(韓愈)가 매우 아꼈던 친구 이관(李觀)이다. 한유의 〈답이수재서(答李秀才書)〉에, "원빈을 생각해도 볼 수 없으니 원빈이 함께 사귀던 사람을 보면 원빈을 보는 것과 같다.〔思元賓而不見, 見元賓之所與者, 則如元賓焉.〕"라고 하였다.

108 취지(就之) : 박추(朴篨, 1583～?)로, 자는 취지이다. 그 아래 동생으로 박서(朴遾)와 박천(朴蒨)이 있다.

황해도에서 돌아왔을 때 나는 술자리를 열어 함께 마셨는데 그 주량이 조금도 줄지 않았으며 피부는 윤택하고 머리털도 아직 빠지지 않았다. 또한 관리로서의 명성이 자자하여 그가 장차 세상에 쓰일 것을 기쁘게 생각하였는데, 얼마 되지 않아 병상에 눕더니 일어나지 못하여 나는 제문을 지어 곡하며 슬픔을 쏟아내었다.

아! 친구 가운데 죽은 이가 어찌 한정이 있겠는가. 그러나 때때로 슬퍼하며 추억할 때면 반드시 취지를 생각하였다. 그의 동생인 상지(尙之)를 보고 있자면 마치 취지를 보는 듯하였기에 그 연배를 가지고 차이를 두지 않았으니, 더욱 더 한퇴지의 말에 느끼는 바가 있다. 취지가 나이도 지위도 제대로 다하지 못하고 세상을 떠났으니, 상지가 대신하여 흥기한 것이 하늘이 보답하는 도이다.

취지는 일찍이 관향사(管餉使)로서 서쪽 지방에 오랫동안 머물렀고, 이어서 해주 목사가 되어 끼친 은택이 적지 않다. 서쪽 지방의 백성들이 상지가 관찰사로 온다는 소식을 들으면 반드시 취지의 정사를 생각하여 줄줄이 목을 길게 빼고 기다릴 것이다. 상지의 임무가 취지에 비하면 그 경중이 크게 차이가 나지만, 백성에게 끼친 은택에 대해서는 또한 말할 만한 것이 있을 것이다. 나는 취지를 사랑하였고 그 사랑하는 마음을 상지에게로 옮겼는데 상지가 길을 떠나니 다른 말을 할 겨를이 없다. 그 또한 슬프도다.

의현에게 주는 서
贈義賢序

대웅씨(大雄氏 석가모니)의 가르침이 천하에 두루 퍼져 유도(儒道)와 함께 유행하였는데, 그 말은 옳은 듯하지만 그릇되었고 그 행실은 고상한 듯하지만 천근하였다. 옳은 듯하였기 때문에 참된 것을 어지럽혔고 고상한 듯하였기 때문에 스스로 존귀해졌으며, 스스로 존귀하였기 때문에 교만하여 그 이상은 없다고 여겼다. 참된 것을 어지럽혔기 때문에 뒤섞여 분변하기 어려우니, 언뜻 보면 사람을 즐겁게 하지만 천천히 궁구해 보면 끝내 실제가 없다. 하사(下士)는 그대로 받아들이고 중사(中士)는 의심하며 상사(上士)[109]는 물리친다. 그러나 세상에 상사가 없는지라 그 무리가 방자하게 꺼리는 바 없이 산림에서 설법하여 농사를 짓는 백성이 그 몸을 바꾸고 그 재물을 버리고서 분주하게 공급하기를 기약을 정하여 모이듯이 할 뿐만이 아니었으니, 그 정신과 역량이 또한 남들보다 크게 뛰어난 점이 있다고 하겠다. 역대로 부처라 칭하고 조사(祖師)라 칭하는 자들이야 본디 말할 것도 없으니, 내가 보고들은 자들에 대해 말하겠다. 서산(西山)과 허응(虛應)[110]은 불법을 논함에 의견이 달라 벼슬을 버리고 돌아가서 마침내 종사(宗師)가 되었다. 그 후에 송운(松雲)은 맡은 직분으로 국가에 명성이 드러났

109 하사(下士)는……상사(上士) : 여기서 말하고 있는 하사(下士)・중사(中士)・상사(上士)는 재덕(才德)의 등급으로 구분한 표현이다.

110 허응(虛應) : 보우(普雨, 1509~1565)로, 호는 허응(虛應), 나암(懶庵)이다.

고, 부휴(浮休)[111]는 불경을 설법하는 것으로 산문(山門)에 명성이 드러났으니, 이것이 한 시기이다. 송운의 제자인 응상(應祥)[112]과 부휴의 제자인 각성(覺性)[113]은 서로 남쪽과 북쪽에 거처하며 각기 자신의 문호를 세웠으니, 이 또한 한 시기이다. 나는 각성과 평소 친분이 있어 한두 가지 일을 물어보곤 하였는데, 그 또한 불경에 깊이 통달하여 옳은 듯한 설법으로 불도를 수식할 수 있었고 그 재주는 스스로 웅대해질 만하였으니 이른바 정신과 역량이 남들보다 뛰어난 사람이었다.

각성의 상족제자(上足弟子 수제자)인 의현(義賢)이란 자가 나와 교유하였는데 하루는 내게 말하기를,

"어찌하여 몇 줄의 문장으로 우리의 좋은 교유를 기록하지 않습니까."

라고 하였다. 나는 웃으며 다음과 같이 말했다.

"그대는 나를 잘 아는가? 나는 존귀한 작위와 풍족한 녹을 받으며 살고 있고 자손들은 번창한데도 불가와 인연을 맺어 스스로 존귀해진 사람을 이끌어 옳은 듯한 설법을 들으며 격의 없이 친밀하게 지내니, 내가 어찌 그대에게 구하는 것이 있겠는가. 초의(草衣)를 입고 거친 밥을 먹으며 부모형제를 버리고 세상과 단절하고서도 오히려 나의 집을 드나들며 나와 담론하는 사이에 종종 나에게 물리침을

111 부휴(浮休) : 선수(善修, 1543~1615)로, 성은 김씨(金氏)이다. 남원 출신으로 아버지는 적산(積山)이다.

112 응상(應祥) : 1572~1645. 호는 송월(松月)이다. 문화(文化) 출신으로 구월산 성연(性衍)의 제자이다.

113 각성(覺性) : 1575~1660. 자는 징원(澄圓), 호는 벽암(碧巖)이다. 보은 출신으로 임진왜란과 병자호란 때 승군(僧軍)을 이끌었으며, 남한산성을 완성시키고 사고(史庫)를 보호하였다.

당하면서도 그만둘 줄을 모르니, 그대가 어찌 나에게 구하는 것이 있겠는가. 나는 그대의 도가 참된 것을 어지럽힘을 알면서도 그대를 거절하지 못하고, 그대는 내가 물리치는 것을 알면서도 나와 관계를 끊지 못하니, 나와 그대는 과연 참되게 알고서 실천하는 자들인가. 아니면 그대와 나는 망령되이 알고서 그릇된 곳으로 달려가는 자들인가. 내가 참되게 아는지 망령되게 아는지의 구분을 우선 그냥 놔둔다면 오직 나와 그대가 눈으로 경험하고 마음으로 믿는 것에 반드시 계합하는 바가 있을 것이다. 그러니 계합하는 것에 나아가 계합하는 이유를 구하면 될 것이다. 그대가 이러한 말을 가지고 돌아가 응상과 각성 두 노사에게 질정하다면 혹 그것을 알 수도 있겠다."

희안에게 주는 서[114]

贈希安序

지금 시의 종장(宗匠) 가운데 동악선생(東嶽先生 이안눌(李安訥))보다 뛰어난 자는 없다. 선생은 평소 시승(詩僧)을 좋아하여 그의 문하에서 종유한 승려들이 매우 많았는데, 그 중에 희안공(希安公)보다 시와 글씨에 솜씨가 뛰어난 승려는 없다. 그 시도(詩道)를 누구에게서 배운 것인지는 모르겠지만 동악을 본받은 자라 할 수 있고, 그 필법을 누구에게서 배운 것인지는 모르겠지만 설암(雪菴)[115]을 본받은 자라 할 수 있다.

천부적인 자질이 맑고 소탈하며 재주가 뛰어나고 속태(俗態)가 없으니 또한 총림(叢林 사찰)의 수재라 할 만하다. 소매 속에 든 동악의 시에서 그를 회소(懷素)와 혜휴(惠休)에 견준 것[116]은 결코 지나친 칭

114 희안에게……서 : 희안(希安)은 저자가 살던 시대에 유명한 시승(詩僧)이자 서예가였다. 그는 당대의 시인들과도 널리 종유하였는데, 특히 동악(東嶽) 이안눌(李安訥)과는 친분이 깊었던 것으로 보인다. 한국문집총간 78집에 수록된 《동악집(東嶽集》에는 이안눌이 그와 주고받은 시가 많이 남겨져 있다. 한편, 희안은 당대 시승으로 유명했던 운곡(雲谷) 휘공(徽公)의 시를 모아서 저자에게 서문을 부탁하기도 하였다. 이와 관련된 내용은 본서 제6권 〈운곡집서문〉에 보인다.

115 설암(雪菴) : 이부광(李溥光, ?~?)으로, 자는 현휘(玄暉), 호는 설암(雪菴), 사호(賜號)는 현오대사(玄悟大師)이다. 원(元)나라의 승려이자 서예가이다.

116 동악선생이……것 : 한국문집총간 78집에 수록된 《동악집(東岳集)》 권17 동천록 하(東遷錄下) 〈정월초십일 희희안상인지(正月初十日喜希安上人至)〉에, "필법은 지금의 회소(懷素)요, 시재는 옛날의 혜휴(惠休)로다.〔筆法今懷素, 詩才古惠休.〕"라고

찬이 아니다. 오랫동안 남한산(南漢山)에 머물며 종종 나를 방문했는데 종일토록 마주해도 조급한 태도나 법도에 어긋나는 말이 없으니, 그의 시와 글씨는 물론이요 그 사람됨이 참으로 사랑할 만하고 또 가르칠 만했다.

시와 글씨에 비록 솜씨가 있더라도 이것들은 기예이지 도(道)가 아니다. 도는 그대가 바라는 것이 아닌가. 나는 그대가 말하는 도는 아직 듣지 못했고 우리가 말하는 도를 알 뿐이다. 우리가 말하는 도는 그대가 허무와 적멸을 종지로 삼는 것과는 같지 않다. 어떠한 사물에 나아가더라도 모두 이러한 도리가 있으니, 작은 기예라 할 시와 글씨도 도리 가운데 하나의 일이다. 도가 완성되면 기예에 통달한다는 말은 들었어도 기예가 완성되어 도에 들었다는 말은 듣지 못했으니, 그대의 맑고 소탈하며 뛰어난 자질로 도를 구하여 실제로 힘을 쏟는다면 그 성취가 어찌 기예에서 그치고 말겠는가. 저들의 음풍농월을 그만두고 저들의 붓과 벼루를 태워버리며 주렴을 치고 입을 닫으며[117] 내면을 살피고 돌이켜 경청하여[118] 고요한 물처럼 맑고 조금도 더럽히지 않는다면, 불가의 큰 성취를 이루게 되어 기예에 일삼는 바가 없게 될 것이

하였다. 회소(懷素, 725~785)의 자는 장진(藏眞), 속성(俗姓)은 전씨(錢氏)로 당(唐)나라의 서예가이다. 혜휴(惠休, 탕혜휴(湯惠休)는 육조시대(六朝時代)의 시승(詩僧)이다.

117 입을……닫으며 : 외물(外物)에 대한 관심을 일체 끊는 것을 뜻한다. 《노자》 52장에, "입을 닫고 문을 닫으면 종신토록 수고롭지 않게 된다."라고 하였다.

118 내면을……경청하여 : 《사기(史記)》 권68 〈상군열전(商君列傳)〉에, "돌이켜 경청하는 것을 총(聰)이라 하고 내면을 살피는 것을 명(明)이라고 하고 자기를 극복하는 것을 강(彊)이라 한다."라고 하였다.

다. 그대는 장차 동악과 설암의 기예를 쓸모없는 것으로 여기고 버리시오. 그대가 시험 삼아 이 말을 동악선생에게 어떠한지 여쭈어본다면 선생께서 반드시 가르쳐 줄 것이오.

쌍흘에게 주는 서
贈雙仡序

낙전자(樂全子)가 부용관(芙蓉館)에서 와병하고 있었는데 한 승려가 찾아와 만나기를 청하였다. 앞으로 오라고 허락하고서는 다음과 같은 말로 힐난하였다.

"부처는 어떤 사람이고 그 도는 어떤 도인가? 눈이 가로로 놓여있고 코가 아래로 늘어진 것은 부처도 사람의 형상과 같은데 그 도는 유독 사람과 다른 것인가. 도는 마음속에 있어서 본디 사람마다 다른 것이 아니다. 같은 것으로 말하자면 나의 허명(虛明)이 곧 부처의 마음이다. 다른 것으로 말하자면 부처는 세상을 버렸고 나는 세상에 남아있는 것인데, 세상에 남아있으면서 허명을 잘 보존하고 있으니 내가 어찌 부처와 다르겠는가. 그대는 세상을 버리고도 허명을 보존하지 못하니 그대가 어찌 부처와 같겠는가.

낙전자는 12세에 금적(禁籍)에 이름이 올라[119] 자주색 관복을 입고 금띠를 두른 지가 지금 33년이 되었다. 자손들은 번창하고 희첩들은 자리를 둘러싸고 이목을 즐겁게 하는 오색오미의 진귀한 것들이 많지만 나는 내 마음을 움직이고 내 본성을 어지럽게 한 적이 없었다. 그대는 어려서부터 명사들을 따라다니고 명산을 다니느라 자손과 희첩도 없고 심성을 움직이게 하고 이목을 즐겁게 하는 오색오미

119 낙전자는……올라 : 저자는 12세에 정숙옹주(貞淑翁主)와 혼인하여 동양위(東陽尉)에 봉해졌다.

의 진귀한 것들도 없는데도 완공(頑空 불도)을 깨닫지 못하고 미혹된 길에서 헤매고 있다. 이로써 말한다면 세상에 남아있는 자가 도를 알 수 있는 것인가, 세상을 버린 자가 도를 알 수 있는 것인가. 이 선학(善謔)으로도 세상을 버린 자의 마음을 만족시키기 부족하니, 내가 이 때문에 부처의 도를 비루하게 여기는 것이다. 도는 마음속에 있으니 자신의 마음을 스승으로 삼으면 그만이다. 궁실과 의복, 산림과 성시는 모두 외물이다. 꼭 그대의 머리를 자르고 그대의 옷을 승복으로 갈아입고 심지어는 부모형제를 버리고서 조수초목과 함께 무리지어 생활한 이후에 그 도를 닦는 것은 어째서인가."

승려는 입을 벌린 채 대답하지 못하였다. 마침내 그 말을 써서 그에게 준다. 산중에 이 말에 대해 힐난하는 자가 있다면 훗날 다시 오기를 기다리겠노라.

수능상인에게 주는 서
贈守能上人序

승려 수능(守能)이 회수(淮水) 가로 나를 방문하였는데 납의(衲衣)와 석장(錫杖)의 거동이 비범하여 글을 잘 짓느냐고 물어보니 그렇지 못하다고 대답하였다. 조금 뒤에 한 부의 책을 꺼내어 내게 글을 청하였는데 글을 다 쓰자 책을 그대로 두기를 원하였고 마침내 홀연히 이별하고 돌아갔다. 내가 그 책을 꺼내어 보니 화엄(華嚴)의 요체가 되는 말을 모아 하나의 책으로 엮은 것으로 이름을 《예참(禮懺)》이라고 하였다. 그 법도와 체제는 진밀하고 원만하여 문장에 노숙한 자가 아니라면 그렇게 할 수 없는 것이었다. 또 논한 내용을 살펴보니 삼교(三教)를 아우르고 고금을 통괄하고 있으며 오르내리고 마음껏 펼치는 것이 바람이 일고 천둥이 치는 듯하였다. 나는 이에 수능이 과연 평범하지 않음을 알게 되었다.

나는 평소 승려들과 노닐기를 즐거워하였는데 승려들 가운데 조금 지식이 있는 자들도 그때마다 와서 자리를 함께 하였다. 세상에서 노숙(老宿)과 명사(名師)로 일컬어지는 의영(義瑩)·법견(法堅)·성정(性淨)·응상(應祥)·해안(海眼)·각성(覺性)·언기(彦機) 등은 모두 나와 평소 알고지낸 자들이다. 이미 세상을 떠난 사람은 논할 필요 없이 세상에 남아있는 자로 말하자면, 응상의 덕성과 기량, 해안의 재주와 지식, 각성의 뛰어난 기지, 언기의 고아한 지조 등은 모두 그 이름을 저버리지 않았고 성정 선사로 말하자면 불가의 뛰어난 인물로 수준이 그 이름 이상이었다. 그러나 계율을 조심하거나 사설(師說)을 전수할 때에 수능과 같이 삼교를 아우르고 오르내리고 마음껏 펼치는 자는 없었다. 수능이 용렬한 식견으로 주부자(朱夫子)의 정론에 맞서 방자하게 부끄럽고 두려운 줄도 모르니, 불도에 깊이 빠져버린 것이 안타깝다. 그러나 이는 식견이 작아서이니 그의 뜻은 본디 평범하지 않다. 불행하게도 유도(儒道)에 들어오지 않고 불도(佛道)에 들어간 것이니, 만약 다행히 유도에 들어왔다면 주씨(朱氏)의 문하에 종유하여 저들의 단점을 공격함에 반드시 크게 공이 있었을 것이다.

무릇 도의 진위(眞僞)는 분별하기 어렵지 않다. 도는 하늘에 근원하는데 성인이 그것을 본받는 것이니, 하늘을 거스를 수 있다면 그만이지만 하늘을 거스를 수 없다면 그 도는 하나일 뿐이다. 천하의 사람들 중에는 재주와 기량을 지니고서 옳은 듯한 설법에 빠져서 방자하게 부끄럽고 두려운 줄도 모르는 자가 허다하니 불가에서 화택(火宅)[120]의 비유는 진실로 스스로를 말한 것이다. 나는 병든 몸으로 전원에서 문을 닫고 정숙(靜寂)한 심성을 기르면서 일찍이 불가의 정명(淨名)[121]에 대한 한 단락을 탄식하면서도 승려들과 서로 말을 주고받지 않을 수 없었던 것은 소자첨(蘇子瞻)의 이른바 "그대가 우선 망령되이 말하면 나는 망령되이 듣겠다"[122]는 것이었다. 수능은 평범한 사람이 아닌 만큼

120 화택(火宅) : 불가에서 각종 미혹에 빠져 고통 받는 중생의 세계를 불난 집에 비유한 것이다.

121 불가의 정명(淨名) : 물욕이 없이 깨끗이 마음을 비우는 명호(名號)를 뜻한다.

122 소자첨(蘇子瞻)의……듣겠다 : 소식(蘇軾)이 황주(黃州)에 있을 때 무료한 나머지 항상 집을 나서서 사람을 가리지 않고 여러 객인들과 담소를 나누었다. 그러다가 객인들이 소식에게 해 줄 얘기가 없어지면 소식은 "우선 망령되어 말하면 나 역시 망령되이 듣겠다."라고 하며 계속해서 객인들을 졸랐다고 한다. 이와 관련된 내용은 섭몽득

이 말 속에서 느끼고 깨달을 수 있기 때문에 마음속에 갖고 있던 것을 펼쳐 보인다. 나는 수능과 비록 한 번 만난 사이라 하겠지만 투합하는 바는 깊다.

(葉夢得)의 《석림피서록화(石林避暑錄話)》에 보인다.

낙전당집

제6권

序서

서 序

이씨의 모친 김 부인의 장수를 축원하는 서[1]
壽李母金夫人序

나의 외종형인 직장공(直長公) 이중기(李重基) 씨가 용문(龍門)에서 여윈 말을 몰고 서쪽으로 익성(翊聖)에게 와서 말하기를,

"내가 일찍이 의금부에서 봉직한 일로 마땅히 추은(推恩)의 은혜를 입어야 하지만 십년 동안 거행하지 못하였네. 임금의 은혜를 저버릴까 두렵고 모친이 칠십 세가 되었으니 조령을 내리는 은전을 구하여 현양하고자 하네."

하였다. 내가 말하기를,

"마땅히 영광을 받아야 하거늘 그대 부친에게는 미치지 못하였고, 더구나 공은 모친을 위해 날을 아껴야 할 처지가 아닙니까."

하였다. 직장공은 놀라 일어나 격식에 맞게 청하였다. 교지를 받들어 보니 이중기(李重基)의 부친 아무개[2]를 통정대부, 승정원도승지 겸

1 이씨의……서 : 이 글은 저자가 이중기(李重基)의 모친 김부인(金夫人)의 칠순을 축수하는 서이다.

2 이중기(李重基)의……아무개 : 이기준(李耆俊, 1555～1584)으로, 자는 부선(孚

경연참찬관 춘추관수찬관 예문관직제학 상서원정으로 증직하고 모친 김씨를 숙부인(淑夫人)에 봉한다는 내용이었다. 직장공은 절을 하고 머리를 조아리며 교지를 받았으며 그 교지를 잡고서 눈물을 흘리며 말하기를,

"어리석은 여러 자식들은 임금의 부림을 대비하기에도 부족하거늘 위에 계시는 분들이 티끌만한 공로까지 기록하여 영화가 살아계신 분에게까지 미쳤으니 그 은혜가 지극히 두텁구나."

하였다. 이에 막내 동생 진사(進士) 후기(厚基) 씨와 함께 길일을 택하고 잔치를 준비하여 모친의 장수를 축하하는 자리를 마련하였다.

익성은 마땅히 외가의 종친들 뒤에서 술을 올리며 주선해야 하지만 사는 곳이 멀고 외져서 함께 절을 올리는 자리에 참석할 수 없었다. 마침내 익성이 평소 가정에서 들었던 것과 스스로 알고 있는 것을 차례대로 서술하여 서문으로 삼아 만수를 축원하는 술잔 올리는 일을 도우며 다음과 같이 말한다.

나의 모친은 김 부인의 시누이인데 항상 말하기를,

"부인이 시집 왔을 때 부친 의정공(議政公 이제신(李濟臣))께서 매우 기뻐하셨고, 또 부도(婦道)를 준수하자 부친께서 더욱 존중하여 의관을 갖추지 않고는 며느리를 만나보지 않았다. 부인은 승지공(承旨公 이기준(李耆俊))과 부부지간에 서로 존중하여 세수하고 빗질하지

先), 호는 부훤(負暄)이다. 부친은 함경북도 절도사(咸鏡北道節度使)를 지내고 영의정에 증직된 청강(淸江) 이제신(李濟臣, 1536~1584)이다. 광주 김씨(光州金氏) 감역(監役) 김익휘(金益輝)의 딸이자, 판서(判書) 김개(金鎧)의 손녀와 혼인하여 아들 이중기(李重基)와 이후기(李厚基) 2남을 두었다.

않고는 만나지 않았다. 시부모상을 당해서는 애훼(哀毁)의 정성이 힘쓰지 않아도 지극하였고 통곡하고 가슴 치는 예절이 노력하지 않아도 도에 맞았으니, 고달프게 애통해하는 마음으로 자신을 돌보지 않은 것이 10여 년이 되었는데도 오히려 생명을 부지하였다. 이것은 하늘이 우리 이씨(李氏)를 돌보아 외로운 자식들을 보존시켜 묵묵히 세대를 이어지게 한 것이니 인력으로 할 수 있는 것이 아니다. 남겨진 두 자식이 장성하여 좋은 아내를 얻게 되자 조금 위안을 삼았다. 지키고 실천한 정조가 40년 동안 하루처럼 한결같았고 일체 행실을 격렬히 하여 명성을 구하는 일을 더욱 하지 않았다."

하였다. 나의 외삼촌 잠와공(潛窩公 이명준(李命俊))은 말하기를,

"부인은 부녀자의 도를 잘 지킨 것은 말할 것도 없고 옛 사적을 잘 담론하여 성패와 시비를 말한 것이 환하게 어긋남이 없으니, 여사(女士 사인(士人)의 조행을 지닌 여성)라고 할 만하다."

하였다. 나의 부친 역시 자주 부인을 칭찬하며 말하기를,

"김 부인은 옛날의 요조숙녀(窈窕淑女)이다."

하였다.

익성은 일고여덟 살부터 직장공 형제들과 종유하였고 조금 장성해서는 수시로 왕래하여 부인을 삼가 보게 되었는데, 품덕과 조행은 여러 자제들보다 훌륭하였다. 부인은 서른 살에 남편을 잃고 이어서 의정공의 상을 당하였다. 부인은 이씨 4대의 제사를 실제로 주관하였는데 사자(嗣子)는 겨우 열 세 살이고 차자는 열 살이었다. 부인은 두 자식을 슬하에 두고 보살피고 가르쳤으며 그 사이에 의정공을 섬기면서 부인은 시부님을 극진히 잘 모셨다. 아, 슬프게도 남편이 죽고 시아버지 역시 세상을 떠났으니 2대가 끊어져버렸다. 자식을 보살피고 제사

를 보존하는 것이 어미의 도인데 자식을 기르고 가르쳤으니 또한 아비의 도를 행한 것이고, 좋은 음식을 갖추어 늙은 시어머니를 봉양하는 것이 며느리의 도인데 그 뜻을 잘 봉양하였으니 또한 자식의 도를 행한 것이다. 약소한 몸으로 이 네 가지의 책무를 맡게 되면 애써 힘쓰고 다스리느라 소리를 높이고 낯빛을 바꿀 수밖에 없는데, 변변찮은 밥을 먹고 해진 옷을 입으며 수척하여 지탱하기 어려운 몸으로 꾸지람하는 소리 한 번 내지 않고도 빠짐없이 두루 집안을 다스렸다. 중도에 왜란을 겪어 거처를 옮기며 떠돌아다니면서도 제사의 예법을 그대로 지켰으며 항상 미망인으로 자처하였다. 남들 또한 감히 사치스러운 차림으로 모욕할 수 없어서 집에 들어가는 자는 그 호사스러운 치장을 제거하였다.

아! 여항의 부녀자로 제 몸을 바쳐 순절하는 것은 열녀이다. 정영(程嬰)처럼 조삭(趙朔)의 아들을 살리고 공손저구(公孫杵臼)처럼 죽음[3]에 이르지 않았으니, 부인이 생명을 부지할 수 있었던 것은 과연 우리 모친의 말씀처럼 하늘이 지키고 보살펴 준 것이다. 지금 연세가 예순

3 정영(程嬰)처럼……죽음 : 김 부인이 남편을 따라 순절하지 않고 생존해 있으면서 자식을 잘 훈육시켰으며 힘든 유배 생활을 이겨내고 이씨 가문을 잘 보존시켰음을 가리킨다. 춘추 시대 진(晉)나라 조삭(趙朔)이 도안가(屠岸賈)에게 멸문(滅門)의 화를 당할 때, 조삭의 문객 공손저구(公孫杵臼)라는 사람이 조삭의 친구인 정영(程嬰)과 더불어 조삭의 외로운 아들을 살리자고 모의하여, 정영에게는 조삭의 진짜 아들을 안고 산중에 도피하여 화를 면하게 하고, 공손저구 자신은 다른 사람의 영아(嬰兒)를 데리고 거짓 조삭의 아이라고 위장하여 산중에 숨어 있으면서 정영에게 자신을 도안가에게 밀고(密告)하게 하였다. 그리하여 공손저구 자신은 다른 사람의 아이와 함께 도안가에게 잡혀 살해당하고, 조삭의 진짜 아이는 정영에 의해 무난히 목숨을 보전하게 되었다. 《史記 卷43 趙世家》

아홉인데도 행동과 음식 드시는 것이 사오십 때와 같고 옛날의 두 자식은 머리가 희끗희끗 세어 자식들로부터 할아버지 소리를 듣고 있으며 여러 손자들은 모두 문장과 덕행으로 이름이 나고 어린아이들은 두각을 드러내고 있다. 마침내 정식으로 봉해지는 교지를 받았다. 사물의 법칙이 모두 밝아져 이씨의 조종(祖宗)을 빛내고, 빼어난 지조와 정숙한 덕은 세상에 밝게 현양되어 〈주남(周南)〉과 〈소남(召南)〉의 유풍[4]을 또 빛내니, 하늘로부터 보답을 받은 것이 증서로 맞추듯이 꼭 부합하였다. 제 몸을 바쳐 순절하여 한 때의 명성이 난 열녀와 비교하면 어떠한가. 이러하니 부인이 승지공에 보답한 것 또한 넓은 것이다. 그러나 메뚜기 떼처럼 자손이 번성하고[5] 대춘(大椿)의 수명처럼 천 년을 봄으로 삼는[6] 것을 송축하는 노래는 이제 시작이 된다. 익성은 마땅히 부인이 백세의 장수를 누려 음악을 연주하며 잔치하는 자리에서 꿇어앉아 그 복이 다 마치기를 기다리겠노라.

4 주남(周南)과……유풍 : 《시경》의 〈주남(周南)〉과 〈소남(召南)〉으로, 〈주남〉은 주로 문왕 후비의 솔선하는 높은 덕을 읊고, 〈소남〉은 주로 후비의 덕에 감화된 제후국 왕비들의 덕을 읊은 시이다.

5 메뚜기……번성하고 : 《시경》 〈종사(螽斯)〉에 "메뚜기의 깃이 화락하게 모였으니, 너의 자손이 번성함이 마땅하도다."라는 말에서 나온 것이다.

6 대춘(大椿)의……삼는 : 《장자》 〈소요유(逍遙遊)〉에 "초나라 남쪽의 명령(冥靈)은 5백 년을 봄으로 삼고 5백 년을 가을로 삼으며, 상고 시대의 대춘(大椿)은 8천 년을 봄으로 삼고 8천 년을 가을로 삼는다."라는 말에서 나온 것이다.

어떤 이의 장수를 축원하는 서[7]

壽人序

나라가 세워진 지 백 년이 되어 천하가 태평하고 사람과 경제가 흥성하였으며, 중묘(中廟 중종)에 이르러선 왕을 보필하는 훌륭한 인재들이 등용되어 다스리는 법도가 크게 갖추어졌다. 아무개 선생 같은 경우는 정암(靜庵) 조 선생(趙先生 조광조(趙光祖))과 함께 격물치지(格物致知)의 학문을 밝히고 태평성대의 교화를 보좌하였는데, 중도에 모두 비방을 받아 한 시대의 어진 대부와 선비들이 모조리 법망에 사로잡혔다.[8] 복재 선생(服齋先生 기준(奇遵))은 정암과 더불어 가장 성대한 덕망을 지니고서 가장 혹독한 화를 당했기에[9] 군자들이 슬퍼하였다고 한다. 선묘(宣廟 선조)가 새로 왕위에 오르자 선생의 도가 다시 세상에 밝아지고 선생의 억울함이 풀리게 되었다. 선생의 후손이 바로 지금의 상국(相國 기자헌(奇自獻))이니[10] 포의 시절부터 이미 명성이 자자하였고 진사에 급제하여 경연(經筵)에 들어가자 선묘가 중히 여겼다. 공이

7 어떤……서 : 이 글은 저자가 1622년(광해군14)에 기자헌(奇自獻, 1567~1624)의 환갑을 축수하기 위해 쓴 서이다.

8 한……사로잡혔다 : 1519년(중종14)에 일어난 기묘사화(己卯士禍)를 가리킨다.

9 복재선생(服齋先生)……당했기에 : 기준(奇遵, 1492~1521)은 기묘명현의 한 사람으로 기묘사화로 인해 아산과 온성에서 유배 생활을 하였고, 이후에 신사무옥(辛巳誣獄)에 추론(追論)되어 사사되었다.

10 선생의……상국(相國)이니 : 기준(奇遵)의 손자는 기응세(奇應世)이고 증손자는 기자헌인데, 앞뒤 내용상 증손자인 기자헌을 가리킨다.

또한 임금을 가까이 모시는 현귀한 자리에 있을 때는 신중히 처신하여 자잘한 일을 적발하여 얕은 지우를 받는 일 따위는 하지 않았기에 임금의 총애가 늘 한결같을 수는 없었는데, 임금의 총애가 식어도 공은 급급해하는 기색을 보이지 않았으니 선묘가 더욱 중시하였다. 이조판서에 오르고 마침내 좌의정이 되었는데, 이때 공보다 높은 지위에 있는 자가 암암리에 권력을 잡고 몰래 정사를 획책하자 공은 부딪치지 않고 미련 없이 떠났다.[11]

또 십년이 흐른 뒤 임금이 처음 정사를 시작할 때 공은 다시 조정에 들어가 정승이 되었다. 정국이 크게 변하여 심원한 계획을 내는 지사(志士)들은 공이 처신하기 어려울 것이라 생각했지만 공은 조정에서 우뚝하게 있으며 나아가도 기뻐하지 않고 물러나도 근심하지 않았다. 날마다 옥사를 다스리면서 반드시 살리는 방향으로 의론을 이끌어 안으로는 충심으로 고하는 의리를 다하고 밖으로는 남이 비방하는 풍문을 끊었으니 수년 동안 공 덕분에 죽음을 면했던 자들을 헤아릴 수 없었지만 공 또한 그들로 하여금 이런 사정을 알아차리지 못하게 하였다. 간관으로서 권세가를 거역한 자, 포의로서 국가의 대사를 논한 자도 있었고, 상소를 올려 거리낌 없이 말하다가 논죄 당한 자도 있었으니 모두 옥에 잡혀와 그 화가 벌판을 태우는 불길처럼 번져 가까이 갈 수 없었다. 그러나 공은 상소를 올려 거리낌 없이 말한 자를 논죄하

11 이때……떠났다 : 선조는 평소 세자인 광해군(光海君)을 못마땅하게 여겨 세자를 바꾸고자 기자헌에게 사적으로 물어보았지만 기자헌은 책봉한 지 이미 오래되어 변동할 수 없다고 진언하였다. 그러나 선조는 이미 세자를 바꾸기로 마음을 굳혔기에 영창대군(永昌大君)을 옹립하고자 했던 유영경(柳永慶)을 신임하였고, 이에 기자헌은 병을 핑계로 사직하였다. 《記言 奇相國事》

는 자리에선 드러나게 구제하여 지극히 간절한 말로 임금의 뜻을 돌려 한 단계 낮은 형벌을 받게 하였다.[12] 이는 임금에게 아름다운 덕이 돌아가게 한 것이다. 간관과 포의의 옥사에 대해서는 이들을 변론함으로써 조정의 실책을 드러내는 일을 하지 않고자 완곡한 말로 그들을 보호하였다. 공이 재상의 자리에 있는 동안에는 이들이 문책당하는 일이 없었으나 공이 떠나자 포의는 죽임을 당하였고 간관들은 바닷가 섬으로 유배되었다. 그러나 이것은 오히려 필부의 생사에 관한 문제이니 국가 존망의 큰 운수가 되지는 못한다.

정사·무오 연간의 일[13]은 말하기 어렵다. 화살로 투서한 변고[14]가 일어나 조정 안팎이 어수선하니 한낮에 작은 별이 보이고[15] 성명(聖明)이 가려져 살아남은 사람이 거의 없어질 지경이었다. 공이 진중하게 행동하고 터럭만큼도 동요하지 않자 임금이 속히 불러들여 호되게 꾸

12 공은……하였다 : 광해군 정권 초에 권세를 잡은 자들이 자주 큰 옥사를 일으켜 사람들을 위압하였는데, 기자헌은 옥사를 논할 때마다 관대함과 공정함에 힘썼으며 살리는 방향으로 논의한 것이 헤아릴 수 없었다. 특히 광해군이 영창대군을 죽이려고 할 때 정온(鄭蘊)이 극력하게 간하자 그를 죽이려 하였으나, 기자헌이 불가함을 고집하여 그를 죽이지는 못하고 제주도로 유배를 보냈다.《記言 奇相國事》

13 정사·무오 연간의 일 : 선조의 계비 인목대비(仁穆大妃)를 폐하는 문제가 쟁점화된 정사년(1617, 광해군9)부터 유폐가 결정된 무오년(1618, 광해군10)까지 벌어진 조정 안팎의 사건들을 가리킨다.

14 화살로……변고 : 1616년(광해군8)에 허균(許筠)이 김언황(金彦滉)을 시켜 화살로 경운궁에 투서하여, 김류(金瑬)·홍서봉(洪瑞鳳)·김상헌(金尙憲)·장유(張維) 등을 '삼청결의'라고 지목하여 일망타진하려고 하였다.

15 한낮에……보이고 : 《주역》〈풍괘(豐卦) 구삼(九三)〉에, "휘장을 많이 하였다. 대낮에도 작은 별을 보고 오른팔이 부러졌으니, 허물이 없다."라고 한 말에서 나온 것이다.

짖었는데, 짧은 순간에 수많은 일이 일어났다. 공은 은미한 말로 정성을 다해 간하여 임금이 깨닫기를 바랐으나 어찌할 수 없음을 알고서는 수레를 타고 도성의 문을 나서 동해 바닷가에 이르렀다. 처음에 상소를 올려 위험을 무릅쓰고 제 몸을 바치니 마침내 자욱한 재앙의 기운을 헤치고 큰 성덕을 비추게 하니 화의 근원이 마침내 막히게 되었다. 공이 이에 감격하여 일어나 국사를 맡았지만 얼마 뒤 난적(亂賊)의 모의가 펼쳐지고 논의가 마구 생겨나 예측할 없는 위엄으로 한 때의 시비를 거짓으로 정하고자 했으니, 그것을 따르고 거스르는 가운데 생사가 나뉘었다. 사람들이 끝없이 고통을 당하자 모두 공이 어떻게 할지 우러러보았다. 공은 먼저 경상(經常)에 의거한 의리를 내세워 하늘을 뒤덮은 기세를 막아 한편으로 나아갈 방향으로 삼고 한편으로 정곡(正鵠)을 맞히는 방향으로 삼았다. 공은 이 때에 사직만 알고 제 몸이 있는 줄은 몰랐으니, 난적들 가운데 공을 호시탐탐 기회를 엿보며 공을 벼르고 있던 자들이 무슨 일인들 하지 않았겠는가. 그런데 임금은 그 의론을 중지시키고 공의 사형을 용서하여 북쪽으로 유배를 보내는 데 그쳤다.[16] 3년이 지나 사면을 받아 복직되고 이어 종신(宗臣)이 되었는데 난적의 무리들은 결국 역모로 주살을 당하여 고가(藁街 저자거리)에 머리가 내걸리고 사지는 사방으로 찢겨졌다.[17] 이에 천도가 밝아지

16 임금은……그쳤다 : 인목대비의 폐모론이 불거지자 기자헌은 그 불가함을 항변하고 도성의 문을 나섰다. 이때 평소 기자헌을 꺼리고 미워했던 이이첨(李爾瞻)의 무리가 구실을 찾다가 이 기회를 이용하여 그를 길주(吉州)로 유배 보냈다. 《記言 奇相國事》

17 난적의……찢겨졌다 : 1618년(광해군10) 남대문에 격문을 붙인 사건이 일어났는데 허균(許筠)의 심복인 현응민(玄應旻)이 붙였다는 것이 탄로나 허균은 그의 동료들과 함께 저자거리에서 능지처참을 당하였다.

고 간악한 무리들은 징계되었다.

이로부터 2년 후인 임술년(1622, 광해군14)은 공이 환갑이 되는 해이고 이해 12월 2일은 바로 공이 태어난 날이다. 공의 장자 남궁학사(南宮學士) 군이 문장에 뛰어난 자를 구하여 공의 장수를 축원하는 글을 쓰고자 하였는데 이에 익성(翊聖)에게 말하기를,

"공께서 꼭 힘써주십시오."

하였다.

익성은 말을 잘 분별하는 자가 아니고 문장 또한 남의 공덕을 장식하여 칭송하기에도 부족하다. 그런데 적이 군신 관계에 대해 느끼는 바가 있고 공이 어진 사람으로서 장수한 징험을 알고 있으니, 어찌 감히 남들이 비방할 것을 걱정하여 분명하고 아름다운 말로 공을 축원하지 않을 수 있겠는가. 공이 선묘를 모시면서 오로지 공손한 덕을 지키며 임금의 뜻과 함께 하였으니, 한 몸에 두 마음을 갖지 않는 성심으로 인정을 받은 것이다. 공이 다시 조정에 들어갔을 때는 세상과 부합하지 않아 오로지 공손한 덕을 지킬 수 없었기에 큰일을 만나면 더욱 더 그 기지(機智)를 발휘하여 뜻이 임금과 같지 않음을 보였으니, 이른바 선제(先帝)의 지우를 추념하여 지금의 폐하에게 보답한다는 것[18]이니 공의 뜻이 바로 그러하였다. 임금은 도리어 그 같지 않은 점을 같다고 여겨 죄를 씻어주고 그물과 함정에서 꺼내주어 지위와 대우가 변치 않았으니 이것은 죄를 덮어주는 임금의 혜량이었다. 또한 순수하고 박실한 충성을 묵묵히 믿어 태평함에 이르렀으니 정도를 실천하는 선비들이 은연중에 의지하여 편안하게 되었다. 우리나라 전체의 사람들

18 선제(先帝)의……것 : 제갈량(諸葛亮)의 〈출사표(出師表)〉에 나오는 말이다.

이 모두 어진 사람이 장수하는 복을 받았으니, 어찌 공이 어진 사람으로서 장수할 징험이 아니겠는가. 공은 평소에 예기을 꺾어서 재주를 숨기는 뜻을 좋아하고 깊고 그윽하여 주재하지 않는 공을 지켜 세속을 벗어나 방외에서 유유히 노닐어 아이처럼 유연하였으니, 어찌 공이 어진 사람으로서 장수할 징험이 아니겠는가.

공의 생명은 바다처럼 온축하고 장맛비처럼 쏟아내어 만물의 종주에게 얽매이지 않을 것이니,[19] 대춘(大椿)의 수명[20]을 이제 한 번 산가지로 헤아린 것이다. 《역(易)》에 이르기를 "선행을 쌓은 집안은 반드시 자손에게 경사가 미친다."[21]라고 하였다. 공은 복재 선생의 선행으로 말미암아 그 경사를 받은 자가 아니겠는가. 우리 임금의 총애와 우리 백성의 중망이 공에게 간절하니 장차 힘써 일어나게 될 것이다. 어진 사람으로서 장수하는 복을 넓혀 지금부터 10년, 20년이 지나 공이 비로소 80세가 되면 국가에서는 단할(袒割)의 예법[22]을 거행하여 성균관에서 정사를 묻고, 성균관 교문(橋門) 밖에서는 고개를 빼고 공이 어진 사람으로서 장수한 경사를 지켜보는 자들[23]이 술잔을 올려 장수를 기원

19 만물의……것이니 : 만물의 종주는 인간을 가리키는데, 여기서는 인간의 나이에 얽매이지 않는다는 뜻이다.

20 대춘(大椿)의 수명 : 자세한 내용은 279쪽 주6 참조.

21 주역(周易)에……미친다 : 《주역》 〈곤괘(坤卦) 문언(文言)〉에 나오는 말이다.

22 단할(袒割)의 예법 : 임금이 노인을 공경하여 친히 옷소매를 걷고 희생(犧牲)을 베서 먹이는 것을 가리킨다. 《禮記 樂記》

23 국가에서……자들 : 《후한서(後漢書)》 권79 유림열전(儒林列傳)에, "향사례(饗射禮)를 마친 다음, 황제는 정좌하여 스스로 강(講)을 하고, 여러 유생들은 경서를 갖고 앞에서 어려운 것을 질문할 적에 관대를 갖춘 선비와 벼슬아치들로 교문을 빙 둘러서서 관청(觀聽)한 이가 억만을 헤아릴 만했다."라고 한 것을 본문 내용에 맞게

하는 노래로 축원할 것이니, 익성은 마땅히 여러 문하의 말석을 뒤따라 그 축원의 노래를 마치리라.

바꾼 것이다.

남파 심공 열 의 장수를 축원하는 서[24]

南坡沈公 悅 壽序

우리나라는 여덟 개 지역으로 구획되어 있는데 경기(京畿) 지역은 중앙에 위치해 있으니 기실 일곱 개다. 관서(關西)와 관북(關北) 지역은 변새의 지역이고, 영동(嶺東)은 인물이 드물어 현달한 벼슬아치가 없다. 호남(湖南)과 영남(嶺南)은 인재의 보고라 일컬어졌지만 큰 가문을 이루어 대대로 녹을 받는 집안은 고려 때부터 관적(貫籍)을 바꾸어 서울에 거주하였다. 지방의 선비로서 벼슬아치가 되어 조정에 들어오는 자들이 서울에 비하면 열에 두셋도 안 되는데, 그 중에서도 재능이 걸출하다고 일컬어져 거취를 따져볼 수 있는 자들은 극히 드물다. 서울의 자제들은 부형(父兄)의 서업(緖業)을 승계하여 서울에서 태어나고 자라는데 임금을 섬기며 봉직하는 자는 말할 것도 없고, 가난하게 살며 글공부만 하는 유자(儒者)들도 종신토록 한 걸음이라도 도성을 벗어나 그 재능을 발휘하지 못한다. 이것이 나라의 풍속이니 또한 풍기(風氣)가 그렇게 만든 것이리라. 이 때문에 사대부가 젊어서 우리 조정에 들어와 늙어 죽을 때까지 떠나지 않는 것은 막중한 책무가 있기 때문이기도 하고 봉록에 연연하기 때문이기도 한데, 막중한 책무가

24 남파……서 : 이 글은 저자가 칠순을 5, 6년 남겨둔 심열(沈悅, 1569~1646)을 축수하기 위해 쓴 서이다. 심열의 본관은 청송(靑松), 자는 학이(學而), 호는 남파(南坡), 시호는 충정(忠靖)이다. 내직으로 좌의정, 영의정까지 역임하였고 외직으로 해주 목사, 충청 감사, 함경 감사 등을 역임하였다.

있는 자는 떠날 수 없는 것이고 봉록에 연연해하는 자는 떠나지 못하는 것이니 비록 그 형세가 다르지만 떠나지 않는 것은 마찬가지이다. 정덕(正德 명나라 무종(武宗)의 연호)과 가정(嘉靖 명나라 세종(世宗)의 연호) 이후로 연로하여 벼슬을 그만 둔 자는 퇴휴(退休) 소세양(蘇世讓), 찬성(贊成) 정종영(鄭宗榮) 등 몇몇 공들뿐인데 이들은 대대로 서울에 거주한 자들이 아니었다. 나이를 이유로 휴직을 청한 자는 고사(故事)에 기록이 끊긴 지 오래되었다.

대사도(大司徒) 심공(沈公 심열(沈悅))은 하루아침에 휴가를 청하여 중요한 직임을 떠나고 봉록을 사양하고는 교외 강가에 거처를 마련하여 당(堂)의 편액을 "합귀(盍歸)"라 하고 헌(軒)의 편액을 "지족(止足)"이라 하였다. 문을 닫아걸고 편안히 지내며 손님을 들이지 않았는데, 나 익성(翊聖)은 집안끼리의 교의 덕분에 침상 아래에서 인사를 드릴 수 있었다. 용모는 수척하였지만 정신은 매우 왕성하였고 환경은 좋지 않았지만 마음은 매우 만족하였으며, 세상일에 담박하고 초연하여 묻지 않으면 응하지 않았다. 종종 핵심을 들어 담론할 때면 제도나 문물에 대해 환히 알고 있어서 국체(國體)를 논한 것은 사광(師曠)이 소리를 분별하는 것[25]과 같았고, 세무(世務)를 말한 것은 포정(庖丁)이 근육과 뼈를 해체한 것[26]과 같았다. 강호에 있으면서 조정에 있듯이 하였고 낚시꾼과 어울리면서 고관대작들과 어울리듯이 한 것은 이른바 처

25 사광(師曠)이……것 : 춘추 시대 진(晉)나라 악사(樂師)였던 사광(師曠)은 귀가 대단히 밝아 음률(音律)에 통달하였다. 《孟子 離婁上》

26 포정(庖丁)이……것 : 포정(庖丁)은 소 잡는 기술이 매우 뛰어나 소의 관절은 물론이고 근육과 뼈가 엉켜 있는 복잡한 부위에도 칼을 댄 흔적이 없을 정도였다. 《莊子 養生主》

한 바에 따라 편안하다는 것[27]이니 《역(易)》의 겸괘(謙卦)에서 체득한 것이 많아서이리라.

공의 세계(世系)는 오래되고 번성하였으니, 청성(靑城 심덕부(沈德符)의 봉호)은 그 공훈이 후대에 복을 끼쳤고, 안효(安孝 심온(沈溫)의 시호)는 상서로움으로 개국을 도와 덕업이 끝없이 이어져 충혜(忠惠)[28]는 후한(後漢) 때의 등씨(鄧氏)와 두씨(竇氏)와 같은 왕실의 외척으로서 사림의 중망을 받았다. 부친 대사마공(大司馬公 심충겸(沈忠謙))은 국사를 우선시하고 집안일을 뒤로 미루어 세상에서 충성스럽고 박실하다고 칭송되었으며 모친은 정릉(靖陵 중종(中宗)의 묘호)의 손녀[29]이니 가문이 번창하여 부귀해지고 영달하였다. 공은 이러한 집안에서 태어나고 일찍부터 영특한 재주를 지녀 명성이 성대하였는데, 성균관에서 수학할 때는 이자견(李子堅 이고(李固))이 자신이 이합(李郃)의 아들이라는 것을 알지 못하게 한 것[30]처럼 특이함을 드러내지 않아도 식자들은 이미 그를 중시하였다. 약관의 나이로 문과에 급제하여 여러 부처에서 명성을 드러내었고 임금에게 봉해 올린 상소문 하나로 간악한 무리의 기세

27 처한……것 : 《대학장구》 경(經) 1장에 "편안한 뒤에 능히 생각한다."는 말에 대하여 주희(朱熹)가 해설하기를 "안(安)은 처한 바에 편안함을 이른다."라고 하였다.

28 충혜(忠惠) : 심의겸(沈義謙)으로, 청혜는 봉호이다. 심열의 중부(仲父)이다. 심연원(沈連源)에 이르러서 더욱 창성하여 가문이 번창하고 현귀해졌다.

29 모친은……손녀 : 심열의 모친은 중종의 여섯 째 아들 이완(李岏)의 딸이다.

30 이자견(李子堅)……것 : 후한 때 사람인 이고(李固)는 젊어서 일부러 자신의 이름을 개명하고 사방으로 스승을 찾아 돌아다녔는데, 훗날 큰 유학자가 되었다. 일찍이 태학에 들어갔을 때는 당시 사도(司徒)의 벼슬을 하고 있는 부친 이합(李郃)에게 남들 모르게 문후를 드려 함께 수학하는 제생들이 자신이 이합의 자식임을 모르게 하였다. 《資治通鑑 卷51 漢紀43》

가 사그라졌으며[31] 마침내 이조·병조의 수장이 되어 명망과 실질이 더욱 더 부합하였다. 이때는 선묘(宣廟)가 중흥하는 치세의 시기로 한창 국사를 강구하였는데, 공은 이에 훌륭한 정책으로 이름이 나서 부절을 잡고 외직으로 나아가 은연중에 임금의 두터운 신임을 얻었으니 뛰어난 재주로 일찍부터 명성이 높았던 것은 이전 세대 못지않았다. 조정이 북쪽을 우려하면 공은 북쪽으로 나아가고 서쪽을 우려하면 공은 서쪽으로 나아가 앉는 자리가 따뜻해질 겨를이 없었지만 정국이 이미 크게 어그러졌다. 인조반정 초에 공은 조정에서 정승을 보좌하고 호조 판서가 되었는데 중요한 정사에 참여하고 조정의 계책을 도와 임금의 사랑을 입고 민심을 얻었지만 두려워하듯 조심조심하더니 끝내 세속 밖으로 훌쩍 떠나 겸손함을 베푸는[32] 뜻을 이루었다.

옛날 소세양과 정종영 두 공이 연로하여 관직에서 물러난 것도 사람들은 오히려 하기 어려운 일이라 여겨 미담으로 삼고 있는데, 더군다나 공은 나이와 용모가 아직 완전히 쇠해지지 않았는데도 조정을 과감히 떠났으니, 조정에서 공이 떠난다는 것을 들으면 어떻게 생각하겠는가. 공의 뜻은 이미 완강하여 세상을 빛낼 공업과 높은 관직의 영달함에 대해 헌신짝 버리듯이 할 뿐만이 아니었으니 세상에서 그를 잡아 둘

31 임금에게……사그라졌으며 : 심열이 사헌부 지평으로 있으면서 불성실한 관리들을 탄핵한 공로를 가리키는 듯하다. 그는 홍여순(洪汝諄)의 심복이었던 이조 판서 임국로(任國老)를 불순한 성품을 이유로 파직을 청하였고, 호조 판서 이충원(李忠元)을 변변찮은 재주와 음험한 성격을 이유로 체차를 청하였다.《宣祖實錄 33年 5月 25日·25日》

32 겸손함을……베푸는 :《주역》〈겸괘(謙卦) 육사(六四)〉에, "겸손함을 베풂에 이롭지 않음이 없다.〔无不利撝謙〕"라는 말에 나온다.

수 없으리라. 공의 입장에서 보자면 출처는 사람 마음에 달려있지 처지에 달려있지 않음이 분명하다. 공이 48년 남짓 벼슬살이를 하면서 여러 조정을 두루 섬겼기에 남들은 공이 여든 살의 고령이라고 생각하지만 그의 나이를 살펴보면 수레를 매달아 놓는 시기[33]가 되려면 아직 5년이 더 남았다. 11월 13일은 바로 공이 태어난 날인데, 공의 후사 희세(熙世) 씨[34]가 술과 음식을 마련하여 잔치를 열었다. 나 익성은 여러 사람과 함께한 자리에서 일어나 술잔을 들어 장수를 축원하고 물러나 공의 사적을 서술하면서 공이 장수할 징조를 송축하노라.

천지 사이에서 태어나 자연의 조화 가운데서 화육되니 수명의 장단과 일신의 출처에는 모두 정해진 운수가 있어 한 번 이루고 한 번 실패하는 것이 증서를 대조하듯이 명백하다. 공은 재주가 있지만 다 쓰지 않았으니 장수할 징조이고, 재능을 지녔지만 지위가 충분하지 못했으니 장수할 징조이며, 그 정신과 기력을 다 쓰지 않았으니 장수할 징조이다. 천도(天道)는 겸손한 것에 더해주고 지도(地道)는 겸손한 데로 흐르며 귀신(鬼神)은 겸손한 것에 복을 주는 법이니,[35] 어찌 영허(盈

33 수레를……시기 : 치사(致仕)하여 수레를 매달아 놓는 것을 가리킨다. 《예기》 〈곡례 상(曲禮上)〉에 "대부는 나이 70이 되면 벼슬을 그만두고 물러난다.〔大夫, 七十而致仕.〕" 하였다.

34 공의……씨 : 심열은 적자(嫡子)가 없어 종형인 심엄(沈俺)의 아들 희세(熙世)를 후사로 삼았다.

35 천도(天道)는……법이니 : 《주역》 〈겸괘(謙卦) 단(彖)〉에, "천도(天道)는 가득 찬 것을 이지러지게 하고 겸손한 것을 더해주며, 지도(地道)는 가득 찬 것을 변하게 하고 겸손한 데로 흐르며, 귀신(鬼神)은 가득 찬 것을 해치고 겸손한 것에 복을 주고, 인도(人道)는 가득 찬 것을 싫어하고 겸손한 것을 좋아한다."라고 한 말에서 나온 것이다.

虛)의 이치를 거스를 수 있겠으며, 어찌 동정(動靜)의 이치를 벗어날 수 있겠는가. 텅 빈 것을 받아들여 고요해지는 것을 공의 뜻에서 볼 수 있으니, "어찌 돌아가지 않으리오〔盍歸〕"라는 것은 텅 빈 것을 지키는 것이고, "그칠 줄 알고 만족할 줄 안다〔止足〕"라는 것은 고요함에 나아가는 것이다. 공이 예전에는 충만했지만 지금은 텅 비었고, 공이 예전에는 분주하였지만 지금은 고요하다. 충만한 것을 좋아하면 하늘이 반드시 텅 비게 만들고 분주한 것을 좋아하면 하늘이 반드시 고요하게 만든다. 하늘이 고요하게 하지 않으려는 데서 스스로 고요하고 하늘이 텅 비우려고 하지 않으려는 데서 스스로 텅 비었으니 천도가 어찌 이지러지게 하겠으며, 지도가 어찌 바꿀 수 있겠는가. 귀신에게 복을 받아 장수할 징조인 것이다.

공의 문장은 젊어서부터 힘을 기울인 만큼 나라를 빛내기에 충분하여 그 기예를 인정받았으며, 공의 글씨는 수차례 금석문에 새겨져 세상 사람들이 보배로 여겼지만, 그 명성을 사양하고자 모두 폐하였으니 재주를 다 쓰지 않았다고 할 수 있다. 공의 밝은 식견과 뛰어난 계책은 나라를 경영하고 백성에게 은혜를 베풀기에 충분했지만 재능을 거두어 낚시터 자리나 다투고 좋은 자리를 다투는 곳[36]으로 돌아갔으니 얻은 지위는 충분하지 못했다고 할 수 있다. 그 재주를 다 쓰지 않고 그 지위가 충분하지 못하여 준마의 여정이 천 리도 되지 않고 그쳤으니,

36 낚시터……곳 : 꾸밈없이 순박한 태도로 여러 사람들과 서로 어울리는 것을 가리킨다. 춘추 시대 양자거(陽子居)란 사람이 여관에 묵을 적에 처음에는 그가 예모를 엄격히 차린 까닭에 사람들이 그를 두려워하여 매우 조심스럽게 대접했는데, 그가 노자(老子)의 가르침을 받고 나서 소탈한 태도를 보인 이후로는 사람들이 그와 더불어 "좋은 좌석을 서로 다툴〔爭席〕" 정도로 친숙해졌다는 고사가 있다. 《莊子 寓言》

정신과 기력을 참으로 다 쓰지 않은 것이다. 이 세 가지는 어진 사람이 장수하는 징조가 아니겠는가. 대춘(大椿)의 수명[37]을 이제 한 번 산가지로 헤아렸으니, 지금 이후로 장차 백세까지 장수하여 황구(黃耉)의 노래[38]를 듣게 되고 국가에서 진수성찬을 마련하여 정사를 자문하는 예법[39]을 거행한다면, 나 익성은 마땅히 담장 너머에서 목을 빼고 바라보며 축원의 노래를 부르리라.

37 대춘(大椿)의 수명 : 자세한 내용은 279쪽 주6 참조.

38 황구(黃耉)의 노래 : 수연(壽宴)에서 자손들이 장수를 축원하는 노래를 하는 것이다. 《시경》 〈대아(大雅) 행위(行葦)〉에 "증손(曾孫)이 주인(主人)이니 술과 단술이 맛이 후(厚)하도다. 큰 말에 술을 가득 부어서, 집안 어른께 장수를 빌도다.〔曾孫維主, 酒醴維醽. 酌以大斗, 以祈黃耉.〕" 한 데서 온 말이다.

39 국가에서……예법 : 자세한 내용은 285쪽 주22 참조.

정경부인 신씨의 80세 장수를 축원하는 서[40]

貞敬夫人申氏八十歲壽序

영천 군수(榮川郡守) 박호(朴濠) 씨가 익성(翊聖)에게 말하길,

"우리 모친께서 80세가 되셨기에 우리 형제들이 장수를 축원하는 잔치를 열고자 하니 그대는 한 마디의 말로써 빛내주게나."

라고 하였다. 익성은 읍하면서 다음과 같이 회답하였다.

"그대의 요구가 없더라도 본디 축원할 생각이었습니다. 《예기》에 이르기를, '부인의 행실은 문지방을 넘어가지 않는다.'[41]라고 했습니다. 그래서 집안의 친족들은 그 영화로움을 형용하지 못하고 집밖의 이웃들도 그 실질을 기록할 수가 없습니다. 생각건대, 익성은 선생[42]의 문하에서 가르침을 받아 자제의 예법을 행하며 선생을 섬긴 지 수십 년이 되었으니 부인의 덕을 칭송할 수 있습니다. 익성은 어렸을 때부터 책을 끼고 가서 선생에게 배우기를 청했고 물러나서는 영천 군과 어울려 놀았습니다. 선생은 저를 영천 군처럼 대하고 부인 역시 선생이 저를

40 남파……서 : 이 글은 저자가 박호(朴濠)의 모친인 정경부인(貞敬夫人) 신씨(申氏)의 팔순을 축수하기 위해 쓴 서이다. 박호의 부친은 박동열(朴東說, 1564~1622)이고 모친 신씨는 신발(申撥)의 딸이다. 또 박호의 부인은 바로 신흠의 장녀이자 저자의 누님이다.

41 부인의……않는다 : 《예기》 〈곡례 상(曲禮上)〉에 "외간의 말을 문지방 안에 들이지 않고, 내간의 말을 문지방 밖에 나가지 않도록 한다.〔外言, 不入於梱, 內言, 不出梱.〕"라고 한 말에서 나온 것이다.

42 선생 : 박호의 부친인 박동열을 가리킨다.

대하듯이 대해주었습니다. 마침내 영천 군과 격의 없이 왕래하여 날마다 선생의 곁에 있으면서 그곳이 나의 집이 아니라는 것마저 잊어버리고 아침부터 저녁까지 그곳에서 밥을 먹으며 온종일 돌아가는 것을 잊은 때도 있었고 여러 날 머문 때도 있었으니, 부인은 손수 머리를 빗질해 주고 의대를 챙겨주면서까지 저를 보살펴 주었습니다. 오랜 시간이 흐르자 그것을 지켜본 사람들도 내가 그 집의 아이가 아니라는 것을 모를 정도였습니다.

그때에는 선생의 부모[43]가 모두 무탈하시고 위아래 백숙부들이 조정에서 벼슬하였으며 여러 자질(子姪)과 당종(堂從)들이 세상에 이름을 드러내어 가문이 창성하였습니다. 특히 종족을 거둔다고[44] 이름이 나서 친소에 차이를 두지 않으니 찾아오는 발길이 항상 문밖에 끊이지 않고 수레가 마을에 가득하였습니다. 큰 형님[45]이 먼저 세상을 떠나자 선생이 실제로 대신하여 집안일을 도맡았고 부인은 보좌하여 집에 들어오는 자는 화락하게 낯빛을 달리 하는 법이 없었고 집을 나가는 자는 화평하게 다른 말을 내는 경우가 없었으니 모두 아름다운 덕을 선생과 부인에게로 돌렸습니다. 선생이 벼슬이 높아지고 누차 큰 도읍을 다스렸는데 모두 청렴결백하다는 명성이 있었고, 부인은 선생과 일심동체

43 선생의 부모 : 박동열의 부친은 박응복(朴應福, 1530~1598)이고 모친은 임구령(林九齡)의 딸 선산 임씨(善山林氏)이다.

44 종족을 거둔다고 : 《예기》 〈대전(大傳)〉에, "사람의 도는 부모를 친히 하는 것이다. 부모를 친히 하기 때문에 조상을 높이고, 조상을 높이기 때문에 종통을 공경하고 종통을 공경하기 때문에 종족을 거둔다."라고 한 데서 온 말이다.

45 큰 형님 : 박동윤(朴東尹)을 가리킨다. 그는 생원(生員)으로 벼슬하여 세자부솔(世子副率)이 되었다가 부친보다 먼저 세상을 떠났다.

로서 자녀들과 며느리를 길러 시집보내고 장가보내어 집안의 다스림에는 더욱 엄하였지만 보좌하는 자리에서 집안을 대신 다스릴 뿐 스스로 이루는 바가 없었으니[46] 그 덕행을 본 자들은 모두 훌륭하게 여겼습니다. 한 세대가 바뀌고서야 비로소 이구동성으로 그 집안을 칭송하였습니다. 영천 군은 출사하여 이름 난 군현을 다스리게 되어 넉넉하게 봉양하였고, 막내 전주 부윤(全州府尹 박정(朴渟))은 큰 고을 다스렸으며 번갈아 어헌(魚軒)[47]에 모시고 왕래할 때에 위의가 성대하였으며, 둘째 도헌공(都憲公 박황(朴潢))은 훌륭한 재능으로써 임금의 좌우에서 모시며 중요한 임무를 맡았는데 때때로 외직으로 나아가 삼남(三南) 지방을 순찰할 때는 시간만 나면 곧장 문안을 드리러 갔습니다. 부절을 잡고 나아가 여러 고을을 다스려 훌륭한 지방관으로서 혁혁하게 명성이 났으니, 이것은 효도하는 마음을 나라에 충성하는 데로 옮긴 것입니다. 여러 자식이 어질고 현귀하여 위로는 봉작이 더해지고 아래로는 높이 칭송되니 세상에서 보기 드문 일입니다.

옛날 훌륭한 축원은 화봉인(華封人)[48]만한 사람이 없고 향함을 오복(五福)으로써 하는 것을 〈홍범(洪範)〉에서 징험[49]할 수 있습니다. 사

46 스스로……없었으니 : 한 집안의 부인으로서 감히 스스로 이루는 바가 없이 집안의 대소사에만 충실한 것을 뜻한다. 《주역》 〈가인괘(家人卦)〉에 "이루는 바가 없고 안에 있으면서 음식을 장만하면 정하여 길하리라." 하였다.

47 어헌(魚軒) : 어헌은 어피(魚皮)로 장식한 부인의 수레인데, 귀부인들이 이 수레를 탔다.

48 옛날……화봉인(華封人) : 화봉인은 화(華) 땅의 경계를 지키는 사람을 가리킨다. 요 임금이 그곳을 지나가자 그 사람이 "성인께서는 장수하시고 성인께서는 부유하시고 성인께서는 자손을 많이 두시라"고 축복하였다고 한다. 《莊子 天地》

람 가운데 장수하지만 부유하지 못한 경우가 있고, 장수하고 부유하지만 자손이 많지 않은 경우도 있으며, 세 가지를 모두 갖추었지만 제 몸이 강령하지 않는 경우도 있습니다. 장수하지만 봉록이 없으면 곤궁해지고, 장수하고 부유하지만 자손이 없으면 의탁할 데가 없고, 장수와 부와 자손 세 가지를 모두 갖추었지만 제 몸이 강령하지 않으면 근심이 되니, 네 가지 중에 하나라도 빠지면 온전한 복을 누렸다고 말할 수 없습니다. 혹 온전한 복을 누렸더라도 이룰 만한 도가 없이 그 복을 이루었다면 이는 요행으로 된 것이지 항도(恒道)가 아니니, 이 때문에 오복에 차례를 매겨 '덕을 좋아하는 것〔攸好德〕'을 중요시 하였습니다. 부인이 선생을 보좌하여 덕을 행한 것은 대개 일반적인 것을 들어 말한 것이기에 익성도 삼가 본 바입니다. 타고난 순수함은 굳이 닦지 않아도 남과 경쟁함이 없고 이기적인 마음이 없는 데에 가까웠으니 천덕(天德)을 손상시키지 않고 상서로움을 모은 것입니다.

아! 부인이 마을의 아이를 제 자식처럼 대하고 제 자식을 마을의 아이처럼 대하여 사람들로 하여금 분별하지 못하게 한 것은 다만 하나의 일일 뿐이지만, 이 마음을 미루어보면 이른바 백성은 나의 형제이고 만물은 나의 벗이다[50]라는 것입니다. 여러 자식들 또한 여기에 감화되

49 향함을……징험 : 기자(箕子)가 무왕(武王)의 물음에 대답하여 지은 홍범구주(洪範九疇) 가운데 아홉 번째가 "향함을 오복으로써 한다〔嚮用五福〕"이다. 여기서 오복(五福)은 장수〔壽〕, 부유함〔富〕, 강령함〔康寧〕, 덕을 좋아하는 것〔攸好德〕, 늙어서 편히 죽는 것〔考終命〕을 가리킨다. 《書經 洪範》

50 백성은……벗이다 : 장재(張載)의 〈서명(西銘)〉에 "천지의 사이에 가득한 것은 내가 형체로 삼았고 천지의 장수는 내가 성(性)으로 삼았다. 백성들은 나의 형제이고 만물은 나의 벗이다." 하였다.

어 그들이 고을을 다스릴 적에 모두 남과 경쟁하지 않고 이기심이 없는 마음으로 노인들로 하여금 자신의 생을 보양하게 하고 어린 자로 하여금 자신의 생을 이루게 하였습니다. 부인의 덕이 문지방을 넘지 않았지만 그 베푼 것이 이미 넓지 않습니까. 남들의 부모로 하여금 자신의 생을 보양하게 하였으니 부인이 장수하는 것이 마땅하고, 남들의 자제들로 하여금 자신의 생을 이루게 하였으니 부인의 자손들이 번창하고 많은 것이 마땅합니다. 노인이든 어린 자든 각기 그 업을 편안히 여겨 다스린 공적이 널리 알려졌으니 부인의 여러 자손들은 봉록과 지위가 끊이지 않아 국고처럼 부유해 질 것입니다. 예스런 기물에 진미가 차려지고 음식을 드시는 것이 점점 강건하며 오관(五官 이목비구형(耳目鼻口形))이 쇠해지지 않고 정신이 날로 왕성한데다가 강령함으로 이 여러 복을 누렸으니, 요(堯)임금을 축원하고 무왕(武王)에게 대답한 말[51]은 이미 부인이 몸소 경험한 실질입니다. 비록 축원을 잘 하는 자가 있더라도 또한 여기에 무엇을 더 보태겠습니까. 칠원(漆園 장주(莊周))의 대춘(大椿)[52]으로 수명을 헤아리고 서왕모(西王母)의 반도(蟠桃)[53]로 수명을 삼을 뿐입니다."

이에 축원하는 시를 덧붙이노니, 그 시는 다음과 같다.

51 요(堯)……말 : 화(華) 땅의 봉인(封人)이 요 임금을 위해 축원한 말과 기자(箕子)가 무왕에게 대답한 오복(五福)을 가리킨다.

52 칠원(漆園)……대춘(大椿) : 자세한 내용은 279쪽 주6 참조.

53 서왕모(西王母)의 반도(蟠桃) : 반도는 서왕모(西王母)가 심은 복숭아로 3천 년에 한 번 꽃이 피고 3천 년에 한 번 열매를 맺으며 이를 먹으면 불로장생한다고 한다. 《太平廣記 卷3》

잔치자리 처음엔 질서정연하여　秩秩初筵
그 위의가 삼가고 조용하네[54]　抑抑其儀
이 축수의 잔에 술을 따라　酌此壽斝
효자들이 받들어 올리네　孝子承之
무엇으로 이를 축원하리오　何以祝斯
저 신령스러운 대춘(大椿)은　維彼靈椿
팔천 년을 가을로 삼고　八千爲秋
팔천 년을 봄으로 삼는다네　八千爲春

이상은 대춘(大椿) 시이다.

잔치자리 처음엔 질서정연하여　秩秩初筵
그 덕이 온화하네[55]　溫溫其德
이 축수의 잔에 술을 따라　酌此壽爵
좋은 모습으로 강건하길 축원하네　康之以色
눈에 가득 차는 찬란한 광채는　爛其盈眸
금모(金母 서왕모)의 복숭아라네　金母之桃
백 번 절하며 축복하노니　百拜以釐
삼광(三光) 이후에 시들지어다[56]　三光後凋

54 질서정연한……조용하네 : 《시경》 〈빈지초연(賓之初筵)〉에 "손님이 처음 자리한 잔치자리에 좌우가 질서정연하네.〔賓之初筵, 左右秩秩.〕" 하였고, 또 "취하지 않았을 때에는 위의가 삼가고 조용하네〔其未醉止, 威儀抑抑.〕" 하였다.

55 그……온화하네 : 《시경》 〈빈지초연〉에 "손님이 처음 자리한 잔치자리가 온화하고 공손하네.〔賓之初筵, 溫溫其恭.〕"라고 한 데서 나온 말이다.

56 삼광(三光)……시들지어다 : 불로장생함을 가리킨다. 이백(李白)의 〈비룡인(飛

이상은 반도(蟠桃) 시이다.

龍引)〉에 "자황께서 이에 흰 토끼가 찧은 약을 내려 주니, 하늘보다 뒤에 늙어 해와 달과 별의 쇠해짐을 보네.〔紫皇乃賜白兎所擣之藥方, 後天而老凋三光.〕" 하였다.

이 참찬 덕형 의 장수를 축원하는 서[57]

李參贊 德泂 壽序

숭정(崇禎) 을해년(1635, 인조13)에 죽천(竹泉) 이공(李公)이 나이와 직위로써 기로사(耆老社)에 들어가자 조정의 신료들이 모두 하례하였다. 나도 축원하는 한 마디의 말을 바치는 게 마땅하였으나 공을 살펴보건대, 빛나는 풍채와 정밀하고 예리한 정신은 4, 50세의 사람과 흡사하였으며 왕성한 체력으로 임금을 잘 섬기고 육조(六曹)를 다스리고 정승을 보좌하였으니, 감히 대번에 건강을 축복하는 말을 할 수 없었다. 6, 7년이 지나서야 비로소 조금 피로함을 보이며 병을 이유로 드문드문 조정에 나와 연로하여 치사(致仕)하려는 의사가 있었다. 아! 공의 명망과 실질로 당당히 의정부에 나아갔거늘 마침내 훌훌 떠나버리고 말 것인가. 이것은 자신이 끝없는 복록을 거두어들이고자 하는 것이니, 이른바 법칙에 어긋나지 않는다[58]는 것이다.

삼가 들으니, 공은 어려서부터 영특한 기운을 지니고 있어서 높은 기개로 사소한 일에 얽매이지 않았으며, 조금 장성해서는 몸을 낮추고 조심하면서 힘써 실천하는 것이 정성스러웠다. 문과에 급제하여 벼슬

57 이……서 : 이 글은 저자가 이덕형(李德泂, 1566~1645)이 76세 즈음이 되었을 때 그의 장수를 축원하기 위해 쓴 서이다. 이덕형의 본관은 한산(韓山), 자는 원백(遠伯), 호는 죽천(竹泉), 시호는 충숙(忠肅)이다.

58 법칙에……않는다 : 《주역》 〈겸괘(謙卦) 상(象)〉에 "겸손함을 베풂에 이롭지 않음이 없다는 것은 법칙을 어기지 않은 것이다.〔无不利撝謙, 不違則也.〕"라고 한 데서 나온 말이다.

길에 올라서는 조정에서 무리지어 서로 헐뜯는 것을 보고,[59] "임금의 신하가 되어서는 공직을 맡고 국사를 다할 뿐이지 어찌 이편저편을 따지겠는가."라고 생각하여 묵묵히 중요한 일을 수행하며 자취를 남기지 않으려고 했으니 그를 아는 사람이든 모르는 사람이든 모두 그를 장자(長者)라고 칭송하였다.

계해년(1623, 인조1) 인조께서 반정하던 날에 공은 승지로서 궁중에 있었는데 우뚝 서서 굴하지 않으니 그 기세가 매우 엄정하였다. 좌우에서 그를 죽이고자 해도 전혀 동요하지 않다가 의로운 거사(擧事)라고 일깨워준 이후에야 비로소 새 임금에게 순종하였다. 공은 강개한 마음으로 호소하여 옛 임금을 죽이지 않기를 청하였는데, 눈물을 흘리며 간청한 것이 지극한 성심에서 나와 보는 자들은 낯빛을 바꾸고 임금 역시 그 뜻에 감동하여 가상히 여겼다.[60] 물러나서는 상소를 올려

59 조정에서……보고 : 이덕형이 홍문관에 있을 때 홍여순(洪汝諄)과 임국로(任國老)가 권세를 부리고 있었다. 승상 유성룡(柳成龍)이 쫓겨난 뒤에 조정 사대부들 중에는 유 승상이 쫓겨난 것을 애석하게 여기는 사람들이 있었는데, 권세를 부리는 자들이 이들을 지목하여 간당(姦黨)이라 하여 아울러 쫓아내고자 은밀히 자기 문객(門客)을 시켜 글을 올리게 하여 극도로 공격하였다. 이에 이덕형이 극언하기를, "권세를 부리는 자들이 붕당(朋黨)을 만들어 자기네와 뜻이 다른 사람을 배척하고 음흉하고 부정한 짓을 한다." 하였다.《記言別集 卷23 右贊成竹泉李公墓誌銘》

60 계해년……여겼다 : 인조반정 때 이덕형은 금중(禁中)에서 수직하고 있었다. 군병이 들이닥치자 궁궐 안에 소란이 일어나고 백관들은 도망하여 숨었으나 그는 공복(公服) 차림으로 당상(堂上)에 앉아 움직이지 않았다. 반정이 성공한 후 조정의 신료들에게 인조에게 숙배하게 하였는데, 그는 그대로 서서 절을 하지 않자 인조를 호위하던 무사들이 칼을 뽑아 죽이려고 하였다. 이때 거사를 주도한 김류(金瑬)가 꾸짖으며 칼을 거두게 하고 거사의 정당함을 강변하자, 그는 그제야 인조에게 절을 하고 아울러 눈물을 흘리며 옛 임금을 죽이지 말아달라고 간청하였다. 인하여 사직을 청하면서 옛 임금을

사형에 처한 자를 구원하자[61] 군자들이 그가 붕우(朋友)의 도가 있다고 허여하였다. 이에 사람들은 공이 열사(烈士)의 행실이 있으며 그 덕이 장자에만 국한되지 않음을 알게 되었다. 타고난 영특한 기운을 60년 동안 한 터럭도 발휘하지 않다가 마땅히 발휘해야 할 때에 발휘하여 사생과 득실을 따지지 않았으니 호연지기를 잘 기른 자라 할 만하다.

근래 변고가 더욱 많아지니 경박한 풍속에선 구변(口辯)을 숭상하였으나 공은 직언하는 말이나 핵실하는 논의를 일삼지 않아 겉으로는 분별하는 게 없는 듯하였다. 그런데 그 속을 살펴보면 거울과 물처럼 밝아 어긋남이 없었다. 아! 공과 같은 자는 본디 쉬이 그 끝을 헤아릴 수 없구나. 요컨대 화평하면서도 제재하는 바가 있고 한결같으며 변하지 않아 하늘의 비호를 받아 존광(尊光)[62]으로 끝을 맺었으니, 어찌 성대하지 않은가. 공과 나의 부친은 생년이 같은데다가 함께 벼슬을 시작하였기에 나는 공의 집에 들어갈 때마다 자제의 예법을 행하였다. 부모를 여의고 슬픔 속에 지내는[63] 나를 공은 비루하게 여기지 않고

바로잡지 못한 것을 자신의 죄로 삼으니, 인조가 어질게 여겨 더욱 존경하고 아껴 물품을 하사하였다. 《記言別集 卷25 右贊成李公墓表陰記》

61 상소를……구원하자 : 이덕형은 광해군 때의 권신인 유희분(柳希奮)과 매우 친밀한 사이였다. 인조반정 직후에 유희분이 법사(法司)에 넘겨져 죽임을 논의하고 있었는데, 그가 상소하여 이르기를, "유희분이 섬기던 바에 불충하였으므로 죄는 실은 용서되기 어려우나 자전(慈殿)을 구호한 심사는 신명(神明)이 보증할 수 있습니다. 이는 신의 거짓말이 아니요, 이귀(李貴)도 아는 일입니다. 이이첨(李爾瞻)·한찬남(韓纘男) 등 군흉(羣凶)과 분별없이 마구 죽인다면 이는 억울한 일입니다." 하니, 임금이 또 신의(信義)가 있다고 비답하였다. 《國朝人物考 卷11 李德泂碑銘》

62 존광(尊光) : 겸존이광(謙尊而光)의 줄임말로, 존귀한 이의 겸손한 덕이 밖으로 성대하게 빛을 발한다는 것이다. 《周易 謙卦》

나를 지우로 여겨 허여함이 깊었다. 이에 외람되이 일찍이 알고 있는 것을 서술하여 송축하노라. 삼가 진수성찬을 마련하여 정사를 묻는 날[64]을 기다렸다가 마땅히 다시 노래로 표현하여 펼치리라.

63 슬픔 속에 지내는 : 풍목지비(風木之悲)는 돌아가신 부모에 대한 지극한 슬픔을 가리킨다. 《공자가어(孔子家語)》 〈치사(致思)〉에 "나무는 조용히 있고자 하나 바람이 멈추지 않고, 자식은 효도하고자 하나 어버이가 기다려 주지 않는다."라고 한 데서 나온 말이다.

64 진수성찬을……날 : 자세한 내용은 285쪽 주22 참조.

이 판서 명 의 장수를 축원하는 서[65]
李判書 溟 壽序

나는 세상일을 겪으며 징험해 본 사람이다. 수십 년 동안 세도가 바뀜에 따라 인심도 변하였으니 수시로 변하는 세상에서 시종 변하지 않은 사람을 찾기란 거의 드물다. 아! 계축년(1613, 광해군5)의 화보다 더 참혹한 화는 없었고 무오년(1618년, 광해군10)의 변고[66]보다 더 큰 변고는 없었으니, 선비로서 턱을 세우고 눈썹을 펴서 강경하게 말하던 자들이 모두 바람에 쓰러지듯 변절하였고 원로대신의 쟁론 역시 겨우 폐모론(廢母論)의 부당함을 언급하는 데만 그쳤을 뿐 감히 영창대군(永昌大君)을 살리자는 말을 꺼내지는 못하였다. 그런데 지금 호조판서 이공(李公)이 홍문관에 있을 때 홀로 영창대군을 죽이자는 논의에 참여하지 않고 사직하면서 그들과 같지 않음을 보였다. 얼마 후에 공의 절친한 벗 동계(東溪) 정온(鄭蘊)이 상소를 올려 영창대군의 억울함을 호소하였는데 그 말에 꺼리는 바가 없었기에 상하가 놀라고

65 이……서 : 이 글은 저자가 이명(李溟, 1570~1648)이 70여 세가 되었을 때 그의 장수를 축원하기 위해 쓴 서이다. 이명(李溟)의 본관은 전주(全州), 자는 자연(子淵), 호는 구촌(龜村)이다.

66 계축년……변고 : 계축년의 화는 1613년(광해군6)에 대북파(大北派) 정인홍(鄭仁弘)·이이첨(李爾瞻) 등이 김제남(金悌男)과 영창대군(永昌大君)을 모함하여 김제남은 사사되고 영창대군은 강화로 쫓겨나 죽음을 당한 일련의 옥사(獄事)를 가리킨다. 무오년의 변고는 1618년에 영창대군의 어머니 인목대비(仁穆大妃)를 서궁(西宮)에 유폐시킨 일을 가리킨다.

두려움에 떨었으며 임금은 번개가 치듯 우레가 울리듯 격노하여 그를 옥에 가두었다가 바닷가 섬으로 유배를 보냈다.[67] 공을 헐뜯는 자들은 공이 동계를 충동질하여 상소를 올리게 하였다고 말하여 앞일을 예측할 수가 없었는데,[68] 공은 굳건하게 흔들리지 않고 끝내 후회하는 기색이 없었으며, 추방되어 떠돌아다니면서도 처해진 상황을 편안히 여겼다. 비록 강상(綱常)의 중임을 책임졌던 원로대신들이라도 그 출처를 논할 때면 어쩔 수 없이 공에게 조금 양보해야 하니 수십 년 동안 세도의 변화를 겪으면서 시종 변절하지 않은 자는 오직 공 한 사람뿐이다.

나는 당시에 공의 절개를 사모하고 공의 의리를 칭송하였으나 한 번도 공을 만난 적은 없었고 그 역량과 기백이 남들보다 훨씬 뛰어난 분이라고 혼자 생각하였다. 인조반정 이후에야 비로소 공의 지우를 입게 되었는데 공은 과연 웅건하고 걸출한 사람이었다. 수려한 용모와 훤칠한 몸은 바라보면 의젓하였고 70세의 나이에도 오관(五官)이 더욱 원활하여 먹고 마시는 것이 젊은 사람과 같았다. 매번 나를 만나게 되면 잔 가득 술을 따라 마음껏 마시며 늦게 서로 알게 된 것을 안타까

67 얼마……보냈다 : 정온(鄭蘊)은 영창대군이 정항(鄭沆)에 의해서 피살되자 격렬한 상소를 올려 정항의 처벌과 당시 일어나고 있던 폐모론의 부당함을 주장하였다. 이에 광해군이 격분하여 이원익(李元翼)과 심희수(沈喜壽) 등의 반대에도 불구하고 국문할 것을 명하고 이어서 제주도에 위리안치하도록 하였다.

68 공을……없었는데 : 영창대군이 어린 나이로 살해되자 정온(鄭蘊)이 상소하여 극력 간하다가 죄를 얻었다. 이명은 정온과 평소에 친했으므로 논죄(論罪)하는 사람들이, 그 상소가 공에게서 나왔을 것이니 귀양 보내야 한다고 하여 끝내 삭탈관직되어 고향으로 돌아갔다.《國朝人物考 卷13 李溟碑銘》

위하였다. 그의 장자 태복공(太僕公 이민개(李敏開))이 내게 공의 장수를 축원하는 한 마디의 말을 요구하였다. 공이 나이와 지위로써 기로사(耆老社)에 들어간 지 이미 수년이 되었고, 공이 태어난 날은 정월이었다.[69]

나는 일어나 다음과 같이 회답하였다.

"예로부터 훌륭한 축원으로는 화봉인(華封人)의 세 가지 말[70]보다 더 나은 게 없는데 이것은 공이 스스로 소유하였다. 기자(箕子)가 홍범구주(洪範九疇)에서 말한 오복(五福) 가운데 덕을 좋아함〔好德〕이 그 중 하나이니[71] 이러한 덕이 없으면 비록 여러 복이 있더라도 진정한 복이 될 수 없다. 오직 무궁한 것은 훌륭한 명성일 따름이다. 내가 공이 누린 여러 복의 경사스러움을 대략 서술하고 평소 공을 칭송했던 일을 가지고 변변찮은 문사로 엮어 공의 장수를 축원하려는데 괜찮겠는가. 다만 살펴보건대 성명하신 임금이 공을 신임한 것이 매우 무겁고 공이 이 은혜에 보답할 날이 아직 많이 남았으니 스스로 편안히 있을 겨를이 없다. 옛날 위(衛)나라 무공(武公)은 90세의 나이에도 수양을 게을리 하지 않아[72] 시인들이 아름답게 여

69 공이……정월이었다 : 이명은 경오년(1570, 선조3) 정월(正月) 초9일에 태어났다. 《恬軒集 卷33 正憲大夫戶曹判書李公墓誌銘》

70 예로부터……말 : 자세한 내용은 296쪽 주48 참조.

71 기자(箕子)가……하나이니 : 자세한 내용은 297쪽 주49 참조.

72 옛날……않아 : 《시경》의 〈억편(抑篇)〉은 춘추 시대 위(衛)나라 무공(武公)이 95세에 스스로 경계하면서 지은 시이다. 《국어(國語)》〈초어(楚語)〉에 다음과 같은 내용이 보인다. "옛날 위나라 무공(武公)은 나이가 95세이었는데 오히려 국중(國中)에 다음과 같이 경계하기를, '경(卿)으로부터 이하(以下)로 사(師), 장(長), 사(士)에 이르기

겼다. 나 또한 세상일을 겪으며 징험해 본 자로서 세도의 막중한 책임으로 공에게 권면하고 백성이 오랫동안 잘 살게 하는 선정으로 공에게 기원하노라."

태복공은 일어나 절을 하며 사례하였다. 마침내 그 말을 차례대로 기술하여 장수를 축원하는 서문으로 삼는다.

까지 진실로 조정(朝廷)에 있는 자들은 내가 늙었다 하여 나를 버리지 말고 반드시 아침 저녁으로 공손히 하고 조심하여 서로 나를 경계하라.' 하였다."

이종형 이 정의 71세 장수를 축원하는 서[73]

內兄李正七十一歲壽序

화려한 복사꽃과 오얏꽃은 뭇 꽃보다 일찍 피지만 그 아름다운 꽃은 비바람이 지나가면 자취가 사라진다. 무성한 소나무와 측백나무는 한 촌 한 척씩 천천히 쌓이지만 우뚝한 줄기와 얽히고설킨 가지는 서리와 눈을 맞은 이후에 시든다. 흥하고 쇠하는 이치는 마땅히 사물과 인간이 차이가 없다. 이 때문에 더디게 피고 늦게 이루어지는 것이 참으로 장수하는 징조가 된다. 내가 이런 도에 걸맞은 사람을 세상에서 찾아보니 오직 우리 이종형 습정옹(習靜翁)의 출처가 거의 여기에 가까웠다.

옹은 법도가 있는 집안에서 태어나 효제(孝悌)에 돈독하고 기개(氣槩)를 지니고 있어 우뚝하게 수립한 바가 있었다. 성균관에서 유학할 때는 풍모가 준엄하고 성품이 강직하여 선비들이 그림자처럼 좇았으며 당대의 으뜸가는 준걸로서 명성이 성대하였기에 조만간 급제할 것이라

73 고종사촌……서 : 이 글은 저자가 이후기(李厚基)의 71세 장수를 축원하기 위해 쓴 서이다. 이후기는 이기준(李耆俊)의 차남으로 저자에게는 이종형이 된다. 이후기에 대한 사적은 자세하지 않은데, 《승정원일기》에 의하면 1643년(인조21)에 장악원 정(掌樂院正)에 제수되었다는 기사가 보인다. 참고로 저자의 이종형으로는 이기준의 아들 이중기(李重基)·이후기, 이수준(李壽俊)의 아들 이학기(李學基)·이진기(李晉基)·이흥기(李興基)·이석기(李碩基) 등을 비롯하여 이구준(李耉俊)과 이명준(李命俊)의 아들이 있는데, 인물들의 사적과 본문의 내용에 근거해볼 때 이기준의 차남인 이후기가 이 서문의 주인공인 듯하다.

생각하였다. 중도에 혼탁한 시대를 만나 폐기되어 곤욕을 겪은 지가 십여 년이었다. 비록 태평시대를 만났지만 일부러 과거 시험을 보지 않고 은거하며 조용히 살았다. 천거되는 바람에 억지로 일어나 군현을 다스렸는데 다스리는 곳의 치적이 상주되어 마침내 큰 고을을 맡게 되어 벼슬길이 조금 열리게 되었다. 그런데 옹은 그칠 줄 알고 만족할 줄 아는[74] 경계를 실천하여 나이를 이유로 치사하고는 훌쩍 고향으로 돌아가니 군자가 그 절개를 칭송하였고, 조정에서는 높은 관직을 제수하여 한가로운 직책에 편안히 지내게 하였다. 날마다 옹의 처소를 문안하는 자질들은 고관대작이 되어 집안을 빛내었으니, 친척과 사우가 모두 옹을 존경하였다. 경대부가 옹의 집에 들어서면 반드시 몸을 굽히고 자제의 예법을 행하여 만나 뵈었고, 옹 또한 방문에 응대하면서 상도를 어기는 일이 없이 담박하고 겸손하게 행동하였다. 자못 재주를 숨기고 세상과 함께 하는[75] 지취가 있어 절대로 사물에 마음이 얽매이지 않고 꽃과 대나무, 거문고와 서적에 흥을 부쳐 화락하게 유유자적하니, 이에 사람들이 더욱 더 그 덕에 감복하고 그 복을 사모하여 보기 드문 일이라 여겼다.

중추절은 바로 옹이 태어난 날이다. 장자인 도사(都事 이행진(李行進)) 군과 막내 중서사인(中書舍人 이행우(李行遇)) 군이 잔치 상을 마련하고 손님을 초대하여 연회를 베풀었다. 술자리에서 나는 빈객들과 어울리

74 그칠……아는 : 그칠 줄을 알고 만족한 것을 알고서 교만하게 굴지 말아야 한다는 것이다. 《도덕경(道德經)》 제44장에 "만족함을 알면 욕되지 않게 되고 그칠 줄을 알면 위태롭지 않게 된다.〔知足不辱 知止不殆〕" 하였다

75 재주를……하는 : 자신의 빛나는 재주를 안으로 추슬러 밖에 드러내지 않고 세상과 더불어 조화롭게 살아가는 것을 말한다. 《道德經 第4章》

다가 일어나 절을 하고 술잔을 들어 다음과 같이 축수한다.

"익성(翊聖)은 옹보다 어린 동생이지만 옹이 성균관의 현인들과 종유했던 성대함을 기억하고 있습니다. 옹과 어깨를 나란히 하며 따르던 자들 가운데 혹은 재주로써 혹은 공업으로써 당세에 치달리며 명성을 날렸던 자들이 얼마나 많았습니까. 그러나 이들은 세상을 떠나 한 줌의 먼지가 되어 소리도 그림자도 민멸되었으니 아득히 징험할 수가 없습니다. 오직 옹은 70세에 강건하여 오복(五福)을 누림[76]이 아직 그치지 않았으니 실로 꽃이 빨리 시들고 무성한 나무는 늦게 시든다는 말에 부합합니다. 곤궁함에 처해도 형통하고[77] 구덩이를 만나면 그치며[78] 강함을 제어하여 유순해지고 도탑게 쌓아 조금 드러내었으니, 이러한 덕은 하늘의 비호를 받기에 충분합니다. 어찌 우연히 흥하고 쇠하는 이치에만 귀결시킬 수 있겠습니까. 생각건대 뒤늦게 시드는 자질과 우뚝한 절개는 진실로 소나무나 측백나무와 유사하니 마땅히 왕자교(王子喬)와 적송자(赤松子)[79]의 장수를 누려서 인간 세상의 상서로움이 될 것입니다."

객이 이르기를,

76 오복(五福)을 누림 : 자세한 내용은 296쪽 주48 참조.

77 곤궁함에……형통하고 : 《주역》 〈곤괘(困卦) 단(彖)〉에 "험하나 기뻐하여 곤궁하여도 형통한 바를 잃지 않으니, 오직 군자일 것이다."라고 한 데서 나온 말이다.

78 구덩이를……그치며 : 난세를 만나면 들어가 숨는다는 뜻이다. 《한서(漢書)》 권48 〈가의전(賈誼傳)〉에 "흐름을 타게 되면 함께 흘러 내려가고, 웅덩이를 만나면 잠깐 정지해 있을 뿐이다."라는 말에서 나온 것이다.

79 왕자교(王子喬)와 적송자(赤松子) : 주(周)나라 영왕(靈王)의 태자 왕자교(王子喬)와 선인(仙人) 적송자(赤松子)를 말한 것인데, 둘 다 불로장수했다고 한다.

"그대는 사물을 잘 관찰하고·사람을 잘 알아보아 이치를 잘 설명하였으니, 이것으로 옹의 장수를 축원할 만합니다. 시로써 송축하는 것은 여러 공들의 몫입니다."

하였다.

정경부인 신씨의 장수를 축원하는 서[80]

貞敬夫人申氏壽序

도헌(都憲) 박황(朴潢) 씨가 눈물을 흘리며 나에게 이르기를,

“제가 호랑이 굴에서 벗어나[81] 고국으로 돌아와 동생 정(渟)의 임소인 완산(完山)에서 모친을 뵈었습니다. 관찰사가 임금의 명으로 음식과 예물을 보내와 자리를 마련하여 잔치를 열었습니다. 이에 저희 형제들이 번갈아 만수무강을 축원하는 술잔을 올리니 노모께서 크게 기뻐하셨습니다. 저를 슬하에 나오게 하여 자애롭게 어루만지며 임금의 은혜를 칭송하기를, ‘미망인이 오늘에서야 어미로서의 존귀함과 자식들이 부모를 빛낸 영화로움을 알게 되었다.’고 하셨습니다. 이에 저희 형제들이 임금의 보살핌과 모친의 은혜에 감격하여 저희도 모르게 눈물이 턱 아래로 흘러내렸습니다. 자리에 참석한 자들은 모두 공손하게 하례하며 성대한 일로 여겼습니다. 제 몸이 호랑이 굴을 빠져나온 것은 지극한 행운이고 모친과 자식이 서로 모인 것은

80 정경부인……서 : 이 글은 저자가 박황(朴潢, 1597~1648)의 모친인 정경부인(貞敬夫人) 신씨(申氏)의 장수를 축원하기 위해 쓴 서이다. 본서 제6권에 수록된 〈정경부인 신씨의 80세 장수를 축원하는 서〉의 주인공 역시 박황의 모친이다. 저자는 정경부인 신씨의 팔순을 축수하기 위해 서문을 지었고, 그 이후에 신씨가 거의 구순이 되었을 때 또 축수하는 서문을 지었다. 박황의 부친과 모친에 대해서는 294쪽 주40 참조.

81 호랑이……벗어나 : 박황은 1637년(인조15)에 볼모로 가는 소현세자(昭顯世子)을 모시고 심양(瀋陽)에 갔다가 1년 후에 병환으로 귀국하였다.《國朝人物考 卷20 朴潢碑銘》

지극한 즐거움이며 하사받은 물품이 풍부한 것은 지극한 영화로움이니, 이것을 기록하지 않을 수 없습니다."

하였다. 익성(翊聖)은 말이 끝나자마자 곧바로 일어나 다음과 같이 말했다.

이것이 비록 그대의 한 집안, 개인의 일이지만 여기에서 천도(天道)를 살펴볼 수 있다. 그대가 경험한 것은 고금에 지극한 변고인데도 스스로 도리를 다하여[82] 끝내 상도(常道)를 회복한 것은 모친의 자애와 자식의 효성으로 이루어지 것이지 다른 방도가 있어서가 아니다. 애초에 그대가 난리 속에서 임금을 호종한 것은 이미 제 몸을 잊은 것이다. 남한산성을 나오기로 결정할 때 사람들이 모두 혼비백산하였는데, 전혀 변함이 없었던 사람은 그대 한 사람뿐이다.[83] 조정에서 심양(瀋陽)으로 가는 소현세자(昭顯世子)를 호종하는 사람을 뽑을 때 대부분 노친을 봉양하는 핑계로 벗어났는데, 이때 태부인(太夫人)의 연세가 80세이었는데도 그대만이 취사의 의리를 살펴 마치 낙토(樂土)를 가는 것처럼 하였다.[84] 태부인이 듣고서 기뻐하며 이르기를,

82 스스로……다하여 : 각자 의리에 입각하여 자신의 뜻을 정하고 결행하는 것을 뜻한다. 《서경》〈미자(微子)〉에 "스스로 의리에 편안히 하여 각자 자신의 뜻을 선왕에게 바쳐야 한다."라는 말에서 나온 것이다.

83 계책을……사람뿐이다 : 인조가 청나라와 강화(講和)를 맺고 남한산성(南漢山城)을 나올 때, 박황은 찬획사(贊劃使)로서 어가를 호위하고 있었다. 청나라가 강화를 반대한 이들을 찾아 분풀이를 하려고 하였는데, 조정의 대신들은 강화를 반대한 17명을 모두 보내려고 하였다. 이에 박황은 반대하며 "어찌 차마 한 시대의 명류(名類)들을 모두 호랑이의 입에다 투입할 수 있단 말인가? 한두 사람만 보내도 된다."고 하였다. 이로 인해 15명이 모두 화를 모면하였다.《國朝人物考 卷20 朴潢碑銘》

84 조정에서……하였다 : 조정에서 볼모로 끌려가는 소현세자를 수행할 사람을 간택

"우리 아이는 자기 직분을 다할 뿐이다. 나는 잘 먹고 지내고 있을 테니 염려치 말아라."

하였다.

이에 사람들은 그대의 효도하는 마음을 옮긴 충성과 태부인의 충성을 권면한 자애를 칭송하였다. 다시 심양에 갔을 때[85] 화의 기미가 매우 심각하였는데 그대는 더욱 더 자신을 변론하고 석실옹(石室翁 김상헌(金尙憲))과 함께 눈으로 덮인 움막에서 거처하며[86] 시종 주선하면서 그 지조를 잃지 않았다. 서쪽 변경에서 구류되어 재차 수년을 머무르니 태부인의 연세가 80세를 넘어 90세를 바라보고 있었다. 좌우에서 태부인을 모시던 그대의 형제들은 상심하실까 걱정하여 끝내 감히 사실대로 말하지 않았다. 그러나 태부인은 이미 알고 있으면서도 속으로 숨기고 겉으로는 어떠한 기미도 보이지 않아 모르는 사람처럼 있다가 그대

하였는데, 사람들이 대부분 회피하니 박황이 말하기를 "왕세자도 조정을 하직하고 멀리 이역(異域)으로 가는데, 신하된 자로서 어찌 부모를 핑계댈 수 있단 말인가."라고 하였다. 그 이야기를 아뢰자 그를 수행원에 충당하였다. 《國朝人物考 卷20 朴潢碑銘》

85 다시……때 : 박황이 계책을 세워 장차 청나라를 공략할 것이라는 소문을 듣게 되자 곧 청나라 조정에서 그를 다시 심양으로 불러들였다. 1년이 지나서야 그를 심양에서 내보내 우리나라 변경 지역의 한 곳에 억류해 놓았고, 그 이듬해에 결국 돌려보냈다. 《國朝人物考 卷20 朴潢碑銘》

86 눈으로……거처하며 : 설교(雪窖)는 타국에 억류되어 추운 겨울 눈 덮인 움막에서 고생하는 것을 뜻한다. 한(漢)나라 소무(蘇武)가 무제(武帝) 때 중랑장(中郎將)으로서 흉노(匈奴)에 사신 가서 19년 동안 억류되었는데, 그동안 땅속의 움집에 갇혀서 눈이 내리면 먹을 것이 없어서 눈과 함께 부절(符節)의 수술인 털을 씹어 먹었다 한다. 《漢書 卷54 蘇武傳》 여기서는 박황이 김상헌과 함께 청나라에 억류되어 고생하는 것을 가리킨다.

가 돌아오자 비로소 지극한 정을 펼쳐서 자애롭게 어루만지며 임금이 연회를 베풀어 준 날에 줄곧 그 은혜를 칭송하니, 아름다운 가르침과 넓은 식견과 도량은 장부라도 하기 어려운 것이고 전적에서도 보기 드문 일이다. 만약 한 때의 구구한 사랑을 참지 못해 안색과 말로 표출했다면 그대는 서서(徐庶)와 같이 마음속이 분란하였을[87] 것이니, 어찌 절개를 변치 않고 그 충성을 이룰 수 있었겠는가.

아! 그대는 참으로 절개를 변치 않았고 태부인은 일찍이 변한 적이 없었다. 변치 않은 것은 사람의 마음을 감복시키고 일찍이 변한 적이 없는 것은 하늘의 도에 합치된다. 이러한 모친이 있으니 이러한 아들이 있는 것이 마땅하도다. 이른바 지극한 행운, 지극한 즐거움, 지극한 영화로움이라는 것은 다른 방도로 이룰 수 있는 것이 아니다. 비록 한 집안, 개인의 일이지만 여기에서 천도를 살펴볼 수 있구나. 《역》에 이르기를 "하늘이 도운 것이니 길하여 이롭지 않음이 없다."[88] 하였고, 또 이르기를 "선행을 쌓은 집안은 반드시 자손에게 경사가 미친다."[89] 하였으니, 박씨 집안의 경사는 아직 다하지 않았다. 이에 천인(天人)의

87 서서(徐庶)와……분락하였을 : 노모를 걱정하느라 마음이 심란하여 공무를 수행하지 못하는 것을 가리킨다. 삼국 시대 서서(徐庶)가 제갈량(諸葛亮)과 함께 유비(劉備)를 도와 대업을 이루려 하였는데, 조조(曹操)가 서서의 모친을 억류하여 인질로 삼고는 서서를 불렀다. 이에 서서가 "지금 이미 노모를 잃은 상태라서 마음속이 산란하기만 하여 어떤 일에도 보탬이 되지 못할 것이니 이제 작별할까 한다."라고 하고는 마침내 유비를 떠나 조조에게 갔다. 《三國志 卷35 蜀書 諸葛亮傳》

88 하늘이……없다 : 《주역》 〈계사전 상(繫辭傳上)〉에 "하늘로부터 돕는지라 길(吉)하여 이롭지 않음이 없다.〔自天祐之, 吉无不利.〕"라고 한 데서 나온 말이다.

89 선행을……미친다 : 자세한 내용은 285쪽 주21 참조.

징조와 자효(慈孝)의 상서로움이 위로는 태부인의 장수가 되고 아래로는 자손들까지 복이 미쳤음을 분명히 말하여, 세덕(世德)이 이와 같음을 알리노라.

《열성어제집》 서문[90]

列聖御製集序

부자(夫子)께서 《서(書)》를 산삭하며 명군(明君)과 양신(良臣)의 시[91]를 수록한 이후부터 한(漢)나라와 당(唐)나라 이래의 신하된 자들은 각자 자신들의 세대를 존숭하여 그 글을 모아 전하지 않음이 없었다. 명(明)나라의 어제집(御製集)은 세상에 반포되어 참으로 해와 별처럼 높이 걸려 있는데, 본조만 유독 결여되어 찬수되지 않았다. 왕자 의창군(義昌君 이광(李珖))이 빠짐없이 모두 찾아내어 역대 성왕들의 시와 문장 및 어찰(御札) 몇 편을 얻으니 선묘(宣廟 선조(宣祖)의 묘호)의 어필이 가장 많았다. 이것들을 합쳐서 한 편으로 묶고 익성(翊聖)에게 그 전말을 기록해 달라고 요청하였다. 익성은 삼가 절고 받아 꿇어앉아 읽어보았고 다 읽고는 또 놀라며 일어나 다음과 같이 말한다.

아득하게 넓도다! 넘실넘실 성대하도다! 글을 지어 찬송하고자 해도 하늘을 본뜨고 해를 그리는 것과 같으니 이는 어리석은 것이 아니면 망령된 것이다. 삼가 생각건대, 성조(聖祖 태조)께서 한 번 갑옷을 입어 왕업을 세우시고 일월처럼 밝게 지은 글을 신(臣) 서거정(徐居正)이 이미 반포하였으니,[92] 참으로 성덕(聖德)이 주밀하지 않음이 없다. 역

90 열성어제집 서문 : 이 글은 저자가 의창군(義昌君) 이광(李珖)이 역대 성왕들의 시와 문장 및 어찰을 한 데 모아 엮은 《열성어제집(列聖御製集)》에 대해 쓴 서문이다.

91 명군(明君)과……시 : 명군(明君)과 양신(良臣)이 서로 주고받은 노래를 가리킨다. 순(舜) 임금과 그 신하인 고요(皐陶)가 서로 노래를 이어서 주고받으면서 임금과 신하로서 공경히 직무를 수행할 것을 권면하였다. 《書經 益稷》

대 성왕들이 이를 계승하여 학문을 힘쓰고 밝은 덕을 이어 지으신 조칙과 호령이 〈요전(堯典)〉·〈순전(舜典)〉·〈이훈(伊訓)〉 등의 반열에 곧장 참여였으니, 〈대풍가(大風歌)〉와 〈호자가(瓠子歌)〉[93]는 본디 거론할 것도 못 된다. 본조가 세상을 다스린 지 200년 동안 성왕의 글을 모을 겨를이 없었으니 진실로 징험할 수 있는 문헌이 없다는 안타까움이 있다. 의창군이 이에 흩어진 나머지에서 수습하여 완질(完秩)을 만들어 문(文)을 실추시키지 않아 순 임금의 〈남풍가(南風歌)〉[94]와 그 아름다움을 견주게 되었으니, 그 마음씀씀이의 수고로움이 지극하다고 할 만하고 또한 효성이 다함이 없다[95]고 할 만하다. 신(臣)은 어려서부터 선묘의 보살펴 주시는 은혜를 받아 직접 가르침을 받고 어필을 은혜롭게 하사받았으니 한 집안의 부자 관계일 뿐만 아닌데, 진(秦)나라 삼양(三良)처럼 순절하지[96] 못하고 다만 잊지 못하는 슬픔만을 품고

92 성왕들이……반포하였으니 : 《세조실록》 9년 4월 22일 조에 서거정(徐居正)에게 명하여, 태조(太祖)·태종(太宗)·세종(世宗)·문종(文宗)의 어제시문(御製詩文)을 거두어 모으게 했다는 기사가 보인다.

93 대풍가(大風歌)와 호자가(瓠子歌) : 〈대풍가(大風歌)〉는 한 고조(漢高祖)가 천하를 차지하여 천자가 된 뒤에 그의 고향 풍패(豐沛)에 들러 주연을 베푼 자리에서 지어 불렀다는 노래이고, 〈호자가(瓠子歌)〉는 한 무제(漢武帝)가 황하(黃河)의 물이 호자에서 터지자 이를 막고 제사지내며 불렀다는 노래이다.

94 순(舜)……남풍가(南風歌) : 순(舜) 임금이 불렀다는 〈남풍가(南風歌)〉에 "남풍의 훈훈함이여. 우리 백성의 성낸 마음을 풀겠구나.〔南風之薰兮, 可以解吾民之慍兮.〕" 하였다. 《孔子家語 辯樂解》

95 효성이……없다 : 《시경》 〈기취(旣醉)〉에 나오는 구절이다.

96 진(秦)나라……순절하지 : 삼양(三良)은 진(秦)나라 목공(穆公)의 순장(殉葬)에 희생되었던 자거씨(子車氏)의 세 아들 엄식(奄息)·중항(仲行)·침호(鍼虎)를 가리킨다. 《詩經 黃鳥》

살았다. 책을 어루만지니 감회가 일어나 황홀하게 성왕을 대한 듯하여 마침내 눈물을 거두고 서문을 쓴다.

종친과 의빈의 연회에 술을 하사한 것을 기념한 병풍에 쓴 서문[97]

宗儀讌會宣醞契屛序

나는 운수의 길흉을 징험하며 세상을 경험하였다. 운수의 길흉은 비록 하늘에 달려있지만 그렇게 만드는 것은 실제로 사람이 사람의 도리를 닦았는지 거슬렀는지에 달려 있다.[98] 사람의 도리를 닦으면 반드시 친목을 우선시하고 거스르면 이와는 반대로 하니, 아 어찌 감히 길게 말할 필요가 있겠는가. 생각건대, 우리 성상은 내란을 평정한 다음 의창군(義昌君) 광(珖)과 구천군(龜川君) 수(睟)를 대죄(大罪)에서 사면시켜[99] 그 직위를 회복시키고 관질을 높여주어 여러 종실 사람들을 통솔하게 하였다. 두 군(君)은 일어나 일을 주관하여 일찍이 종친부의 일을 맡았던 종실 사람의 성명을 기록하여 안책(案冊)으로 만들

97 종친과……서 : 이 글은 저자가 1631년(인조9) 종친(宗親)과 의빈(儀賓)의 연회에 임금이 술을 하사한 것을 기념하기 위해 만든 병풍에 대해 쓴 서문이다.

98 그렇게……있다 : 주돈이(周敦頤)의 〈태극도설(太極圖說)〉에 "군자는 사람의 도리를 닦기 때문에 길하고 ,소인은 이를 거스르기 때문에 흉하다.〔君子修之吉, 小人悖之凶.〕"라고 한 데서 나온 말이다.

99 의창군(義昌君)……사면시켜 : 의창군(義昌君) 이광(李珖, 1589～1645)은 선조(宣祖)의 여덟 째 아들로, 허균(許筠)과 인척관계인 이유로 6년 동안 금고(禁錮)되어 있다가 인조반정 이후 복직되었다. 종부시(宗簿寺)와 사옹원(司饔院)의 도제조(都提調)를 겸하였다. 구천군(龜川君) 이수(李睟, 1569～1645)는 중종(中宗)의 증손으로, 이이첨(李爾瞻) 등의 죄를 극렬히 논하다가 순천에 유배되었으며 인조반정 이후 사옹원제조로 복직하였다.

고는 나에게 서문을 부탁하였고, 옛 터에다 관청을 창건하고는 나에게 기문을 부탁하였다.[100] 이는 두 군이 임금의 은혜에 감사하고 직분을 충실히 하여 임금의 친목하는 지극한 뜻을 실제로 체득한 것이다.

경오년(1630, 인조8) 가을에 임금께서 갑자년(1624년)과 정묘년(1627년)의 난리[101] 때 임금을 호종한 종친(宗親)과 의빈(儀賓) 몇몇 사람들을 만상루(萬象樓) 아래로 불러 연회를 베풀고 하사품을 내리셨으며, 심지어 친히 술잔을 잡고 술을 권하셨다. 자리에 있던 자들이 모두 감격하여 눈물을 흘리면서 황공하여 죽을 바를 알지 못하였다. 다음날 의창군이 여러 종실 사람들을 이끌고 전문(箋文)을 올려 임금의 은혜에 감사드린 다음 여러 종실 사람들에게 고하기를,

"일찍이 듣건대, 요(堯) 임금의 시대에 구족(九族)이 화목해지자 백성을 고루 밝히셨다[102]고 하였다. 우리 성상께서 구족에 대해 지극히 친애하시니 백성들에게 오히려 또한 이로움이 있을 것이다.[103]"

100 두……부탁하였다 : 본서 제6권에 수록된 〈종친부유사당상선생안 서문〉은 저자가 종친부(宗親府)의 유사당상(有司堂上)을 맡았던 사람들의 성명을 기록한 선생안(先生案)에 대해 쓴 서문이고, 본서 제7권에 수록된 〈종친부 중수기〉는 저자가 종친부의 중수를 기념하기 위해 쓴 기문이다.

101 갑자년과……난리 : 각각 이괄(李适)의 난과 정묘호란을 가리킨다.

102 구족(九族)이……밝히셨다 : 《서경》 〈요전(堯典)〉에 "능히 큰 덕(德)을 밝혀 구족(九族)을 친하게 하시고, 구족이 이미 화목하거늘 백성을 고루 밝히셨다. 백성이 덕을 밝히며 만방(萬邦)을 합하여 고르게 하시니, 여민(黎民)들이 아! 변하여 이에 화(和)하였다."라고 하였다.

103 백성들이……것이다 : 《서경》 〈진서(秦誓)〉에 "만일 어떤 한 신하가 정성스럽고 다른 기예(技藝)가 없으나, 그 마음이 곱고 고와 용납함이 있는 듯하여, 남이 가지고 있는 기예(技藝)를 자기가 소유한 것처럼 여기며, 남의 훌륭하고 성스러움을 그 마음에

하였다. 마침내 여러 종실 사람들에게 약속하기를,

"생각건대 우리 종실 사람들은 모두 조종(祖宗)에서 소생한 몸이니 국가와 흥망을 함께 하는 자들이다. 어찌 국가의 흥망을 함께 하는 데만 그치겠는가. 종실 사람들의 근심과 즐거움으로 또한 국가의 흥망을 점칠 수 있다. 지금 한 번 살펴보라. 근심스러운가? 즐거운가? 또한 2백 년 동안 종실이 회합했던 관청이 불행히 잿더미로 변한 지 40년이 되었는데, 지금 이때에 중건하니 또한 하늘의 뜻이리라. 이에 길일을 택하여 신미년(1631년, 인조9) 4월 모일에 종친부 새 관청에 술자리를 마련하여 종실 사람들과 의빈을 모이게 하여 고사(故事)에 따라 종친과 의빈이 모두 참여하는 잔치를 열겠다."

하였다.

임금께서 이 소식을 듣고 매우 기뻐하여 내시(內侍) 오대방(吳大邦)을 시켜 법온(法醞 임금이 내리는 술)을 가져가게 하고 수라간의 요리사를 시켜 음식을 준비하도록 하였으며 최고의 음악을 내리면서 예관(禮官)으로 하여금 주관하게 하니 임금의 위엄이 얼굴에서 지척도 떨어져 있지 않은 듯하여,[104] 그 예가 장엄하였다. 이에 내시가 술잔을 잡고서 임금의 명이라 칭하며 술을 따러 주니 의창군 이하 108명이 차례대로

좋아함이 자기 입에서 나온 것보다도 더한다면, 이는 능히 남을 포용하는 것이어서, 능히 나의 자손과 백성을 보전할 것이니, 오히려 또한 이로움이 있을 것이다."라고 한 데서 나온 말이다.

104 임금의……듯하여 : 임금의 위엄이 엄연히 그 자리에 임하고 있다는 말이다. 춘추 시대 제 환공(齊桓公)이 규구(葵丘)에서 제후들과 회맹(會盟)을 할 때, "천자의 위엄이 나의 얼굴에서 지척도 떨어져 있지 않다.〔天威, 不違顔咫尺.〕"라고 하며, 절을 하고 주 양왕(周襄王)의 하사품을 받았다. 《春秋左氏傳 僖公9年》

술잔을 받았다. 술을 다 마신 다음 의창군이 술잔을 준비하여 내시에게 술을 따러 주니 예법을 따른 것이다. 여러 종실 사람들은 몸가짐을 엄숙히 하고 숨을 죽인 채 종일토록 술잔을 주고받았는데 감히 시끄럽게 떠들며 품위를 잃는 자가 없었다. 법온의 술자리가 끝나고 음식이 계속해서 진설되자 비로소 엄숙한 예의를 조금 벗어버리고 서로 무리지어 술을 마시고 춤을 추며 장단을 맞추고 악기와 노래 소리가 함께 울려 퍼지니 이미 3경이 지나가는 줄도 몰랐다. 의창군은 악인(樂人)들에게 각기 자신의 악기를 잡게 한 다음 이들을 이끌고 나오니 광채를 뿜는 등불, 화려한 비단 휘장, 연회장에 가득한 취기 등이 한 데 어울러져 화사한 봄 풍경이 되었다. 길 양쪽에서 지켜보던 도성 사람들이 찬탄하며 태평한 조정의 성대한 일이라고 말하였다. 여러 종실 사람들은 크게 뜻을 함께한 회합이 만력(萬曆) 경인년(1590, 선조23)에 있었는데 지금으로부터 42년 전의 일이니 보기 드문 일이라 할 만한고, 더군다나 중흥한 시대에 외람되이 이러한 특별한 예우를 받았으니 민멸되어 전해지지 않게 해서는 안 된다고 생각하여 마침내 축(軸)을 만들어 그림을 그리고는 내게 그 일을 기록해 달라고 요구하였다.

아! 종실 사람들은 법도 상 정사의 직임에 참여할 수가 없고 그저 녹봉과 장복(章服)을 받고 조정의 의식에만 참여할〔奉朝請〕 뿐이니, 그들의 근심과 즐거움은 국가의 치란과는 아무런 관계가 없는 듯하지만 사람의 도리를 닦고 거스르는 징험은 증서처럼 분명하니 이것은 어째서이겠는가? 성인의 정사는 집에서 시작하여 국가로, 또 국가에서 천하로 나아가는 만큼 친족을 다스리는 것보다 앞서는 것이 없으니 천리의 당연한 법도이다. 조종의 토지와 백성은 자신의 소유인데 조정의 토지와 백성에서 나오는 부세와 소출을 가지고 조정의 자손들과 함께 부귀를 누리니, 이것은 성인이 친족을 친애하는 뜻이다. 이 때문에 가인(家人)의 예법을 강구하고 폐부(肺腑)의 신임을 미루며 소목(昭穆)의 의친(懿親)을 차례지우고 반석(盤石)처럼 견고한 종국(宗國)[105]을 칭송하니, 은연중 국가의 근본이 된다. 비록 정사의 직임에는 참여하지 못하지만 그 근심과 즐거움이 국가의 치란과 관계됨이 하루아침에 벼슬에 나아가 공적이 드러나고 사업이 거행된 자들과 비교하여 그 경중이 어떠한가. 우리 성상의 도탑고 화목한 정의(情誼)는 터럭만큼이라도 꾸민 것이 아니라 천리의 당연한 법도를 따른 것일 뿐이다. 아, 성대하도다. 감히 운수의 길흉을 징험하며 세상을 경험한 것으로 이와 같이 성대한 아름다움을 칭송하고 종실 사람들에게 권면하노라.

105 반석(盤石)처럼 견고한 종국(宗國) : 왕실의 자제들을 지방에 분봉(分封)하여 나라를 반석처럼 견고하게 만든다는 것이다. 《사기》 〈효문본기(孝文本紀)〉에 "고제께서 왕의 자제들을 제후로 봉하시어 그들의 경계가 개의 이빨처럼 서로 엇물려 견제하니, 이것이 이른바 반석처럼 견고한 종국(宗國)이라는 것입니다."라고 하였다.

《종친부유사당상선생안》 서문[106]

宗親府有司堂上先生案序

종법(宗法)은 태평한 상고시대부터 시작되어 《주례(周禮)》에 완비되었고 한(漢)나라에 이르러서는 왕실의 자제들을 대대적으로 봉하여 그 체통이 천자에 버금갔는데 오히려 종정(宗正)의 관직을 설치하여 그들을 감독하는 권한을 주고 유덕(劉德)과 유향(劉向)을 종정으로 삼으니[107] 그 선발이 또한 매우 중요하였다. 후세에도 이를 따랐으니, 이는 종법을 바로 세워 친소를 구별하고 종정을 설치하여 선악을 구분시켜 권면하고 징벌하는 데 뜻을 두어 한결같이 돈목(敦睦)하고 인후(仁厚)한 데에 귀결시키고자 해서였다. 우리 조정에서는 소목(昭穆)으로 신주(神主)의 차례를 두되 대수(代數)가 다 되면 제사를 그만지내고 봉록과 관질을 높이고 낮추니 그 법령의 조문이 매우 분명하다. 종친부를 설치하여 관질이 1, 2품으로 군(君)에 봉해진 사람 3인을

106 종친부유사당상선생안 서문 : 이 글은 저자가 의창군(義昌君) 이광(李珖, 1589~1645)과 구천군(龜川君) 이수(李晬, 1569~1645)가 종친부(宗親府)의 유사당상(有司堂上)을 맡았던 사람들의 성명을 기록한 선생안(先生案)에 대해 쓴 서문이다. 한국문집총간 96집 《백헌선생집(白軒先生集)》 권41 〈구천군시장(龜川君諡狀)〉에 따르면 신미년(1631, 인조9)에 구천군 이수가 의창군 이광과 종친부를 중수할 것을 의논하였고, 공사를 마치자 왕자와 부마와 여러 종친들과 연회를 열고 낙성식을 가졌다고 기록되어 있다. 이로 보건대, 이 서문은 종친부 중수 의논이 있었던 1631년 즈음에 작성된 것으로 보인다.

107 유덕(劉德)과……삼으니 : 전한(前漢) 때 경제(景帝)의 아들인 유덕(劉德)과 손자 유향(劉向)이 모두 종정(宗正)을 역임하였다.

선발하여 유사(有司)라 부르고 임금의 비답으로 제수한다. 이 유사는 여러 속관들을 호령하고 종실 사람들을 예우하는데 종실에게 내리는 봉작과 증직에 대한 은전을 실제로 주관하고 겸하여 종실 사람들을 통솔하는 법을 행한다. 맡은 일은 옛날의 종정과 같지만 종실을 감독하는 권한이 종부시로 이양되었으니 이에 조금 차이가 난다.

일찍이 유사들의 이름을 기록하여 선생안(先生案)을 만들었는데 병란에 없어진 지 수십 년이 되었다. 그러다가 성상(聖上 인조(仁祖))이 즉위하시어 맨 먼저 의창군(義昌君)과 구천군(龜川君)[108]을 기용하여 이 일을 맡겼다. 두 군(君)은 종친부의 옛 터에다가 관청을 창건하고[109] 온갖 기물을 새롭게 마련하였다. 또 이전에 유사를 했던 사람들의 이름을 기록하여 익양군(益陽君)[110] 이하 여러 사람들이 적힌 옛날의 안책(案冊)처럼 한 책을 엮어 종친부에 보관하고서 나에게 글을 요구하여 그 시말을 기록하게 하였다.

아! 종실은 관적에 올라가는 것이 허락되지 않아 평소에는 그 재주와 지혜를 펼치지 못하니 국가의 치란과 성패에 있어 관계하는 바가 없다. 그렇지만 비유하자면 원기(元氣)가 은연중에 반석(盤石)의 중함[111]이 되는 것과 같으니, 《시경》과 《서경》에서 말한 것으로 이를 살

108 의창군(義昌君)과 구천군(龜川君) : 의창군(義昌君) 이광과 구천군(龜川君) 이수를 가리킨다. 이들에 대한 간략한 인물 사적은 321쪽 주99 참조.

109 종친부(宗親府)의……창건하고 : 종친부의 중수 경위와 의의에 대해서는 본서 제7권에 수록된 〈종친부 중수기〉에 자세하다.

110 익양군(益陽君) : 성종(成宗)의 아홉째 아들 이회(李懷, 1488~1552)를 가리킨다. 중종반정의 원종공신이 되어 문소전(文昭殿)·연은전(延恩殿)·종부시(宗簿寺) 등의 제조(提調)와 종친부의 유사당상(有司堂上)을 겸임하였다.

펴볼 수 있다. 친소를 구별하고 선악을 구분하여 한결같이 돈목하고 인후한 데로 귀결되게 하는 것이 옛날에는 종정의 직임이었고 지금은 유사들의 일이다. 두 사람이 이 책을 엮은 것이 어찌 이것을 위해서가 아니겠는가. 《시경》에서 "종자(宗子)가 성(城)의 역할을 잘 해야 그 나라가 편안해 진다."[112] 라고 했으니, 부디 힘쓸지어다.

111 반석(盤石)의 중함 : 자세한 내용은 325쪽 주105 참조.

112 종자(宗子)가……진다 : 《시경》〈판(板)〉에서 "대덕(大德)의 사람은 나라의 울타리이며 많은 무리는 나라의 담이며, 큰 제후국은 나라의 병풍이며 대종(大宗)은 나라의 정간이며, 덕으로 은혜롭게 함은 나라를 편안히 하는 것이며 종자(宗子)는 나라의 성이다.〔价人維藩, 大師維垣, 大邦維屛, 大宗維翰, 懷德維寧, 宗子維城.〕"라고 한 말을 변개하여 표현한 것이다.

《운곡집》 서문

雲谷集序

"물이 끝나는 곳까지 가서, 구름이 일어나는 것을 앉아서 보네.〔行到水窮處, 坐看雲起時.〕"[113]라는 시구는 시이면서 선(禪)이리라. "원숭이는 새끼를 안고서 청산 속으로 돌아가고, 새는 꽃을 머금고 푸른 벼랑 앞으로 떨어지네.〔猿抱子歸靑嶂裏, 鳥含花落碧巖前.〕"[114]라는 시구는 선이면서 시이리라. 깨닫는 것이 선인데 시 역시 깨달음으로부터 들어가는 것이다. 그 도가 비록 다르지만 미묘한 데에 이르는 것은 마찬가지이다. 덕이 높은 개사(開士 고승)는 이것을 장애로 여기지 않고 반드시 시인묵객들과 함께 서로 수창하니 세간에 유전되는 것이 많다.

근세의 운곡(雲谷) 휘공(徽公 충휘(冲徽))은 자못 시명(詩名)이 있었는데, 그의 문집에 실린 지봉(芝峯 이수광(李睟光)) · 동악(東嶽 이안눌(李安訥)) 등이 자신의 명성과 지위를 개의치 않고 즐거이 함께 수창한 시를 보니, 휘공의 시가 반드시 세상에 전해질 것은 의심할 바가 없다. 그러나 그것이 선이면서 시인지, 시이면서 선인지는 아직 모르겠다. 반드시 이것을 분별할 사람이 있을 것이다. 승려 희안(希安)이 그의 시를 모아서 기록하였고, 지문(智文)이 새겨서 전하였으니, 이들은 모두 그의 제자이다.

113 물이……보네 : 당나라 왕유(王維)의 〈종남별업(終南別業)〉 시에 나온다.

114 원숭이는……떨어지네 : 당나라 선사 협산선회(夾山善會)의 〈풍경시(風景詩)〉 시에 나온다.

《청허당집》 서문

清虛堂集序

나는 외람되게도 일찍부터 현귀한 신하의 자리에 있어서 자취가 도성을 벗어나지 않았는데, 승려들이 종종 내가 불가에 관심이 있다는 소문을 듣고 찾아오면 항상 안으로 들여 담소를 나누었다. 그들에게 종사(宗師)로 삼는 사람이 누구냐고 물어보면 번번이 서산(西山)이라고 대답하였다. 서산이 세상을 떠난 지 십년이 되었는데, 그의 가르침을 직접 받지 않는 자들이 모두 그에게 도가 있다고 칭송하였다. 그 도는 이름붙일 수 없다고 힐난하면 역시 번번이 서산은 동방의 대종사(大宗師)라고 대답하니, 나는 내심 이상하게 여겼다.

하루는 그의 제자인 보진(葆眞)과 언기(彦機)가 서산의 유고를 가지고 찾아와 한 마디의 말로 서문을 써줄 것을 요청하였다. 무릇 부처의 도는 적멸(寂滅)을 종주로 삼고 간이(簡易)를 계율로 삼는 법인데, 그 유문을 모아서 서문을 써서 세상에 전하면 그 종적이 크게 드러날 것이니, 이는 서산에게 허물이 되지 않겠는가. 바탕이 있으면 문채가 있게 되고 실질이 있으면 명성이 있기 마련이다. 바탕과 문채, 명성과 실질이 있으면 그 자취는 드러나지 않을 수 없으니 이른바 마음속에 쌓여 밖으로 발양된다는 것[115]이다. 그러니 유문을 모아 서문을 지어 세상에 전하는 것이 어찌 서산에게 허물이 되겠는가. 유고 가운데 〈삼

115 마음속에……것 : 《예기》 〈악기(樂記)〉에 "온화한 성정이 안으로 쌓이면 아름다운 문채가 밖으로 드러난다.〔和順積於中, 英華發於外.〕"라는 말이 나온다.

몽록(三夢錄)〉이 있는데 대개 생(生)과 멸(滅)을 꿈으로 본 것이다. 그 저술한 것은 바로 꿈속의 말이니, 유문을 모아 서문을 지어 세상에 전하는 것 또한 결국 꿈과 환상이 되고 말뿐이다. 내가 꿈속에서 그의 자취를 논하는 것을 좇았으니 어찌 꿈속의 꿈이 아니겠는가. 서산과 같은 자는 태어나기를 기다려 존재하지도 않고 죽음을 따라 사라지지도 않는다. 서산이 지각이 있다면 나의 이 말이 그의 뜻에 맞지 않겠는가. 이에 서문을 쓴다.

《대은당시》 서문

戴恩堂詩序

내가 어렸을 때 머리를 깎고 대부의 옷을 입은 채 문을 들어오는 자를 보았는데, 선군자께서 앞으로 오도록 하고는 그를 제법 흡족히 칭찬하면서 찾아온 연유를 물어보았다. 그는 승려로서 왕사(王事)에 수고하여 환란 중에 임금을 보호하여[116] 임금의 총애를 받는다고 여러 공경들 사이에 명성이 있었다. 그 후로 수십 년이 흘러 나는 가숙(家塾)에서 선친의 문집을 간행하고 있었는데, 문집 가운데 곽 동추(郭同樞)의 대은당(戴恩堂)을 위해 쓴 시가 있었고 아울러 다음과 같은 소인(小引)[117]이 있었다.

"곽진경(郭震卿)은 본디 승려로 법명이 의암(義巖)이다. 임진왜란 때 의병을 일으켜 적군을 토벌하자 조정에서 그 공을 가상히 여겨 벼슬을 제수해 열경(列卿)의 반열까지 올랐는데, 이어 머리를 기르고 장가들어 은율(殷栗)에 살았다. 그가 살고 있는 집에 대은(戴恩)이라 편액을 걸어 그 뜻을 드러내었다."

나는 마음속으로 그를 사모한 지 오래되었다. 어느 날 갑자기 집으로 찾아와 만나기를 청하는 자가 있었는데, 바로 내가 어렸을 때 보았던

116 환란……보호하여 : 임진왜란 때 승병(僧兵)을 일으켜 적을 토멸한 것을 가리킨다.

117 곽 동추(郭同樞)……소인(小引) : 이 시는 신흠(申欽)의 《상촌집(象村集)》 권14에 수록되어 있다.

머리를 깎고 대부의 옷을 입고서 선군자의 문에 들어왔던 자였는데, 머리에는 관을 쓰고 귀밑머리가 세어있었다. 나에게 읍을 하고 시축(詩軸) 하나를 바치니 바로 선친의 문집에 수록된 대은당 시였기에 함께 옛일을 말하며 감격하여 눈물을 흘렸다. 잠시 뒤에 또 선조(宣祖)의 어제시(御製詩) 2편과 여러 경대부의 갱재시(賡載詩) 약간을 꺼내면서 내게 서문을 부탁하며 말했다.

"저희 집의 편액은 실로 선상국께서 명명해 주시고, 시를 지어서 앞에 두셨으니, 그대가 한 마디의 말로 그 일을 서술해주지 않으면 안 됩니다."

나는 마침내 눈물을 그치고 일어나 다음과 같이 말했다.

"내 들으니, 그대가 거처하는 곳은 산봉우리를 뒤로 하고 큰 못을 앞에 두고 있다고 하니 그곳의 사물 가운데 이름을 지을 수 있는 것이 얼마나 많겠습니까. 그런데 대은(戴恩)으로 이름을 지었으니, 그 뜻이 지극히 분명합니다. 사내의 몸으로 태어나 이목이 총명하고 재기가 모두 훌륭하여 장차 나라에 쓸모가 있을 듯하였는데, 부모가 준 몸으로 불가에 귀의하고 부모가 물려준 머리를 깎아서 산림에 은거하였으니, 세상의 법도로 보자면 하늘의 떳떳한 도리를 거스르고 스스로 사람의 도리를 끊어버린 것입니다. 그런데 국가의 큰 혼란을 만나서는 산속의 승려들이 모두 일어나 재주를 발휘하고 기량을 부려서 각기 그 공적을 아뢰었는데 어느 한 지역에 국한되지 않았으니 이는 하늘의 뜻입니다.

인군(人君)은 하늘을 대신하여 일을 행하는 자입니다. 만약 재주와 기량이 있어 당시에 쓰일 만한 자가 있다면 그가 비록 산림에 있더라도 반드시 부모가 준 몸을 회복하고 부모가 물려준 머리를 기르도록 해서 그에게 사람의 도리를 요구하고 하늘의 떳떳한 도리를 펼쳐서 대부의 복식을 입히고 대부의 직함을 수여하는 것이 천도를 본받는 한 가지 일이지, 갑자기 위무(威武)와 법령(法令)을 가하려 하지는 않습니다. 특별히 친서를 내려 깨닫게 하고 참회하게 하니 비와 이슬처럼 은혜를 베풀고 일월처럼 환히 비추어 어떠한 사물도 남김없이 각기 성명(性命)을 바르게 하는 것이 만물을 덮어주는 큰 덕이다. 이에 성씨를 회복하고 이름을 받아 처자식을 기르며 집에서 살고 농사짓고 우물 파서 먹고 살며 사대부의 예우를 받고 마을 사람으로부터 존경을 받았으니, 머리털과 피부, 마시는 것과 먹는 것 하나하나가 모두 선조(宣祖)의 은혜인 것입니다. 이에 집 하나를 지어 다락에 임금의 묵적(墨跡)을 보관하고 옆에는 경대부의 글을 함께 두며 나의 선친이 명명하신 '대은(戴恩)'이라는 편액을 걸고 아침저녁으로 여기에서 임금의 글을 마주하고 물러나서는 읊조리며 경물을 즐겼습니다. 말년이 되어서는 남쪽으로 말을 몰아 조정의 군자들을 두루 방문하여 날마다 보배로운 글을 얻어 돌아오는 보따리가 몹시 풍부해졌는데 나에게 한 마디 말을 구한 것입니다.

아! 나 또한 할 말이 있습니다. 일월의 밝음과 비와 이슬의 은택은 눈먼 자가 사모하고 목마른 자가 생각하는 것이니, 유일한 것이기 때문입니다. 교화를 입은 백성이 누군들 이 은혜를 입지 않았겠는가마는 곤궁에서 구하여 정도(正道)로 돌아가게 한 은혜는 그대가 유일하게 받았으니, 이것이 우리 선군자께서 특별히 그대의 집에 편액을 걸어두게 하여 잊지 말라는 뜻을 담게 한 것입니다. 그대가 이 집에 거처하면서 자손을 교육시켜 영원토록 변치 않게 하고, 마을과 고을 사람들에 대해서는 그들을 교화시키고 권면하여 충의

지사들이 감발하여 일어나 훗날 급박한 일이 생겼을 때 그대가 한 것처럼 왕사를 부지런히 하고 환란 중에 임금을 보호한다면 집에 편액한 뜻이 세교에 관계되어 집을 지은 효험이 한 지역에만 그치지 않을 것입니다."

《봉선품절》 서문

奉先品節序

사당(祠堂)이 완성되자 장자 면(冕)[118]이 내게 후손이 따라 행하도록 제사의 의절(儀節)을 재정(裁定)하기를 청하였다. 옛사람이 제사의 예법은 선조(先祖)를 따른다[119]고 하지 않았던가. 우리 집안에는 본래 선조를 받드는 의례가 있고 한두 가지 미비한 작은 절목들은 대략 변통하는 것이 또한 우리 선군자의 뜻이다. 이에 아들 면에게 다음과 같이 말했다.

"무릇 제사는 정성이 근본이지 희생 등의 제수는 오히려 말엽이며, 공경하는 마음이 바탕이지 절하고 구부리는 등의 예절은 오히려 형식이다. 그러나 품목에 절제가 없으면 번다해지고 의례에 수식이 없으면 거칠어지니, 제사의 의절을 재정하여 후손들에게 물려주려고 하는 것은 그 뜻이 참으로 훌륭하다. 지금 예법을 강론하면서 누군들 주자(朱子)를 법도로 삼지 않겠는가마는 국가의 풍속이 다르고 고금이 다르니, 집안마다 각기 예법이 다를 수밖에 없다. 삼대의 예법도 덜고 보태져서 부득불 변한 것이 있었으니, 참신(參神), 강신(降神), 삼헌(三獻), 철상(徹床) 따위의 예법은 주자를 따른다. 아! 집안과 국가가 어찌 다른 적이 있었겠는가마는 창성한 전장(典

118 면(冕) : 신면(申冕, 1607~1652)으로, 자는 시주(時周), 호는 하관(遐觀)이다.

119 옛……따른다 : 《맹자》 〈등문공 상(滕文公上)〉에 "옛 기록에 이르기를 상례(喪禮)와 제례(祭禮)는 선조를 따르라.〔志曰, 喪祭, 從先祖.〕"는 말이 나온다.

章)도 반드시 쇠퇴한 때는 어그러지기 마련이니, 내가 우리 집안의 예법을 정해 놓았더라도 누군가는 그것을 또 훼손시킬 것이니, 나는 이것이 걱정된다."

《평산신씨성보》 서문[120]

平山申氏姓譜序

우리 신씨(申氏)는 곡성현(谷城縣)에서 나왔는데, 평산부(平山府)에 본적을 받은 것은 고려(高麗) 태사(太師) 장절공(壯節公)[121]으로부터 비롯되었다고 한다. 《고려사(高麗史)》에 장절공은 광해주(光海州) 사람이라고 하였는데, 광해주는 바로 지금의 춘천(春川)이다. 고을의 서쪽 비방동(悲方洞)에 장절공의 묘소가 있다. 장절공이 한미한 시절에 혹 곡성현에서 광해주로 이사한 듯한데 북관(北關)으로 옮겨가서 고려 태조를 보좌하였다. 그러므로 순절했을 적에 광해주에 장사를 지내준 것이다. 역사서에 전하는 것이 이와 같으나 세대가 요원하여 궁구할 수가 없다. 씨족이 평산에 본적을 둔지 팔백 년이 되었는데 명망 있고 덕 있는 이들이 계속 이어져 마침내 우리나라의 큰 성씨가 되었다.

예전에 보첩(譜牒)이 있었으나 병화에 없어졌기에 선군자께서 유배

120 평산신씨성보 서문 : 《평산신씨성보(平山申氏姓譜)》에 대해 1636년(인조14) 저자가 쓴 서문이다. 《평산신씨성보》는 신흠(申欽)과 신익성 부자가 2대에 걸쳐 완성한 평산 신씨의 족보이다. 국사편찬위원회 소장본에는 서문의 말미에 다음과 같은 내용이 추가되어 있다. "황명 숭정 9년 병자 6월, 20세손 광덕대부 동양위 겸 오위도총부 도총관 익성이 삼가 서문을 짓다.〔皇明崇禎九年歲舍丙子六月日, 二十世孫光德大夫東陽尉兼五衛都摠府都摠管翊聖謹序.〕"

121 장절공(壯節公) : 신숭겸(申崇謙, ?~927)으로, 초명은 능산(能山)이고 평산(平山) 신씨(申氏)의 시조이다.

중에 세보(世譜)를 찬정(撰定)하셨다. 근원으로 거슬러 올라가고 지파(支派)를 찾아 내외의 자손들까지 모두 포함하여 손수 초록하여 집에 보관하였으나 여전히 미완성의 책이었다. 내가 상을 치른 후에 남기신 책을 정리하다가 세보를 얻었는데, 책을 들고 눈물을 흘리며 말하길,

"이 책은 선군자께서 후손에게 남기신 것이니, 완성시킬 책임이 실로 내게 있다."

하였다. 그리하여 사방에 흩어져 살고 있는 동성(同姓)들을 두루 찾아보니, 평산(平山)에 있는 동성이 열네 집이었고, 춘천·청주(淸州)·안동(安東)·문경(聞慶)·인동(仁同)·의성(義城)·예안(禮安)·대구(大丘)·영천(榮川)·예천(醴泉) 등에 있는 동성 또한 십여 집이었다.

선군자가 찬정하신 것에다 여러 집안의 보첩을 참고하여 성씨를 얻은 자를 온전하게 수록하여 족보를 만들고는 이름을 성보(姓譜)라고 하였다. 성씨를 얻은 자는 비록 여자라도 모두 기록하였으니, 여기에 연유하여 찾아보면 여자의 자손을 백세 이후라도 찾을 수 있을 것이다. 확실한 사실을 전하는 책이기에 간결함을 추구하고 그 본말을 밝혔으니, 안만 후하고 밖은 박한 것이 아니다. 예천 일파도 또한 본래 근거가 있으니 아울러 뒤에 부기하였다.

아! 옛사람이 세보를 만들어 종족을 거둔 것은 오히려 종법(宗法)의 남겨진 뜻이 남아있어서 인심을 수렴하고 풍속을 두텁게 할 수 있으니, 세도와 관계된 것이 크다. 익성이 선친이 신신당부하신 유지를 받들어 고증하고 편집하느라 여덟 해가 지나서야 비로소 간행하게 되었으니, 감히 선친의 뜻을 실추시키지 않았다고 말할 수 있겠는가. 집안의 어른인 병조 판서 평성공(平城公) 경진(景禛)이 이러한 일이 있다는 것을

듣고서 힘을 내어 비용을 마련하였다. 감히 전말을 써서 후손들이 알게 하고자 한다.

《풍암집》 서문[122]

楓巖集序

백후(伯厚)[123]가 풍암(楓巖)의 시를 학성(鶴城)에서 간행하고는 나에게 한 마디의 서문을 구하였다. 나는 풍암이 어느 시대 사람인지 또 어떠한 사람인지는 모르나 그의 시를 읽고서 그 사람됨을 상상해 보니 반드시 뜻을 품고서 은거한 자의 부류이다.

대저 시는 뜻을 말하는 것이니 그 뜻이 보존된 것을 보면 그 사람됨을 알 수 있기에 옛사람들의 시를 두고서 백이(伯夷)에 비유하기도 하고 시사(詩史)라 부르기도 한다. 시가 수식에만 치우쳐 그 뜻을 알기에 부족하다면 다만 사람 말을 잘하는 앵무새일 뿐이다. 시집 가운데 고체시는 충담(沖澹)하고 아취가 있으며 율시는 청초(淸楚)하고 간결하며, 한빈하고 궁벽한 가운데 쓴 시는 절로 말에 조예(造詣)가 있으며 고요하고 적막한 시에는 생동하는 뜻이 느껴지며, 흥을 풀며 자유롭게 읊은 여러 작품에서도 그 뜻이 보존된 바를 알 수 있다.〈형가(荊軻)〉 한 편[124]으로서 원량(元亮 도연명(陶淵明))의 심사를 논한 것은 참으로

122 풍암집 서문 : 이 글은 저자가 풍암(楓巖) 김종필(金終弼)의 시집에 대해 쓴 서문인데, 한국문집총간속 11집 《풍암집(楓巖集)》 소재 저자의 서문에는 작성 시기가 을해년(1635, 인조13)으로 되어있다. 김종필의 본관은 청풍(淸風), 자는 해중(諧中)・해중(諧仲), 호는 풍담(楓潭)・풍암이다.

123 백후(伯厚) : 김육(金堉, 1580~1658)으로, 자는 백후, 호는 잠곡(潛谷)・회정당(晦靜堂), 시호는 문정(文貞)이다. 참고로 김육은 《풍암집(楓巖集)》의 발문을 지었다.

의심할 바가 없다. 풍암의 시가 백년이 지난 후에 나의 한 마디 말을 얻었으니, 이 어찌 이른바 아침저녁으로 만난 경우[125]가 아니겠는가. 백후가 잔편(殘編)을 부지런히 찾아 목판에 새겨 길이 전하게 했으니, 그 마음은 어질고 깊다고 하겠다. 이에 서문을 쓴다.

124 형가(荊軻) 한 편 : 《풍암집(楓巖集)》에는 수록되어 있지 않다.

125 아침저녁으로……경우 : 시간을 뛰어넘어 서로 감응한 것을 뜻한다. 《장자》〈제물론(齊物論)〉에서, "만세가 지난 뒤라도 한 번 자신의 마음을 알아주는 대성인을 만나게 된다면, 이는 마치 아침저녁 사이에 만나는 것과 같다.〔萬世之後而一遇大聖, 知其解者, 是旦暮遇之也.〕" 하였다.

《의례문해》 서문[126]

疑禮問解序

월당옹(月塘翁)[127]이 《의례문해(疑禮問解)》를 나에게 보여주고는 서문을 요청하였다. 나는 일찍이 이 학문에 종사한 적이 없었지만 그래도 자문하고 질정하는 데에는 뜻을 두었기에 마침내 그것을 가지고 회수(淮水) 가로 돌아와 몇 개월이 지나서야 비로소 모두 읽어보았다. 옹이 평소 열심히 공부하고 오랫동안 탐색하면서 사례(四禮)의 변통에 대해서 의문 나는 것이 있으면 이것을 조목별로 나누어 문목(問目)을 삼은 것이 모두 131개였다.[128] 사계(沙溪) 김선생(金先生)[129]은 옛날 경전과 선유(先儒) 제가들의 설에 의거하여 절목에 따라 풀이하셨

126 의례문해 서문 : 이 글은 저자가 강석기(姜碩期)가 저술한 《의례문해(疑禮問解)》에 쓴 서문이다. 《의례문해》는 한국문집총간 86집 《월당집(月塘集)》 별집에 상하권으로 수록되어 있으며, 저자의 서문 외에도 정홍명(鄭弘溟)의 발문이 함께 수록되어 있다. 《월당집》 소재 저자의 서문에는 작성 시기가 무인년(1638, 인조16)으로 되어 있다.

127 월당옹(月塘翁) : 강석기(姜碩期, 1580~1643)로, 본관은 금천(衿川), 자는 복이(復而), 호는 월당(月塘)·삼당(三塘), 시호는 문정(文貞)이다.

128 이것들을……131개였다 : 《월당집》 소재 저자의 서문에는 "추후에 산삭하여 모두 129개였다.〔追後刪凡百二十九〕"라는 원주(原註)가 부기되어 있다.

129 사계(沙溪) 김선생(金先生) : 김장생(金長生, 1548~1631)으로, 본관은 광산(光山), 자는 희원(希元), 시호는 문원(文元)이다. 예법에 관한 저술로 《상례비요(喪禮備要)》, 《가례집람(家禮輯覽)》, 《전례문답(典禮問答)》, 《의례문해(疑禮問解)》 등이 있다.

는데, 묻고 해석하는 가운데 서로 발명한 것이 있어 요점이 지극히 마땅한 데로 귀결되었다. 내가 매번 한 번 풀이한 것을 읽을 때마다 막혔던 것이 하나씩 열려 책을 모두 읽자 의문점들이 깨끗하게 풀렸다.

무릇 예법을 다스리는 것은 법률을 다스리는 것과 같다. 그러나 법도가 되고 상도가 되는 것은 책에 실려 있어서 편안히 행할 수가 있지만 오직 그 변통하는 것은 복잡하게 얽혀 있으며, 옛 성현의 은미한 말과 심오한 뜻은 여러 서적에 산재되어 있어서 쉽게 선택하고 결정할 수가 없으니, 터럭만큼의 차이가 결국은 천리까지 어긋나게 된다. 예법을 담론하는 자들이 갑자기 이런 문제를 만나면 멍하니 인도해 주는 사람이 없는 눈먼 자처럼 되니, 이 어찌 법을 사용하면서 법 밖의 뜻을 모르는 것과 다르겠는가. 나무의 줄기와 물의 지류처럼 천만 번 나뉘고 쪼개지지만 근원이 있고 하류가 있으니 천리에 근본하고 인정을 참조한다면 절로 거슬러 올라가는 첩경이 있다. 반드시 몸소 행하고 마음으로 구하여 그 상도를 체득하고 그 변통을 상고한다면 마침내 믿을 만한 전고를 전할 수 있다. 공자(孔子)의 70명 제자들이 모두 그 예설(禮說)에 통달하였지만 증자(曾子)의 물음만이 유독 《예기》에 기록되어 있다.[130] 선생은 복식 제도에 대해 궁구하여 늙어서도 게을리 하지 않아 다방면으로 수집하고 고증하며 반복하고 논변하여 무성한 수풀을 쳐내어 평탄한 길을 내어 마치 나그네가 돌아갈 곳을 얻은 것처럼 사람들로 하여금 다니게 하였으니, 그 은혜가 매우 넓지 않은가.

그러나 큰 종의 소리는 잘 치는 자가 아니면 장중하게〔從容〕[131] 그

130 증자(曾子)의……있다 : 《예기》에 〈증자문(曾子問)〉 편이 수록되어 있다.

131 장중하게 : 원문에 "종의 음은 용이다.〔從音舂〕"라는 원주가 달려있다.

소리를 다 낼 수 없다. 옹이 자신이 들은 바를 숭상하여 여기에 기록하여 책으로 만들어 세상의 가르침으로 삼았으니, 그 실제적인 행실과 부지런한 마음을 징험하기에 충분하다. 아마도 증자의 풍도를 듣고서 일어난 자이리라. 편의 말미에 송명보(宋明甫)[132]의 논의를 붙여놓았으니, 선생의 문하에 예법을 좋아하는 선비들이 많음을 알 수 있다. 옛날 장횡거(張横渠)가 예학(禮學)으로 그의 문인들을 가르치자 정자(程子)가 그 일을 칭송하였다. 나는 이 책이 간행되면 선생의 사도(師道)가 더욱 더 후세에 존경받고 현양될 것임을 알겠노라.

132 송명보(宋明甫) : 송준길(1606~1672)로, 본관은 은진(恩津), 자는 명보(明甫), 호는 동춘당(同春堂), 시호는 문정(文正)이다.

《기묘제현전》 서문

己卯諸賢傳序

내가 임인년(1602, 선조35)에 《기묘당적(己卯黨籍)》[133] 한 권을 얻어 보니 기묘년 당화(黨禍)의 전말을 모두 서술하고 있었는데, 정암(靜庵) 선생[134] 이하로부터 법망에 걸린 모든 사람들이 상세하거나 간략하게 입전되어 있었다. 무겁거나 가볍게 화를 당하여 폐출된 명부에 나열된 사람이 수백으로도 헤아릴 수 없었으니, 당시의 선류(善類)들이 일망타진된 것이다. 이 책은 바로 순흥(順興) 안로(安璐)가 편차(編次)하고 외조부인 청강(淸江) 이공(李公)[135]이 참정(參定)한 것이다. 나는 당시 어리고 몽매하였지만 그래도 이해하고 말할 수 있었다.

나의 고조부인 사직서 영군(社稷署令君 신세경(申世卿))께서는 여러 현인들로부터 추중을 받았고, 증조부인 이간공(夷簡公)[136]께서는 어려

133 기묘당적(己卯黨籍) : 김정국(金正國)이 1519년(중종14) 기묘사화(己卯士禍) 때에 화를 당한 조광조(趙光祖)・김정(金淨)・정광필(鄭光弼)・안당(安塘) 등 기묘명현(己卯名賢)의 약전(略傳)을 실은 것이다. 기묘팔현(己卯八賢)의 한 사람인 안당(安瑭)의 손자 안로(安璐)가 《기묘당적》의 미비점을 보완하여 《기묘록보유(己卯錄補遺)》를 편찬하였다. 이 글에서 저자가 보았던 책은 안로의 《기묘록보유》를 가리킨다.

134 정암(靜庵) 선생 : 조광조(趙光祖, 1482~1519)로, 본관은 한양(漢陽), 자는 효직(孝直), 호는 정암(靜菴), 시호는 문정(文正)이다. 기묘명현의 한 사람이다.

135 청강(淸江) 이공(李公) : 이제신(李濟臣, 1536~1583)으로, 본관은 전의(全義), 자는 몽응(夢應), 호는 청강(淸江), 시호는 평간(平簡)이다.

136 이간공(夷簡公) : 신영(申瑛, 1499~1559)으로, 자는 윤보(潤甫), 시호는 이간(夷簡)이다.

서부터 대사성 김 선생[137]의 문하에서 수학하였다. 이간공은 사화가 벌어진 날 성균관 유생 박광우(朴光佑)[138]을 비롯한 여러 사람들과 함께 궐문에서 억울함을 호소하였는데, 공이 단정한 해서체(楷書體)에 뛰어나고 또 글씨를 빨리 썼기 때문에 김로(金魯)[139] 공이 유생으로서 대열에 나아가 붓을 거두어들이고 소장(疏章) 쓰는 것을 공에게 양보하였다. 벼슬길에 오르자 남곤(南袞)과 심정(沈貞)의 잔당들이 공을 기묘년의 무리라고 하면서 탄핵하였으니, 이 일은 황강(黃岡) 김계휘(金繼輝)[140]가 지은 비명(碑銘) 중에 실려 있다. 이 때문에 우리 집안은 대대로 당화(黨禍)의 일에 대해서는 매우 소상히 알고 있다.

일찍이 듣건대, 기묘사화를 당한 여러 현인들은 임금을 요(堯)・순(舜) 같은 성군으로 만들고 백성을 요・순 시대의 백성처럼 만들려는 뜻으로써 내성외왕(內聖外王)의 학문을 강론하지 않은 사람이 없지만, 그 가운데 덕행과 명성이 높은 이가 화를 입은 게 더욱 심하였기에

137 대사성 김 선생 : 김식(金湜, 1482~1520)으로, 본관은 청풍(淸風), 자는 노천(老泉), 호는 사서(沙西)・동천(東泉)・정우당(淨友堂), 시호는 문의(文毅)이다.

138 박광우(朴光佑) : 1495~1545. 본관은 상주(尙州), 자는 국이(國耳), 호는 필재(蓽齋)・잠소당(潛昭堂)・소당(昭當), 시호는 정절(貞節)이다. 기묘사화가 일어나자 정부외랑(政府外廊)에 앉아서 신원소(伸寃疏)를 지은 바 있다.

139 김로(金魯) : 1498~1548. 본관은 안동(安東), 자는 경삼(景參)이다. 기묘사화가 벌어진 1519년(중종14)에 진사에 합격하였다. 글씨를 잘 써서 조정의 전책(典冊)과 경대부(卿大夫)의 비갈(碑碣)을 많이 썼다. 중종(中宗)조와 인종(仁宗)조의 국상(國喪)에 종묘(宗廟)의 신주(神主)와 원릉(園陵)의 묘지명(墓誌銘)을 모두 정서(淨書)하여, 1547년(명종2) 당상(堂上)의 품계에 오르기도 하였다.

140 황강(黃岡) 김계휘(金繼輝) : 1526~1582. 본관은 광산(光山), 자는 중회(重晦), 호는 황강(黃崗)이다. 김장생(金長生)이 그의 아들이다.

이들을 표창하는 일에 선후가 없을 수가 없다. 지금 충청도 관찰사 김백후(金伯厚)[141]가 《기묘팔현전(己卯八賢傳)》[142]을 판각하여 세상에 간행하는 일에 대해 물어왔다. 나는 그 책을 받아 읽어보고는 글로 답하기를,

"참으로 성대한 일이니, 교화를 베풀어 세상을 다스리는 데 급선무의 일을 하는 것입니다. 다만 당시에 덕행과 명성이 높았던 분들이 화를 입은 게 더욱 심하였으니 이들을 표창할 때 선후가 있어야 합니다."

하였다.

백후는 이에 그 책에다 더욱 취사를 가하였으니 실로 안씨(安氏)가 편찬한 《기묘당적》의 배열을 따른 것이다. 또 여러 현인들의 출처와 사적을 기술하였다. 유배를 가거나 파직을 당하거나 과거 응시에 제한을 받은 사람들, 억울함을 호소한 성균관 유생과 일반 백성들을 각각 분류하여 또 전(傳)을 붙였다. 신분의 귀천에 관계없이 능히 사문(斯文)을 위해 나선 자들을 수록하였다. 마침내 한 책을 완성하였으니 핵실하면서도 문채가 나며 간략하면서도 분명하여 아쉬운 점이 없었다.

141 김백후(金伯厚) : 김육(金堉, 1580~1658)으로, 본관은 청풍(淸風), 자는 백후(伯厚), 호는 잠곡(潛谷)·회정당(晦靜堂), 시호는 문정(文貞)이다. 기묘팔현(己卯八賢)의 한 사람인 김식(金湜)의 4대손이다.

142 기묘팔현전(己卯八賢傳) : 김육(金堉)이 기묘사화 때 화를 당했던 현인들에 대해 지은 전이다. 기묘팔현은 조광조(趙光祖), 정광필(鄭光弼), 김식(金湜), 안당(安塘), 기준(奇遵), 이장곤(李長坤), 김정(金淨), 신명인(申命仁) 8명인데, 이들의 가계와 행적을 자세히 서술하였고, 이 외에 당시 연관된 현인 160명에 대해서도 간략히 기술하였다.

우리나라의 성리학은 포은(圃隱) 문충공(文忠公 정몽주(鄭夢周))이 실로 고려 말엽에 처음으로 창도하였고, 그 이후로 밝아졌다가 어두워졌다하기를 반복하여 실낱처럼 면면히 이어졌다. 정암 선생에 이르러 한훤당(寒暄堂 김굉필(金宏弼))의 학통을 계승하여 그 연원을 거슬러 올라가고 학문을 확대시켰다. 중종(中宗)의 세상에 드문 지우를 입고는 밝게 힘쓰고 서로 면려하여 뜻을 같이하는 어진 이들이 한꺼번에 나와서 크게 변하는 교화를 바랄 수 있었는데, 함사역(含沙蜮)이 그림자에 모래를 쏘아[143] 잠복되어 있던 흉악한 기미가 빠르게 드러나 당시의 선류들이 거의 일망타진되었다. 아! 천재일우의 기회에 장차 훌륭한 정사가 펼쳐질 듯하였는데 흉악하고 간사한 무리들이 원한을 풀고 해독을 마음대로 끼쳤으니, 아마도 천운이 고르지 않아 한 번 오르고 한 번 내려가는 것을 그 사이에서 어찌할 수 없는가보다. 그런데 공의(公議)가 정해지는 것이 백 년까지 기다릴 필요 없이 표창하고 주벌하는 법도가 지사(志士)들의 슬픔을 조금은 풀어주었으니, 밝게 빛나는 변함없는 이치를 살펴볼 수 있다. 백후는 나라가 혼란을 겪은 뒤를 만나 백성을 살피고 왕명을 펴는 관찰사의 임무를 맡고는 맨 먼저 이 책을 간행하여 백성을 교화하여 아름다운 풍속을 만드는 바탕으로 삼으니, 급선무의 일을 했다고 이를 만하다.

안로는 정민공(貞愍公)[144]의 손자이고 백후는 대사성의 현손이니 모두 가업을 계승하고 근본을 도탑게 하여 앞뒤로 책을 찬집하는데, 부족

143 함사역(含沙蜮)이……쏘아 : 자세한 내용은 249쪽 주90 참조.

144 정민공(貞愍公) : 안당(安瑭, 1461~1521)으로, 자는 언보(彦寶), 호는 영모당(永慕堂), 시호는 정민(貞愍)이다.

한 내가 그 뒤를 따를 수 있어 일찍부터 외우고 말했던 것으로 이 일을 도울 수 있게 되었으니 그 또한 다행이다.

《동악집》 서문[145]

東岳集序

나는 어려서부터 선배들이 모두들 동악(東岳)을 시의 대가라고 추숭하는 이야기를 익히 들었고, 나의 선친도 일찍이 덕수(德水) 이씨(李氏) 집안에서 용재(容齋 이행(李荇))가 나온 지 백년이 되지 않아 또 동악이 나왔으니 기이하다고 하셨다. 나는 마음속으로 기억하고 있다가 조금 장성해서는 동악공의 저술을 얻어 읽어보고는 항상 그의 문하에서 수학하고 싶었다. 그러나 공은 세상과 원만하게 지내지 못하여 지방을 전전하였고 나 또한 죄를 얻어 유폐되어 찾아가 가르침을 청하지 못한 지가 십여 년이었다. 매번 공의 시를 보게 되면 이내 먹고 자는 것을 잊어버리고 우리 세대에 그를 잃을까 걱정하였다.

병인년(1626, 인조4)에 공은 유배지에서 석방되어 돌아왔는데 나는 말을 타고 달려가 교외의 집으로 공을 찾아갔다. 공은 몹시 기뻐하며 바닥에 자리를 깔고 술을 내오라고 하여 지난 생활을 토로하였고 마침내 나이를 잊은 교유라고 칭하였다. 나는 머뭇거리며 감당하지 못하였는데 이때부터 더욱 공을 잘 알게 되었다. 공이 선비를 아끼는 태도는 천성에서 나왔으니, 마음이 가는 사람에게는 속마음을 보여주며 생사

145 동악집 서문 : 이 글은 저자가 이안눌(1571～1637)의 《동악선생집(東岳先生集》에 쓴 서문이다. 한국문집총간 78집 《동악선생집》 소재 저자의 서문에서는 작성시기가 기묘년(1639)으로 되어있다. 이안눌의 본관은 덕수(德水), 자는 자민(子敏), 시호는 문혜(文惠)이다.

와 이해를 따지지 않았고, 맞지 않는 사람에게는 조금도 얼굴빛과 언사를 누그러뜨리지 않았으니 승낙을 신중하게 하였음을 알 수 있다. 종종 술자리에서 고금을 논할 때는 의기가 강직하였고 때로 그 기발함을 드러내어 기뻐하기도 하고 꾸짖기도 하였는데, 이러한 것들이 시가 아닌 것이 없었다. 그러나 한 글자 한 구절도 온종일 고심하여 지은 것이었으니, 그제야 공이 시도(詩道)에 조예가 깊어 다른 사람이 미칠 수 있는 바가 아님을 알게 되었다.

세상에 우뚝한 행실과 남보다 뛰어난 지조는 세속의 모범이 될 만하고 빼어난 국량과 훌륭한 재주는 다른 사람을 훨씬 능가하였지만, 조금도 세상에 쓰이지 못하고 지방관으로 정사를 시행할 뿐이었다. 부임한 곳에서는 신명(神明)하다고 일컬어졌고 정무를 처리하는 것이 정미하고 주밀하여 도사행(陶士行)[146]의 풍도가 있었으니, 아마도 시도가 관리의 도까지 두루 통달하였기 때문이리라. 만년에 지위가 마침내 예조판서의 자리에 올랐다가 문형에까지 이르러 한창 기대가 높았는데, 공은 결국 병으로 사임하고 물러났다. 충청도 관찰사를 그만둔 이후로[147] 두문불출하며 병을 다스렸고, 정축년(1637, 인조15) 이후로는 더욱 세상에 뜻을 두지 않았다. 하루는 공이 저술한 것을 모두 나에게 꺼내 보여주면서 손을 붙잡고 감격하여 흐느꼈다. 나는 공을 뒤늦게

146 도사행(陶士行) : 진(晉)나라의 도간(陶侃)을 가리킨다. 그는 지방의 수령을 맡으면서도 천하의 일을 근심하며 부지런하게 정사를 행하기로 이름이 높았다. 사행은 그의 자(字)이다. 《晉書 卷66 陶侃列傳》

147 충청도……이후로 : 이안눌은 1633년(인조11)에 사직하고 면천(沔川)으로 돌아왔고, 이듬해 공청감사 겸 도순찰사(公淸監司兼都巡察使)가 되었으나 1635년 4월 파직당하고, 이때부터 벼슬에 뜻을 두지 않았다.

만났으니, 지우를 입지 않았다고 말할 수 없다. 공이 세상을 떠나고 전집이 비로소 간행되었는데 택당공(澤堂公 이식(李植))이 나에게 서문을 요청하였다. 아! 공에 대한 선배들의 논평은 공의 문집이 간행되기 전에 이미 정해졌으니 굳이 서문이 없더라도 절로 세상에 길이 전해질 것이다. 후인들 가운데 누가 감히 서문을 짓는 일을 맡겠는가.

다만 본조에 훌륭한 인물이 성대한 시기로서 성종(成宗)과 선조(宣祖) 두 조정이 가장 성대하였으니, 이때는 곧 우리나라가 성교(聲敎)와 문명(文明)이 밝게 펼쳐진 시기라 걸출한 인물이 많이 배출되었으니 누구인들 깊은 경지를 개척하여 스스로 일가의 말을 드러내려고 하지 않았겠는가. 두 조정의 대가들을 두루 헤아려보면 모두 덕수(德水)로 귀결되니, 이는 그 땅의 신령함이 빼어난 인재를 길러내어 한 시대의 문치를 보필하게 한 것으로 이치상 당연한 것이었다.

천하가 크지만 유독 파촉(巴蜀) 지역이 훌륭한 문인을 많이 배출하였다고 일컬어지니 양웅(揚雄), 왕포(王褒) 이후로 청련(青蓮 이백(李白))이 우뚝 일어났고 삼소(三蘇 소순(蘇洵), 소식(蘇軾), 소철(蘇轍))가 걸출하게 나와 미산(眉山)의 풀이 시들었던 것[148]은 천고의 성대한 일로 전한다. 용재와 동악이 비록 구석진 나라에서 태어났지만 조부와 손자가 미덕을 계승하였고 택당이 뒤에 태어나 또 문단의 맹주가 되었으니 덕수가 미산에 크게 못할 것이 있겠는가. 이것이 바로 우리 선친께서 감탄하신 이유이다.

148 미산(眉山)의……것 : 미산에서 소순, 소식, 소철 삼부자가 나오자 당시 사람들이 "미산에 삼소가 태어나자 초목이 모두 시들었다.〔眉山生三蘇, 草木盡皆枯.〕"라는 노래를 불렀다.《古今合璧事類備要 後集 卷10》

공은 스스로 말하길 부(賦)와 뇌(誄)를 조금 잘 짓게 되자 그것을 그만두고 고풍(古風)을 연마하였으며, 그 첩경을 섭렵하자 또 그것을 그만두었으며, 칠언율시는 잘 짓기 가장 어려운 것인데 여기에 수십 년 힘을 쏟았다고 하였다. 이 때문에 세상의 시를 짓는 자들은 공이 지은 율시의 법도에 대해서는 더욱 이론이 없으니, 《주역》에서 이른바 풍성하게 소유하고 날로 새로워진다는 것[149]에 가까울 것이다.

공의 휘는 안눌(安訥)이고 자는 자민(子敏)이니, 용재 상국 행(荇)의 증손이다. 택당의 이름은 식(植)으로 대제학을 지냈으니 또한 용재의 현손이며 실제로 공의 시를 정리하여 세상에 전한 사람이다.

149 풍성하게……것 : 자세한 내용은 243쪽 주80 참조.

《유천선생집》 서문[150]

柳川先生集序

임천(林川)의 수령 한회일(韓會一)[151]이 근래에 나를 찾아와 눈물을 흘리며 다음과 같이 말했다.

"우리 선친께서 평생 저술한 것이 매우 많았는데 불행하게도 병화에 잃어버려 지금 수습하여 엮어낸 것은 천에 열, 백에 하나 밖에 되지 않으니 책을 만들기 어렵다고 할 수는 없지만 그래도 목판에 새겨 간행하고자 하니, 그대의 한 마디 말을 얻어 서문으로 삼는다면 거의 자신에게 죄를 주거나 자신을 알아주는 일[152]에 가깝게 될 것입니다."

그 말이 공손하고 그 뜻이 매우 슬펐는데 여러 차례 계속해서 편지를 보내어 더욱 간절히 요청하기에 나는 사양할 수가 없었다. 이에 나는 탄식하며 일어나 다음과 같이 말한다.

150 유천선생집 서문 : 이 글은 저자가 한준겸(韓浚謙, 1557~1627)의 문집에 서문을 쓴 것이다. 한준겸의 본관은 청주(淸州), 자는 익지(益之), 호는 유천(柳川), 봉호는 서원부원군(西原府院君), 시호는 문익(文翼)이다.

151 한회일(韓會一) : 1580~1642. 본관은 청주(淸州), 자는 형보(亨甫), 호는 협소(愜素)이다.

152 자신을……일 : 문집을 간행하는 일이 자신의 죄가 될 수 있기도 하고 또 자신을 알아주는 일이 될 수도 있다는 의미이다. 이 말은 공자(孔子)가 《춘추(春秋)》를 지은 것을 두고 공자가 한 말인데, 《맹자》 〈등문공 하(滕文公下)〉에 다음과 같이 언급되었다. "공자께서 이를 두려워하여 《춘추》를 지으시니, 《춘추》는 천자가 하는 일이다. 이 때문에 공자께서 말씀하시기를 '나를 알아주는 것도 오직 《춘추》이며 나를 죄주는 것도 오직 《춘추》이다.' 하셨다."

"무릇 세상에 문장으로 세상을 울린 사람이 얼마나 많겠는가마는 오랫동안 전해져 세상에 영원히 남겨지는 것은 시문의 많고 적음에 달려있지 않다. 더군다나 훌륭한 덕을 지닌 사람의 말[153]이라면 어떻겠는가. 부족한 내가 집안 덕택에 높은 덕을 지닌 선배들을 알게 되어 어려서부터 백사(白沙) 이상국(李相國 이항복(李恒福))의 문하에서 수학하게 되었는데, 상국은 항상 선생의 자(字)를 부르며 아무개는 한 시대의 걸출한 인물이라고 하셨다. 그러다가 덕이 높은 선배들의 논의를 듣게 되었는데 역시 그렇게 말하지 않는 경우가 없었다. 나는 이미 마음속으로 기억해 두었지만 어리고 몽매하여 이른바 걸출한 인물이라는 사람이 어떠한 사람인지를 알지 못하였다. 평소 《진서(晉書)》를 보면서 사안(謝安)과 환충(桓冲)을 강좌(江左)의 걸출한 인물이라 여겼으니 항상 시험 삼아 이 두 사람의 자취를 가지고서 찾아보았다. 다행히 만년에 지우를 입고 집안끼리의 교유를 허락해주어 십 수 년 사이에 받은 가르침이 적지 않았다. 거대한 국량과 깊은 지식은 논할 것도 없고 본디 남들이 미칠 수 없는 점이 있었으니, 궁달(窮達)과 화복(禍福)이 갈라지는 때에 처해서도 우뚝하게 동요되지 않았다. 평소에 멀리서 바라보면 산처럼 우뚝하고 못처럼 깊어서 그 끝을 헤아릴 수 없지만, 가까이 다가가면 온화한 기운이 가득하여 만물과 더불어 봄을 맞이한 것 같았다. 나는 그제야 걸출한 인물이 과연 이와 같음을 알게 되었다.

그런데 선생의 덕으로 안석(安石 사안(謝安))과 공원(公元)[154]의 공

153 훌륭한……말 : 《논어》 〈헌문(憲問)〉에, "훌륭한 덕이 있는 자는 반드시 훌륭한 말을 한다."라는 말이 나온다.

적을 상고해보면 당시에 다만 그 풍류와 지업(志業), 융숭한 명망만을 거론하였을 뿐인데, 선생의 넓은 학문과 올바른 예법은 세상의 모범이 되고 풍속을 도탑게 할 수 있으니 진(晉)나라 사람이 견줄 수 있는 바가 아니다. 선생은 조정에 대신으로 있으면서 나라를 개도하고 구제할 책무를 맡았으니, 그 분이 베푼 은택을 쉽게 개괄할 수 있을 것이다. 아! 선생은 진실로 한 시대의 걸출한 인물이다.

문장은 선생에게 있어서 본디 중요하지 않은 일이다. 그러나 젊은 나이에 과거 시험장에 올라 한 번에 문인들을 압도하여 선생의 시대에 내로라하는 자들이 모두 옷깃을 여미고 선도하는 자리를 양보하였으니, 하늘이 선생에게 준 덕과 재주는 온전하다고 할 만하다. 그 시와 문장은 근원이 있는 물이 터져서 넘실넘실 대는 것 같고 햇빛을 잘 받은 초목이 화려하게 꽃을 피우는 것과 같아서 번거롭게 머리를 짜내지 않아도 찬란하게 문장을 이루었으니 참으로 훌륭한 덕을 지닌 자의 말이다. 판각하게 된 유문(遺文)이 비록 수습한 데서 나온 것이지만 곤륜산(崑崙山)의 벽옥과 수후(隋侯)의 구슬[155]은 적으면 적을수록 더욱 진귀하여 오랫동안 전해지고 영원히 남겨지는 법이니, 훗날 이 문집을 읽는 자들은 내 말이 아첨이 아니라는 것을 반드시 알게 될 것이다."

154 공원(公元) : 사안(謝安)의 자(字)가 안석(安石)이므로 문맥상 공원(公元)은 환충(桓沖)을 가리키는 듯하나 실제 환충의 자는 유자(幼子)이다.

155 수후(隋侯)의 구슬 : 매우 값진 보물을 가리킨다. 수후는 주(周)나라 때의 제후로 외출 중에 큰 뱀이 다쳐서 괴로워하는 것을 보고 치료해 주었는데, 나중에 그 뱀이 밤에도 달처럼 환히 비치는 구슬을 바쳐 보은했다고 한다. 《搜神記》

《선원선생유고》 서문[156]

仙源先生遺稿序

근래 공경의 집안에서 선조의 덕을 편차하면서 혹은 묘지명을, 혹은 서문을 종종 나에게 부탁하는데, 내가 적임자가 아니라 두렵고 또 남의 말을 잘 이해하는 자가 아니기에 머뭇거리며 감당하지 못하였다. 그런데 여러 공들은 모두 선조(先朝 선조(宣朝))의 노성한 현인들로, 나의 선친과 종유한 분들이니, 번번이 세교(世交)를 핑계로 나에게 부탁하면 의리상 거절할 수가 없었다. 매번 붓을 잡을 때면 은연 중 두려운 마음이 일어났으니 나라를 위해 애쓰다 돌아가신 분을 애통해하는 마음은 나의 개인적인 감정이 아니다.

상주(尙州)의 사군(使君) 김광환(金光煥)과 그의 아우 광현(光炫)이 천 리 너머에서 종복을 시켜 선원(仙源) 선생의 유고를 보내왔는데 한 마디 말을 구하여 유고의 서문으로 삼고자 해서이다. 나는 진실로 보잘 것 없는 사람이다. 이미 두 사람의 요구에 못 이겨 천박한 글재주를 다해 선생의 행실을 서술하였는데,[157] 또 어찌 감히 선생의 글을 평가할 수 있겠는가. 사양하였으나 허락을 받지 못해 마침내 그 전적을

156 선원선생유고 서문 : 이 글은 저자가 선원(仙源) 김상용(金尙容, 1561～1637)의 문집에 쓴 서문이다. 김상용의 본관은 안동(安東), 자는 경택(景擇), 호는 선원・풍계(楓溪)・계옹(溪翁), 시호는 문충(文忠)이다. 한국문집총간 65집 《선원유고(仙源遺稿)》 소재 저자의 서문에는 작성시기가 1640년(인조18)으로 되어있다.

157 선생의……서술하였는데 : 저자는 김상용의 시장(諡狀)을 지었다. 본서 제14권에 〈우의정 김공 시장〉이라는 제목으로 수록되어 있다.

꺼내어 삼가 읽어보니 나도 모르게 눈물이 주르륵 흘러내렸다.

나의 선친과 선생은 어려서부터 교분을 나누며 오십 년 동안 출처와 부침을 시종 함께 하였다. 임진년의 난리 때도 환난을 함께 하였고 재차 부름을 받고 함께 막부에 들어갔다. 광해군 때에는 방축되어 함께 산골에 거처하였는데, 그 사이에 회포를 풀고 울울한 마음을 펼쳐서 한결같이 시도(詩道)로써 드러내어 수창하며 주고받았는데 멀거나 가깝거나 차이가 없었다. 일찍이 선친께서 선생의 시찰(詩札)을 얻으면 보배로 여겨 모두 상자에 보관해 두는 것을 보았다. 기억하건대, 금릉(金陵)에 있을 때 〈행로난(行路難)〉[158] 시 한 편을 벽에다 붙여두고는 말씀하시길,

"이것은 지금 사람의 말이 아니니, 집안의 문집에 엮어 넣어 전하게 해라."

하셨으니, 이 또한 선친의 뜻이다.

아! 세상 사람들이 선생의 덕을 일컬을 수 있어도 선생의 글을 일컫지 못하는 것은 세상 사람들이 못해서가 아니라 선생이 이것으로 인해 일컬어지고자 하지 않아서이다. 그러나 나의 선친께서 선생의 시가 지금 사람의 말이 아니라고 하였으니, 세상에 지음(知音)이 없다고는 말할 수 없다. 종자기(鍾子期)는 백아(伯牙) 한 사람만을 얻었으니, 지음이 많을 필요가 있겠는가.

선생의 유고는 중간에 변고를 겪어 산일된 것이 제법 많고 남아있는 글은 매우 적지만 또한 그 요체를 보기에 충분하다. 스스로 지은 묘지

158 행로난(行路難) : 《선원유고(仙源遺稿)》 하권에 〈행로난기증상촌(行路難寄贈象村)〉이라는 제목으로 수록되어 있다.

명[159]은 간결하고 법도가 있으며, 전후로 올린 봉사(封事)는 임금을 바로잡는 데 뜻을 두었으니 실로 세도(世道)와 관계가 있다. 고체시와 근체시는 맑고 윤택하여 법도에 부합하고 말은 이치에 맞았으니, 올바른 성정에서 나와 온유돈후(溫柔敦厚)에 귀결된 것이리라. 이 문집이 세상에 간행된다면 선생의 글을 일컫지 못했던 세상 사람들이 비로소 선생이 그로써 일컬어지지 않으려고 했던 것을 이유를 알게 될 것이다. 선생이 조정에서 벼슬살이할 때의 본말과 의리를 지켜 죽은 위대한 절개[160]는 역사서에 기록되어 천하에 밝게 드러나 있으니, 여기서는 감히 췌언하지 않겠다.

159 스스로……묘지명 : 《선원유고(仙源遺稿)》 하권에 〈유명조선국대광보국숭록대부의정부우의정겸령경연사감춘추관사선원거사자술묘명(有明朝鮮國大匡輔國崇祿大夫議政府右議政兼領經筵事監春秋館事仙源居士自述墓銘)〉이라는 제목으로 수록되어 있다.

160 의리를……절개 : 김상용은 병자호란 때 묘사주(廟社主)를 받들고 빈궁(嬪宮)과 원손(元孫)을 수행하여 강화도에 피난하였다가 성이 함락되자 성의 남문루(南門樓)에 있던 화약에 불을 지르고 순절하였다.

《오봉별집》 서문[161]

五峯別集序

《오봉집(五峯集)》은 세상에 간행되어 있는데 그의 후사인 연천공(延川公 이경엄(李景嚴))이 남은 작품을 모아 별집(別集) 몇 권을 엮고는 나에게 서문을 부탁하니, 장차 함께 전하려는 것이다. 옛날 구양공(歐陽公 구양수(歐陽脩))의 《육일거사집(六一居士集)》은 이미 산정(刪定)을 마쳤으나 이후 발(發)과 비(棐)[162] 등이 다시 편집을 가했는데, 지금 세상에 전하는 《구양공집(歐陽公集)》이 바로 이것이니, 연천이 부친의 별집을 추가로 엮은 것은 그 전례가 없는 것은 아니다.

무릇 문장가에는 대가(大家)가 있고 소가(小家)가 있다. 소가는 정밀함에 힘써 글자를 단련하고 어구를 저울질하여 어떠한 하자도 없게 하려고 하지만, 대가는 이와는 달리 하자가 있더라도 그 광채를 덮지 못한다. 거대한 산과 강에 썩은 땅과 더러운 물이 없을 수는 없지만 멀리서 바라보면 산은 우뚝 솟아 있고 물은 도도히 흐를 뿐이니, 이는 거대한 산과 강이 모든 것을 다 포괄하고 있기 때문이다.

161 오봉별집 서문 : 이 글은 저자가 오봉(五峯) 이호민(李好閔, 1553~1634)의 《오봉별집(五峯別集)》에 쓴 서문이다. 원집인 《오봉선생집(五峯先生集)》은 이경엄이 유고를 정리하여 1636년(인조14)에 간행하였는데, 이후 원집 이외의 남은 유고를 다시 정리하여 《오봉별집》으로 엮었다. 원집 《오봉집》에는 이민구(李敏求, 1589~1670)의 서문과 이식(李植, 1584~1647)의 발문이 실려 있다.

162 발(發)과 비(棐) : 구양수의 첫째아들과 둘째아들인 구양발(歐陽發)과 구양비(歐陽棐)를 가리킨다.

선생이 선조(宣祖)로부터 세상에 드문 지우를 입어 문단을 주도할 때는 사람들이 그를 적선(謫仙 이백(李白))으로 여겼고, 험난한 곳에 임금을 호종하며 임금 대신 제교(制敎)를 작성할 때는 사람들이 그를 내상(內相)[163]으로 여겼다. 그러다가 공업을 이루고 명성을 세운 뒤 벼슬을 그만두고 여유롭게 노닐 때는 그 풍류와 고상한 운치가 소광(疏廣)[164]과 백거이(白居易)에 비견되었다. 나는 만년에야 공을 알게 되는 행운을 얻었는데 그때는 이미 공의 나이가 팔순이었는데도 용모와 말씀 모두 강건하여 쇠하지 않았다. 일찍이 그의 고상한 풍모에 탄복하여 선생의 장년 시절 모습을 보지 못한 것을 안타까워했었다.

그러다가 전집을 읽어 보니, 선생의 내면에 간직된 바가 왕유(王猷)를 보좌하고 문덕(文德)을 보익하는 것은 물론이고, 그 글 짓는 법도가 옛날의 훌륭한 작자와 어긋나지 않음을 더욱 알게 되었다. 스스로 창작력을 잘 운용하고 기발한 표현을 종횡으로 펼쳐 한 마디의 말이라도 정신을 쏟아 부었는데, 그 부합되는 것들은 마치 산악이 우뚝 치솟아 있고 황하가 터진 곳에 사람이 함부로 노닐 수 없는 것과 같으니 그 장대함을 알 만하다. 그러하니 별집의 편찬을 어찌 그만둘 수 있겠는가? 나는 내심 연천이 선대의 유업(遺業)을 잘 계승하여 그것이 구양수 집안 못지않은 것에 감탄한다.

163 내상(內相) : 육지(陸贄, 754~805)를 가리킨다. 《신당서(舊唐書)》 권157 〈육지열전(陸贄列傳)〉에, "험난한 상황에 있을 때 재상들이 있었지만 계획하고 결정하는 것이 대부분 육지(陸贄)에게서 나왔는데, 이 때문에 당시에 그를 가리켜 내상(內相)이라고 하였다.〔及出居艱阻之中，雖有宰臣，而謀猷參決，多出於贄，故當時目爲內相.〕" 하였다.

164 소광(疏廣) : 자세한 내용은 239쪽 주73 참조.

연천의 이름은 경엄(景嚴)이고 자는 자릉(子陵)이다. 유과(儒科 진사과)에 급제하여 아경(亞卿)의 반열에 올랐고 선대를 이어 군(君)에 봉해져 가문의 전통을 잘 이었다.

《경세서보편》 서문[165]

經世書補編序

일월성신(日月星辰)은 모두 천문(天文)이고 산천초목(山川草木)은 모두 지문(地文)이며 이적금수(夷狄禽獸)는 모두 인문(人文)이다. 성인이 그 사이에서 일어나 그 법도를 헤아려 바르게 하고 그 경계를 분별하여 구분시키고 그 품등을 제재하여 차례대로 펼쳐놓았으며, 음양(陰陽)을 관찰하여 사시(四時)를 정하고 강유(剛柔)를 고찰하여 사행(四行 인의예지(仁義禮智))에 분배하고 우지(愚智)를 살펴서 사민(四民 사농공상(士農工商))를 구분하였다. 이에 예악(禮樂)과 형정(刑政)을 두어 백성을 인도하고 가지런하게 하니, 천인(天人)의 이치가 빈틈없이 합치되고 헤아려 성취하는〔財成〕 자취[166]가 밝게 드러났다. 그러한 사람은 요(堯)임금·순(舜)임금·우(禹)임금·탕(湯)임금·문왕(文王)·무왕(武王)·주공(周公)·환공(桓公)·문공(文公)이며, 그러한 시대는 삼황(三皇)과 오제(五帝) 및 왕도(王道)와 패도(霸道)의

165 경세서보편 서문 : 이 글은 저자가 《황극경세서동사보편(皇極經世書東史補編)》을 완성하고서 지은 서문이다. 《인조실록》 22년(1644) 7월 28일 기사에 이와 관련된 내용이 보인다. "동양위 신익성이 병이 위중해지자 차자를 올리고, 인하여 자신이 찬한 《황극경세서동사보편》 9권을 바치니, 상이 답하기를, '경이 바친 새 책은 실로 내가 거울삼아 경계해야 할 좋은 선례(先例)들이니, 의당 유신(儒臣)으로 하여금 교정해서 간행하도록 하겠다.'라 하였다.

166 헤아려……자취 : 《주역》 〈태괘(泰卦) 상(象)〉에 나오는 말로, "천지가 교합하는 것이 태(泰)이니, 임금이 이것을 인하여 천지의 도를 헤아려 성취하고, 천지의 적합한 공효를 도와서 백성들을 다스린다." 하였다.

시기이며, 그러한 사업은 도덕(道德)과 공력(功力)이며, 그러한 글은 《역(易)》·《시(詩)》·《서(書)》·《춘추(春秋)》이다.

공부자(孔夫子)가 요 임금·순 임금·우 임금·탕 임금·문왕·무왕·주공의 뒤에 태어나 제왕의 지위를 얻지 못하였기에 그 글에 근원하여 그 사업을 찬술하며 그 사람을 기록하여 그 시대를 논하여 인도(人道)의 표준을 세웠다. 그 후로 성인이 일어나지 않아 예악이 차츰 쇠미해져 여러 패자(覇者)가 흥기하고 난적들이 붙어나 이적의 화란을 초래하여 금수의 영역으로 모두 빠져버렸다. 송(宋)나라에 이르러 염계(濂溪 주돈이(周敦頤))와 낙양(洛陽 정호(程顥)와 정이(程頤)) 등 현인들이 나와 요 임금·순 임금·우 임금·탕 임금·문왕·무왕·주공·공자(孔子)의 도를 강론하였는데 이들 또한 지위를 얻지 못하여 혹은 남을 가르쳐 도를 밝히기도 하고 혹은 책을 저술하여 가르침을 후세에 전하기도 하였다. 요부(堯夫 소옹(邵雍)) 선생의 책[167]에서 운(運)으로써 세(世)를 헤아린 것은 소장(消長)의 이치를 드러내어 이치에 따라 일을 증명한 것이니 이는 《역》과 《서》의 뜻이고, 회(會)로써 운(運)을 헤아린 것은 존비(尊卑)의 분수를 엄격히 구분하여 분수에 따라 법을 보인 것이니 이는 《시》와 《춘추》의 뜻이다.[168] 이로써 세상을

167 요부(堯夫)……책 : 《황극경세서(皇極經世書)》를 가리킨다. 이 책은 소옹(邵雍)이 역리(易理)를 응용하여 수리(數理)로 역대 제왕(帝王)의 운세(運世)와 천지 만물의 생성 원리를 밝힌 책이다.

168 운(運)으로써……뜻이다 : 원(元), 회(會), 운(運), 세(世) 등은 소옹의 상수학(象數學)에 말하는 시간 개념이다. 30년을 1세(世), 12세를 1운(運), 30운을 1회(會), 12회를 1원(元)이라고 하였다. 한편, 하늘의 수(數)를 살펴 원(元)으로써 회(會)를 헤아리고, 땅의 수를 살펴 회(會)로써 운(運)을 헤아리고, 인간의 수를 살펴 운(運)으

교화시킬 수 있고 세상을 보존할 수 있으며 세상을 염려할 수 있고 세상에 법도를 세울 만하니, 참으로 위대한 책이라 하겠다. 사경(四經)을 참고하고 16대(代) 역사서[169]에서 선별하여 엮어내어 일가서(一家書)를 이루었으니, 일월성신의 법도가 다시 바루어 지고 산천초목의 경계가 다시 구분되며 이적금수의 품등이 다시 차례대로 펼쳐지게 되었다. 천지의 시종(始終)과 인사의 득실(得失)을 마치 손바닥을 가리키듯 하였는데 그 책이 북쪽으로 거란(契丹)을 정벌하러 간 데서 그쳤으니,[170] 이는 바로 공부자가 《서경》을 산삭하면서 〈진서(秦誓)〉를 달아놓은 뜻[171]이다.

선친은 〈선천도(先天圖)〉[172]에서 학문을 체득하고 상수학(象數學)

로써 세(世)를 헤아린다고 하였다. 실제 소옹의 《황극경세서》는 총 62편의 〈관물편(觀物篇)〉과 상하편의 〈관물외편(觀物外篇)〉로 구성되어 있는데, 그중에서 〈관물편〉1편에서 12편까지가 "이원경회(以元經會)"이고 13편에서 24편까지가 "이회경운(以會經運)"이고 25편에서 34편까지가 "이운경세(以運經世)"의 내용이다.

169 16대(代) 역사서 : 《삼국지(三國志)》·《진서(晉書)》·송서(宋書)》·《남제서(南齊書)》·《양서(梁書)》·《진서(陳書)》·《위서(魏書)》·《북제서(北齊書)》·《주서(周書)》·《수서(隋書)》·《남사(南史)》·《북사(北史)》·《신당서(新唐書)》·《신오대사(新五代史)》 등의 14종과 《사기(史記)》·《한서(漢書)》(《후한서(後漢書)》 포함)를 합한 것을 가리키는 듯하다.

170 북쪽으로……그쳤으니 : 《황극경세서》의 〈관물편〉 34편, 즉 "이운경세(以運經世)"의 마지막이 "기미년(959)에 후주(後周)가 거란을 정벌하다." 내용으로 끝을 맺고 있다.

171 공부자가……뜻 : 〈진서〉는 《서경》의 끝에 나오는 편명이다. 〈진서〉가 비록 제왕의 일이 아닌 제후국의 일이지만 취할 만한 것이 있기 때문에 공자가 《서경》을 산삭하면서 편입시켜 놓았다는 설이 있다.

172 선천도(先天圖) : 《주역》의 원리를 그림으로 해설한 것으로 복희씨(伏羲氏)의

을 추리하고 연역하여 《선천규관(先天窺管)》을 지었는데 세상에 통행되고 있다. 일찍이 말씀하시기를,

"우리나라의 단군(檀君)은 요 임금과 같은 시대를 살았는데 기자(箕子)가 처음 주(周)나라에서 우리나라에 봉해졌으며, 삼한(三韓) 이후로는 치란과 흥폐가 대략 중국과 서로 표리를 이루었다. 본조에 이르러서는 의관과 문물이 중국의 수준에 이를 만하니, 우리나라의 역사를 《황극경세서(皇極經世書)》에 편입시킨다면 또한 성대한 일이 될 것이다."

하였다. 어리석은 나는 불민하여 비록 선인의 업적을 계승할 수는 없지만 또한 감히 선인의 뜻을 실추시킬 수는 없었다.

삼가 소씨(邵氏)의 책을 살펴보니, 월(月)의 사(巳)·성(星)의 계(癸)·신(辰)의 자(子)에 해당하는 시기로부터 시작하여 월의 오(午)·성의 임(壬)·신의 유(酉)에 해당하는 시기까지 실려 있었다.[173] 나의 고루함을 생각하지 않고 함부로 그 법도로써 끌어오고 부연하여 운(運)과 세(世)를 엮어내었다. 건륭(建隆 송나라 태조 연호) 경신년

〈선천도〉와 문왕(文王)의 〈후천도(後天圖)〉가 있었는데, 소옹은 복희씨의 〈선천도〉를 바탕으로 선천상수학(先天象數學)을 발전시켰다.

173 월(月)의……있었다 : 《황극경세서》의 〈관물편〉 25편, 즉 "이운경세(以運經世)"의 시작 시기가 "원(元)의 갑(甲)·회(會)의 사(巳)·운(運)의 계(癸)·세(世)의 자(子)"에 해당하는데, 여기서 말하는 원(元)·회(會)·운(運)·세(世)가 각각 일(日)·월(月)·성(星)·신(辰)에 해당되는 용어이다. 이 시기에 속하는 갑진년(B.C. 2333)에 요 임금이 처음으로 제위에 오른 사적이 기록되어 있다. 한편, 《황극경세서》의 〈관물편〉 34편, 즉 "이운경세"의 마지막 시기가 "원(元)의 갑(甲)·회(會)의 오(午)·운(運)의 임(壬)·세(世)의 유(酉)"에 해당한다. 참고로 이 마지막 시기는 갑오년(934)부터 기미년(959)의 사적을 수록하고 있다.

(960)으로부터 홍무(洪武 명나라 태조 연호) 무신년(1368)에 이르기까지 이때는 성의 계(癸)·신의 해(亥)에 해당하는 시기이고, 그 이듬해는 성의 갑(甲)·신의 자(子)에 해당하는 시기이니, 천도가 변혁하여 인문이 다시 밝아지는 때이다. 원(元)나라의 비린내를 씻어버리고 중국의 성교(聲敎)와 문명(文明)을 받아 성스러운 태조(太祖)가 천명을 받은 것은 또 임신년(1392, 태조1)이었으니, 마침 대운(大運)의 비색함이 극에 달하여 태평한 운수가 돌아올 때였다. 《송사(宋史)》와 《원사(元史)》를 참고하되 대체인 강(綱)은 두고 구체적인 목(目)은 빼버렸으니, 소씨의 전례를 모방하여 이를 계승하여 쓴 것이다.

우리나라 역사는 단군의 무진년(B.C. 2333)으로부터 고려(高麗) 공양왕(恭讓王)의 신미년(1391)까지 기록하였는데, 아득한 옛날에는 소략하고 근대에는 상세하게 하였다. 본조에 들어와서는 단지 《고사촬요(攷事撮要)》의 〈기년(紀年)〉에 의거하여 큰일만을 기록하되 보태거나 삭제하지 않았으니, 이는 야사(野史)라 꺼려서이다. 상하 수천 년 사이를 6, 7년 동안 탐구하고 고증한 이후에야 조금 엮어낼 수 있었다. 또 병자호란을 만나 강도(江都)에서 불에 타고 남은 것을 수습하여 회수(淮水) 가로 가지고 돌아와서, 질병이나 다른 일이 없으면 항상 손수 편집하였다. 모두 십년에 걸쳐 원고를 세 번 고치고서야 비로소 책을 완성하였으니, 그 힘을 들인 것이 부지런하지 않다고는 할 수 없지만 그릇되었다는 책망과 참람하다는 꾸지람을 피할 수 없음을 잘 알고 있다.

혹자가 묻기를,

"원(元)·회(會)·운(運)·세(世) 등의 수(數)는 어디에 근원하여 생겨난 것인가?"

라고 하니, 대답하기를,

“시(時)・일(日)・월(月)・세(歲)를 가지고 각각 곱절을 더하는 방식으로 끝까지 추산한 것이니 이것으로써 천지를 포괄하면 일월성신, 산천초목, 이적금수 등이 그 수(數)를 벗어날 수가 없다.”

하였다. 또 묻기를,

“어찌하여 역사를 달아놓은 것인가?”

라고 하니, 대답하기를,

“하늘에서 운행하는 일월성신과 땅에 펼쳐져 있는 산천초목은 인사(人事)가 아닌 것이 없으며, 삼황과 오제 및 왕도와 패도의 시기와 도덕과 공력의 사업은 천도(天道)가 아닌 것이 없으니, 역사를 달아놓으면 천인의 이치가 빈틈없이 합치하는 것과 헤아려 성취하는 자취가 밝게 드러나는 것을 살펴볼 수 있다.”

하였다. 또 묻기를,

“그렇다면 소씨는 무엇을 배웠는가?”

라고 하니, 대답하기를,

“소씨가 무엇인들 배우지 않았겠냐마는 요체는 역(易)에 귀결된다. 그의 역(易)은 세상에서 일컫는 《주역(周易)》이 아니라 바로 소씨의 역(易)이다.”

하였다. 세상 사람들은 괘도(卦圖)에 대해 복희씨(伏羲氏)가 그린 것이라 하고 계사(繫辭)와 효사(爻辭)에 대해 문왕과 주공의 글이라 하고 단사(彖辭)와 상사(象辭)에 대해 공부자의 말이라고 하면서 궁구할 수 없는 것처럼 신묘하고 기이하게 여긴다. 비록 도(圖)가 없고 글이 없더라도 그 이치가 이미 갖추어져 있어서, 일에 나아가서는 이치를 살피고 이치에 나아가서는 수(數)를 일으킨 것이니 별도의 학술

이 있는 것이 아니다. 정자(程子)가 말하기를,

"요부(堯夫)의 세차법(歲差法)은 고금에 으뜸이다."[174]

하였고, 또 말하기를,

"안으로는 성인의 도를 갖추고 밖으로는 왕도정치를 펴는 학문이다."[175]

하였다. 나는 이 책을 완성하고서 개연히 탄식하며 다음과 같이 말한다.

"예악을 제작한 것은 성인의 지극한 공업이지만, 그 법도에 의거하여 익히면 축사(祝史 신관(神官)이나 제관(祭官))와 영인(伶人 악인(樂人))도 모두 통달할 수 있다. 어리석은 내가 붓을 잡고서 소씨와 같은 일을 감히 한 것이 참람되지 않을 수 있겠는가? 또한 참람되지 않을 것이리라."

174 요부의……으뜸이다 : 《이정유서(二程遺書)》 〈입관어록(入關語錄)〉 가운데 나온다. 세차(歲差)는 춘분(春分)과 추분(秋分)이 되는 때가 해마다 조금씩 틀리는 것을 말하는데, 세차법은 이 수치를 계산해 내는 방법을 가리킨다.

175 안으로는……학문이다 : 《송사(宋史)》 권427 〈소옹열전(邵雍列傳)〉에 나온다.

《둔암고》 서문[176]

芚菴稿序

박학다식한 권여장(權汝章 권필(權韠))은 목릉(穆陵 선조(宣祖))의 치세에서 고고하게 은거하면서 시와 술로 스스로 호방하게 지내며 당세의 선비들을 인정하지 않았는데, 유독 자심(子深)의 고풍(古風 고시(古詩))에 대해서는 칭찬하여 허여함이 매우 지극하였다. 자심은 마침내 과거 공부를 포기하고 여장과 종유하였는데 사람들이 모두 높이 인정하였다. 여장은 결국 시안(詩案)으로 인해 비운에 세상을 떠났고[177] 자심은 낙척하여 스스로 폐기되었지만 그가 술을 좋아하고 시를 연마하는 것은 더욱 깊어졌다. 성명(聖明)한 임금이 새로이 왕위에 올라 은거하고 있던 선비들을 징소하자 자심은 시골에서 다시 기용되었다. 십년 사이에 군수의 지위에 이르렀는데 나이가 이미 칠십이라 벼슬살이를 즐거워하지 않아 충청도 바닷가로 은거하였다.

하루는 야윈 말을 몰아 도성에 들어와서 나의 집을 방문했기에 술잔

176 둔암고 서문 : 이 글은 저자가 둔암(芚菴) 송연(宋淵, ?~?)의 문집에 쓴 서문이다. 송연의 본관은 여산(礪山), 자는 자심(子深)이다. 권필(權韠)의 조카사위로 성혼(成渾)에게서 수학하였다.

177 시안(詩案)으로……떠났고 : 권필은 유희분(柳希奮) 등의 방종을 임숙영(任叔英)이 〈책문(策文)〉에서 공격하다가 광해군의 뜻에 거슬려 삭과(削科)된 사실을 듣고 분함을 참지 못하여 〈궁류시(宮柳詩)〉를 지어서 풍자하고 비방하였다. 이에 광해군이 대노하여 시의 출처를 찾던 중, 김직재(金直哉)의 무옥(誣獄)에 연루된 조수륜(趙守倫)의 집을 수색하다가 이 시가 발견돼 권필은 죄에 연좌되어 해남으로 귀양 가다가 동대문 밖에서 행인들이 동정으로 주는 술을 폭음하고는 이튿날 44세로 죽었다.

을 잡고 옛 일을 말하였는데, 그의 수염과 귀밑머리는 세었지만 피부에는 윤기가 흐르고 기운은 왕성하였으며 말은 정성스럽고 용모는 화락하였으니, 어찌 이른바 기욕(嗜慾)이 얕아서 천기(天機)가 깊다[178]는 것이 아니겠는가. 그가 지은 《둔암고》를 읽어보니, 《장자》를 많이 읽어서 그 귀취(歸趣)가 부합하였다. 고시(古詩)는 두보(杜甫)에게서 연원하여 위로 도연명(陶淵明)과 사영운(謝靈運)으로 거슬러 올라갔으니, 근래의 문인들이 미칠 수 있는 경지가 아니었다. 율시와 절구는 질박하고 격조가 넘쳐나 또한 개원(開元 당나라 현종(玄宗)의 연호)·천보(天寶 당나라 현종(玄宗)의 연호) 연간 이후의 시어가 아니었다.

나는 이에 여장이 선비를 사귐에 겉모습을 추구하지 않고 감식안이 정밀했음을 알 수 있었다. 훗날 《둔암고》를 보는 자들은 자심의 사람됨을 알 수 있을 것이고 또한 나의 말이 허망하지 않았음을 확인할 수 있을 것이다. 아! 여장은 살릴 수 없고 자심 또한 늙어버려 어느새 격세지감이 있기에 마침내 책을 어루만지며 여러 번 탄식하고 서문을 쓴다.

178 기욕(嗜慾)이……깊다 : 《장자》 〈대종사(大宗師)〉에 나오는 "기욕이 깊은 사람은 천기가 얕다."라는 내용을 치환하여 말한 것이다.

《성근보집》 서문[179]

成謹甫集序

심덕휘(沈德輝 심희세(沈熙世))는 박학하고 단정하며 옛 것을 좋아하는 사람으로 옛날의 사실들을 잘 담론하였는데 본조의 사실에 대해서는 더욱 상세하였다. 매번 끊임없이 을해년(1455, 세조1) 혁제(革除) 연간[180]의 흥폐 자취를 말하면서 감개함을 이기지 못하였다. 하루는 성근보(成謹甫)의 유집(遺集) 한 책을 내게 보여주며 말하기를,

"이 책이 허다한 화란을 겪으면서도 아직 민멸되지 않은 것은 하나의 기이한 일입니다. 장차 번각(翻刻)하여 영원히 전하고자 하니 그대가 서문을 써 주십시오."

하였다.

내가 간행한 자의 성명을 살펴보니 알려지지 않은 한 명의 낮은 벼슬아치였고 또 간행 시기를 기록하지 않은 것[181]을 보아 아마도 이는 낮은

179 성근보집 서문 : 이 글은 저자가 성삼문(成三問, 1418~1456)의 문집에 서문을 쓴 것이다. 성삼문의 본관은 창녕(昌寧), 자는 근보(謹甫), 호는 매죽헌(梅竹軒), 시호는 충문(忠文)이다. 사육신(死六臣)의 한 사람이다.

180 을해년(1455)……연간 : 세조가 단종을 폐위하고 박팽년(朴彭年)·이개(李塏)·성삼문(成三問)·하위지(河緯地)·유성원(柳誠源)·유응부(兪應孚) 등 사육신(死六臣)을 죽인 사건을 가리킨다. 참고로 명나라 성조(成祖)가 건문제(建文帝)의 자리를 빼앗고서 조서를 내려 건문제의 연호를 제거하고 다시 홍무(洪武)의 연호를 썼다. 그런데 신하들이 이를 싫어하여 건문(建文) 연간을 혁제(革除) 연간이라고 했다.

181 간행한……것 : 한국문집총간 10집 소재 《성근보집(成謹甫集)》에는 초간본을 간행한 윤유후(尹裕後)의 발문이 수록되어 있는데, 그 발문은 간단히 편집 경위만 밝히

벼슬아치가 반드시 스스로 숨겨서 당시에 알려지기를 구하지 않은 듯하니 참으로 기이하다 하겠다.

아! 민멸되지 않는 것은 천리(天理)이고 믿기 어려운 것은 인사(人事)이니, 하늘과 사람이 서로 이기기도 하고 지기도 하여[182] 소장(消長)의 이치가 드러난다. 생각건대 우리 영릉(英陵 세종의 묘호)께서는 하늘이 내려준 성스러움을 가지고 후손을 편안하게 하는 계책을 남겼으니 어찌 주밀하고 신중하지 않겠는가. 사육신은 임금으로부터 심장과 등뼈와 같은[183] 부탁을 받아 급박한 시기에 은혜에 보답한 것이 형가(荊軻)와 섭정(聶政)의 작은 계책[184]일 뿐만 아니었으니, 어찌 성패와 유불리를 알지 못해서 과감하게 형세에 역행하는 행동을 한 것이겠는가. 천명은 이미 새 임금에게로 귀결되었고, 영가(永嘉 권람(權覽))는 권력을 잡고 있고 상당(上黨 한명회(韓明澮))은 계책을 운영하였으며 고령(高靈 신숙주(申叔舟))과 하동(河東 정인지(鄭麟趾)) 등 새 임금을 돕는 무리가 이미 이루어져 비록 뛰어난 능력이 있더라도 그 사이에서 어찌할 수

고 있으며 말미에는 "의장고 낭청(儀仗庫郎廳) 용양위 부사과(龍驤衛副司果) 윤유후(尹裕後)"라는 원주(原註)가 달려있다.

182 하늘과……하여 : 《사기》 권66 〈오자서열전(伍子胥列傳)〉에 "사람이 많으면 하늘을 이기는 경우도 있지만, 하늘의 뜻이 정해지면 역시 사람을 능히 이기는 법이다." 하였는데, 이 내용을 인용한 것이다.

183 심장과……같은 : 《서경》 〈군아(君牙)〉에, "지금 그대에게 당부하노니, 그대는 나를 도와 나의 다리와 팔과 심장과 등뼈가 되어, 옛날에 하던 일을 이어 그대의 조고를 욕되게 하지 말라."라는 말이 나온다.

184 형가(荊軻)와……계책 : 두 명 모두 전국 시대의 자객으로 형가(荊軻)는 연(燕)나라 태자 단(丹)을 위해 진왕(秦王)을 죽이려다가 죽임을 당하였고, 섭정(聶政)은 한(韓)나라의 엄수(嚴遂)를 위해 그 나라의 재상인 괴(傀)를 죽이고 자살하였다.

없었다. 그들의 뜻은 다만 제 몸을 버리고 의리를 위해 죽어서 선왕의 은혜에 보답하고 두 임금을 섬기지 않겠다는 마음을 밝히는 데 있었을 뿐이니, 오호라 슬프도다.

근보(謹甫)는 사육신 가운데에서도 더욱 훌륭한 명성이 있어서 광묘(光廟 세조의 묘호)가 반드시 그를 신하로 삼아서 한 때의 인심(人心)을 안정시키고자 하였으니 이는 영락제(永樂帝 명나라 성조(成祖))가 방정학(方正學 방효유(方孝孺))을 등용하여 즉위의 조서를 짓게 하려고 한 뜻[185]과 유사하다. 일찍이 동학사(東鶴寺)에 있는 죽은 이들의 명부[186]를 보았는데 여러 성씨(成氏)들이 나이가 어리거나 많은 사람을 막론하고 모두 도끼에 피를 묻히는 참형을 당하였으니 이 또한 방씨(方氏)의 십족(十族)[187]과 유사하다. 살려두고서 그 재능을 쓸 수 없다보니 엄한 형벌을 사용하여 두려워 떨게 만든 것이니 비록 인력이 천리를

185 영락제(永樂帝)가……뜻 : 명나라의 제2대 황제인 영락제(永樂帝)가 조카인 혜제(惠帝)를 축출하고 제위를 찬탈하고는 혜제를 따랐던 방효유(方孝孺)를 불러 즉위의 조서를 작성하게 하였다. 그러자 방효유는 붓을 던지며 "죽으라면 죽겠으나 이 조서는 쓸 수 없다."라고 하였고, 이에 성조는 그를 찢어 죽였다.《明史 卷141 方孝孺列傳》

186 동학사(東鶴寺)에……명부 : 계유정난과 단종복위사건의 와중에서 죽은 280명의 명부를 가리킨다. 1457년(세조3)에 김시습(金時習)이 동학사(東鶴寺)에서 사육신의 초혼제(招魂祭)를 지내고 단종의 제단을 증설하였는데, 다음 해에 이곳에 들른 세조가 단종을 비롯하여 단종을 위해서 억울하게 죽은 280여 명의 성명을 비단에 써 주며 초혼제를 지내게 한 뒤, 초혼각(招魂閣)을 짓게 하였다.

187 방씨(方氏)의 십족(十族) : 영락제(永樂帝)가 혜제를 따르던 방효유(方孝孺)·제태(齊泰)·황자징(黃子澄) 등을 모두 살해하였는데, 이들의 구족(九族)을 몰살시키는 것도 모자라서 구족 외에 그 문인(門人)까지 아울러서 죽여 십족(十族)을 몰살하였다.《明史 卷141 方孝孺列傳》

이겼으나 남쪽 언덕의 나란한 무덤들 중에서 오히려 그 성씨를 보아서 구별할 수가 있다.[188] 근보의 이 유집이 판각되어 세상에 전해지게 된 것은 천리가 민멸되지 않음이니, 이는 관문을 닫는 동짓날 미약한 양기(陽氣)가 땅속에 싹트는 것[189]과 같은 것이다.

아! 영가와 상당 및 여러 훈귀(勳貴)들이 비록 한 시대의 공렬을 세웠지만 사육신이 의리를 배양하고 절개를 수립하지 않았다면 어떻게 대동(大東)의 일월을 높이 들어 수백 년의 강상(綱常)을 유지할 수 있었겠는가. 영릉이 사육신을 총애하고 고황제(高皇帝 명나라 태조)가 훌륭한 사람이라고 방정학을 칭찬한 것은 모두 이들을 남겨 강기(綱紀)를 부지하고 세울 바탕으로 삼고자 한 것으로, 두 임금의 생각이 똑같았으니 이는 사람이 헤아릴 수 있는 바가 아니다. 저 여러 훈귀들 또한 각기 스스로 문장력이 있어 한 시대를 장식하였지만 지금에 와서는 전하기도 하고 전하지 않아 쥐와 좀이 갉아먹는 것을 면하지 못했으니, 누가 수백 년 후에 그들을 흠모하고 찬양하여 근보의 쓸쓸한 작은 유집처럼 반드시 영원히 전하고자 하겠는가. 내가 이 유집을 살펴보니 천리와 인사의 관계에 대해 느끼는 바가 있고 또 옛 것을 좋아하고

188 남쪽……있다 : 송시열(宋時烈)이 지은 〈연산성선생유허비(連山成先生遺墟碑)〉에 "한강 남쪽에 무덤 넷이 있고 각기 작은 돌에다 성씨(姓氏)만 쓰여 있다. 이것이 육신묘(六臣墓)라고 세상에 전해지는데 두 사람의 무덤은 없다. 네 개의 무덤 가운데 '성씨(成氏)'라고 쓰여진 것이 바로 성삼문의 무덤이다."라고 하였다. 《成謹甫先生集 卷4 連山成先生遺墟碑》

189 관문을……것 : 성삼문의 유집이 세상에 간행된 것이 동짓날에 새롭게 양기(陽氣)가 싹트는 것과 같다는 말이다. 동짓날에 황제는 땅속에서 싹트기 시작하는 미약한 양기(陽氣)를 보전하여 기르려는 뜻에서 관문을 닫고 사방을 시찰하지 않았다. 《周易 復卦 象》

덕을 숭상하는 덕휘(德輝)의 뜻을 가상히 여겨 삼가 전말을 기록하여 서문으로 삼는다.

《의례문해》 서문[190]

疑禮問解序

사계선생이 찬정한 4권

익성(翊聖)이 들으니, 사계(沙溪) 김 선생(金先生) 문하의 여러 군자들이 선생의 유문을 편차하였는데 예(禮)를 논한 책이 빠짐없이 갖추어져 있어 장차 세상에 널리 간행한다고 한다. 하루는 선생의 손자 익희(益熙)씨가 《의례문해(疑禮問解)》를 나에게 건네주고 이어서 중부(仲父) 승지공(承旨公)[191]의 뜻을 전하기를,

"이 책에 대해 전술(傳述)해 주셨으면 합니다."

하였다. 어려서부터 학문을 닦지 않고 늙어서도 알려진 명성이 없어서 본디 이 일을 감히 도울 수 없지만 일찍부터 아끼고 보살펴 주는 은혜를 입은 것이 가까운 친척간의 아름다운 교분일 뿐만이 아니었으니, 정의(情誼)상 감히 사양할 수가 없어 책을 모두 읽고 다음과 같이 말한다.

이 책은 아무도 간삭(刊削)하지 못할 책이다. 육예(六藝)의 과목 가운데 예가 가장 우선이고 삼천 가지의 곡례(曲禮)와 삼백 가지의

190 의례문해(疑禮問解) 서문 : 이 글은 저자가 김장생(金長生, 1548~1631)과 그 제자 사이의 예(禮)에 관한 문답을 기록한 《의례문해(疑禮問解)》에 쓴 서문이다. 현전하는 《의례문해》에는 저자의 이 글이 1643년(인조21)에 작성된 발문으로 실려 있고 아울러 김상헌(金尙憲)의 서문 및 이식(李植)의 발문이 함께 실려 있다.

191 중부(仲父) 승지공(承旨公) : 김집(金集, 1574~1656)을 가리킨다. 김익희(金益熙)는 김집의 동생인 김반(金槃)의 아들이다.

경례(經禮)는 전적에 실려 있다. 공자 문하의 칠십 제자들은 그것을 익히고 통달한 자들로 경중과 존비의 절문(節文)을 헤아리고 일정하지 않은 상례(常禮)와 변례(變禮)의 일을 다 밝혀 천리(天理)와 인정(人情)에 부합할 뿐이었다. 그러나 증자(曾子)의 물음에 의문점을 해결한 성인[192]이 아니었다면 어떻게 만세에 가르침이 되었겠는가.

우리나라는 점차 중국과 같은 문자를 쓰게 되어 성대하게 예의지국(禮義之國)이라는 칭송이 있었다. 그러나 나라의 풍속이 좁고 비루한 데에 국한되고 구차하고 소략한 것을 편안히 여겨 상경(常經)의 예가 점점 순정하지 않은 데로 흘러갔으니 어찌 변하는 것을 제재하여 상경에 부합하게 할 수 있겠는가. 생각건대 우리 선생의 학문은 복식 제도를 궁구하여 고대 시대 이후로 상고할 수 있는 문질(文質)을 두루 구하고 널리 탐색하여 고증하고 분석하는 데에 오랫동안 힘을 기울여 통창하게 막힘이 없었다. 어떤 이가 질문을 하면 큰 종소리가 울리듯 바로 응답하고 증서처럼 딱 들어맞아 실로 성현이 문답한 깊은 뜻에 계합하였으니, 선생처럼 정미하고 전일하게 예를 강론한 사람은 있지 않다. 이 때문에 문하의 선비들이 선생의 덕업에 감화되어 모두 신속하게 스승을 닮을 수 있었고 스승의 도를 존중하고 신봉하여 이 책이 있게 되었다. 이 책이 한 번 나오게 되면 조정이나 민간에서나 반드시 서로 이끌고 이것을 따라 대번에 좁고 비루한 습속을 씻어내고 지나치거나 부족한 잘못을 면하게 될 것이니, 이 책은 실로 아무도 간삭하지 못할

192 증자(曾子)의……성인 : 예법에 관한 증자의 물음에 공자가 대답한 것을 가리킨다. 《예기》 〈증자문(曾子問)〉은 예에 대한 공자의 증자의 문답 형식으로 이루어져 있다.

책이다. 마땅히 학관에 배치하여 무궁하게 전하게 해야 할 것이니 아, 성대하도다.

《한산이씨족보》 서문[193]

韓山李氏族譜序

사람들이 자신을 낳은 조상을 명칭하지 못하다가 천대, 백대를 지나는 동안 세상에 공덕이 있는 한 사람을 얻어 그를 존숭하여 비조(鼻祖)라 하고 씨족을 구별하여 족보를 찬수하면 이는 자손들이 어진 선조를 가려서 존숭하는 것에 가깝지 않은가라고 나는 매번 의심하였다. 세상에 공덕이 있으면 종조를 높이고 종족을 비호할 수 있다. 종조를 높이면 천대, 백대 위 조상이 모두 그 영예를 누리고 종족을 비호하면 천대, 백대 위 조상의 후손이 모두 그 복을 받으니 그를 존숭하여 비조로 삼는 것을 또 어찌 의심하겠는가. 한산(韓山) 이씨(李氏)의 족보를 보고나서 예전에 의심하던 것이 더욱 풀리게 되었다.

우리나라는 원래 세족(世族)을 중요하게 여겨서 신라의 육부(六部)와 고려의 육태사(六太師)[194]의 후손들이 우리나라에서 높은 벼슬을 얻었다. 그 나머지 족보를 만들 만한 이름난 성씨들 또한 모두 벌열

193 한산이씨족보 서문 : 이 글은 저자가 이덕수(李德洙)가 강원도 관찰사로 있을 적에 간행한 《한산이씨족보(韓山李氏族譜)》에 서문을 쓴 것이다.

194 신라의……육태사(六太師) : 신라는 양부(梁部)·사량부(沙梁部)·점량부(漸梁部)·본피부(本彼部)·한지부(漢祇部)·습비부(習比部) 등 육부(六部)의 체제로 정비하고 이들 육부에 각각 이(李)·최(崔)·정(鄭)·손(孫)·배(裵)·설(薛) 등의 육성(六姓)을 주었다. 고려의 육태사는 고려 태조의 창업을 도와 태사를 증직 받은 홍유(洪儒), 신숭겸(申崇謙), 배현경(裵玄慶), 복지겸(卜知謙), 유검필(庾黔弼), 최응(崔凝) 등 6인을 가리킨다.

가문이었는데, 한산의 적관(籍貫)은 고려 말에 시작되어 대대로 높은 관직을 지내 성대하게 명성 있는 가문이 되었다. 그 족보에서 존숭하여 비조로 삼는 사람을 상고하면 가정 선생(稼亭先生 이곡(李穀))이다. 가정(稼亭)에서 한 세대 내려오면 목은 선생(牧隱先生 이색(李穡))이니, 이른바 종조를 높이고 종족을 비호할 자가 아니겠는가. 한 사람이 남긴 업적으로 안팎으로 지파(支派)를 나누어 몇 천, 몇 백이 되었는지 알 수가 없으니, 그 가운데 인재(麟齋 이종학(李鍾學))와 음애(陰崖 이자(李耔))가 선대의 훌륭한 덕을 계승하고 절의를 드러내어 집안의 덕업을 계승하였으며 그 밖에 이름난 공경과 명성 있는 인사가 대대로 기록이 끊이지 않아 정승이 된 자들도 몇 사람이다. 이는 당(唐)나라와 송(宋)나라의 역사책에서도 대서특필하는 경우이니 이 족보의 간행은 한 지역에서 행해질 뿐만 아니라 또한 국가의 보첩(譜牒)에도 오를 만한 것이다.

그 후손인 관찰사 덕수(德洙)가 일찍이 승평(昇平 순천)을 다스릴 때 목은의 전집(全集)을 중간해서 세상에 내놓았고 강원도 관찰사로 있을 때 또 세보(世譜)를 간행하면서 내게 서문을 요구하였다. 내 일찍이 목은 선생의 글을 읽고 수백 년 이전의 선생을 함부로 안다고 여겨서 때때로 책을 덮고 탄식하였다. 아! 선생은 칠척의 작은 몸으로 오백 년의 왕조가 망해가는 국운(國運)을 만나 감히 내뱉지 못할 말을 내뱉고 지탱하지 못할 형세를 지탱한 것이 어찌 선생이 어찌 흥폐의 운수를 알지 못해서이겠는가. 그런데도 이와 같이 한 것은 다만 그 뜻을 변치 않으려 한 것이었다. 그 뜻을 변치 않고 세상을 떠나 비록 인간 세상에서 뜻을 이루지는 못했지만 마땅히 하늘의 뜻은 얻은 것이니, 하늘이 여기에 보답하여 베풀어 준 것을 이 족보에서 징험할 수 있다.

《기암고》 서문[195]

畸庵稿序

자용(子容)이 자신이 지은 글을 내게 보여주기에 내가 다 읽어보고 탄복하며 말하기를,

"자용은 문학에 노련하다고 이를 만한 자이니 어찌 쉽게 말할 수 있겠는가."

하였다.

자용은 일찍부터 집안의 재난을 만나[196] 수년 동안 겸손하게 물러나 스스로 은거하여 옛 전적에 전심하였다. 스승의 문하에서 수학하여[197] 견식이 정미하고 박학하였으니, 고금의 서적을 섭렵하지 않은 것이 없었다. 특히 《이소(離騷)》·《문선(文選)》·한유(韓愈)·두보(杜甫)를 좋아하여 깊이 침잠하고 널리 체득하여 펼쳐내었다. 그가 지은 부(賦)와 뇌(誄)는 감개하고 비통하여 소인(騷人)의 풍치가 있으며 주소(奏疏)는 굉대하고 전밀하며 시도(詩道)는 심오하고 호방하니, 고

195 기암고 서문 : 이 글은 저자가 정홍명(鄭弘溟, 1582~1650)의 문집에 쓴 서문이다. 한국문집총간 87집 소재 《기암집(畸庵集)》에도 저자의 서문이 수록되어 있는데, 작성 시기가 갑신년(1644, 인조22)으로 되어 있다.

196 자용은……만나 : 정홍명은 12세에 부친인 정철(鄭澈)을 여의고 15세에 모친을 여의었다. 그는 태어나서 부친을 여의기까지 부친의 유배지인 진주(晉州)와 강계(江界)에서 자랐다.

197 스승의……수학하여 : 정홍명은 어린 시절부터 구봉(龜峯) 송익필(宋翼弼)과 사계(沙溪) 김장생(金長生) 문하에서 수학하였다.

인의 생각에 부합하지 않는 것이 드물고 지금 사람들의 표절하고 도습하는 병폐가 결코 없었다. 요컨대 많이 쌓아 조금만 드러내고도 아울러 아름다움을 독차지할 수 있었으니, 이른바 문학에 노련하여 쉽게 말할 수 없다는 것이 참으로 과장이 아니다.

세상 사람들이 자용의 글을 보고 문장지사(文章之士)라고 지목하지만 문장은 껍데기나 찌꺼기일 뿐이니, 자용이 어찌 문장지사일 뿐이겠는가. 성년이 되었을 때 곤액을 당하여 세상에서 버려졌기에[198] 우뚝하고 헌걸찬 기상과 빼어나고 비범한 재주를 거두어 한결같이 술과 시에 의탁하여 불평한 심사를 표출하였을 뿐이다. 만년에 비로소 기용되었지만 온축된 바를 펼치지 못하고 노년에 이르고 말았으니, 자용이 세상을 만나지 못한 것인가? 세상이 자용을 만나지 못한 것이도다, 아!

198 성년이……버려졌기에 : 정홍명은 35세에 문과에 급제했으나, 부친의 정적인 동인(東人)의 질시로 삭방(削榜) 당하고 고향으로 돌아와 학문에 전념하였다.

《구곡시집》 서문[199]

龜谷詩集序

시는 선(禪)과 같으니, 선은 깨달아 들어가는 것을 말미암고 시는 신묘하게 이해하는 것을 중요시한다. 돈오(頓悟)와 점수(漸修)는 모두 불가의 가르침이지만 그 과정은 각기 다르며, 당시(唐詩)와 송시(宋詩)는 모두 훌륭한 시이지만 그 격조는 각기 구별된다. 우리 시대에 승려의 수를 헤아릴 수 없고 시인의 수 또한 헤아릴 수 없지만 깨달아 들어가고 신묘하게 이해한 자가 있다는 것을 아직 듣지 못했으니, 혹 그런 자가 있는데 내가 아직 듣지 못한 것이리라.

내가 비천한 사람 중에 한 사람을 아는데, 그의 학문은 선에 가깝고 그의 시는 당시에 가까웠으니 반드시 깨달아 들어가는 것을 말미암아 신묘하게 이해한 자일 것이다. 아! 이 사람의 시재(詩才)를 힘으로 취할 수 있다면 힘 있는 권세가들에게 빼앗긴 지 이미 오래되었을 것이다. 조물주가 그의 곤궁하고 비천함을 안타깝게 여겨 시로써 울리게 한 것인가. 내 일찍이 그의 시에 대해 평하기를,

"고체(古體)는 육조(六朝) 시대와 매우 흡사하고, 가행(歌行)은 당나라 제가들을 넘나들며 율법(律法)은 장경(長慶 당나라 목종(穆宗)의

199 구곡시집 서문 : 이 글은 저자가 최기남(崔奇男, 1586~1669)의 시집에 쓴 서문이다. 최기남의 본관은 천녕(川寧), 자는 영숙(英叔), 호는 구곡(龜谷)·묵헌(默軒)이다. 그는 위항 출신으로 어려서 저자의 문하에 드나들었으며, 신흠으로부터 시의 재능을 인정 받았다. 한국문집총간속 22집 소재 《구곡시집(龜谷詩集)》에도 저자의 서문이 수록되어 있는데, 작성 시기가 경진년(1640, 인조18)으로 되어 있다.

연호) 이전의 시어를 법도로 삼았다."

하였다. 세상 사람들이 필시 이 말이 과장된 말이라 의심할 것이지만 훗날 안목을 갖춘 자가 분별해 줄 것이다. 시집의 표제는 구곡(龜谷)이고 성은 최(崔)요 이름은 기남(奇男)이다.

낙전당집

제7권

記기

기 記

감지정기[1]

坎止亭記

감지정(坎止亭)은 가현산(歌絃山) 동봉(銅峯) 기슭에 있다. 가현산은 《여지지(輿地志)》에 실려 있는데, 그 형승이 근기(近畿) 지방에서 으뜸이라고 기록되어 있다. 그 산의 지맥이 서북쪽으로 연이어 뻗어 가다가 맺혀서 묘역을 이룬 것이 우리 집안의 선영이고, 동남쪽으로 뱀처럼 구불구불 가다가 가파르게 구릉과 골짜기를 이룬 것이 부곡(釜谷)의 소나무와 삼나무 숲이다. 그곳 한가운데 우뚝하게 솟아오른 것이 동봉의 기슭인데, 그 땅은 실로 골짜기 하나를 차지하고 있어 주위를 둘러보면 끝이 없다. 그 중앙에 마을이 자리를 잡았고 그 발치엔 밭두둑이 구획되어 있다. 강과 바다는 앞으로 지나가고 언덕과 들판은 옆으로 달리는데, 천마산(天磨山)과 화악산(花嶽山)이 저마다 다른 모습으로 숨었다 드러났다 하면서 별처럼 펼쳐지고 바둑돌처럼 펴져 있다.

1 감지정기 : 1614년(광해군6)에 저자가 김포(金浦)에서 부모를 모시고 있었을 당시에 지은 글이다. 《상촌고(象村稿)》에는 감지정을 '감지와(坎止窩)'라 칭하였다. 《象村稿 卷30 坎止窩銘》

나는 산기슭에 둔덕을 평평하게 고르고 담을 높이 쌓아 반듯하게 터를 만들고는 작은 집을 지었는데 용마루나 서까래까지 올리지는 않았다. 갑인년(1614년, 광해군6) 여름, 부모님을 모셔와 편히 지내시도록 하고 이 집에 이름을 붙여주시기를 청하였더니 이 이름으로 하라고 명하셨다. 소자가 동이 술과 질그릇[2]을 가지고 감지정에서 술을 마시다가 술잔을 들고 말하였다.

"《주역》의 '마음 때문에 형통하니, 행하면 가상함이 있으리라.〔維心亨, 行有尙者.〕'[3]라는 말은 곤경에 처하는 도리이자 시(時)와 용(用)의 뜻으로, 훌륭한 말이다. 군자는 때를 얻으면 나아가고 때를 얻지 못하면 머무르되, 각각 머물러야 하는 곳에 머물러야 한다. 재앙을 만나는 것이야 어찌 말할 것이 있겠는가.

천행으로 죄의 그물을 벗어나고[4] 또 이러한 거처도 마련하였으니, 우리 부자는 화기애애하게 기뻐하며 번번이 '흐름을 타고 가고 웅덩이를 만나면 멈춘다.〔流行坎止〕'는 뜻에 비유하며 만나는 상황을 편안하게 여기며 의심하지 않고, 천명을 즐거워하면서 어기지 않는다. 《주역》에 '물이 거듭 이르는 것이 습감(習坎)이니 군자가 이를 보고서 덕행을 항상되게 하며 가르치는 일을 익힌다.'[5]라고 하였고, 또

2 동이 술과 질그릇 : 이 말은 《주역》 〈감괘(坎卦) 육사(六四)〉에 "'동이 술과 궤 둘을 질그릇으로 사용하고〔樽酒簋貳用缶〕"를 활용한 것이다.

3 마음……있으리라 : 《주역》 〈감괘〉의 괘사이다. 《주역전의(周易傳義)》에서는 마음이 정성스럽고 전일하기 때문에 형통할 수 있고, 그러한 정성과 전일함으로 간다면 반드시 공이 있을 것이라고 풀이하였다.

4 천행으로……벗어나고 : 1613년 계축옥사 때 유교칠신(遺敎七臣)에 지목되어 방귀전리(放歸田里)된 일을 가리킨다.

'물이 흘러가나 구덩이가 가득 차지 않으며, 험한 일을 겪어도 신의를 잃지 않는다.'[6]라고 하였으니, 이야말로 내 정자에 이름을 지어주신 뜻이 아니겠는가.

소자가 여기에 담은 뜻이 매우 깊다. 강중(剛中)으로서 유(柔)에 빠져 있다가[7] 오랜 시간이 지나서야 마침내 형통하는 것은 이명(離明)의 형상이다.[8] 자연의 기미를 탐구하여 정신이 합치하고 사물의 이치를 이해하여 본성을 다하는 것은 도의(道義)를 이해하는 문이다. 계절이 공을 이루는 순서를 살펴보면 나의 느낌을 담기에 충분한 경우가 많다. 바람과 달은 정신을 일깨우고, 꽃과 풀은 조화를 돕고, 소나무 대나무는 지조를 견주도록 하며, 밀물과 썰물은 신의에 뜻을 두게 한다. 새 소리는 나를 위하여 운치를 돋우고 산과 못의 기운은 나를 위하여 기괴함을 자랑한다. 이 정자에서 지내며 정신이 일깨워지면, 기미를 탐구하여 정신과 하나되는 경우는 한정이 없을 것이고 사물의 이치를 궁구하여 본성을 다하는 도가 갖추어질 것이다. '마음 때문에 형통하니, 행하면 가상함이 있으리라.'는 말이 참으로 그러하구나."

마침내 이를 기록하여 벽에다 걸어 둔다.

5 물이……익힌다 : 《주역》 〈감괘 상(象)〉 에 나오는 말로, 원문에는 '습감이상덕(習坎以常德)'으로 줄여 썼으나 의미의 전달을 위해 괘상 전체의 말을 옮겨 번역하였다.

6 물이……않는다 : 《주역》 〈감괘 단(彖)〉 에 나오는 말이다.

7 강중(剛中)으로서……있다가 : 감괘는 양효(陽爻)가 가운데에 있고 위아래로 음효(陰爻)가 있기 때문에 이렇게 말한 것이다.

8 이명(離明)의 형상이다 : 《주역》 〈이괘(離卦)〉의 밝음을 이른다. 〈감괘〉 다음이 바로 〈이괘〉이기 때문에 이렇게 말한 것이다.

환암기
渙庵記

퇴휴당(退休堂) 아래 쌍지(雙池)의 위쪽은 벼랑이 무너지고 땅이 썩었다. 기울어서 밭으로 만들 수 없고 진흙이라 섬돌도 쌓을 수 없으니, 실로 산지(散地)이다. 퇴휴당에 오르고 쌍지를 마주한 사람은 누구나 문제로 여겼다. 나는 이에 도랑 하나를 파고 상류를 좁혀 곧장 연못으로 흘러들게 하니 마치 뒤집은 병에서 물이 쏟아지듯 넘치던 물은 흘러가고 고인 물은 터져 흘렀다. 여기에 돌을 주워다 제방을 쌓고, 높은 곳은 평평하게 고르고 무너진 곳은 봉긋하게 메웠다. 쌍지 옆의 말 돌릴 만한 곳에는 다시 삼층의 계단을 쌓아서 높고 낮음이 구별되도록 하니 무너진 곳이 정돈되고 썩은 곳이 깨끗해졌다. 그러자 이 골짜기의 경치가 다투어 빼어난 모습을 드러내었다. 마침내 나무로 집을 얽고 띠풀로 지붕을 올리니 크기가 한 길 정도 되었다. 아버님께 명을 받아 '환암(渙庵)'이라고 이름을 지었는데 어떤 이가 무슨 뜻인지 물었다.

"환(渙)은 흩어진다〔散〕는 뜻입니다. 무너지는 것은 땅의 힘이 흩어졌기 때문이고, 썩는 것은 흙의 본성이 흩어졌기 때문입니다. 물이 흐르다가 길을 찾지 못하여 못과 집 옆에서 넘치기도 하고 고이기도 하여 보는 사람이 문제로 여겼으니, 산지(散地)라는 점이 더욱 뚜렷이 드러났습니다. 나는 그 땅이 흩어지는 것을 보고 모을 방법을 생각하여, 도랑을 파고 제방을 쌓고 섬돌을 놓고 지붕을 올렸습니다. 못과 정자의 맑고 수려한 모습을 끌어들이고 강과 산의 무성하고 아름다운 광경을 모이게 하여 구경하는 이들이 흔쾌히 다시 보도록 하였으니, 이는 흩어짐을 구제하는 방도가 아니겠습니까."

어떤 이가 말하였다.

"《주역》의 '흩어지더라도 크게 모일 수 있음은, 여느 사람이 생각할 수 있는 바가 아니다.〔渙有丘匪夷所思〕'[9]라는 말이군요."

나는 사양하면서,

"어찌 감히 그렇겠습니까, 어찌 감히 그렇겠습니까."

하고, 물러나 그 말을 차례대로 써서 〈환암기〉를 짓고 아래와 같이 명(銘)을 붙였다.

흩어지면 바람과 물이 되고	渙而風水
모이면 산과 언덕이 된다네	聚而山丘
흩어졌다 다시 모임은	渙乎其萃
여느 사람이 할 수 없다네	匪夷斯周
나는 여기에서 구하여	我求於是
이로써 놀고 이로써 즐기리라	以遨以遊

9 흩어지더라도……아니다 : 《주역》 〈환괘(渙卦) 육사(六四)〉의 말이다.

쌍수정기
雙樹亭記

주상께서 즉위하신 지 2년(1624), 역적 이괄(李适)과 한명련(韓明璉) 등이 관찰사를 죽이고 군사를 일으켜 반란하여 주(州)와 군(郡)을 연이어 점령하였다. 관군이 퇴각하여 처음에 황봉(黃鳳)에서 패하고 다음에는 저탄(猪灘)에서 꺾여 개성(開城)의 방어에 실패하고 임탄(臨湍 임진(臨津))에서 군대가 궤멸하였다.

그러자 도성 사람들이 몹시 놀라 상께서 마침내 남쪽으로 파천할 계획을 정하였다. 2월 임진일에 종묘사직의 신주를 받들고 진위현(振威縣)으로 가서 머물렀는데, 역적이 한양으로 들어와서는 흥안군(興安君) 이제(李瑅)를 옹립하여 반란을 일으켰다. 원수 장만(張晩)이 여러 장수를 독려하여 성으로 진격해 크게 싸워 역적을 무찔렀지만 역적이 오히려 이제를 데리고 달아나서 첩보는 상주되었으나 역적의 수급은 아직 이르지 않았다.

정묘일[10]에 어가가 공주(公州)로 들어가니, 근왕(勤王)한 호남의 병사가 다 모였는데 모두 격분하고 용맹이 고무되어 군대의 위용이 성대하게 펼쳐졌다. 다음날에 상께서는 칼을 차고 말에 올라 산성에 순시하여 쌍수정(雙樹亭)에 납셨다. 영의정 이원익(李元翼), 우의정 신흠(申欽), 병조 판서 김류(金瑬)를 앞으로 나오게 하여 산성의 방위와 성첩

10 정묘일 : 정유일을 잘못 표기한 것이다. 《인조실록》 2년 2월 기사에 따르면 인조가 공주(公州)로 들어간 날은 정유일이다.

의 수치를 묻고 형세의 고하를 살피며 험이(險夷)의 등급을 매기고, 또 순찰사 이명준(李命俊)을 불러 성을 지킬 방책을 물으셨다. 이윽고 이괄과 한명련의 머리가 행재소에 전해지고 도체찰사 이원익과 병조판서 김류가 노포(露布)[11]로 아뢰어 헌괵례(獻馘禮)가 이루어졌다. 상께서는 융복(戎服)으로 친히 종묘에 아뢰고 팔방에 널리 알리고는 나라에 대사령(大赦令)을 내렸다. 이어 순찰사 이명준과 목사 송흥주(宋興周)를 불러 몸소 노고를 지극히 위로하고 아울러 품계를 하사하였으며 충청 지역의 문사와 무사를 둘러보시고 약간 명을 뽑으니, 장려하는 모든 방도가 거행되었다. 그리고 이달 임인일에 도성으로 개선(凱旋)하였다. 순찰사와 목사가 쌍수정 아래에 돌을 다듬고서 나에 이 일을 기록하도록 요청하기에 다음과 같이 쓴다.

임금이 피난을 떠나 지방에 의거하니, 행차가 장중하게 거친 언덕에 다다랐다. 이명준 등이 가만히 기회를 얻어 은택을 입게 되었으니, 고금에 광영이 빛나고 나라에 널리 자랑할 만하니 어찌 돌에 새겨 사라지지 않기를 도모하지 않겠는가. 아, 예전에 공적을 세워 그 공을 자랑하여 스스로 수고했다 여기고 당시 논의와 저작이 과장되게 기록하여 높고 큰 비석을 세운 일이 어찌 한정이 있겠는가.

다만 칭찬할 만한 것은 겨우 몇 대뿐이니, 주 선왕(周宣王)이 서쪽 오랑캐를 정벌하고서 석고(石鼓)에 명을 새겼고[12] 당 태종(唐太宗)이

11 노포(露布) : 전투에서 승리한 뒤에 그 전과를 기록하여 보고하는 글을 말하는데, 밀봉하지 않고 그 내용을 다른 사람이 볼 수 있도록 한 것에서 유래하였다. 《後漢書 卷57 李雲列傳》

12 주 선왕(周宣王)이……새겼고 : 주 선왕(周宣王)이 험윤(玁狁)을 정벌하고 문왕과 무왕 때의 영토를 되찾은 중흥의 업적을 북 모양의 돌에 새긴 것을 말한다. 석고(石

북쪽 오랑캐를 무찌르고서 돌에 새겼다.[13] 험윤이 중원을 침입하고 힐리(頡利)가 맹약을 저버린 일은 오히려 미미한 사건으로, 이는 득실(得失)에 관계된 일이지 존망의 운수와는 무관하다.

이괄과 한명련은 모두 군대의 수장으로 오랑캐를 방어하는 군대를 몰아 하늘과 겨루는 흉악을 저질렀다. 반역의 변고는 신라와 고려 이후에도 드물게 보이는 바이고 우리나라 역사에도 전혀 기록되어 있지 않으니, 주나라와 당나라의 일과는 나란히 논할 수 없다. 선왕의 영령이 도우시고 장수와 병사들이 힘을 다해 한 달여 만에 승리를 거두고 역적의 무리를 남김없이 주벌하니, 신과 사람이 경축하며 난적을 깨끗이 제거하고 나라를 위기에서 구한 공훈도 또한 주나라, 당나라와 나란히 논할 만한 경우가 아니다. 두 분이 돌에 새기기를 도모하는 것을 어찌 그만둘 수 있겠는가.

공산(公山 공주)은 호서 지역의 한 도회지이다. 차령산맥이 그 동북쪽을 가로막고 금강이 띠처럼 둘러쌌다. 쌍수정은 더욱 좋은 형승을 차지하여 나라에 변고가 생기면 요새가 되니 실로 군사적으로 유용한

鼓)는 북 모양으로 된 10개의 석조 유품으로, 돌 표면에 진대(秦代)의 전자(篆字)에 가까운 문자가 새겨져 있는데, 중국 최고(最古)의 금석문으로 꼽힌다. 한유는 주 선왕 때의 작품이라고 하고, 위응물(韋應物)은 주 문왕(周文王) 때의 작품이라고 하는 등 이설이 많으나, 주 선왕이 사냥한 내용을 사주(史籒)가 송(頌)으로 지었다는 것이 일반적인 통설이다.

13 당 태종(唐太宗)이……새겼다 : 당 태종이 즉위한 해에 돌궐(突厥)의 힐리(頡利)가 장안(長安)의 위수(渭水) 편교(便橋) 북쪽까지 침입하자, 태종이 직접 현무문(玄武門)을 나와 6기(騎)를 이끌고 위수 가로 가서 담판을 한 다음에, 다시 편교에서 백마(白馬)를 잡아 맹약을 맺고 돌궐을 돌려보낸 기록이 《구당서(舊唐書)》 권2 태종본기 상(太宗本紀上)에 나온다.

지역이다. 당나라 총관 설인귀(薛仁貴)가 백제를 토벌하고 이 땅에서 무용을 드날렸다고 한다. 만력(萬曆) 임인년(1602, 선조35)에 예조판서 서경(西坰) 유근(柳根)이 도순찰사로 나와서 비로소 이 성을 쌓아 규모와 시설을 제법 갖추고, 계해년(1623, 인조1)에 순찰사 신감(申鑑)이 그 제도를 다시 새롭게 하여 군량을 저축하고 성곽을 보수하였는데, 이 작업은 현재의 목사인 송공이 속리(屬吏)로서 담당하였다. 춥든 덥든 건조하든 습하든 가리지 않고 일꾼을 모아 참으로 신속하게 하였다. 한 해를 넘지 않아 임금께서 머무는 곳이 되어 직접 와서 보셨으니, 비할 바 없는 공렬을 이루고 길한 땅이 되었다. 송공도 맡은 소임에 충성을 다하여서 결국 높은 상을 받았으니, 이는 천지의 정해진 운수로 자연의 이치에 부합한 것이 아니겠는가. 성의 동남쪽에 옛날부터 우물이 있었지만 수심이 낮았는데, 임금의 수레가 온 뒤로 우물물이 절로 넘치고 성 아래 강물 또한 비가 내리지 않아도 불어나서 사람들이 상서롭게 여기니 더욱 기이하다 하겠다.

종친부 중수기[14]

宗親府重修記

종친부는 예전에 경복궁 동쪽에 있었는데 임진왜란으로 소실되었다. 그 뒤 30년이나 지났지만 중건하지 못하여 종친들이 안타깝게 생각하였다.

우리 성상께서 어지러운 세상을 다스려 정상을 회복하여 떳떳한 윤리가 다시 펴지고 화목함이 더욱 돈독해졌는데, 특별히 의창군(義昌君) 이광(李珖)과 귀천군(龜川君) 이수(李晬)를 대죄(大罪)에서 사면하여 작록을 회복시키고 종친부의 일을 겸하여 맡게 하였다. 이에 재목을 모으고 장인을 모아 옛터에 종친부 건물을 세우기로 도모하였는데, 그 비용을 번거롭게 선공감과 호조에서 부담하지 않도록 하고 모든 방편을 활용해 시행하여 한 달이 되지 않아 완공하였다.

병인년(1626, 인조4) 6월 계미일에 의창군과 귀천군이 당청에 앉아 공사에 참여한 관속(官屬)을 고과(考課)하였다. 나도 공무가 있어 그곳에 나아가니 두 군(君)이 내게 읍을 하고 중수기를 부탁하였다.

나는 실로 종친부의 재건에 느낀 바가 있다. 자세히 둘러보고 나서야 집의 높은 위치는 시야가 확 트여 시원하고, 장대한 건물의 구조는

14 종친부 중수기 : 내용에 따르면 1626년(인조4)에 의창군과 귀천군의 부탁을 받고 이 글을 쓴 것으로 보인다. 다만, 한국문집총간 96집《백헌선생집(白軒先生集)》권41〈귀천군시장(龜川君諡狀)〉에 따르면 1631년(인조9) 귀천군 이수(李晬)가 왕자 의창군과 종친부를 중수할 것을 의논하였고, 공사를 마치자 왕자와 부마와 여러 종친들과 연회를 열고 낙성식을 가졌다고 기록되어 있다.

새가 날개를 편 듯 높다랗고, 굽어보는 뛰어난 경관은 빼곡하고 깨끗하며, 연침(燕寢)과 뜰 문은 그윽하고 고요하며, 성과 저자의 거리는 번화하고 드넓으며, 진산(鎭山)의 우뚝함과 정원의 초목은 높고도 무성하다는 것을 알게 되었다. 선왕께서 도읍을 정하여 땅을 나누고 관서를 배치한 것이 참으로 정연하다 하겠다.

종친부 건물이 소실된 지 30년이나 되는 긴 세월 동안 종친부 일을 맡은 사람이 여럿이었지만 두 군에 와서야 비로소 중건을 논의하게 되었으니, 어찌 기다리는 바가 있어 그러했던 것이 아니겠는가. 왕실의 병풍이 되고 울타리가 되어 뿌리를 깊고 공고히 한 것이 지극하다. 우리나라에서 소목(昭穆)의 차례를 정하여 대군(大君)과 군(君)으로부터 정(正), 수(守), 영(令), 감(監)에 이르기까지 장복(章服)[15]의 등급이 조정의 신하들과는 다르고 궁궐에서의 자리도 구분되니, 지극히 존귀하다. 종친부의 체통은 삼공(三公)보다 높아, 속관들을 두고서 '전첨(典籤)', '전부(典簿)'라 하니, 모두 옛 제도를 본받은 것으로서 조정의 예우가 대단히 높다. 그런데 높은 지체와 임금의 총애를 믿고 겸양의 도리를 생각지 않으며 왕왕 기강을 어기고 분수를 넘어서 종실의 명부에서 삭제되는 이가 많았다. 이는 여러 종친들이 미워하는 바이니 또한 경계할 만하다.

두 대군은 지난 혼조(昏朝 광해군) 때 절개를 지키고 태평성대에 아름다운 덕을 퍼뜨려 각별한 신임을 받고 종맹(宗盟)의 중임을 맡아, 여러 종친들을 힘써 이끌고서 종친의 화목을 밝게 펼치고 예의를 베풀었다. 나라를 반석처럼 편안히 만들어 시서(詩書)에서 일컬은 바를 저버리지

15 장복(章服) : 품계와 작록에 따라 예복에 해, 달, 별 등의 도안을 수놓는 것을 말한다.

않는다면, 어찌 단지 자잘한 중견의 치적으로 후세에 이름을 남길 뿐이겠는가. 나는 삼가 이로써 두 군에게 권고하고 당 안에 걸어둔다.

퇴사재기[16]

退思齋記

잠와공(潛窩公 이명준(李命俊))께서 병조 참판에서 물러나 파릉(巴陵 양천(陽川))에서 요양하시는데 병세가 날로 심해져서 내가 홀로 말을 타고 문안을 드리러 갔다. 외지고 작은 시골 마을이라 길에는 온통 잡풀이 가득한데, 몇 칸 초가에 남쪽을 향해 문을 낸 곳이 바로 '잠와'라는 곳이다. 잠와공은 그곳에 사셨는데 질박한 책상과 짚자리가 무척이나 누추하였다. 그 아래 쓰러져가는 초가집이 있었는데 풀을 엮어 문을 만들어 비바람조차 거의 가리지 못할 듯하였다. 바로 공의 부인과 아들들 및 며느리가 사는 곳이었다. 잠와에서 열 걸음 못 미쳐 동쪽으로 두 칸짜리 작은 초가집이 있는데, 공이 돌아와서 새로 지은 집으로 장차 편히 쉬려는 장소로 삼을 곳이라고 한다.

내가 들어가서 공에게 절을 올렸는데, 공은 초췌하고 거동이 불편하여 이야기하기 조금 피로해 하였다. 그러나 이야기가 나랏일에 이르자 쉼 없이 격앙되어 흥기하는 기색이 있었다. 그러더니 새로 지은 집을 가리키며 나에게 말하기를,

"내 비록 관직에서 물러났으나 우리 임금을 잊을 수가 없어 '물러나서는 임금의 허물을 보완할 것을 생각한다.〔退思補過〕'[17]라는 공자의

16 퇴사재기 : 이명준이 양천에 머문 때가 1630년(인조8)으로 이 기문은 대략 이 시기에 쓰여 진 것으로 보인다. 본서 제13권 〈병조 참판 이공 행장〉 참조.

17 물러나서는……생각한다 : 《효경(孝經)》 전9장 〈사군(事君)〉에 "군자가 임금을

말씀을 내 서재의 이름으로 붙여 스스로 경계하려 하니, 자네가 나를 위해 기문을 써 주게."

하였다. 내가 절하며 명을 받들고 물러나와 그 서재에 올라가니, 서재는 잠와에 비해 더 좁고 누추하였다. 벽과 창만 대략 갖추었을 뿐 밝고 시원한 경관이 없어 우울하고 적막한 생각만 더하였다. 공이 이곳에서 아침저녁을 보내노라면 백성의 고통을 걱정하고 임금을 보필하는 길을 생각하는 마음이 더욱 절실할 것이다.

공자께서 임금을 섬기는 도리에 대해 말씀하신 것이 한두 가지가 아니지만 증자(曾子)의 책[18]에 적혀있는 것이 상세한데, 끝맺으며 말하기를 "위와 아래가 능히 서로 친하게 된다."고 하였다. 신하가 충성스럽다 해도 임금이 받아들이지 않으면 서로 친해질 수가 없으니, 이것은 신하의 도리를 말하면서 아울러 임금의 도리도 함께 말한 것이다. 태사공(太史公) 사마천(司馬遷)이 이것으로써 제(齊)나라 재상 안영(晏嬰)을 칭찬하였는데,[19] 공 또한 이것으로써 서재의 이름을 삼았으니 담은 뜻이 깊다.

섬김에, 나아가서는 충성을 다할 것을 생각하고 물러나서는 허물을 보완할 것을 생각하여, 임금의 아름다운 점은 받들어 따르고 임금의 잘못된 점은 바로잡아 구제한다. 그러므로 위아래가 능히 서로 친하게 된다.〔君子之事上也, 進思盡忠, 退思補過, 將順其美, 匡救其惡, 故上下能相親.〕"라는 공자의 말에서 나온 것이다.

18 증자의 책 : 증자가 지은 것으로 알려진 《효경(孝經)》을 가리킨다.

19 태사공……칭찬하였고 : 사마천은 안영에 대해 "간언을 할 때에는 임금의 얼굴을 범하였으니 이른바 '나아가서는 충심을 다할 것을 생각하고 물러나서는 임금의 잘못을 보완하기를 생각한다.〔進思盡忠, 退思補過.〕'라는 것이 아니겠는가." 하여 《효경》의 이 말을 가지고 그를 칭송하였다. 《史記 卷62 管晏列傳》

잠와공의 평생 관력은 내직이든 외직이든 쉬운 자리든 어려운 자리든 막론하고 직분을 다하고자 생각하였고, 편안할 때든 어려울 때든 온축한 능력을 다하고자 생각하였으니, 공을 아는 사람과 알지 못하는 세상 사람들은 모두 공을 골경지신(骨鯁之臣)으로 지목하였다. 아홉 조목의 상소[20]를 올리자 모든 사람이 두려워하였는데, 이윽고 임금께서 가상하다는 비답을 내리시고 곧장 두 사람의 궁인을 내보내고 얼마 후에 공을 대사간의 지위로 승진시킨 일은 세상의 아름다운 이야기가 되었다. 이는 《주역》의 〈태괘(泰卦)〉[21]에 해당하고 《서경》의 '불불(弗咈)'[22]에 해당하니, 어찌 위아래가 서로 친한 정도에 그치겠는가.

공이 관직에서 물러난 뒤 병세가 날로 심해지고, 처자식은 춥고 배고프며 거처는 좁고 누추하였으나 공의 마음을 얽맬 수 없었다. 우국충군의 일념이 쉼 없이 그치지 않아 '퇴사(退思)'라는 이름을 걸어 두고서 그 지조를 가다듬으니, 나는 여기서 군신간의 바른 도리를 보게 되었다. 신하가 충성스런 말을 올렸는데 임금이 받아들이지 않으면 신하가 아름다운 명성을 누리고, 신하가 임금의 면전을 범하였는데 임금이

20 아홉 조목의 상소 : 1630년(인조8) 7월 2일에 올린 상소로, 내수(內修)에 관한 다섯 가지 조목과 외양(外攘)에 대한 네 가지 조목을 말한다. 이때 궁중에 새로 들어온 여시(女侍)가 조기(趙琦)와 김두남(金斗南)의 첩의 딸임을 들어 간언하여 결국 두 사람이 궁을 나가게 되었고, 이 상소로 말미암아 이명준은 대사간에 오르게 되었다. 《仁祖實錄 8年 7月 2日》

21 주역의 태괘(泰卦) : 《주역》 〈태괘 단(彖)〉 의 "군자의 도는 자라나고 소인의 도는 소멸되어 간다.〔君子道長, 小人道消也.〕"라는 말을 가리킨다.

22 서경의 불불(弗咈) : 《서경》 〈이훈(伊訓)〉에, 이윤(伊尹)이 태갑(太甲)에게 선왕인 탕왕의 덕을 말하여 훈계하면서 "간언을 따르고 거스르지 않으셨다.〔從諫弗咈〕" 하였다.

배척하면 신하가 곧장 물러나니, 세상이 다스려지지 않는 것은 늘 여기에 연관되어 있다. 공이 충언을 하자 임금이 메아리처럼 받아들이고, 공이 면전에서 강력히 간언하자 임금이 행여 그 말을 다 따르지 못할 것처럼 행동하여 군신이 덕을 같이하고 서로 닦고 함께 누리니 그 또한 훌륭하다. 그러나 공은 스스로 만족하지 않으시고 그 강직한 태도를 풀지 않았다.

아, 공은 공자의 말씀[23]에 깊이 깨달은 바가 있구나. 임금의 아름다운 점은 받들어 따르면 따를 만한 아름다운 점이 있고, 물러나서 임금의 허물을 보완할 것을 생각하면 허물이 있어도 보완할 수 있다. 이로부터 보완할 만한 허물이 없고 따를 만한 아름다움이 있는 경지에 이른다면, 임금의 덕이 지극하게 되고 신하의 책무를 다하게 될 것이다. 이는 이윤(伊尹)과 주공(周公)이 할 수 있었던 일이니 저 제나라의 안영이 어찌 감당할 수 있겠는가. 사마천은 말을 잘못하였고, 또 사람을 보는 것도 잘못하였다. 공의 몸은 비록 물러나 있지만 공이 날마다 말씀을 올려서 임금의 덕이 순수해지고 다스림의 도가 바로선다면 공은 퇴사재 안에서 편안히 지내며 시골 생활의 즐거움을 관직과 바꾸지 않을 것이니, 대부의 반열에 있는 익성도 영광을 입게 될 것이다. 아, 공께서 스스로 맡은 임무가 크구나.

23 공자의 말씀 : 앞에서 언급한 《효경》의 말이다. 자세한 내용은 401쪽 주17 참조.

근민헌기[24]

近民軒記

오로지 온화한 태도를 취하면 어질다고 칭송하고, 과단성 있게 처리하면 능력있다고 칭찬하니, 두 가지가 비록 우열이 있으나 대체로 다스림의 요체이다. 오늘날의 관리는 조정의 법규를 조심스레 따르면서 모두 꼼꼼하고 청렴하게 스스로 힘쓴다고 하니, 미숙한 사람은 어진 것처럼 보이고 교활한 사람은 능한 것처럼 보인다. 임금이 보위에 오른 지 십 년이 지났는데 민생이 소생하지 못하고 국세가 펼쳐지지 못하는 것은 단지 이 때문이다.

호남 지방은 거둬들이는 부세가 다른 지역보다 열 배나 되는데, 백성은 간사하고 아전은 교활하여 예로부터 다스리기 어렵다고 일컬어졌다. 여산군(礪山郡)은 교통의 요지로 사방에서 곡식이 들어오는 곳이어서 일을 그르치는 바람에 그만두지 않은 경우가 거의 없고, 그렇지 않으면 또 겨우 상급 관청의 눈치를 보거나 토호와 결탁하여 구차히 지낼 뿐이다.

조 군수 대형(大亨 조창원(趙昌遠))씨가 여산을 다스린 지 겨우 일 년 만에 정치가 제대로 이루어졌는데, 온화한 풍도가 있고 치적이 자자하

24 근민헌기 : 조창원(趙昌遠)이 직산 군수(稷山郡守) 재직 당시의 치적(治積)으로 당하관에 오른 시기가 대략 1628년(인조6)이고 그해 겨울에 여산 군수에 제수되었는데 내용에 1년간 여산 군수로 재직한 것이 확인되는 바, 이 작품은 대략 1629년경에 쓰여진 것으로 추정된다.

였다. 조 군수가 참으로 어진 관리이기는 하지만, 어찌 또 능력있는 관리가 될 수 있었는가. 어질면서 능력있는 것은 한나라 무제(武帝)와 선제(宣帝) 시절에도 이미 어려웠다. 조 군수가 군의 치소(治所)에 나아가 웅덩이를 터서 연못을 만들고 연못 가까이에 정자를 세워 '근민(近民)'이라는 이름으로 편액을 달고서는 수백 리 떨어진 곳으로 편지를 급히 띄워 나에게 그 편액의 글씨를 쓰고 그 사실을 기록해 달라고 부탁하였다. 나는 마침내 반신반의하던 마음을 풀고서 즐거운 마음으로 아래와 같이 말한다.

조 군수와 같은 사람은 다스림의 요체를 알고 그것을 잘 활용하는 사람이라 하겠다. 어진 관리이면서 능력 있는 관리가 될 수 없는 이유는 비단 그릇이 크고 작거나 재주가 뛰어나고 못나서 그런 것이 아니라 형세상 공존할 수 없기 때문이다. 사람의 마음은 관대하게 대하면 경시하여 잊어버리고, 핍박하면 복종하지만 원망한다. 어린 아이는 누구나 그 어미를 가까이 여기지만 그 덕을 잊고서 울며 소리치고 비웃고 욕하는 것은 경시하기 때문이고, 노비는 누구나 윗사람을 엄하게 여기는데, 수고롭게 일하고 몸을 고달프게 하는 것은 복종하기 때문이다. 엄하면 복종하게 할 수는 있지만 원망이 없게 할 수는 없으니, 원망이 없어야 백성이 가까워진다. 이것이야말로 다스림의 요체를 알았던 옛 사람이 급선무로 여긴 것이다. 조 군수가 무슨 방법으로 백성을 가까이하였는지 감히 알지 못하겠지만, 온화한 풍도와 혁혁한 치적은 형세상 공존할 수 없는데 조 군수는 나란히 시행하면서도 상충하지 않게 하였으니, 백성에게 베푼 덕이 거의 "부끄러움을 느끼고 잘못을 바로잡는다."[25]는 경지에 가까울 것이다. 어찌 단지 백성을 가까이하는 정도에 그치겠는가.

그러나 나는 군수의 뜻을 알겠으니, '부끄러움을 느끼고 잘못을 바로잡는다.'는 가르침을 기약하면서 우선 백성을 가까이 하는 정치를 시험 삼아 시행한 것이다. 늙은이를 우대하고 어린이를 보살핀다면 효성스럽고 공손한 이들이 군수를 가까이할 것이며, 약한 자를 격려하고 완고한 자를 채찍질하면 비천하고 부박한 이들이 군수를 가까이 할 것이며, 수고한 자를 놀게 하고 피곤한 자를 쉬게 한다면 병든 이들이 군수를 가까이할 것이며, 가난한 자를 구휼하고 부유한 자를 나누도록 하다면 쇠약한 이들이 군수를 가까이할 것이니, 이런 부류의 사람이 모두 군수를 가까이하게 된다면 포악한 사람은 교화되어 어린아이 같은 백성이 되고 신음소리는 변하여 노랫소리가 될 것이다. 군수는 날마다 일이 없어 오사모(烏紗帽)에 도복(道服)을 입고 연꽃 핀 못과 대나무 언덕 사이에서 휘파람을 불고 시를 읊조릴 것이니, 백성은 그가 태수인 줄도 모르고 신명으로 여길 것이다. 군수가 백성을 가까이 한 방법이 이 앞서 말한 두 가지[26]를 벗어나는가.

군수의 이름은 창원(昌遠)이고 대형은 그 자이며 한양 사람이다. 일찍이 직산현(稷山縣)의 수령이 되어 훌륭한 정사를 펼치니 조정에서 등급을 뛰어넘어 정직(正職)[27]에 제수하였다가 낮추어 여산군으로 전

25 부끄러움……잡는다 : 《논어》 〈위정(爲政)〉에 "백성들을 법으로 이끌고 형벌로 단속하면 백성들이 처벌을 면하려고만 하고 부끄러움을 느끼지 않지만, 덕으로 인도하고 예로 단속하면 백성들이 부끄러움을 느끼고 잘못을 바로잡는다.〔道之以政, 齊之以刑, 民免而無恥, 道之以德, 齊之以禮, 有恥且格.〕" 하였다.

26 두 가지 : '어짊〔良〕'과 '능함〔能〕'을 가리킨다.

27 정직(正職) : 《인조실록》 9년 8월 23일 기사에 따르면 조창원은 직산 현감 당시의 치적으로 준직(準職)에 제수되었는데, 여기서의 정직(正職)은 준직(準職)을 말하는

임되었다. 이로써 조정이 호남을 중시하는 것을 알 수 있다.

듯하다. 준직은 당하관의 최고 직급이다.

영보정 중수기[28]

永保亭重修記

호서의 바다 가까이에 있는 군현을 내포(內浦)라고 하는데, 내포 일대는 산세가 펑퍼짐하여 완만하게 떨어지지만 오서산(烏栖山)만은 특출나게 내달려서 그 기세가 마치 목마른 용(龍)이 바다를 향해 달려가는 듯하다. 산세가 멈추는 곳에서 고개를 우뚝 쳐들어 천 길 푸른 절벽을 이루다가 물 가운데로 갑자기 들어가서 절로 성(城)과 해자를 이루는데 주변이 몇 리나 된다. 그 천연의 험지를 이용해 성곽을 둘러세우고 화려한 누대를 지은 곳이 수군절도사의 영(營)이다.

안면(安眠), 원산(圓山) 등 하나의 봉우리로 된 섬들이 병풍과 장막처럼 가로막고 있고, 비중(比衆), 결기(結己), 사포(寺浦), 홍양(洪陽) 등 새로 설치한 고을의 산들이 신하처럼 빙 둘러서서 향하고 있다. 조수가 섬 사이로 쏟아져 들어와 상류와 통하는데, 이것이 모여서 아주 넓은 호수를 이룬다. 높은 성에 자리하여 넓은 호수를 내려다보며 날아갈 듯한 누각을 머리에 이고 있는 것이 영보정(永保亭)이다.

호수 한 가운데 두 섬이 마치 그림처럼 마주 솟아 있는데, 안개 낀 파도와 아스라한 아지랑이 속에 떠 있는 모습이 마치 구슬이나 탄환 같다. 용마(龍馬)가 이따금 나타나 눈보라를 뿜으며 허공으로 솟구치

28 영보정 중수기 : 이 글은 저자가 1641년(인조19)에 당시 충청 수사로 있던 민진익(閔震益)의 요청으로 지은 것이다. 영보정은 충청남도 보령의 수영(水營) 안에 있던 정자로 지금은 남아 있지 않다.

는데 마치 신기루나 환영 같다. 이 정자에 오르면 훨훨 구름 위로 오르는 기분이 드니, 거의 인간세상의 경치가 아니다. 이로 인해 정자의 이름이 나라 안에 알려지게 되었다. 왜적을 정벌할 때에 중국의 수군이 이 정자 앞에 와서 정박하였다. 그때 장수들은 대부분 강남 사람이었는데, 모두 이곳의 경관이 악양루(岳陽樓)보다 뛰어나고 하였다. 그렇다면 또한 천하의 명승지라고 이를 만하다.

나는 경진년(1640, 인조18) 가을에 휴가를 얻어 이 정자에서 머물러 쉬면서 밤낮으로 배회하며 마음으로 매우 즐거워하였는데, 또한 감개가 없을 수 없었다. 변하지 않는 것은 천연의 험지이고 쉽게 훼손되는 것은 사람의 공력인지라 바다와 산의 빼어난 경관은 새 것 같은데 용마루와 서까래의 단청은 이미 낡았고, 비 맞은 처마와 안개에 젖은 마룻대는 또 기울어지고 무너지려 하니, 필시 무너진 것을 일으켜 다시 새롭게 할 사람이 따로 있을 것이라 여겼다.

이듬해 가을, 호서 수군절도사가 급히 사람을 보내 글을 전하여 나에게 영보정 중수기를 부탁하였다. 내가 심부름 온 사람을 앞으로 나오게 하여 물었더니 그가 말하기를,

"영보정이 지어진 지는 오래되었습니다. 홍치(弘治) 갑자년(1504, 연산군10)에 함천군(咸川君) 이양(李良) 공이 이 진(鎭)에 부임하여 낡은 건물을 허물고 정자를 세워 처음 편액을 걸었고, 연헌(蓮軒) 이의무(李宜茂)가 기문을 지었습니다. 70년이 지나 만력 갑술년(1574, 선조7)에 이흔(李昕) 공이 옛 건물을 보수하여 지금까지 68년이 되었습니다. 썩은 기둥과 서까래를 바꾸고 무너진 난간을 고치며, 기와를 잇고 벽돌을 올리며 문과 시렁을 모두 정비하고 꾸미며 현판을 바꾸어 거니 찬란히 광채가 더합니다."

하였다. 내가 그 비용을 물으니 답하기를,

"모두 절도사의 봉급을 덜어 비용을 대었지 병졸 한 명의 힘도 쓴 적이 없습니다."

하였다. 나는 마침내 빙그레 웃으며 아래와 같이 말한다.

나는 무너진 것을 일으켜 거듭 새롭게 할 사람이 따로 있을 줄 알고 있었다. 내가 예전에 호서 지방에 들어갔을 때 수군절도사의 다스림에 대해 익히 들었는데, 자신의 몸가짐이 매우 엄숙하고 권세가를 두려워하지 않으며, 마땅히 지켜야 할 체통을 법처럼 지키고 마땅히 시행해야 할 군정을 명령처럼 시행하였다. 그 영(營)에 들어가 보니, 누선(樓船)이 바다를 가로지르는 모습이 마치 성루처럼 엄정하였고 무예를 겨루는 비장(裨將)은 재주가 매우 뛰어났다. 진(鎭)에 소속된 모든 이들이 명령을 따르며 부림 받는 것을 즐겁게 여겼다. 나는 이미 그가 선후와 경중을 알고서 다스린다는 사실을 알고 있었으니, 정자를 수리하지 않는 것은 할 수 없어서가 아니었다.

장수의 도리는 체통을 세우고 군령을 엄격히 하여 병기가 날카롭고 병사가 용감해진 뒤에야 일에 여유가 많아진다. 여유가 있어야 정자를 수리할 수 있고 빈객을 재울 수 있다. 이 점에 대해서는 《주서(周書)》에서 경계하여 적어 놓았다. 그의 다스림이 질서정연하게 조리가 있지 않은가. 그 정사의 성공을 충분히 증명할 만하다. 다스림이 이와 같다면 천연의 험지를 지킬 수 있고 사람들 사이의 화합을 지킬 수 있으며 정자에서 감상하는 즐거움도 지킬 수 있다. 나중에 다스리는 자가 절도사처럼 다스린다면 그 즐거움을 길이 무궁하게 지킬 수 있을 것이다.

수군절도사의 이름은 진익(震益)으로 여흥(驪興) 사람이다. 병자호란 때 선전관으로 부절을 받들고 호서의 근왕병(勤王兵)을 징발하였으며, 죽음을 무릅쓰고 넓은 포위를 뚫고서 남한산성에 들어왔다가 다시 격문을 가지고 성을 나가 원수의 여러 군사를 두루 효유(曉諭)한 다음 때를 넘기지 않고 복명하였다. 당시 나는 금군(禁軍)을 총괄하여 좌우에서 성상을 모셨는데, 성상께서 그의 충성과 용맹을 장려하고 품계를 올려주어 당상관에 제수하는 것을 보았다. 몇 년 지나지 않아 군수에서 절도사로 승진하였으니 세상에 드문 지우이다. 절도사에 관한 일을 처음부터 끝까지 아는 사람으로는 나만한 사람이 없고, 내가 예전에 이 정자에 올라 무너진 것을 일으켜 거듭 새롭게 하는 책임을 기대한 적이 있으니, 그 전말을 차례로 기록하며 감히 글재주가 부족하다고 사양하지 않고 이것을 기문으로 삼는다.

근수당기
近水堂記

양천(陽川) 허상보(許相甫 허정석(許廷奭))가 양근군(楊根郡)의 두물머리-마을 이름-에 터를 잡아 띠풀을 베어 집을 짓고서 회수(淮水) 노인에게 이름을 무엇으로 할 것인지 물었는데, 노인이 '근수(近水)'로 이름을 지었다. 상보가 말하기를,

"제 집이 비록 좁고 누추하지만 용문산(龍門山)을 등지고 두협(斗峽)을 안고 있으며 우천(牛川)과 운길산(雲吉山)이 좌우에서 둘러싸고 있습니다. 사계절이 차례로 오면 구름이 모습을 바꾸니, 가져다가 이름으로 삼아 나의 집을 호사스럽게 할 만한 것이 적지 않습니다. 굳이 '근수'라는 이름을 거는 것은 무슨 뜻입니까?"

하였다. 노인이 빙그레 웃으며 말하였다.

"용문산과 두협이 상보의 집과 얼마나 떨어져 있는가?"

"십 리쯤 됩니다."

"운길산과 우천산은 또 얼마나 되는가?"

"비슷할 겁니다."

"강은 상보의 집과 어느 정도 떨어져 있는가?"

"열 걸음도 안 될 정도로 가깝습니다."

"그렇다면 먼 것을 버리고 가까운 것을 취하는 것이 또한 마땅하지 않은가. 게다가 사계절은 어쩔 수 없이 바뀌는 것이고 구름은 바람이 부는대로 걷혔다 퍼졌다 하는 것이다. 어쩔 수 없이 바뀌기 때문에 천지도 그 기미를 붙잡을 수 없고, 바람이 부는대로 걷혔다 퍼졌다

하기 때문에 천지도 그 형체를 정할 수 없다. 천지가 붙잡을 수도 정할 수도 없는 것을 상보가 어찌 가져다가 당의 이름으로 삼을 수 있는가.

이 물은 오대산(五臺山)과 개골산(皆骨山)에서 발원하여 천 리를 나누어 흐르다가 용문산 아래에서 옷깃처럼 합류한다. 상보의 집은 요행히 그 위에 자리잡고 있으니, 그 형세는 논할 것도 없고 상보의 일상생활을 여유롭게 해주는 점이 많다. 여기에서 물을 길어 온 가족의 입을 축이고 여기에서 낚시하여 끼니를 대고 여기에서 머리감고 여기에서 빨래하고 여기에서 헤엄치고 여기에서 물을 건넌다. 그러나 이것은 외면적인 것이지 내면적인 것이 아니다.

출렁이는 봄 물결은 화기(和氣)를 기르기에 충분하고, 성대한 여름 장마는 답답함을 씻어내기에 충분하고, 가을 하늘에 뜬 달은 정신을 맑게 하기에 충분하고, 추운 겨울의 얼음은 깨끗함을 취하기에 충분하다. 절서에 따라 감응하면 사계절의 마음을 볼 수 있네. 그리고 여러 산의 구름이 두물 사이에서 나타났다 사라졌다 하여 거울 속의 형상이 되고 형상 속의 물색이 되니, 이와 같다면 과연 '근수'라는 이름이 상보의 집에 걸기에 부족하겠는가."

상보가 이제 이 집에 살면서 몸을 다스리고 덕성을 수양하면 물을 관찰하는 방법[29]을 절로 알게 될 것이니, 단지 '근수'의 뜻을 서술하여 기문으로 삼는다.

29 물을 관찰하는 방법 : 《맹자》 〈진심 상(盡心上)〉에 "물을 관찰하는 방법이 있으니, 반드시 여울을 보아야 할 것이다. 그러면 그 물의 근원이 있음을 알 것이다.〔觀水有術, 必觀其瀾.〕"라는 말이 나온다.

거창 김 대사성 사당기[30]

居昌金大司成祠堂記

거창 사람들이 따로 사당을 지어 고(故) 대사성 김 선생을 제사지내고 평산 신익성에게 글을 부탁하기에 내가 다음과 같이 말하였다.

"살아서 고향에 덕을 베풀면 그곳의 선비들이 제사지내고, 죽어서 다스렸던 곳에 은혜가 남아있으면 그곳의 백성이 제사지내며, 충신과 절사가 쫓겨나 머문 곳에 그 지방 사람들이 그의 의로움을 그리워하면 제사를 지낸다. 이러한 부류가 아니면 제사지내지 않는다. 거창은 선생의 고향도 아니고 또 다스리거나 머문 곳도 아닌데 어찌하여 그분의 제사를 지내는가?"

"저희 고을은 선생께서 돌아가신 곳입니다. 늠름한 충혼은 정해진 곳 없이 오르내리니, 어느 곳인들 가지 못하겠습니까. 한을 풀지 못한 억울한 영혼이 이곳에 있지 않을 줄 어찌 알겠습니까. 고을 사람들이 무너진 담과 황폐한 터를 지나며 탄식하고 감개하기를 오래되어도 변치 않고 있으니, 이른바 슬퍼하라고 시키지 않아도 슬퍼하고 공경하라고 시키지 않아도 공경한다는 말과 같습니다.[31] 그

30 거창……사당기 : 거창에 있는 김식(金湜, 1482~1520)의 사당을 위한 제문이다. 김식은 1519년(중종14) 기묘사화에 연루되어 선산(善山)에 유배되었다가 뒤따라 일어난 신사무옥에 연좌되어 절도로 이배된다는 소식을 듣고 거창에서 숨어 지내다 1520년에 자결하였다. 내용으로 보아 1644년(인조22)에 거창에 사당을 짓고 김식을 제향 할 때 이 글을 지은 것으로 보인다.

31 이른바……같습니다 : 《예기》 〈단궁 하(檀弓下)〉에, "잡초 우거진 무덤 사이에서

분이 남긴 풍도와 절개가 이와 같이 사람의 마음을 감발하니, 마침내 위패를 봉안하고 영령을 안치하여 후인들이 예를 표하고 제사를 지낼 수 있도록 계획한 것이니, 어찌 제사를 지낼 부류가 아니겠습니까."

나는 벌떡 일어났다. 영원히 기리고자 하는 마음과 독실한 가르침에 감복하였기 때문이다.

선왕의 법에 따르면 귀신에게 제사지내는 데는 등급이 있지만 의리로 시작하고 예에 맞는다면 군자는 허락하였다. 굴원(屈原)은 모래와 자갈을 품고 물에 빠져 죽었는데[32] 초나라 사람들이 그를 제사지냈고, 오원(伍員)은 죽은 뒤에 눈을 파내어 오나라의 멸망을 지켜보고자 하였는데[33] 서산(胥山)에 그의 사당이 있으니, 모두 충정을 다 바치고 절의를 지켰으나 주군을 잘 만나지 못해 죽은 것이다. 사람들이 슬퍼하

는 백성들에게 슬퍼하라고 시키지 않아도 백성들 스스로 슬퍼하고, 사직과 종묘 근처에서는 백성들에게 공경하라고 시키지 않아도 백성들 스스로 공경한다.〔墟墓之間, 未施哀於民而民哀, 社稷宗廟之中, 未施敬於民而民敬.〕" 하였다.

32 굴원(屈原)은……죽었는데 : 굴원(屈原)은 초나라 대부로 참소를 당해 나라와 임금을 근심하다 멱라수(汨羅水)에 투신하여 죽었다. 죽으면서 《회사(懷沙)》를 지어 자신이 모래와 자갈을 품고 강물에 몸을 던지게 된 사연을 남겼다. 《史記 卷84 屈原賈生列傳》

33 오원(伍員)은……하였는데 : 오원(伍員)은 초나라 오자서(伍子胥)이다. 오자서의 부형(父兄)이 초평왕(楚平王)에게 죽임을 당하자 오나라로 망명하여 오왕 부차를 도와 초나라를 정벌하여 원수를 갚지만, 뒤에 태재(太宰) 비(嚭)의 참소로 촉루검(屬鏤劍)을 받아 자결하였다. 자결할 때 "나의 눈을 파서 오나라 동문 위에 걸어두어 월나라가 침입하여 오나라가 망하는 것을 보겠다."고 유언하였다. 이 말을 들은 오왕은 노하여 오자서의 시신을 말가죽 부대에 담아서 오강(吳江)에 던져 버렸다. 그 뒤 9년 뒤에 과연 월나라가 오나라를 멸망시켰다. 《史記 卷66 伍子胥列傳》

다가 슬픔이 지극하면 존경하는 마음이 생기고, 존경하는 마음이 지극하면 존숭하고 떠받들어 사당을 지어 제사를 올리는 법이다. 더구나 선생은 억울하게 법망에 걸렸는데 도망가 숨을 방법도 없었다. 궁문을 두드리며 남모르는 분개를 쏟아낼 수도 없었고 또 종적을 감추고 때를 기다려 임금의 은혜에 보답할 수도 없었으니, 무너진 사원의 한 자리가 상수(湘水)의 물결이나 오강(吳江)의 파도[34]와 마찬가지로 지사(志士)가 눈물을 흘리는 곳이 되었으니, 거창 백성이 이런 일을 거행하는 것이 마땅하다. 의리로 시작한 것은 영원히 기리고자 하였기 때문이고, 예에 맞는 것은 가르침이 독실하였기 때문이다. 은혜를 베풀었다고 제사를 지내는 것은 사사로운 일이니, 은혜가 다하면 그만두게 된다. 하지만 의리를 지켰다고 제사를 지내는 것은 공정한 일이니, 의리는 사라지는 때가 없다. 백년 뒤에도 사문(斯文)[35]을 흥기시킬 것이니 어찌 지극히 공정한 일이 아니겠는가. 선생의 영혼에게 지각이 있다면 반드시 이 언덕에서 기뻐하며 이 사당에서 편안해 하실 것이다.

아, 선비가 이 세상에 태어나 충정을 다 바치고 절의를 온전히 지키다가 불행하여 지우를 입지 못하면 그만이다. 기묘제현들은 다행히 창성하는 때를 만나 융숭한 지우를 입었으니, 참으로 천 년에 한 번 있는 기회였다. 그러나 음흉한 계략이 한밤중에 갑자기 일어나 권세를

34 상수(湘水)……파도 : 굴원과 오자서의 고사를 가리킨다. 자세한 내용은 416쪽 주33 참조.

35 사문(斯文) : 유가의 학문과 도의로 예악(禮樂)의 교화와 전장제도(典章制度)를 가리킨다. 《논어》 〈자한(子罕)〉에, "하늘이 장차 사문을 없애고자 한다면 뒤에 태어난 내가 사문에 참여할 수 없었을 것이다.〔天之將喪斯文也, 後死者不得與於斯文也.〕" 하였다.

훔치고 틈을 만들어 착한 무리를 도륙한 북문(北門)의 일[36]과 같은 사건이 어느 시대에 있었던가. 그러므로 군자들은 숨어 있던 화란이 일어날 때는 위에서 일어나는 것이 아니라 흉악한 무리에게서 일어난다는 것을 잘 알고 있다. 이 때문에 구금되고 체포되는 와중에서도 자신의 몸을 걱정하지 않고 사직을 걱정하는 것이다. 선생의 옷에 있던 유소(遺疏)를 보면 충군애국의 성심과 의를 행한 사실을 천지신명이 보증할 수 있다.

아, 슬프다. 화가 일어난 지 27년 만에 인묘(仁廟 인종(仁宗))께서 비로소 친애하는 마음을 미루어 관작과 적몰된 가산을 돌려주었으며, 다시 23년 뒤 선조께서 즉위하자 포상하는 은전을 크게 베푸셨으며, 다시 76년 뒤에 따로 사당을 건립하여 제사를 올리게 되었으니, 앞뒤로 1백 24년이다. 나는 선생의 일을 논찬하고 이어 아래와 같이 고한다.

선생은 일찍이 학문으로 사람을 가르치셨다. 선생의 사당을 참배하는 선비들이 선생을 생각하며 우러러보면 마음이 두려워져서 선생께서 스승의 자리에서 엄숙하게 자리하여 음성이 귀에 들리는 듯하고 가르침을 받는 듯할 것이다. 자신을 수양하고 집안을 다스리고 조정에 서서 선생의 뜻으로 자신의 뜻을 삼고 선생의 도를 행하여 서로 돕고 격려하여 선생이 마치지 못한 일을 계속한다면 선생은 죽지 않은 것이다. 거창 사람들은 참으로 선생의 유풍을 통해 흥기할 수 있을 것이다.

선생의 휘는 식(湜)이고 자는 노천(老泉)이다. 연산군(燕山君)의 암흑기가 지난 뒤 가장 먼저 성리학을 창도하여 학자들이 종주로 여긴다.

36 북문(北門)의 일 : 기묘사화를 가리키는 말로, 중종이 북문으로 몰래 사람을 불러들여 조광조 등을 일망타진하게 하였다.

처음에는 천거로 헌직(憲職)에 제수되었다가 현량과에 장원급제하여 품계를 뛰어넘어 관직이 대사성에 이르렀기에 지금까지 그를 '김 대사성'이라고 칭한다. 그분의 계보와 이력은 나라의 역사에 기록되어 있고 《기묘당적(己卯黨籍)》에 실려 있으며, 돌아가실 때의 일은 거창 사람들이 잘 알고 있다.

횡성 객관 중수기[37]

橫城客館重建記

농지를 개간하고 도로를 정비하였으며, 홍살문을 세우고 객사를 확장하였으며, 홰나무와 버들이 무성하게 그늘을 드리우며, 닭울음소리와 개 짖는 소리가 들리면, 이러한 고장은 정사가 잘 다스려진 것이다. 외성이 평평하고 병기가 없으며, 고을에 가옥이 드물고 잡초가 길을 뒤덮고 있으며, 양과 돼지가 밖에서 온다면, 이러한 고장은 정사가 잘 다스려지지 않은 것이다. 하지만 이것은 보통이다. 혹은 소매에 손을 넣고 아무 일도 하지 않으며 녹만 먹는 데도 능히 백성을 보호하기도 하고, 혹은 밖으로는 재주와 능력을 팔면서 안으로는 부실한 경우도 있다. 그러므로 명분과 실제에 현혹되지 않을 수 없다. 그러나 새것을 만들고 옛것을 회복하는 일은 흥폐와 성쇠에 관계되니 이것으로 그 실적을 확인할 수 있다.

나는 영동과 영서 지방을 유람하면서 두 번 횡성(橫城)을 지난 적이 있다. 고을이 깊은 산 속에 있는데 토지가 메마르고 거칠어 백성이 드물고, 관청은 폐허가 되어 가라지와 기장이 자라며, 관청은 초가집으로 백성의 집과 구별이 되지 않았다. 임진왜란 이후로 오십 년이 지나도록 어찌 어질고 능력 있는 수령이 한두 명도 없었겠는가. 읍의 재력이 필시 경영하기에 부족했기 때문일 것이니, 횡성의 관청이 중수되는

37 횡성 객관 중수기 : 이 글은 강문성(姜文星, 1603~1646)이 횡성 현감에 제수된 1637년(인조15)으로부터 6년이 지난 1642년 경에 지은 것으로 보인다.

날은 끝내 없을 것이라 여겼다.

하루는 강후(姜侯) 재명(再明 강문성의 자)이 나를 찾아와 말하기를,

"우리 고을의 객사가 불에 탄 지 오래되었는데 내가 옛터를 쓸고 닦고서 자리를 잡아 지었습니다. 마산(馬山)을 진산(鎭山)으로 삼고 서천(西川)이 이곳을 지나니, 공수하며 읍하는 형세가 알맞고 환경이 맑고 고요합니다. 세 칸짜리 당과 좌우로 붙은 방, 대청과 대문과 담장을 모두 옛 제도에 따라 지었으니, 그대가 기문을 써서 후세 사람들이 보도록 해 주십시오."

하였다. 나는 이 말을 듣고 전일의 편협한 견해가 부끄러웠다. 횡성의 토양이 더 비옥해지지도 않았고, 백성이 더 조밀해지지도 않았는데 못과 도랑의 경치가 하루아침에 환해졌으니, 허물어진 것을 일으키는 이치는 과연 사람에게 달린 것이지 사물에 달린 것이 아니다.

아, 50년 동안 횡성 수령을 지낸 사람이 얼마나 많겠는가. 그런데 재명을 얻고서야 옛 모습을 복원하게 되었으니, 관직에 적임자를 얻기가 참으로 쉽지 않구나. 재명은 어떤 특별한 능력을 소유한 것일까. 옛사람의 정사는 백성을 사랑하고 비용을 절약하였을 뿐이라는 말을 듣고서 이 방도에 따라 선성(宣城)[38]을 다스려 임기를 채우고 최고 고과를 받자 다시 한 차례 임기를 주어 피폐한 백성을 소생시키는 책임을 완수한 일로 표창을 받아 이 현을 다스리게 된 지가 또 6년이다. 백성이 사랑을 받으면 안정되고 비용이 절약되면 넉넉해진다. 재물이 넉넉하고 백성이 안정되면 정사에 여유가 많고 일이 쉽게 성취된다. 또 능히

38 선성(宣城) : 교하(交河)의 옛이름이다. 강문성은 횡성 현감으로 부임하기 전에 교하 현감을 지냈다. 《承政院日記 仁祖10年 2月 22日》

〈주관(周官)〉의 법에 따라 흉년에 공사를 일으킴으로써 진휼하는 정사를 아울러 시행하여 굶주린 하인을 먹이고 가난한 중에게 보태주었는데, 일이 빠르게 완수되어 백성들은 알지 못하였다. 정책을 시행하는 데서 그의 재주와 지혜가 잘 드러난다. 재명을 작게 썼으니 그 공적이 여기에 그친 것인데, 만일 크게 쓴다면 그 공적을 어찌 헤아릴 수 있겠는가.

나는 이제 늙었다. 다시 산과 바다를 유람할 수는 없지만 횡성의 농토와 도로, 집과 대문과 담장이 내 눈에 선하다. 마침내 기문을 써서 재명에게 준다. 재명의 이름은 문성(文星)으로 시흥 사람이다.

은병서원 중수기[39]

隱屛書院重修記

해주(海州)의 선비들이 사람을 통해 내게 말하기를,

"율곡(栗谷) 이 선생께서 예전에 은병(隱屛) 아래에 정사(精舍)를 지으셨는데, 선생이 돌아가시자 고을 사람들이 마침내 선생의 제사를 모셔 후학들이 길이 공경하고 본받도록 하였습니다. 그런데 불행히 임진왜란을 거치면서 퇴락하여 만력 갑신년(1604, 선조37)에 중수하였습니다. 관찰사와 목사가 돌아가신 상국(相國 신흠(申欽))의 기문을 받아 새겨놓은 지 거의 40년이 되었는데, 40년 동안 또 위에서 내리는 비와 옆에서 부는 바람을 피하지 못하여 기울어지고 퇴색하였습니다. 고을 사람들이 힘을 모아 새로 중수하여 거의 옛 모습을 회복하였으니, 한 말씀 해주신다면 기록하여 선군자께서 지으신 기문[40]을 잇고자 합니다."

하였다. 나는 불민함을 사죄하며 절하고 무릎을 꿇은 채 받고는 눈물

39 은병서원 중수기 : 1575년(선조8)에 이이가 석담(石潭)에 청계당을 지어 가르치다가 1586년에 사당을 건립하여 석담서원(石潭書院)으로 불렸는데, 임진왜란 때 불에 탄 것을 1604년에 복원하고 1610년(광해군2)에 '소현(紹賢)'이라는 사액을 받았다. 이 글이 쓰여 질 당시에는 은병서원(隱屛書院)으로 불린 듯하다. 이글은 '선군자' 등의 표현으로 보아 신흠이 죽은 1628년(인조6) 이후에 지어진 것으로 보이나 자세한 연도는 상고할 수 없다.

40 선군자가 지으신 기문 : 신흠이 1606년(선조39)에 지은 〈율곡선생 은병정사 중수기(栗谷先生隱屛精舍重修記)〉가 《상촌집》 권22에 실려 있다.

을 훔치며 일어났다. 선군자께서 기문을 지을 당시 내가 붓과 벼루를 받들고 곁에 있었는데, 선군자께서는 격앙되어 감흥을 일으키며 선생의 말씀이 당시에 받아들여지지 않아 나라가 점점 기울어지고 엎어지는 화를 당하게 된 점을 더욱 애통해 하시며 그 본말을 꼼꼼하게 기록하셨으니, 당시 사람들을 면려하시고 고을 사람들을 장려하려는 뜻이 지극하였다. 지금 제군들이 내게 부탁한 것은 필시 선친 때문일 것인데, 나는 참으로 불초하니 어찌 감히 선친의 업적을 이어 글을 지을 수 있겠는가.

다만 선생은 창성한 시대를 만나 경세제민의 책임을 맡았다. 국가의 일을 논할 때 피하는 것이 없었으며, 임금이 있는 것만 알고 자신이 있는 줄은 모르며 국가의 안위가 있는 것만 알고 자신의 화복(禍福)이 있는 줄은 몰랐다. 그러므로 당시의 여론을 거스르는 경우가 많아 품은 뜻을 펴지 못했기에 항상 물러날 마음을 먹고 있었다. 정사를 건축한 것은 한 때 공부할 장소로 삼으려는 것이었는데, 훗날 온 지방 선비들의 요청으로 성상에게 아뢰어 사액을 받아 비로소 소현서원(紹賢書院)이라 불리며 사전(祀典)에 실리게 되었다. 이로써 온 나라가 존숭하고 떠받들게 되었으니, 선생의 도는 오래될수록 더욱 빛나고 행할수록 더욱 광대해질 것이다.

아, 제군이 중수한 경위를 써달라고 한 것은 아마 선생을 존숭하는 뜻을 서술하고자 한 것이리라. 그러나 선생을 존숭하는 방도가 어찌 제사를 올리고 향을 피우는 일에만 있겠는가. 그분의 도를 존숭하고자 한다면 마땅히 그분의 학문을 추구해야 한다. 큰 것으로 말하자면 이기(理氣)의 학설을 논하여 옛 현인이 밝히지 못한 것을 드러내어 어리석은 무리들을 깨우쳤고, 작은 것으로 말하자면 수십 년 전에 이미 난리가 일어날 조짐을 분명히 알았으니 마치 손바닥을 가리키는 것 같았다. 그 책을 읽고서 그분을 상상하면 비록 백대의 세월이 지난 뒤에도 흥기할 수 있을 것이다. 하물며 고을에 남기신 유풍과 공렬이 어제와 같은 경우에랴. 선군자께서 격앙되어 감흥을 일으킨 것도 우연한 일은 아니다. 만일 사당의 모습을 우러러보며 경건한 마음을 일으키고 그분의 언행을 상고하여 구차하고 나약한 뜻을 격려하며, 정밀히 생각하고 익숙히 강론하여 자신의 마음에 돌이키며, 왕도를 높이고 패도를 배척하고 중화를 중시하고 이적을 천시해야 함을 분명히 알고서 분연히 우뚝하게 서서 임금이 있는 줄만 알고 자신이 있는 줄은 알지 못하며 국가의 안위가 있는 줄만 알고 자신의 화복이 있는 줄은 알지 못하기를 선생과 같이 한 뒤에야 선생의 학문을 저버리지 않고 선생의 도를 존숭했다고 할 수 있을 것이다. 이 말로써 해주의 선비들에게 질정을 받고자 한다.

내외금강산 유람기[41]

遊金剛內外山諸記

나는 풍비(風痺)로 휴가를 청하여 고성(高城)의 탕천(湯泉)에서 목욕하게 되었다. 그곳으로 가려면 반드시 단발령(斷髮嶺)에서 출발하여 금강산 내산과 외산을 거쳐 구점(狗岾)으로 나와야 목욕하는 곳에 이르게 되는데, 바로 이 산의 신계동(新溪洞)이다. 목욕을 마치고 해안을 따라 서쪽으로 가서 대관령을 넘어 북원(北原 원주(原州))에서 수레를 멈추고 배를 띄워 한강까지 와서 선친의 무덤에 성묘하고 돌아왔다. 천여 리를 왕복하였는데, 바다와 산악은 말할 것도 없고, 그 사이의 호수, 누대, 동굴, 골짜기, 그리고 도가와 불가의 오묘한 자취는 인간 세상이 아닌 것 같았다. 천후산(天吼山), 오대산(五臺山), 치악산(雉岳山), 섬강(蟾江)과 여강(驪江) 또한 나라의 큰 산과 큰 강이니, 대단한 유람이었다. 돌아온 뒤에 벗들이 유람 중에 지은 글에 대해 묻기에, 소매와 광주리 속에서 글 몇 편을 찾았다. 대부분 술에 취해 읊거나 지루하여 한탄한 것이라 전혀 남길 만한 가치가 없다. 그러나 멀리 유람한 행적이 행여 이로 말미암아 없어지지 않을 것이라고 생각하여 그저 집안의 몽당비[42]로나 남기고

41 내외금강산 유람기 : 1631년(인조9) 가을에 휴가를 얻어 고성(高城) 탕천(湯泉)에서 목욕을 한 뒤 금강산 일대를 유람한 기록이다.

42 집안의 몽당비 : 하찮은 물건이나 자기에게는 소중한 것을 가리키는데, 자기 글에 대한 겸사로 쓰인다. 위 문제(魏文帝) 조비(曹丕)가 지은 〈전론(典論)〉의 "집에서 쓰던 몽당비를 천금의 가치가 있는 것처럼 애지중지한다.〔家有弊帚, 享之千金.〕"라는 속담

자 한다.

이 글은 《명악록(溟嶽錄)》[43]의 서문인데, 이제 여기에 옮겨 적는다.

단발령은 내산의 출입구이다. 단발령 위에는 회나무 두 그루가 있는데 그 아래에서 쉬면 산의 전체를 볼 수 있다. 여러 봉우리의 색깔이 대개 맑고 희어 마치 눈에 덮이거나 싸락눈이 내린 듯하니, 보는 사람들은 상쾌하여 세상 밖을 벗어난 기분이 든다. 예부터 전하는 말에 따르면 신라의 왕자가 이 고개에 올라 금강산을 바라보고는 마침내 머리를 깎고 승려가 되었으므로 단발령이라는 이름이 생겼다고 한다.

단발령에서 조심조심 내려와 동쪽으로 십 리쯤 가면 큰 시내가 있는데 시내 주변이 곧 신원(新院)이니, 지금은 폐치된 회양(淮陽)의 경계이다. 철이령(鐵耳嶺)을 넘어 수십 리를 가면 평야도 있고 좁은 계곡도 있는데 모두 다섯 번 시내를 건너 장인사(長仁寺) 옛터에 도착하였다. 사찰은 불에 타버리고 탑만 남아 있었다. 다시 시냇물을 따라 6, 7리를 가는데 울창한 숲이 빽빽하였다. 모두 장나무, 소나무, 회나무, 단풍나무 따위이다. 그 사이로 작은 길이 나 있다. 또 시내 두 개를 건넜는데 어지러이 널린 바위에 부딪히는 물소리가 매우 웅장하였다.

시내를 건너 열 걸음도 못 가서 장안사(長安寺)가 있다. 옛날에는 대웅전이 있었는데 화재를 겪어 한창 중건하고 있었는데 단지 기둥

이 있는데, 이는 자기 분수를 모르는 데에서 나온 것이다."라는 말에서 유래한 것이다. 《文選 卷52》

43 명악록(溟嶽錄) : 《낙전당집》에는 포함되어 있지 않다. 장유(張維)의 〈명악록발(溟嶽錄跋)〉에 따르면, 시와 기(記), 그리고 소설(小說)로 구성되어 있다고 한다.

두 개만 세웠다. 사성전(四聖殿)과 요사채들은 남아 있다. 사성전은 이층 전각으로 안에는 금불상 한 구와 십육 나한상 및 무진등(無盡燈)이 있고, 향로와 바리때를 비롯한 여러 가지 기물이 매우 많은데 모두 고풍스럽고 우아하다. 무진등은 원(元)나라 순제(順帝)의 황후가 복을 빌기 위해 바친 것인데 만든 솜씨가 정교하다. 외문의 좌우에는 사천왕의 소상을 안치하였는데 모습이 기괴하다. 장안사는 내금강에서 가장 큰 사찰로, 사찰의 진산(鎭山)은 바로 절재〔拜岾〕이다. 절재 뒤에는 무주점(無住岾), 방광대(放光臺), 개심대(開心臺), 웅호봉(熊虎峯), 영랑점(永郎岾), 비로봉(毗盧峯)이 있다.

절재에서 거의 4, 50리쯤 가면 비로봉이니 실로 내산과 외산의 종산(宗山)이다. 비로봉 아래에서 발원한 물은 서남쪽으로 흘러 여러 지류들과 합류하여 만폭동(萬瀑洞)을 이룬다. 또 영원동(靈源洞)에서 흘러나온 물과 합류하여 서쪽으로 장안사 앞으로 흐르다가 산을 벗어나면 서해로 들어간다. 비로봉의 지맥(支脈)이 구정봉(九井峯), 일출봉(日出峯), 월출봉(月出峯), 안문점(雁門岾), 내수점(內水岾), 천등봉(天登峯), 미륵봉(彌勒峯), 백마봉(白馬峯), 시왕봉(十王峯), 지장봉(地藏峯)이 된다. 비로봉의 높이는 몇 천 길이나 되는지 알 수 없다.

애초에 길이 없는 데다 산의 암석이 무너져 여러 층으로 쌓여 사람들이 암석 사이의 틈을 비집고 정상으로 올라간다. 서남쪽은 표면이 바위라서 성과 같다. 서쪽은 돌이 울퉁불퉁하고 잡목이 없는데 측백나무와 해송은 모두 키가 작고 땅에 퍼져 있다. 동쪽은 가파르고 험준해서 내려다볼 수가 없다. 그 지세가 이 산에서 최고일 뿐만 아니라, 온 나라의 척추이다. 사방을 둘러보아도 대적할 것이 없고, 여러 봉우리가 마치 작은 언덕처럼 보이니 천하의 장관이라고 할 만하다. 그 안쪽

면의 골짜기는 몹시 빼어나다. 중향성(衆香城) 등 여러 봉우리의 정수가 모두 여기에 모였는데, 세상 사람들은 백옥부용(白玉芙蓉)이라고 한다. 남쪽에 비로암(毗盧庵)이 있다. 계곡물을 따라 십여 리쯤 내려가면 원적암(圓寂庵)이 있는데 승려가 없고 황폐하다. 또 십여 리를 내려가면 묘길상(妙吉祥)이 있는데 이곳도 승려가 없다. 시내와 돌이 맑고 시원하게 펼쳐져 있다. 그 서쪽에 절벽이 있는데 큰 미륵불상이 조각되어 이곳을 미륵대(彌勒臺)라고 부른다.

비로봉 가운데 줄기가 중향성(衆香城)이다. 주위를 둘러싼 바위의 형세는 마치 성곽 같고 그 빛깔은 백금 같아서 사람들이 함부로 넘볼 수 없다. 그 아래는 중백운암(中白雲菴)이다. 지세가 매우 높고 험해서 덩굴을 붙잡고 올라갔다. 누대 아래 긴 폭포가 있는데, 금식 수도하는 승려가 살고 있다. 그 아래는 불지암(佛智菴)이고, 불지암의 아래는 계빈굴(罽賓窟)이다. 계빈굴에서 조금 북쪽으로 올라가면 하백운암(下白雲菴)이 있다. 작은 고개 하나를 사이에 두고 만회암(萬灰庵)이 있다. 북쪽으로 돌아가면 가섭동(迦葉洞)인데 시냇물이 맑고 곱다. 또 고개 하나를 넘어 서남쪽으로 가면 도솔암(兜率菴)이 있다. 그 아래로 5리쯤 가면 마하연(摩訶衍)이 있는데, 마하연은 중국말로 대승(大乘)이다.

도솔암의 남쪽이 바로 혈망봉(穴望峯)이다. 봉우리 옆에 바위가 하나 있는데 승려가 좌선하는 모습과 똑같아 '석담무갈'[44]이라고 한다.

44 석담무갈(石曇無竭) : '돌 담무갈'이라는 뜻으로, 담무갈은 달마울가타(達摩鬱伽陀)의 약칭이다. 담마울가타는 한역(漢譯)으로 법기보살(法起菩薩)이라 하는데, 이 보살은 중향성(衆香城)에 상주하면서 항상 설법한다고 한다. 그래서 금강산을 법기보

고려 승려 나옹화상(懶翁和尙)이 이 암자에 살면서 항상 참배하였는데 지금까지도 승려들이 함부로 그 땅을 밟지 못한다. 바위를 쌓아서 대를 만들었는데 거기서 풀이 나자 승려들이 명당초암(明堂草菴)이라고 하였다. 오른쪽에 주위를 둘러싼 작은 바위 일곱 개가 있는데, '연주(聯珠)'라고도 하고 '천축대(天築臺)'라고도 한다. 잎이 삼나무 같은 나무 한 그루가 있는데 '계수(桂樹)'라고 한다. 천축대에서 수십 보를 가면 큰길이 나온다. 길가에는 석불이 있는데 '파륜(波淪)'이라고 한다. 그 앞에 작은 솥을 놓아두었는데 지나가는 사람들이 반드시 쌀을 조금씩 시주한다. 가섭동 남쪽은 여러 봉우리가 모여 대향로봉(大香爐峯)과 소향로봉(小香爐峯)이 된다. 그 남쪽에 사자암(獅子庵)이 있는데 사자암 옆에 돌사자가 있다. 그 아래는 물과 돌이 매우 기이한데 화룡담(火龍潭), 선담(船潭), 구담(龜潭), 진주담(眞珠潭), 벽하담(碧霞潭)이 있다.

영랑점(永郞岾)의 서남쪽에는 수미대(須彌臺)가 있고, 남쪽으로 고개 하나를 넘으면 선암(船巖)이다. 그 아래는 석굴이 있는데 승려들이 암자를 지어 살고 있다. 석굴 아래는 3층 폭포가 있다. 웅호봉(熊虎峯) 아래에는 진불암(眞佛庵)이 있다. 진불암 동쪽에 서 있는 부처 모양의 바위가 있어서 이것 때문에 이름을 얻었는데, 세조(世祖)의 원찰(願刹)이다.

그 아래에는 청량대(淸涼臺)가 있는데 매우 가파르다. 여기에서 4, 5리를 가서 시내 두 곳을 건너 서쪽으로 돌아가면 능인암(能仁菴)이다. 능인암 남쪽에는 작은 대가 있는데 앞에는 내원통(內圓通)이 있고,

살이 상주하는 곳이라 한다.

뒤에 있는 작은 전각에 담무갈(曇無竭)의 소상(塑像)을 안치하였다. 개심대(開心臺) 동쪽 산기슭에 천덕암(天德庵)이 있다. 뜰 앞에는 5층 석탑이 서 있는데 청련자(青蓮子) 자휴(自休)가 중건한 것이다. 뒤에는 나한전(羅漢殿)이 있다. 중향성, 혈망봉, 망고대, 향로봉, 일출봉, 월출봉 등 여러 봉우리가 그림처럼 두 손을 마주잡고 읍(揖)하고 둘러서 있다. 승려 언기(彦機)가 살고 있는데, 언기도 유명한 승려이다.

천덕암 서남쪽은 보현점(普賢岾)이다. 꺾어 돌아서 남쪽으로 가면 방광대(放光臺)이고, 방광대 아래가 정양사(正陽寺)이다. 사문(沙門) 안에는 육각 무량각(六角無梁閣)[45]이 있다. 앞뒤로 창문이 있고, 좌우 네 벽에는 여러 부처와 천왕 법신 40위(位)가 그려져 있는데 원나라 때 화사(畫師)가 오도자(吳道子)의 필법을 모사하여 전한 것이다.[46] 붓놀림과 채색 솜씨가 오묘할 뿐 아니라 인물들의 배열도 마치 실제처럼 입체적이다. 무량각 안에 석불을 안치했는데 약사여래상이라고 한다. 무량각 앞에는 석탑과 장명등(長明燈)을 세웠고, 법당은 널찍하다. 뒤에 전각 한 채를 지었는데, 나옹화상의 진영(眞影)을 보관하였다. 북쪽 계단 위에는 나옹화상의 부도(浮屠)가 있다. 사문 밖 진헐대(眞歇

45 육각 무량각(六角無梁閣) : 아래 〈금강산 유람 소기〉에 '육각전(六角殿)'이라고 하였는데, 팔각전(八角殿)을 가리킨다. 윤휴(尹鑴)의 〈풍악록(楓嶽錄)〉이나 김창협(金昌協)의 〈동유록(東遊錄)〉 등에는 모두 팔각전이라고 하였다.

46 원(元)나라……것이다 : 오도자(吳道子)는 당대(唐代)의 유명한 화가인 오도현(吳道玄)으로, 특히 산수(山水)와 불상(佛像)에 독보적인 경지를 보여 주었는데, 도자는 그의 자(字)이다. 아래 〈금강산 유람 소기〉에는 "안가도(安可度 안견(安堅))가 탑에서 천등사(天燈寺)에 있는 오도자(吳道子)의 유적을 얻어 전사(傳寫)하였다."고 기록하고 있다.

臺) 주변에 계수나무 한 그루가 있고, 왼쪽에는 헐석루(歇錫樓)가 있다. 1만 2천 봉우리가 질서정연하게 둘러싸고 있으니, 송강(松江) 정철(鄭澈)이 "여산(廬山) 진면목이 모두 여기에 있다."라고 한 말은 빈말이 아니다. 이 산에서 제일가는 경관이다.

정양사의 남쪽에는 천일대(天一臺)가 있다. 정양사에 비해 더 높고 널찍하다. 동쪽으로 조금 가면 삼장암(三藏菴)이다. 지세가 맑고 그윽하며 구조가 정치하고 아름답다. 승려 의영(義瑩)이 이곳에 살고 있다. 의영은 서산대사의 수제자로서 금년 85세인데 순수하고 말이 없는 것이 도를 깨우친 사람 같다.

그 아래로 수십 보를 가면 기기암(奇奇菴)이 있는데 이곳도 정토(淨土)이다. 기기암에서 2리쯤 가면 표훈사(表訓寺)가 있는데 큰 사찰이다. 법당은 반야전(般若殿)이라고 하는데 채색 구름 속에 서 있는 금불상이 있다. 담무갈의 상이라고 한다. 반야전 뒤에 당이 하나 있고 길이가 한 길 정도 되는 불상이 서 있는데 세조 때 만들어진 것이다. 동쪽에는 옥으로 깎은 나한상이, 서쪽에는 돌로 깎은 나한상이 각각 16구씩 있는데 모두 정교하다. 동쪽 상실(上室)은 '요월(邀月)', 서쪽 상실은 '세심(洗心)', 동쪽 승당은 '적조(寂照)', 서쪽 승당은 '정려(靜廬)'라고 한다.

남쪽에는 작은 누대가 있는데 커다란 종을 걸어놓았다. 표훈사에는 나옹화상의 푸른색 사리를 보관하고 있다. 작은 수정 그릇에 담아 금합에 넣고 이를 다시 은으로 된 감실에 넣은 다음 바리때를 상자로 삼아 채색 보자기로 백 겹을 쌌다. 가사 세 벌이 있는데, 하나는 비단이고 둘은 깁과 생사 같았다. 그 끝에는 '몽산화상가사(蒙山和尙袈裟)'라는 글자가 있다. 크기가 넉넉하여 보통 사람이 입을 수 있는 것이 아니다.

구리로 된 파라(叵羅)[47]는 대여섯 되가 들어갈 만한데 들어보니 아주 가볍다. 어느 지방 물건인지는 알 수 없다. 불자(拂子)는 붉은 마노와 유리로 자루를 만들었는데 또한 진귀하였다. 비단 바탕에 금으로 그린 탱화 족자가 있는데 그 아래의 소인(小引)은 바로 덕홍대원군 부인이 대원군의 명복을 빌고 아울러 왕손들의 번성을 기원하기 위해 선조의 어렸을 때의 어휘(御諱)를 쓴 것이라고 한다.[48]

표훈사에서 서남쪽으로 몇 리를 가면 신림사(神琳寺)가 있다. 절 앞에는 9층 청석탑(靑石塔)이 있다. 황통(皇統) 4년(1144, 고려 인종 22) 회정선사(懷正禪師)가 지은 기문에는 화엄조사(華嚴祖師)가 머문 곳이라고 하였다. 신림사 오른쪽 기슭에 서산대사(西山大師)의 전법비

47 파라(叵羅) : 서역어의 음역으로 땅에 놓는 일종의 술그릇인데 입구가 넓고 바닥이 낮다. 술잔을 가리키는 말로 쓰이기도 한다.

48 비단……한다 : 선조의 어린 시절 휘인 '복(福)' 자를 썼다는 말로 이해된다. 이에 관해서는 권구(權絿)의 기록이 비교적 자세하다. "내가 이 탱화가 절의 승려에게 있을지 모른다는 얘기를 듣고 곧장 가서 물으니, 방 안에 불탁(佛卓)에 걸려있는 것을 가리켰다. 즉시 가져와서 보니, 과연 금으로 그린 탱화였다. 세월이 오래되고 먼지에 뒤덮여 소인(小引)의 문자도 흐릿하게 되어 분간하기 어려웠다. 나는 손을 씻고 먼지를 털어냈지만 여전히 알아보기 힘들었다. 다시 그림의 글자가 있는 부분을 물과 손으로 씻고 닦아내니 역시 자획에 결락된 곳이 많아 분명히 알긴 어려운 상태였다. 여러 왕손들을 처음에 유복(留福), 하복(河福)이라고 썼고, 그 아래 글자의 반은 '석(夕)'으로 이 글자는 아마 '다(多)'인 듯하다. 또 아래 글자 위의 두 휘(諱)로 추정해보면 분명 '복(福)' 자가 되어야 한다. 선조는 대원의 셋째 아들이었으니 처음 휘가 '복' 자임은 의심할 여지가 없다. 나는 절의 승려에게 탱화를 다시 단장하여 다시 먼지가 쌓이지 않도록 했다. 승려들이 과연 이른 대로 할지 어떨지는 모르겠다. 대원군부인은 바로 정씨(鄭氏)이다. 소인의 끝에 '가정(嘉靖) 40년'이라고 연도가 기록되어 있는데, 바로 우리나라 명종(明宗) 16년 신유년(1561)이다." 하였다. 《韓國文集叢刊續輯 52輯 灘村遺稿 卷7 謾錄》

(傳法碑)를 세우려고 큰 돌 하나를 옮겨놓았는데 아직 글자를 새기지는 않았다. 승려 언기(彥機)와 쌍흘(雙仡)이 이 일을 주관하고 있다. 1리쯤 떨어진 곳에 청련암(靑蓮菴)이 있다. 앞에는 압각수(鴨脚樹 은행나무)가 있는데 경치는 정양사(正陽寺)에 버금간다.

혈망봉(穴望峯)이 솟았다 엎드렸다 하며 서남쪽으로 치달아 궁사봉(宮舍峯)이 된다. 궁사봉 아래에는 새처럼 생긴 돌이 있는데 이름은 '석응(石鷹)'이다. 서쪽으로 4, 5리를 가면 석굴이 있는데 이름은 '보덕(普德)'이다. 안에는 도자기로 만든 불상 한 구와 나한상이 있다. 깎아지른 절벽에 기대어 3층 누각을 세우고 구리기둥으로 지탱했는데 길이가 몇 십 길이나 된다. 쇠사슬로 암석 사이에 얽어매어 바람이 불면 누각도 흔들린다. 그 아래는 만폭동의 상류이다. 물이 모여 헤아릴 수 없이 깊은 못을 이루었는데 내려다보면 두려워서 혼이 달아날 정도다.

누각 위에는 절의 지기(誌記)가 있는데 자획은 이미 이지러졌고 고려 상주국(上柱國) 강양백(江陽伯 이승로(李承老))의 성명과 덕녕궁주(德寧宮主) 왕씨(王氏) 등의 글자만 남아 있다. 또 벽 사이에 고구려 안원왕(安原王) 시대 보덕화상(普德和尙)이 머문 곳이라고 새겨져 있다. 뒤편 누각에는 옥으로 만든 불상 3구가 있고, 계단 위에는 치자나무 몇 떨기를 심어놓아 진한 향기가 코를 찔렀다. 구리기둥 아래는 급류이다. 우레처럼 우르릉 쿵쾅 소리를 내는데 연못을 이룬 것이 흑룡연(黑龍淵)이다. 그 아래 반석에는 대야같이 생긴 구멍이 있다. 세상에 전하기로는 석가모니가 손을 씻었던 곳이라고 하는데 이름은 '세건천(洗巾遷)'이라고 한다. 돌이 미끄러워 발을 디디기가 매우 어려운데 바위 사이를 뚫고 매달린 덩굴을 붙잡고 갔다.

그 아래는 청룡연(青龍淵)과 만폭동(萬瀑洞)이다. 바위 위에 '봉래풍악 원화동천(蓬萊楓岳元化洞天)'이라는 여덟 글자가 커다랗게 새겨져 있는데 양사언(楊士彦)의 글씨이다. 위로 금강대(金剛臺)가 있고 학의 둥지가 있는데 학이 찾아오지 않은 지가 여러 해라고 한다. 바위산은 수려한 모습을 다투고, 계곡은 깨끗하고 고와 인간 세상이 아닌 것 같았다. 바위에 새겨진 이름은 이루 다 기록할 수 없을 정도다.

시내를 따라 몇 리를 가서 시냇물을 건너면 거대한 바위가 있다. 한 쪽 면에 세 구의 불상을 새겼는데 몹시 크다. 나옹화상이 조각한 것이다. 다른 한 쪽 면에는 53구의 불상이 있는데 고려 사람 김동(金同)이 시주하여 바위에 새긴 것이다. 그 아래의 명연(鳴淵)은 바로 만폭동의 하류인데 물의 흐름이 더욱 빠르고 소리가 매우 맹렬하였다.

혈망봉의 지맥이 망고대(望高臺)이다. 가파르고 경사져서 쇠사슬을 세 군데에 드리웠는데 형세가 그다지 넓게 트이지는 않았다. 남쪽에 상운암(上雲菴)이 있었는데 지금은 없어졌다. 서북쪽에는 대송라암(大松蘿菴)과 소송라암(小松蘿菴)이 있는데 모두 정계(淨界)이다. 남쪽으로 고개 하나를 넘으면 현불암(顯佛菴)이 있다. 암자 서쪽에 대가 있는데 망고대에 버금간다. 그 아래에 운지암(雲趾菴), 삼일암(三日菴), 안양암(安養菴) 등의 암자가 있는데, 모두 그윽하고 빼어나다. 천등봉(天登峯) 아래에는 백탑(百塔)이 있다. 석굴 앞은 바위의 형세가 층층으로 솟아 마치 탑을 꿰맨 듯하다.

백탑에서 구불구불 내려가면 지장봉(地藏峯)이다. 그 아래에 영원암(靈源菴)이 있는데 산세가 매우 높고 골짜기는 그윽하고 깊다. 앞으로 시왕봉(十王峯), 사자봉(使者峯)을 마주보고 있는데, 기괴하고 특이한 모양이다. 백탑동(百塔洞)의 물과 백마봉(白馬峯)의 물이 합류하여 시왕백천동(十王百川洞)이 되는데 기암절벽으로 이루어져 있다. 시내를 따라 아래로 내려가면 왕왕 폭포가 되고 연못이 된다.

영원암에서 5리쯤 되는 곳에 궁전의 옛터가 남아 있는데 신라 태자가 은둔했던 곳이다. 그 아래에는 성이 있어 돌로 문을 삼았는데 옛사람이 이름을 써놓은 것이 많다. 그 옆에는 병풍처럼 선 바위가 있고, 바위 아래에는 못이 있고, 못가에는 누대가 있다. 승려들은 선 바위를 '명경대(明鏡臺)'라고 부르고 성문을 '지옥문(地獄門)', 연못을 '황천강(黃泉江)', 대를 '업경대(業鏡臺)'라고 하면서 저승의 말을 써서 중생을 현혹한다.

묘길상(妙吉祥)에서 시내를 따라 동쪽으로 몇 리를 가서 작은 다리를 건넜다. 다리 주변의 반석에는 '허리대(許李臺)'[49]라는 세 글자를 새겨놓았다. 여기서부터 시내를 따라 20리를 올라가면 수점(水岾)이니, 바로 외산(外山)으로 고성(高城)과의 경계이다.

외산 역시 비로봉(毗盧峯)을 종주로 삼는다. 모두 여섯 개의 골짜기가 있으니 수점(水岾), 미륵봉(彌勒峯), 만경대(萬景臺), 일출봉(日出峯), 월출봉(月出峯), 구정봉(九井峯), 구룡연(九龍淵)이다. 수점 바깥쪽은 모두 흙산이며 나무가 많고 길도 평평하다. 북쪽으로 십여 리를 가면 은신암(隱身菴)이 있는데 자못 정갈하다. 암자 앞에 은신대(隱身臺)가 있는데 우뚝하니 높아서 구정봉과 맞먹는다. 동쪽으로는 넓은 바다에 맞닿아 있고, 서북쪽으로는 십이폭포가 보이는데 매우 기이하

49 허리대(許李臺) : 아래의 〈금강산 유람 소기〉에서는 '이허대(李許臺)'라고 칭하였다.

다. 북쪽에는 율사(栗寺)와 외도솔암(外兜率菴)이 있다. 은신암에서 동남쪽으로 십여 리를 가면 상견성암(上見性菴), 하견성암(下見性菴) 등의 암자가 있다. 또 몇 리를 가면 지세가 제법 넓어지는데 부도(浮屠) 세 개를 안치하였다. 서산대사와 청련당 자휴, 보운화상 등의 사리를 보관하였다.

몇 백 걸음 못 가서 유점사(楡岾寺)가 있다. 유점사는 외산의 큰 사찰이다. 세간에서 전하기는 신라 때에 53불이 해안에 이르자, 고성(高城) 태수 노춘(盧椿)이 이 절을 세워 안치했다고 한다. 고려 민지(閔漬)의 기록[50]도 이와 같다. 본조에 들어와 세조 때 창건했는데 매우 웅장하다. 〈대종기(大鐘記)〉는 정인지(鄭麟趾)가 짓고 정난종(鄭蘭宗)이 썼으며, 효령대군(孝寧大君) 이보(李俌)와 의정 등의 관원들이 그 일을 주관하였다. 그 뒤에 자주 화재로 훼손되어 승려 성준(聖俊), 응상(應祥)이 다시 지었다. 전각이 화려하고 거대하기가 산에서 으뜸이다. 법당은 '능인보전(能仁寶殿)'이라고 하는데 명(明)나라의 호과급사중(戶科給事中) 상주조(商周祚)가 썼다.

뜰 앞에는 청석탑(青石塔)이 있는데 위에 황금으로 뾰족하게 마무리하였다. 전각 안에는 나무를 깎아 산 모양을 만들었는데 산에는 골짜기와 동굴이 많고 골짜기마다 불상을 안치하였으니 모두 53구이다. 왼쪽에 응진전(應眞殿)이 있는데 나한상을 안치하였고, 오른쪽에 해장전(海藏殿)이 있는데 여러 불경과 대비(大妃)의 어서(御書) 및 정명공주(貞明公主)가 손수 베낀 불경을 매우 많이 보관하고 있다. 승당

50 고려 민지(閔漬)의 기록 : 유점사에 대한 민지의 기문은 《신증동국여지승람(新增東國輿地勝覽)》 제45권 〈강원도 고성군(高城郡)〉에 기록되어 있다.

(僧堂)은 연묵(宴嘿)이라 하고, 선당(禪堂)은 적조(寂照)라고 한다. 응진전의 왼쪽에는 선조(宣祖)의 위패를 안치한 어실(御室)이 있다. 그 아래는 시왕(十王)을 안치한 명부전(冥府殿)이 있다. 그 아래는 대덕당(大德堂)으로 북쪽에 노춘(盧偆)의 초상이 있다. 해장전 아래에 골승당(骨僧堂)이 있는데 달마(達摩)의 상이 그 안에 있다. 그 아래는 금당(金堂)으로 담무갈을 안치하였다. 금당 아래 좌우로 요사채가 여럿이다.

능인보전의 앞문은 '진여(眞如)'라 하고, 다음은 범종루(泛鐘樓), 다음은 회전문(回轉門)이다. 좌우에 각각 천왕상 두 구를 안치하였는데 모습이 지극히 괴상하다. 다음은 해탈문(解脫門)인데, 방(榜)에 '대수성보덕사(大壽聖報德寺)'라는 여섯 글자가 적혀 있다. 문수(文殊), 보현(普賢) 두 보살의 상을 안치할 것이라고 한다. 문 밖 산영루(山影樓)는 큰 시내에 걸쳐있는 커다란 구조로 맑고 툭 트여 쉬어갈 만하다.

능인보전의 동쪽에는 오탁정(烏啄井)이 있다. 항간에 전하는 말에 이곳은 샘이 없어 공양간에서 매일 쓸 물을 길어오기가 어려웠는데 어느 날 갑자기 까마귀 떼가 절 동북쪽 모퉁이에 모여들어 지저귀면서 땅을 쪼아 대자 신령한 샘이 솟아올랐으므로 이렇게 이름지었다고 한다. 절 왼쪽에는 흥서암(興瑞菴)이 있다.

남쪽으로 시내를 건너 1리쯤 가면 백련암(白蓮菴)이 있는데 도승 법견(法堅)이 살고 있다. 그 옆에 종련암(種蓮菴)이 있다. 유점(楡岾)에서 북쪽으로 가다가 시내를 건너면 조계암(曹溪菴)이 있다. 조계암 남쪽에는 볼 만한 수석이 있다. 물이 모여 연못이 된 곳을 '선담(船潭)'이라고 하는데 내산의 화룡담(火龍潭)과 비슷하다. 물가를 따라 십 리쯤 가서 복령(複嶺)을 오르면 만경대(萬景臺)이다. 시야가 매우 넓어서 은신대(隱身臺)보다 더 웅장하니, 고성 읍내가 곧장 내려다보이고 푸른 바다가 끝없이 펼쳐져 있었다. 그 아래 남쪽 골짜기에는 상내원(上內院), 중내원(中內院), 하내원(下內院)이 있고, 동쪽에는 영은암(靈隱菴)이 있는데, 일명 자월암(紫月菴)이라고 한다. 영은암에서 오른쪽으로 수백 보를 가면 운수암(雲水菴)이 있는데 승려 응상(應祥)이 살고 있다. 응상의 속명은 납(衲)이다. 조전(祖殿)에는 달마(達摩), 서산(西山), 청련(靑蓮), 송운(松雲), 부수(浮水)의 영정이 걸려 있는데 비단으로 감싸 놓았다. 상령대(上靈臺), 중령대(中靈臺), 하령대(下靈臺)는 모두 없어졌다. 상령대 왼쪽에 축수굴(畜邃窟), 구룡혈(九龍穴)이 있다.

수점에서 남쪽으로 십 리쯤 가면 대장암(大藏菴)인데 옛날에는 학의 둥지가 있었다. 북쪽으로 구정봉(九井峯)에 올랐다. 봉우리 위에는 우물처럼 생긴 아홉 개의 돌절구가 있는데 항상 물이 가득 차 있어 이를 따서 봉우리 이름을 지었다. 구정봉은 웅건하고 가파르기가 비로봉에 버금간다. 구정봉에서 서쪽으로 개심대(開心臺)로 내려가면 십이폭포가 있는데 은신대에 올라서 본 것이 이곳이다. 그 동쪽 산기슭은 백전암(柏巓菴)이니 역시 유명한 사찰이다. 그 아래쪽은 적멸남암(寂滅南菴), 운서굴(雲棲窟) 등의 암자가 있다. 그 아래는 환희령(歡喜嶺)인데 발연(鉢淵)으로 통한다. 바위에는 양사언(楊士彦)이 쓴 '봉래도(蓬萊島)'라는 세 글자가 있고 시 세 수가 새겨져 있으니, 이곳은 물놀이하던 곳이다. 구정봉의 물이 흘러 성문백천동(聲聞百川洞)이 된다. 또 송림굴(松林窟), 원통사(圓通寺), 삼정암(三井菴), 안심암(安心菴)이 있는데 그 경치가 모두 맑고 그윽하다.

비로봉과 구정봉 두 봉우리의 물이 합류하여 구룡연(九龍淵)이 된다. 골짜기와 시내는 깊고 아름다우며 길이 끊어졌다가 이어졌다 하는데, 벼랑을 부여잡고 나무를 잡아당기며 십 리를 가니, 절벽에 돌절구가 9층으로 쌓여 있어 폭포가 기이하고 웅장하다. 그 속에는 신물(神物)이 살고 있어 구름과 비를 일으키니, 사람은 가까이 갈 수 없다.

그 아래쪽은 신계동(新溪洞)인데 수석이 매우 아름답고, 산봉우리도 수려해 마치 인귀(人鬼)나 금수(禽獸) 같은 형상이다. 아래쪽에는 동석암(動石菴), 신계사(新溪寺)가 있는데 지금은 폐허가 되었다. 봉래 양사언이 예전에 집을 짓고 살았는데 집터가 아직 남아 있다. 수원(水源)을 찾아서 구룡연 하류에 온 사람이 있었는데 골짜기 입구에 깎아지른 듯 천 길이나 되는 바위가 요새의 담장처럼 우뚝 서 있고 물이 바위 틈새로 흘러나왔기 때문에 그 바위를 '새장(塞墻)'이라고 이름지었다. 사람은 다닐 수가 없다.

일출봉, 월출봉 아래는 안문점(雁門岾)이고, 안문점 동쪽에 상원사(上院寺)가 있다. 미륵봉 아래는 양진굴(養眞窟), 향로암(香爐菴)이 있다. 외산의 물은 수점에서 여러 지류와 합류하여 유점사(楡岾寺) 앞 산영루 아래까지 흘러오고, 굽이돌아 동남쪽 사이에서 백천교(百川橋)를 만난 후 바다로 흘러들어간다. 유점에서 동남쪽으로 수십 리를 가면 구점(狗岾)이니, 이곳은 금강산을 나가는 문이다. 구점 위에는 노춘정(盧偆井)이 있다. 이것이 금강산의 대략이다.

금강산은 천하에 이름이 알려졌다. 내가 동쪽으로 유람을 떠나려 할 적에 예전에 금강산을 본 사람들을 만나보니 사람마다 말이 제각각인데 대개는 과장이었다. 한 선비만이 명성이 실상과 맞지 않는다고 하였다. 나도 금강산에 들어와서는 역시 선비의 말이 옳다고 생각했다. 그러나 내산을 모두 유람하고 비로동(毗盧洞)으로 들어가 중향성

(衆香城) 여러 봉우리를 우러러보고서야 그 선비의 식견이 의심스럽다는 것을 알게 되었다. 비로봉 정상에 올라보니 그 사람이 산을 아는 사람이 아니고 사람들의 말이 과장이 아니었다는 것을 더욱 잘 알게 되었다.

대체로 내산은 매우 높아 깎아지른 듯하고 골짜기는 맑고 고요하여 사람 사는 세상이 아니며, 외산은 충만하고 웅대하며 내산을 둘러싸 비밀스럽고 굳게 감추고 있으니, 여기서 조물주의 마음을 알 수 있다.

이상은 외금강을 기록한 것이다.

금강산 유람 소기[51]

遊金剛小記

모두 78칙이다.

1. 성을 나서는 날에 비가 심하게 내렸다. 관왕묘(關王廟)에 도착하니, 천장(天章 이명한(李明漢)) 형제와 건중(建中 홍주원(洪柱元))이 맞이하여 술을 마셨다. 천장이 나의 부채를 찾더니 절구 한 수를 써 주었다. 우리 좌상[52]은 광릉(光陵)에 봉심(奉審)하러 갔다 돌아왔고, 지국(持國 장유(張維))도 왔다. 내 부채에 쓴 시를 보고는 한 글자를 고치고 떠났다.

2. 건중이 보제원(普濟院)까지 나를 따라왔다. 빗속에서 우산을 펴고 풀을 헤치고 앉아 술잔을 들어 권했다. 짐 속에서 좋은 종이를 꺼내 절구 한 수를 써주었는데 청초하여 읊조릴 만하니, 가공자(佳公子)[53]라고 부르기에 충분하다.

3. 종암(鐘巖)에서부터 비가 퍼붓듯 내렸다. 밤이 칠흑같이 어두워

51 금강산 유람 소기 : 1631년(인조9) 가을에 휴가를 얻어 고성(高城) 탕천(湯泉)에서 목욕을 한 뒤 금강산 일대를 유람한 일을 기록한 것이다.

52 좌상(左相) : 당시 좌상으로 있던 김류(金瑬, 1571~1648)를 가리킨다.

53 가공자(佳公子) : 아름다운 공자(公子)라는 뜻으로, 본디 사마천(司馬遷)이 평원군(平原君)을 평한 말이다. 《史記 卷76 平原君列傳》

하인이 길을 잃어서 그저 산을 향해 골짜기 사이로 갈뿐이었다. 산의 계곡이 험해서 거센 물살이 무릎까지 잠겨 약한 나귀로는 앞으로 나아갈 수 없으니 사람 마음을 두렵게 하였다. 얼마 있으니 반딧불이 수풀 속에서 반짝였는데 순식간에 산에 등이 켜진 듯 나무에 불을 놓은 듯 수많은 불빛을 이루어서 보기에 매우 신기하였다. 십여 리쯤 가니 멀리서 닭 우는 소리와 개 짖는 소리가 들렸는데, 바로 도봉서원(道峯書院)으로 들어가는 골짜기 입구였다. 밤이 벌써 반이 지났다. 이것은 내 평생에 가장 어려운 여행이었지만 절로 속되지 않았다.

4. 밤에 강당에서 묵고 아침에 침류루(枕流樓)로 나왔다. 침류루 아래 시냇물은 비가 온 뒤라 갑자기 불어나 흐르는 소리가 몹시 커서 사람의 말을 분간할 수 없을 지경이었다. 도봉(道峯)의 녹음이 처마와 기둥 사이로 들어오고 바위의 기세가 울퉁불퉁하니, 참으로 "일천 바위는 수려함을 다투고 일만 골짜기는 앞 다투어 흐른다.〔千巖競秀, 萬壑爭流.〕"[54]라는 말과 같았다. 저물녘에 원생 서형리(徐亨履), 서홍리(徐弘履), 윤문거(尹文擧), 윤선거(尹宣擧), 조수익(趙壽益)이 마중 나왔는데, 모두 오랜 벗이다. 짐 속에서 술을 꺼내 얼큰하게 취할 때까지 마셨다. 학곡(鶴谷) 홍 총재(洪冢宰 홍서봉(洪瑞鳳))가 원생들에게 지어 준 시에 화운하여 남겨두었다.

5. 비 때문에 사흘 동안 서원에 발이 묶여 있다가 막 출발하려는데

54 일천……흐른다 : 진(晉)나라 고개지(顧愷之)가 회계(會稽)의 산수를 표현한 말이다.《晉書 卷92 顧愷之列傳》

의창군(義昌君 이광(李珖))이 혼자서 말을 달려 도착하였다. 누대 위에서 술동이를 열고 기분 좋게 취하자 데리고 영귀문(詠歸門)을 나섰다.[55] 시냇물 가까이 바위 위에 앉아서 피리 부는 종에게 태평소를 두세 곡 불게 하였는데 온 계곡이 응답하는 듯하였다. 곧 일어나 작별하였다. 신선의 산에 가기도 전에 흥이 벌써 한가로웠다.

6. 가다가 지치면 큰 시냇가에 가서 풀을 깔고 앉아 어린 종에게 그물을 던져 물고기를 잡게 하고 얼른 삶아서 술안주로 삼았다.

7. 밤에 포천(抱川) 앞 시내를 건너려는데 수심이 깊어 건널 수 없었다. 고을 사람들이 가마를 가져와 물살을 가로질러 현사(縣舍)에 도착하였다. 현사는 조용하여 마치 시골 마을 같았다. 밥을 차려 주는데 산나물과 들나물이 모두 정갈하고 신선하여 참으로 산수에 노니는 나그네를 대접하는 밥상이었다. 이날 태평소를 잃어버려 하인들이 꽤 소란스러웠는데, 잃어버린 사람이 있으면 반드시 줍는 사람이 있는 법이니 말해 무엇하겠는가.

금수정(金水亭)은 바로 철원 부사(鐵原府使) 김확(金矱)의 별서(別墅)이다. 백로주(白鷺洲)의 물이 여기에 이르러 커지는데, 높은 절벽이 맑은 물에 꽂혀 병풍을 펼친 듯한 모습이 몇 리나 이어진다. 물 가운데의 암석은 마치 소머리 같은데 이름도 우두연(牛頭淵)이라고

55 의창군……나섰다 : 본서 제1권 〈저물녘 영귀문을 나서다〉의 원주에 "병인년(1626, 인조4) 봄에 의창군과 함께 침류당(枕流堂)에 며칠을 머물다가 돌아갔다." 하였다.

한다. 십여 명이 앉을 수 있는데 중간이 움푹 패여 절로 술동이 모양을 이루었다. 봉래(蓬萊) 양사언(楊士彦)이 절구 두 수를 새겨놓았다. 봉래는 이곳에 산 적이 있는데 사암(思菴) 박순(朴淳)이 물러나 지낸 곳이 하류에 있어서 나룻배로 왕래했다고 한다.

8. 삼부연(三釜淵)은 박연(朴淵)보다 더 기이하고 웅장하다. 골짜기가 깊고 으슥하여 대낮에도 음산하니 오래 앉아 있기 어렵다. 용과 이무기의 소굴이다.

9. 김화 현감(金化縣監) 황영(黃泳)은 오랜 벗이다. 현의 재실은 자못 정결하여 밤에 술을 마시니 매우 흡족하였다. 취중에 벽에 적힌 시를 보았는데 바로 청음(淸陰 김상헌(金尙憲))이 지은 것이었다. 경솔히 화운시를 지었다.[56] 금성(金城)의 경계에 들어서자 산은 더욱 높아지고 물은 더욱 거세졌다. 높은 비탈길에 올라 백여 길 아래를 굽어보니 아래에 세찬 여울이 있었다. 여러 산이 빽빽하게 모여 있어 마치 그림 같았다. 우리 일행이 가장 높은 곳에 있었는데, 지명이 관원전(官員轉)이라고 한다.

10. 금성의 포상각(苞桑閣)은 좁고 누추한데 벽 위에는 무려 수백 편의 시가 있다. 현감이 나에게 시를 남겨달라고 하였다. 내가 농담 삼아 답하기를,

56 청음이……지었다 : 본서 제4권에 〈김화의 동헌에서 청음의 시에 차운하다〉라는 제목으로 실려 있다.

"벽에 작은 틈도 없으니, 누각을 새로 지으면 그때 시를 짓겠습니다." 하였다.

11. 통구(通溝)는 산으로 들어가는 문이다. 경계가 넓게 트였고 거주하는 사람이 매우 드물다. 행궁 터와 어정(御井)이 있는데 전하는 말에 의하면 광릉(光陵 세조)이 오대산과 금강산에 행차했을 때 이곳에 머물렀다고 한다.

12. 단발령(斷髮嶺) 위에 두 그루 노송나무가 있는데 앉아서 한참을 쉬었다. 마침 해가 서쪽으로 기울자 금강산 전체가 마치 은을 녹인 빛깔 같았다. 여기서부터는 세계가 달라지면서 가슴 속이 시원해지는 느낌이었다.

13. 장안사(長安寺)는 화재로 소실되고 외문만 남아있다. 문에 설치된 사천왕상(四天王像)이 매우 웅장하다. 절에 보관된 부처의 사리와 무진등(無盡燈)은 모두 원나라 순제(順帝) 때의 물건인데 지금까지 훼손하거나 잃어버리지 않았으니 기이한 일이다.

14. 영원동(靈源洞)에 들어서니 산이 둘러싸고 물이 돌아 흘러 하루 종일 맑고 그윽하고 기이한 곳을 다녔는데 그 모습을 말로 표현할 수 없다. 가다가 지치면 번번이 쉬면서 종자에게 붓을 잡게 하고 시를 지었는데, 시를 다 짓고 나면 술을 가득 부어 마셨다. 저물녘에 영원사에 도착하였다. 절은 백마봉 등 여러 봉우리를 마주하고 있는데, 봉우리가 허공에 높이 솟아 금빛 벽이 찬란하게 빛났다. 두 명의 승려가

금식하며 면벽 수도를 하고 있었는데 자못 도기(道氣)가 있었다.

15. 영원사에서 돌아와 현불암(現佛菴) 서대(西臺)에 도착했다. 서대는 불정대(佛頂臺)와 높이를 다툰다. 누대 위에는 '파선(坡仙)'이라는 글자가 있는데 오숙우(吳肅羽 오숙(吳䎘))가 새긴 것이다. 자갈길을 십여 리쯤 올라가니 발 아래에 구름이 뭉게뭉게 피어나는데, 굽어보아도 장안사(長安寺)와 정양사(正陽寺) 등 여러 사찰들을 구분할 수 없었다. 대송라암(大松蘿菴)에 도착하니 비가 내리기 시작해 결국 불정대에는 오르지 못하고 그저 쇠사슬로 공중에 매달린 모습만 바라보았다.

16. 만폭동(萬瀑洞)은 금강산에서 제일가는 곳이다. 양봉래의 글자와 나옹(懶翁 이정(李楨))이 새긴 불상과 보덕굴(普德窟)의 구리 기둥과 정양사의 육각전(六角殿)[57]은 장관이다. 육각전 벽 위에 있는 그림은 세상에 전하는 말로는 안가도(安可度 안견(安堅))가 천등사(天燈寺)에 있는 오도자(吳道子)[58]의 유적을 탑에서 얻어 옮겨 그렸다고 하는데 채색을 한 곳이 모두 입체적이니, 기교가 입신의 경지를 넘어섰다고 할 만하다. 승려의 말에 을사년[59] 홍수 때 세곡이 자못 신비로웠다고 한다. 나는 바위 위에 율시 한 수를 썼다.

57 육각전(六角殿) : 팔각전(八角殿)을 가리킨다. 윤휴(尹鑴)의 〈풍악록(楓嶽錄)〉과 김창협(金昌協)의 〈동유록(東遊錄)〉 등에는 모두 팔각전이라고 하였다.

58 오도자(吳道子) : 자세한 내용은 431쪽 주46 참조.

59 을사년 : 언제를 가리키는지는 정확하지 않다. 다만 저자가 금강산 유람을 하던 때 보다 앞서 있던 을사년은 1605년(선조38)이다.

17. 기공(機公)[60]은 천덕암(天德菴)에 살고 있는데 고요하고 깨끗하였다. 그의 장실(丈室)을 보니 티끌 하나 묻지 않았다. 석이버섯, 떡, 산 과일, 송이버섯을 공양하고 햇차를 내려주었다. 분향하고 쉬었다. 저물녘에 승려 예(羿)와 마하연(摩訶衍)에 투숙하였다.

새벽에 비로봉 골짜기로 들어갔는데 매우 깊숙하였다. 십여 리쯤 더 가서야 봉우리 아래에 도착했는데, 그 사이에 맑은 물과 거센 여울이며 기이한 바위와 괴상한 돌이 구경할 만하고 사랑스럽기도 하며 두렵기도 하고 놀랍기도 하여 뭐라 형용할 수 없었다. 가장 높은 꼭대기에 오르니 등향(藤香)이 덩굴져 털방석처럼 펼쳐져 있었다. 문득 여러 산을 바라보니 마치 낮은 언덕 같아 감히 비로봉과 맞서는 것이 없었다. 그제야 이 봉우리가 가장 높다는 것을 알게 되었다. 흰 구름이 구룡연에서 뭉게뭉게 피어올라 잠깐 사이에 바다 위를 전부 덮었다. 봉우리 아래에 있는 구름은 마치 평평한 마루 같고, 천천히 흘러가는 구름은 푸른 하늘을 등지고 조금의 그늘도 없으며, 쌍무지개는 마치 채색 다리처럼 일출봉과 월출봉 사이에 걸려 있었다. 참으로 장관이었다.

18. 의영(義瑩) 장로는 아흔 살로 수염과 눈썹이 흰데 여전히 눈과 귀가 밝으며 순후하고 과묵하다. 삼장사(三莊寺)에 살고 있는데 금식하는 승려 한 명이 모시고 있었다. 의영은 서산대사(西山大師) 휴정

60 기공(機公) : 승려 언기(彥機)를 가리킨다. 본서 외에 이민구(李敏求)의 〈鐵城錄〉 중 〈모하환내원신기공(暮霞還內院訊機公)〉이라는 시에 기공에 대한 언급이 있다. 《韓國文集叢刊 94輯 東州先生詩集 卷7》

(休靜)의 고제(高弟)로 도승(道僧)으로 일컬어지는데 산문(山門)에서 종사(宗師)로 모신다고 한다.

19. 일찍이 전하기를 비로봉에 올라가 피리를 불거나 혹은 노래를 부르고 장난을 치면 구룡연(九龍淵)에서 반드시 구름이 일어 시야를 가린다고 한다. 이날 아들 경(炅)이 피리 부는 종과 승려 한 명을 데리고 먼저 올라가 피리를 불게 하였다. 잠시 후 과연 구름이 구룡연 가운데서 일어나 순식간에 넓은 바다를 전부 가렸으니, 기이한 일이다.

20. 묘길상(妙吉祥)은 금강산에 있는 유명한 암자인데 사는 승려가 없어 황폐해지고 버려졌다. 등나무 덩굴이 벽을 뚫고 들어가고 초목이 무성하게 뒤덮었다. 마하연에도 승려가 없었는데 우리 일행 때문에 불을 붙이긴 했으나 이 또한 폐사(廢寺)가 될 것이다. 그렇지만 맑고 깨끗하여 인간세상 같지 않았다. 전에 수암(守菴) 박지화(朴枝華)가 이곳에서 천상의 음악을 들었다고 한다.[61]

21. 이허대(李許臺)는 계곡 물가에 있는 바위인데 고(故) 대간 이명준(李命俊) 공이 강릉 부사로 있을 때 산에 들어왔다가 물가에 우뚝 서 있는 모습이 마음에 들어 이곳에서 쉬었다. 함께 유람 온 사람의 성이 허씨(許氏)였기에 마침내 '이허대'라고 새겼다고 한다. 대간의 호는

61 수암……한다 : 유희경(劉希慶)의 《촌은집(村隱集)》 권1에 실려 있는 〈자금강래알수암(自金剛來謁守菴)……이시답지(以詩答之)〉에 따르면, 유희경이 박지화를 만났을 때 박지화가 마하연에서 천상의 음악을 들었다고 말했다고 한다.

잠와(潛窩)로, 다름 아닌 우리 외삼촌이다. 맑은 절개와 높은 명망이 이 산과 견줄 만큼 높지만 이미 고인이 되셨다. 그 분을 생각하며 눈물을 훔친다.

22. 내금강에 언기(彦機)라는 승려가 있는데 불경을 꽤 섭렵했다. 외금강에 있는 응상(應祥)도 교종(敎宗)이다. 내가 산에 들어갔을 때 기공(機公)이 장안사에서 마중나오고 마하연에서 배웅하였으며, 상공(祥公 응상)은 유점사(楡岾寺)에서 함께 자면서 밤늦도록 선담(禪談)을 나누었으니, 이 두 사람은 불문의 좋은 친구들이라 할 만하다.

23. 수점(水岾)은 내금강과 외금강의 경계이다. 외금강의 승려들이 가마를 가져와 내금강의 승려들과 교대하고 하직을 고하였다. 그리고는 시를 구하였는데, 무려 수십 명이나 되었다. 시를 짓는 것이 청아한 일이기는 하지만 남의 요구에 응하여 지으면 하나의 일거리가 되니, 억지로 짓게 되면 괴로워진다.

24. 수점을 떠나 술에 취한 채 은신암(隱身菴)에 들렀다. 암자에는 승려 한 사람만 있었는데 이름이 보주(普珠)이다. 그를 데리고 은신대(隱身臺)로 올라갔다. 은신대는 반쯤 공중에 솟아 큰 바다를 굽어보고 있으며, 구정봉(九井峯)의 십이폭포는 마치 용이 여의주를 차지하려고 싸우는 듯 꿈틀꿈틀하였다. 어젯밤 비가 내렸기에 폭포수가 떨어지는 기세가 더욱 웅장하였다. 이곳이 내외 금강산 가운데 가장 웅장한 경관이다.

25. 이 지역의 여러 종사(宗師)들이 휴정대사를 기리기 위해 금강산에 비석을 세우려고 한 길 반 높이의 비석감을 마련했다. 월사(月沙 이정귀(李庭龜)) 상국이 비문을 지었는데, 내게 글씨를 써 달라고 청하였다.

26. 백련암(白蓮菴)의 법견(法堅) 장로는 나이가 여든인데 병으로 자리에 누워 있었다. 함께 이야기를 나누었는데, 그 기개가 맑고 높으며 호방하여 아주 호쾌한 데가 있었다. 조용한 가운데 실컷 토론하지 못하는 것이 아쉽다.

27. 만경대(萬景臺)는 외금강의 최고봉이니, 동쪽으로는 푸른 바다를 마주하고 있다. 바다와 하늘이 하나의 색으로 삼산(三山)과 십주(十洲)[62]를 손가락으로 가리킬 수 있을 듯하여 훌쩍 구름을 타고 날아가는 기분이 든다. 순중랑(荀中郞)이 북고산(北固山)에 올라가 바다를 바라보면서 진(秦)나라와 한(漢)나라의 임금들이 반드시 옷을 걷고 발을 적셨을 것이라고 하였는데,[63] 만약 순 중랑이 이곳에 왔다면 과연 경치가 어떠하다고 말했을까?

62 삼산(三山)과 십주(十洲) : 삼산은 삼신산(三神山)으로, 동해에 있다고 하는 봉래산(蓬萊山), 방장산(方丈山), 영주산(瀛洲山)을 가리키는데, 금빛 자라가 등으로 이 산을 지고 있다고 한다.《拾遺記 高辛》 십주는 선인(仙人)이 거주한다는 10곳의 섬으로, 즉 조주(祖洲), 영주(瀛州), 현주(玄洲), 염주(炎洲), 장주(長洲), 원주(元洲), 유주(流洲), 생주(生洲), 봉린주(鳳麟洲), 취굴주(聚窟洲)를 말한다.《海內十洲記》

63 순중랑(荀中郞)이……하였는데 : 순중랑은 순선(荀羨)이다. 순선이 경구(京口)의 북고산에 올라 바다를 바라보며 "비록 삼산(三山)은 못 보았지만, 사람으로 하여금 절로 속세(俗世)를 벗어나고 싶은 마음을 일게 한다. 만약 진나라와 한나라의 임금이 보았다면 틀림없이 바지를 걷고 발을 적셨을 것이다." 하였다.《世說新語 言語》

28. 유점사(楡岾寺)는 큰 사찰이다. 건물이 웅장하고 아름다우며, 큰 시내 위에 걸쳐있는 산영루(山影樓)는 더욱 멋지다. 화룡담(化龍潭)도 절경이고, 오탁정(烏啄井)은 고적(古蹟)이다. 절에는 세조의 어압(御押)이 있는 교서와 원나라 황제의 칙서가 소장되어 있다.

29. 산영루는 큰 시내에 걸쳐있는 큰 건물로 붉은 난간과 그림이 그려진 기둥들이 아래위로 어리비친다. 완연한 가을빛이 바위에 비단처럼 곱게 아롱거렸다. 피리 부는 종에게 몇 곡조를 불게하고 술을 따라 마셨다.

30. 외금강의 물은 산영루에서 커져서 수십 리를 굽이굽이 흐른다. 여러 골짜기의 물이 백천교(百川橋)에서 합류하는데, 주변의 경치가 시원하게 트였고 바위의 형세는 기괴하다. 산에 들어온 사람이 이곳에 오면 마음이 씻겨진다. 옛날에는 크고 아름다운 정자가 있었는데, 지금은 이미 무너지고 없다.

31. 노춘(盧偆)은 유점사(楡岾寺)에서 존숭하는 사람인데 지리지에 보이는 내용은 허황하여 믿을 수 없다. 구점(狗岾) 위에 노춘정(盧偆井)이 있는데 길가는 사람들이 반드시 목을 축인다. 고려조의 재상 민지(閔漬)가 지은 산수기(山水記)는 더욱 황당하여 믿을 수 없다.[64]

64 민지(閔漬)가………없다. : 유점사(楡岾寺)에 대한 민지의 기문은 《신증동국여지승람(新增東國輿地勝覽)》 제45권 〈강원도 고성군(高城郡)〉에 실려 있는데, 역시 민지의 기문 내용이 괴이하고 허황하여 믿을 수 없지만 그 지명들이 모두 그대로 남아있

32. 구점의 길은 양의 창자처럼 한없이 구불구불한데 노춘 부인(盧偆夫人)의 사당에 이르러서야 비로소 땅이 평평해진다. 수십 리를 가는 동안 맑은 시냇물과 하얀 돌을 보며 자못 한적하고 확 트였다는 생각이 든다. 살고 있는 사람이 매우 적어 쓸쓸한 풍경이 더욱더 맑고 그윽하다.

33. 외금강은 백전암(柏巓菴) 등 바다를 마주한 여러 암자들에서부터 형세가 매우 시원해진다. 발연(鉢淵)의 물놀이〔水戱〕와 동석(動石)의 유적은 절경이라 부를 만하다. 신계동(新溪洞) 쪽은 산봉우리의 물과 돌이 곳곳마다 그 모양이 전혀 다르다. 봉래(蓬萊) 양사언(楊士彦)이 그 아래에 집을 지었는데 옛 터가 아직도 남아 있다. 신계사(新溪寺)는 불타 없어졌는데, 인근 역의 역노(驛奴)가 말을 몰고 험한 곳을 다니는 유람객을 괴롭게 여겨 절에다 불을 질렀다고도 한다. 수년 사이에 초목이 우거져 산문(山門)과 계곡의 길이 막혀 지날 수 없게 되었다.

34. 삼일포(三日浦)에서 배를 타고서 붉은 글씨가 새겨진 석벽을 손으로 만져보고 사선정(四仙亭)에서 술을 마셨는데, 거나하게 취하자 태수 이경인(李敬仁) 극보(克甫)가 노래를 불러 흥을 돋우니 나도 모르게 흥이 일어나서 나 역시 절 시 한 수[65]를 부채 머리에 써서 화답하였다.

기 때문에 부기한다고 하였다.

65 절구시 한 수 : 이때 써준 시가 본서 제4권 〈부채 머리에 써서 극보에게 주다〉이다.

35. 탕천(湯泉)에 목욕하러 갔는데, 탕천은 바로 금강산의 바깥쪽이다. 세조 때 목욕하러 오셨던 옛 행궁 터가 아직도 남아 있다. 목욕을 마치고 양진역(養珎驛)에 투숙하였는데 촌사(村舍)가 몹시 누추하였다. 큰 비가 하루 밤낮으로 내려 개울물이 크게 불어서 사람들이 통행하지 못하였다. 곁에 있던 승려 쌍흘(雙仡)과 신헐(神歇)은 불가의 인과설을 잘 말해서 호상(胡床)에 걸터앉아 듣고 있자니 지루한 줄 몰랐다.

36. 고성(高城)의 온 경내는 산, 바다, 호수, 정자는 물론이고 평범한 바위조차도 모두 의태(意態)가 있으니, 새나 짐승의 모양 같아서 날아가는 듯하기도 달려가는 듯하기도 하다. 남강(南江)은 바다로 흘러들어 가고 칠성석(七星石) 등 여러 바위들이 바다 입구에 나열되어 있어 마치 옥으로 된 죽순과 옥비녀 같다. 해산정(海山亭)이 높은 곳에서 내려다보고 있으니 참으로 신선들이 사는 곳이다.

37. 삼일호(三日湖) 근처에는 몽천사(夢泉寺) 옛 터가 있는데, 규모가 작은 절이긴 하지만 그 맑은 절경은 오중(吳中)의 북고(北固)[66]와 우위를 다툴 만하다. 태수가 거사(居士)에게 초가지붕을 엮게 하고 장차 집을 지을 것이라고 한다. 붉은 글씨는 삼일호 서쪽 절벽 위에 있는데 비스듬히 기울어지고 움푹 패여 사람의 발자취가 닿기 어렵다. 새겨진 글자의 서법(書法)이 아주 고풍스러우니, 홍춘정(洪春亭 홍귀달(洪貴達))이 관찰사를 지낼 때 글을 짓고 검은 돌에 새겨서 바위를 깎아내고

66 오중(吳中)의 북고(北固) : 자세한 내용은 451쪽 주63 참조.

그 안에 넣었다. 그 위에는 매향비(埋香碑)가 있다. 글자가 이미 떨어져 나갔지만 그래도 읽을 수 있는 부분도 있었는데 대개는 향을 묻은 사람들의 성명을 기록한 것이다.

38. 부용호(芙蓉湖)는 관찰사 정하숙(鄭下叔 정두원(鄭斗源))이 살 곳으로 정한 곳이다. 호수가 외금강 아래에 있어서 경치가 빼어날 뿐만 아니라 골짜기도 깊숙하고 조용하며 씨 뿌리고 모내기 할 만한 땅이 있으니 은자가 숨어 살 만한 곳인데, 머물 수 없어 아쉬웠다.

39. 감호(鑑湖)는 사방이 몇 리나 되며 물이 맑고 투명해서 머리카락까지도 환히 비춘다. 앞으로 구선봉(九仙峯)을 마주 대하니 완연히 금강산의 향로봉과 백탑동 등의 승경과 같았다. 그 아래는 집의 규모가 들쭉날쭉한데 왼쪽에는 양사언(楊士彦)이 살던 옛 집이 있고 촌락이 그림처럼 숲 사이로 은은히 보이며, 오른쪽에는 키가 큰 소나무가 있는데 가지가 바다 입구를 가릴 정도이다. 그 소나무 너머에 사봉(沙峯)이 하늘을 향해 우뚝 서 있는데 멀리서 바라보면 마치 옥처럼 보인다. 호숫가에 정자를 세운 사람은 토호였던 정전(鄭洇)라고 한다. 바닷가에 호수가 참으로 많지만 이 감호를 으뜸으로 삼아 마땅하다.

40. 간성(扞城)으로 가는 길에 바다 갈매기 수천 마리가 떼를 지어 물가 모래밭으로 내려앉는 것을 보고 매우 이상하게 생각하였다. 이리저리 살펴보는 사이에 굽이진 해안으로 나오니 어부의 집이 해안을 따라 있고 아녀자와 아이들이 섞여 앉아 있었다. 언덕처럼 쌓아놓은 물건이 있는데 바로 작은 물고기들이었다. 갈매기 떼가 와서 채 가도

꺼리지 않았다.

41. 동해의 거룻배는 통나무를 파서 만드는데 네댓 사람이 탈 수 있다. 대구를 낚는 것으로 생업을 삼는데, 해가 뜨면 곧 돛을 펼치고 나가 순식간에 보이지 않는다. 신시(申時) 무렵 하늘 밖 저쪽에 점 하나가 나타났다가 잠깐 사이 해안가에 닿으니, 경쾌하게 나는 듯이 다닌다는 것을 알 수 있다. 선대(仙臺)와 능파정(淩波亭)은 모두 바닷가의 승경인데 훌쩍 세상을 버리고 우뚝 서 있는 듯한[67] 의취가 있다.

42. 영랑(永郎)이라는 이름이 붉은 글씨로 쓰여 있다. 금강산에 영랑점(永郎岾)이 있고 고성(高城)에 영랑호(永郎湖)가 있으며 간성(扞城)에 또 영랑호가 있다. 이른바 영랑이라는 사람은 어디 사람인지, 또 어느 시대 사람인지 모른다. 영동 사람들이 전하는 말로는 신선의 부류라고 한다. 고성의 호수는 매우 그윽하고 간성의 호수는 더욱 맑고 시원하다. 솔숲과 암석이 인간 세상의 것이 아닌 듯하여 반나절만 돌아다니면 영랑을 만날 것만 같다.

43. 고성(高城)에서 수석이 기이한 곳은 이루 다 기록할 수 없다. 현종암(懸鐘巖)은 마치 종을 엎어 놓은 것 같은 모습인데, 그 안이 벌집처럼 텅 비어 십여 명이 들어갈 수 있으니, 조화옹의 교묘한 솜씨를 보기에 충분하다.

67 훌쩍……듯한 : 소식(蘇軾)의 〈적벽부(赤壁賦)〉에 나오는 구절이다.

44. 선유담(僊游潭)은 원래부터 신령스런 곳이다. 내가 피곤하여 소나무 뿌리에 기대어 잤는데, 꿈에서 옛날 의관을 입은 사람과 함께 도가과 불가의 일을 실컷 이야기했다. 잠에서 깨어난 뒤에도 그 말이 여전히 기억나니, 기이한 일이다.

45. 열산호(烈山湖)는 바다에 접해 있는데, 관동에서 제일 크다. 아득한 물결을 바라보자니 띄울 배가 없는 것이 아쉬웠다.

46. 명사(鳴沙) 수백 리를 가마를 타고 가기도 하고 나귀 등에 걸터앉아 가기도 하면서 마음 내키는 대로 가고 쉬었다. 처음 고성을 빠져나왔을 때는 길을 가다가 마음에 드는 곳을 만날 때마다 앉아서 쉬니 행보가 한참 더디었다. 앞으로 가면 갈수록 경치가 더욱 빼어나 감상하기에 겨를이 없었다. 매향포(埋香浦), 우두대(牛頭臺), 화진(花津) 등 몇몇 곳은 경치가 더욱 빼어나다.

47. 9월 13일, 청간정(淸澗亭)에 이르렀다. 달빛과 파도가 서로 일렁이는데 하늘에는 구름 한 점 없어 대낮처럼 밝았다. 이에 나는 만경대에 올라 돌을 베고서 누웠다. 밤이 깊어지자 서늘한 이슬이 옷을 적시고 청량한 기운이 뼈에 스며들었다. 종놈이 만경대 아래에서 피리를 불자 어룡이 모두 귀를 기울이는 것 같았다. 이 밤, 이 달은 천하가 함께 하는 것이지만 나처럼 만족스레 바라보는 이는 없을 것이다.

48. 청간정은 바다에 매우 가까워 사나운 파도가 뜰 가에 시끄럽게 치니, 그 소리가 매우 웅장하여 잠을 이룰 수 없다. 당나라 사람의

시에 "파도 소리는 처음 온 나그네를 유독 두렵게 하네.〔潮聲偏懼初來客〕"[68]라고 한 것은 실제의 경치이다.

49. 청간정 기둥 사이에 비스듬히 적힌 스무 글자[69]가 있는데 소재(蘇齋) 노수신(盧守愼)이 유람왔을 때 쓴 것을 후세 사람이 새긴 것이다. 세월을 헤아려보니 소재옹의 나이 23세에 쓴 것이다.

50. 명사(鳴砂)라고 하는 것은 밟으면 사각사각 소리가 난다. 관동 수백 리에 걸쳐 그렇지 않은 곳이 없다. 해당화가 그 위에 줄지어 피면 마치 담요를 펼쳐놓은 듯, 비단 장막을 둘러쳐 놓은 듯하다. 가을이 깊어지면 금앵자(金櫻子) 같은 열매를 맺는다.

51. 바닷가의 길이 모두 명사(鳴砂)이기는 하지만 드문드문 바윗길도 있는데 돌출되어 파도가 일렁이는 곳이면 반드시 대를 이루니 하나도 평범한 것이 없다. 평지에는 반드시 푸른 소나무들이 녹색 일산처럼 울창해서 몇 리에 걸쳐 뻗어 있다. 길가는 사람들이 대부분 소나무

68 파도……하네 : 당나라 시인 경위(耿湋, 734~?)의 〈강남으로 떠나는 친구를 전송하며〔送友人遊江南〕〉에 나오는 구절이다.

69 스무 글자 : 소재(蘇齋) 노수신(盧守愼)의 오언절구로 《백호전서(白湖全書)》 권34 〈풍악록(楓岳錄)〉에 남아 있다. "소재의 부친이 간성 현감으로 왔을 때 소재가 따라 왔다가 이 정자에 올라 시를 누대 기둥에다 써 놓고 그 곁에다, 군자(郡子) 노수신(盧守愼)이라고 써 놓은 것을 후인들이 현판을 만들어 걸었다."라고 설명하였다. 시는 다음과 같다. "하늘이 동해의 달을 아끼시니, 한 밤중 이는 바람에 시름겹네. 신선의 배 응당 성박하지 못할 터, 휘파람 불며 푸른 하늘을 생각하네.〔天慚東溟月, 人愁夜半風. 仙槎應未泊, 孤嘯想青空.〕"

아래로 다니는데 한여름에도 시원한 기운이 있다.

52. 천후산(天吼山)은 양양(襄陽)에 있다. 그 골짜기와 산봉우리는 금강산과 나란히 일컬을 만하다. 우뚝 솟아 평평한 곳이 넓지는 않다. 유명한 사찰이 있는 정토(淨土)라서 많은 고승이 이곳에 암자를 짓고 거처한다고 한다.

53. 내가 일출을 본 곳이 모두 세 곳인데, 그 중 해산정(海山亭)에 머문 기간이 가장 길었지만 비가 자주 내려 세 차례 밖에 보지 못했다. 청간정(淸澗亭)과 낙산사(洛山寺)에 있을 때는 모두 맑게 개었는데, 낙산사에서 본 것이 더 대단하였다. 세상에서 낙산사의 일출을 일컫는 것도 다 까닭이 있나보다.

54. 양양 부사가 낙산사 이화정(梨花亭)에서 나를 위해 술자리를 마련하였다. 반쯤 술에 취하자 의상대(義相臺)로 자리를 옮겼다. 몇 개의 점이 하늘가에서 오는 것이 보였는데 마을 사람이 고깃배가 곧 도착할 것이라고 말하였다. 잠시 후에 하얀 돛배가 해안에 정박해 바다의 진미를 제공하기에 마침내 술을 실컷 마셨다. 자리에 있던 어린 기생이 송강(松江 정철(鄭澈)) 상국의 〈관동별곡(關東別曲)〉을 불렀는데 자못 맑고 아름다워 듣노라니 정신이 왕성해졌다.

55. 상운역(祥雲驛)의 유객당(留客堂)은 자못 정갈한데, 뜰 주변의 오죽(烏竹)이 울창하여 사랑스럽다. 한쪽 면은 바다와 접해 있는데 키 큰 소나무가 수십 리에 뻗어 흰 모래 위에 그늘을 드리우니 관동의

명소이다. 역관이 배 다섯 알을 가져왔는데 크기가 몇 되나 되는 바가지만 하였다.

56. 강릉의 경계로 들어가니 지세가 자못 넓고 마을은 풍요로웠다. 관란정(觀瀾亭) 아래에 푸른 소나무가 시내를 따라 십 리에 이어져 있다. 때는 깊은 가을이었는데 바닷가의 가을빛이 더디게 사라지고 있어 울긋불긋 붉은 단풍잎이 볼 만하였다. 정자에는 제영시가 벽에 가득하였는데 모두 벼슬하러 온 사람들의 시이다. 세월을 따져보니 5, 60년이나 된 것도 있는데 이미 누구인지 알 수 없었다. 아! 세상의 이름난 벼슬아치는 누구나 헛된 성명을 훔쳐 한때 드날리건만 죽고 난 뒤에 이름이 일컬어지지 않음이 이와 같으니, 슬프다.

57. 우두대(牛頭臺) 곁에 곱게 단장한 사람이 기다리고 있기에 가서 보니 강릉의 관기(官妓) 옥랑(玉娘)이었다. 젊었을 적 평강(平康)에 있을 때의 옛 벗인데 만나지 못한 지 십여 년이 지났다. 옛날에는 댕기머리를 땋은 어린 관노였는데 벌써 나이가 든 모습이었다. 그도 내 수염과 머리를 보고서 놀랐다.

58. 강문교(江門橋)를 건너 멀리 바라보니 붉은 칠에 공중으로 솟은 호숫가 누각이 숲 사이로 은은히 비쳤다. 말을 달려 가서 사립문을 두드려 보니 정자는 비었고 주인은 없었다. 뜰 주변에 있는 벽오동나무와 긴 대나무가 마음에 꼭 들었다. 안팎의 호수와 바다가 다투어 기이한 모습을 자랑하는데, 때마침 석양이 호수를 물들이고 파도가 아득히 먼 하늘에 닿으니, 바닷가에서 제일가는 곳이다.

59. 9월 15일, 경포대(鏡浦臺)에 올라갔다. 저녁놀이 거꾸로 비치니 바다가 울긋불긋한 채색비단 같았다. 잠시 후 벽옥 같은 달이 하늘에 뜨자 비단 같던 호수와 바다가 뒤바뀌어 수정 세계가 되었다. 취한 몸을 이끌고 누대 아래로 내려가 작은 배에 기생과 악공을 태우고 물 한가운데에서 술을 마시며 놀았다. 밤이 깊어지자 차가운 기운이 생겨 이슬이 촉촉하게 내리니 신선이 노니는 것 같았다.

60. 한밤중에 경포대에서 초당으로 돌아오니, 주인이 술을 준비하고 기다렸다.[70] 내가 취한 몸을 이끌고 올라가 촛대를 잡고서 벽에 있는 시를 보니 백여 편이나 되었다. 나는 기재(企齋) 신광한(申光漢)의 시 한 수에 화답하고 기생들에게 음악을 연주하게 하여 마음껏 즐겼다. 땅의 형세가 평평하고 넓으며 건물이 정교하고 아름답기가 명주(溟州)에서 으뜸이었다.

61. 경포대는 잠와공(潛窩公 이명준(李命俊)) 이 중건한 것으로 매우 널찍하지만 양포(楊浦) 최전(崔澱)의 시 한수와 계곡(谿谷) 장유(張維)의 기문만 걸어두었고, 편액은 내가 쓴 것이다. 명주에는 호족이 많아 저택이 크고 화려하다. 성의 동문 밖은 모두 사대부들이 사는데 붉은 기와와 그림이 그려진 서까래가 즐비하다. 시골에만 이런 것이 없을 뿐 아니라 서울도 난리를 겪고 나서는 이만하지 못하다.

70 한밤중에……기다렸다 : 초당은 경호 가에 있는 김충각(金忠慤)의 집이다. 저자는 이날 신광한의 시에 차운한 시를 지었는데, 본서 4권에 〈경호 가의 김씨 초당에서, 신기재의 운을 쓰다〉 시가 있다.

62. 한송정(寒松亭)은 옛날부터 신선들이 놀며 쉬던 곳이라 하는데, 아직도 단약을 만들던 아궁이와 우물이 남아있다. 푸른 소나무와 하얀 모래사장이 참으로 정토(淨土)인데, 해변에 이와 같은 곳이 또한 적지 않다.

63. 대관령에 올라서 마을의 집들을 보니 개밋둑처럼 작고 경호(鏡湖)는 말만 하였다.[71] "태산에 올라서 천하를 작다고 여겼다."[72]라는 말을 이제야 알게 되었다.

64. 대관령은 웅장하다고 할 만하다. 강릉에서 곧바로 고개 위까지는 사십 리나 되는 먼 길이고, 고개를 넘으면 횡성(橫城)의 경계가 나오는데 여기서부터는 평지이다. 그 사이의 역로는 모두 고갯길로 백이십 리이다.

65. 강릉 일대는 가을빛이 한창 아름다워 단청을 칠한 듯 찬란하다. 횡계(橫溪)에 이르니 절벽과 골짜기가 떨릴 정도로 추웠다. 서리가 내린지 이미 오래이고 나뭇잎은 모두 다 떨어졌다. 거리는 수십 리인데 기후는 전혀 다르다.

71 말만 하였다 : 말[斗]은 곡식을 되는 네모진 양기(量器)인데, 호수의 모습이 이와 비슷하고 아주 적게 보임을 이른 것이다.

72 태산에……여겼다 : 《맹자》〈진심 상(盡心上)〉에 "공자께서 동산에 올라서는 노나라를 작다고 여기시고 태산에 올라서는 천하를 작다고 여기셨다.[孔子登東山而小魯, 登太山而小天下.]" 하였다.

66. 오대산(五臺山) 앞의 들은 '성평(省坪)'이라 하는데 거기에 어림대(御林臺)가 있으니, 대(臺)는 작은 언덕이다. 민간에 전하는 말에 의하면 세조께서 오대산에 행차하셨을 때 이곳에 말을 멈추고서 문사와 무사를 뽑았다고 한다. 그런데 무사를 뽑을 때 활과 말로 시험을 치르지 않고 소를 타고 가파른 고개 아래로 달려가게 하여 떨어지지 않은 사람을 합격시켰다고 한다. 그래서 강릉에는 '소를 타는 걸로 급제했다.〔騎牛及第〕'라는 이야기가 있다.

67. 오대산의 크기는 금강산과 비교하면 제나라와 추나라 차이 정도에 그치지 않는다. 봉우리는 원만하고 통통하며 물과 돌도 특별히 뛰어난 곳이 없다. 그러나 우동수(于同水)만은 작은 절구 정도의 크기인데도 한강의 근원이 되니 신기하다. 세간에 이 물이 아주 특이하다고 전하는데 내가 한 모금 마셔보니 달고 차가웠으며, 차를 끓이니 더욱 맛이 좋았다.

68. 상원사(上院寺)는 세조의 원찰(願刹)로 규모가 크고 화려하기는 비할 데가 없고, 소장하고 있는 그릇이 매우 많았다. 흰 병풍은 청지(淸之 안평대군(安平大君))의 글씨이니 진귀하다고 하겠다. 월정사(月精寺)의 중문(重門)에는 석천(石川) 임억령(林億齡)의 오언 율시 두 수가 걸려 있는데 읊조릴 만하다.

69. 오대산은 좋은 재목이 모여 있는 울창한 곳으로 나무가 하늘을 찌르고 해를 가릴 정도이다. 큰 것은 둘레가 수십 아름이나 되었다. 옛 사람이 "바다를 보고 나니 다른 물은 물이라 하기 어렵다."[73] 하였

는데, 나도 오대산을 보고 나니 다른 나무는 나무라 하기 어렵다고 하겠다.

70. 월정사에는 불교 교리에 대해 말하는 승려가 없었다. 동쪽 관음암(觀音菴)에 금식하는 늙은 승려가 살고 있다는 말을 듣고서 불러오고자 하였다. 이름은 성정(性淨)이고 나이는 예순 여덟 살이며 몸은 흙덩이나 나무토막 같은데 암자에서 나오지 않은 지 이미 7년이나 되었으며 말도 하지 않고 먹지도 않은 지가 아주 오래되었다고 한다. 내가 방편(方便)[74]의 말로 질문을 하자 드디어 눈을 뜨고 빙그레 웃으며 "당신은 같이 이야기할 만합니다." 하였는데 묻는 말에 메아리처럼 응답하였다.

71. 나는 승려를 좋아하는 벽(癖)이 있고 승려 중에도 나를 좋아하는 이가 많다. 서산대사 이후로 유명한 승려들은 만나지 못한 이가 없고, 직접 만나지는 못하더라도 그들의 계행(戒行)에 대해서는 알고 있다. 또 금강산에 살고 있는 선사들을 두루 만나보니 성정(性淨)만큼 지행(知行)이 모두 높은 이는 없었다. 그가 입정(入定)하면 깨어나지 않는 것이 오래된 우물과 같았고, 외물과 접촉하면 정신이 활발하고 예리한 말이 빼어나 비록 크게 의심스러운 일이라도 한마디 말로 해결하였다. 그의 뜻과 기개를 보니 한 시대를 능가하기에 충분하다.

73 바다를……어렵다 : 《맹자》 〈진심 상〉에 나오는 구절이다.

74 방편(方便) : 불교의 가르침의 한 방법으로, 중생을 교화하기 위해 기류근성(機類根性)에 알맞게 권도(權道)로 깨달음에 이르게 하는 것을 말한다.

72. 내가 묻기를,

"사교(四教)[75]에는 원래 공안법(供案法)이 없었는데 조주(趙州)[76]로부터 시작되었습니다. 지금의 수행법은 사교를 본받지 않고 단지 조주의 면모에만 의지하고 있으니, 이와 같이 해도 도(道)에 들어갈 수 있겠습니까?"

하였다. 성정이 웃으면서 말하기를,

"선비께서는 도리(道理)를 아십니까? 불가의 말을 의심하시니, 유가를 예로 들어 증명하겠습니다. 공자와 맹자는 단지 제자와의 문답으로 설파하였을 뿐인데, 송(宋)나라의 유자들이 비로소 주경설(主敬說)을 내놓았습니다. 유가의 '주경(主敬)'은 바로 불가의 공안의 뜻입니다. 성인의 시대가 멀어지니 그 말씀도 없어져 큰 도가 황량해지고 인욕이 천리를 없애게 되었습니다. 유가나 불가가 모두 마땅히 마음에서 구해야 하니, 마음을 구하는 요령은 욕심을 없애는 데에 있습니다. 그러므로 이것을 가르침으로 삼아 혹은 '경(敬)'으로써 하고 혹은 '무(無)'로써 하지만 인욕을 없애고 뜻을 정하는 것은 마찬가지입니다. 인욕이 깨끗이 사라지면 천리는 저절로 드러나게 됩니다."

하였다.

75 사교(四教) : 불가의 사교를 가리키는데, 용수사교(龍樹四教), 효공사교(曉公四教), 광택사교(光宅四教), 천태사교(天召四教) 등 가리키는 바가 각각 다르다. 여기서는 불가의 교리를 말한다.

76 조주(趙州) : 조주(趙州) 관음원(觀音院)의 선승(禪僧) 종심(從諗)을 가리킨다. 승려 하나가 조주에게 "달마가 서쪽에서 온 뜻〔祖師西來意〕이 무엇이냐?"라고 묻자, "뜰 앞에 있는 잣나무〔庭前栢樹子〕"라고 대답한 유명한 일화가 있다.

73. 막혀서 앞이 안 보이는 대관령의 바위들을 지나 청심대(淸心臺)에 이르니 자못 높고 시원하였다. 누대 옆에 우물이 있는데, 여기 이름도 우동(于同)이었다. 물맛이 아주 훌륭하여 오대산의 우동수와 다르지 않았다.

74. 대화역(大和驛) 옆에 석굴이 있는데, 입구는 한 사람이 간신히 들어갈 정도이지만 그 안으로 들어가면 점점 높아지고 넓어져서 몇 리를 가도 끝나지 않는다. 옆으로 뚫린 동굴이 셀 수 없이 많은데, 불을 가져다 비추어 보면 바위 틈이 아주 기이하여 뭐라 형용할 수 없다. 아래쪽에서 여울물 소리가 들리지만 물은 보이지 않으니, 땅속에 필시 매우 큰 물이 흐르고 있을 것이다. 종유석은 엿 같은데, 동굴 문을 나서면 돌처럼 딱딱해지니 기이하다.

75. 원주(原州)와 횡성(橫城) 사이는 촌락이 거의 없고 산수도 그리 아름답지 않았다. 그러나 거센 여울이나 기이한 석벽을 만나면 말을 멈추고 시를 읊으며 완상하였으니, 만나는 곳마다 흥을 돋우기에 충분하다는 것을 알게 되었다.

76. 섬강(蟾江)과 여강(驪江) 일대에는 누대의 승경이 없고, 청심루(淸心樓)에 이르러서야 자못 시야가 트였다. 용문산(龍門山)의 산세는 평평하게 멀리까지 뻗어 있는데 목은(牧隱) 이색(李穡)이 남긴 자취가 있어 오랫동안 나그네로 다니는 이의 회포를 달래기에 충분하다.

77. 한밤중에 배를 타고 용진(龍津)에 닿으니 멀리 강가에 불빛이 보

였다. 아이들이 내가 오기를 기다린 것이었다. 배에서 내리자 아우 하나와 아이 셋이 와서 절을 하는데 마음이 흔쾌하였다. 천 리의 명산이 애욕의 뿌리를 끊지 못했구나 생각하며 미소를 지었다.

78. 일행 중에 정예남(鄭禮男)은 노자와 불가의 말을 제법 알고 있었고, 최기남(崔奇男)은 시도 잘 짓고 글씨도 잘 썼으며, 승려 계정(戒淨)은 일자무식이었지만 잘 따르고 살가워 어울릴 만하였다. 이 세 사람은 유람하며 부리기에 충분하여, 매번 기생이 있는 곳에 가거든 계정에게 기생과 어울려 노래하고 춤을 추게 하며 세속의 법도를 벗어나 놀기도 하였다.

낙전당집

제8권

傳전
雜著잡저
書後서후

跋발
疏소
箚차

전 傳

이군선 옹의 전기(傳記)

李翁君善傳

융경(隆慶)과 만력(萬曆)[1] 연간에 이군선(李君善) 선생이 살았는데, 은둔자였으나 자신의 재주를 다 감추지 못해 세상에 조금 드러내었다. 이 세상에서 그의 덕을 제대로 말할 수 있는 자가 없기에 내가 전을 짓는다.

군의 이름은 숭경(崇慶)이고, 자는 군선(君善)이며, 본관은 전의(全義)이다. 비조(鼻祖) 이도(李棹)가 고려 군사들을 배로 건네준 공으로 태조(太祖)의 공신이 되었는데, 이때부터 대대로 이름난 인물을 배출하였다.

군은 나면서부터 몹시 총명하여 일곱 살에 스스로 글을 읽을 줄 알았으며, 조금 장성해서는 널리 듣고 잘 기억하여 고문사(古文辭) 짓기를 좋아하니, 김모재(金慕齋 김안국(金安國))가 자주 칭찬하였다. 약관(弱冠)의 나이에 향시(鄕試)에 장원으로 급제하고 곧이어 진사시에

1 융경(隆慶)과 만력(萬曆) : 융경(1567~1572)은 명 목종(明穆宗)의 연호이며, 만력(1573~1620)은 신종(神宗)의 연호이다.

합격하여 성균관에서 공부하였으니, 조만간 벼슬에 나아갈 처지였다. 그러나 군은 세속을 떠날 생각을 품고는 사미(沙彌)를 위한 범어(梵語)를 지어 더 이상 세상에 구속받지 않으려는 뜻을 보이고는 마침내 버리고 돌아갔다. 마음 내키는 대로 사방을 주유하다가 마침내 이천(利川) 한세동(閑世洞)에서 경치 좋은 곳을 택해 집을 짓고 살았다. 그곳에는 기이한 바위, 수려한 봉우리, 맑은 못, 흐르는 여울, 오래 묵은 수목, 이름난 꽃들이 많았으며, 또 땅이 넓고 비옥하여 벼농사 짓기에 알맞았다.

군은 산자락에 집을 짓고 물을 끌어와 못을 만들고는 그 물을 대어 쌀과 보리를 심어 재산을 풍족하게 일구었다. 스스로 풍담도로(楓潭道老)라 일컬으며 날마다 그 사이에서 시가(詩歌)를 읊조리며 성시(城市)에는 발을 들여놓지 않았다. 재상 박순(朴淳)이 벼슬하기를 권하며 불러서 벼슬을 주려 하였는데, 군이 웃으면서 말하기를,

"공이 농사의 즐거움을 누리는 나를 구속받는 벼슬길에 들여보낼 수 있겠습니까."

하니, 상국이 탄복하여 감히 두 번 다시 말하지 않았다.

군은 성품이 순박하고 화려한 것을 싫어하여 거친 베옷만 입었으며 집에는 수레가 없었다. 또 연회를 베풀어 즐기는 일도 없었으며 여러 가지 반찬을 상에 올리지 않았다. 그러나 마을 사람들이 즐겁게 모이는 명절 때면 반드시 술과 음식을 마련하여 신분과 나이에 관계없이 함께 마시며 즐겼으니, 온 마을 사람들이 노래 부르고 피리 불며 춤을 추면서 즐거워하였다.

군은 타고난 성품이 매우 효성스럽고 우애가 깊어 선대의 유훈(遺訓)을 종신토록 실천하였다. 기예에 있어서도 능하지 않은 것이 없어

시와 초서(草書)에 모두 뛰어났다. 어린 시절에는 호방함을 즐겨 활 쏘는 법이 매우 정교하였으니 백발 천발을 쏘아도 모두 명중시켰다. 스스로 좋아하여 아무도 막을 수 없었는데, 부모가 이를 만류하자 곧바로 그만두고 종신토록 다시는 화살통을 잡지 않았다고 한다.

부친께서 경인년(1590, 선조23)에 군을 방문한 적이 있었는데, 군에 대해서 다음과 같이 말씀하였다.

> "당시 칠십의 나이에도 피부가 빛이 나고 얼굴에 윤기가 흘렀으며 행동에 유아(儒雅)한 풍도가 있었다. 처음 대했을 때에는 고고하고 단엄한 분이었는데 천천히 살펴보니 온화한 분이었다. 고의(古誼)를 담론하고 시문(詩文)을 품평하는 것을 들으면 끝없이 이어지는 말에도 피곤한 줄을 몰랐다."

아마 군은 자신의 재주를 감추고서 굳건하고 깨끗한 절조를 지킨 자였으리라. 군자는 죽을 때까지 이름이 알려지지 않는 것을 싫어하니, 이는 고인(古人)이 기록한 말이다.[2]

2 군자는……말이다 : 《논어》 〈위령공(衛靈公)〉에 나오는 말이다.

이전의 전기

李瑑傳

이전이 감질(疳疾)에 걸려 50일 만에 끝내 세상을 떠났다. 친하게 지내던 유생 설거인(薛居仁)이 이전의 병이 심하다는 말을 듣고 와서 살펴보니, 잇몸이 손상되고 치아가 빠져 오랫동안 음식을 먹지 못했는데도 정신은 온전하였다. 세상을 떠나던 날, 일어나 앉아 자신의 맥을 짚어보고는 "맥이 이미 끊어졌다."라고 하였다.

"그대의 목숨이 위태로운데, 부탁할 일은 없는가?"

라고 설거인이 말하자,

"달리 부탁할 것은 없고 오직 아이의 교육을 부탁하오."

라고 하였다. 그 아내가 남편과 영결(永訣)하고자 했으나 가까이 다가오지 못하게 뿌리치고 설거인과 조용히 삶과 죽음의 이치에 대해 몇 마디 나누고선 눈을 감고 일어나지 못했는데, 곧 숨을 거두었다고 한다.

이전은 일찍 어버이를 여의고 집이 가난하여 갈옷을 입고 거친 밥을 먹으면서도 싫어하지 않았다. 행색은 몹시 초라하고 언사(言辭)는 사람의 마음을 감동시키기엔 부족하였으나 그 뜻은 매우 고상하였다. 갑자년의 변란(이괄(李适)의 난)에 대가(大駕)가 피난하였다는 말을 듣고는 앞장서서 난에 달려가 임금을 따라 공주(公州)로 들어갔다. 역적이 패한 뒤에 환궁하여 임금께서 호종한 대부(大夫)와 사(士)를 기록하게 하니 평민의 신분으로 관직을 얻은 자가 많았는데, 이전은 훌훌 떨치고 돌아가는 바람에 이름도 기록되지 못하였다. 정묘년(1627, 인조5)에는 또 전주(全州)로 달려갔으니, 세자의 분조(分朝)가 있는 곳이었다. 세자가 도성으로 돌아와 규례대로 수종했던 자들을 기록하였는데, 이전의 이름이 또 기록되지 못하였다. 이조 판서 승평공(昇平公 김류(金瑬))이 이를 듣고서 더욱 칭찬하여 사직 참봉(社稷參奉)에 천거하여 제수하였는데, 부임하지 않았다.

이전은 내게는 종매부(從妹夫)가 된다. 서울에 오면 반드시 나를 찾아왔으며 나도 그가 선인(善人)임을 알아 깊이 허여하였는데, 불행하게도 명이 짧아 겨우 나이 서른 남짓에 세상을 떠났다. 남은 몇 자녀들은 모두 어리고 집에는 양식거리조차 없는 형편이라 염을 할 수 없어, 그 장인 도사공이 실로 장례를 치러주었다. 아, 슬프다!

이전은 겉으로는 어리석고 둔해 보이지만 마음속은 순수하고 명민하였으며 몸가짐이 깨끗하고 뜻이 확고하였다. 홀어머니를 지극한 효성으로 섬겼으며, 비바람도 가릴 수 없는 초가 한 칸에서 종일토록 글을 읽으며 자주 양식이 떨어져도 태연하였다. 문장이 매우 뛰어나지는 않았으나 과거에 합격하기에는 충분하였는데 겨우 상상(上庠)에 오른 것[3]으로 끝나고 말았으니 운명이라 하겠다. 말은 잘 하지 못하는 듯이 어눌하였으나 일에 임해서는 강개하였다. 조정에서 오랑캐와 화친을 맺었다는 말을 듣고는 시를 지어 뜻을 드러내었는데, 소박하면서도 속되지 않았고 슬퍼하면서도 지나치지 않았으니, 또한 시인의 풍자에 맞았다.

내가 일찍이 말하기를, "이전이 죽지 않았다면 필시 수립한 바가

3 상상(上庠)에 오른 것 : 생원진사시(生員進士試)에 합격하여 성균관에서 공부하는 것을 말한다. 상상은 성균관을 뜻한다.

있었을 것이다."라고 하였는데, 이전을 아는 자들은 나의 말을 과하다고 여기지 않는다. 이전이 끝내 포의(布衣)의 신분으로 일찍 죽어 세상에 이름을 떨치지 못한 것은 박복한 운수 때문이 아니겠는가.

해진 솜옷을 입고 여우 담비 갖옷을 입은 사람과 나란히 서면서도 부끄럽게 여기지 않은 사람[4]이 있고, 가난한 것이지 병든 것이 아니라고 말한 사람[5]도 있었으니, 천 년 뒤에 그 풍도를 듣고서 이들처럼 하고자 생각한 이는 이전일 것이다.

이전은 공정대왕(恭靖大王 정종(定宗))의 후손으로, 조부는 모(某)이고, 부친은 모이고, 모친은 모씨이다. 이씨(李氏)에게 장가들었는데, 장인이 바로 나의 외숙 도사공(都事公) 이구준(李耉俊)이다.

이전의 초명은 근(瑾)이고, 자는 군보(君寶)이다. 평생토록 세상에 나서지 않고 질박하게 지냈는지라 벗들 사이에서 호를 쓰지 않았다. 이전이 죽은 뒤에 그가 남긴 글을 살펴보는데, 원고에 현재(絃齋)라 쓰여 있었으니, 필시 호가 현재였을 것이다. 아마도 곧은 거문고 줄에서 뜻을 취한 것이리라.

아! 이전은 평범한 선비가 아니었으니, 비록 스스로 학문을 좋아하

4 해진……사람 : 공자(孔子)의 제자 자로(子路)를 말한다. 공자가 말하기를, "해진 솜옷을 입고 여우 담비 갖옷을 입은 사람과 나란히 서 있으면서도 부끄럽게 여기지 않는 사람은 자로일 것이다."라고 하였다. 《論語 子罕》

5 가난한……사람 : 공자의 제자 원헌(原憲)을 말한다. 원헌이 노(魯)나라에서 몹시 곤궁하게 지낼 적에 자공(子貢)이 화려한 수레를 타고 찾아와 말하기를, "선생은 어찌 이리도 병들었소?" 하자, 원헌이 대답하기를, "내가 들으니, 재물이 없는 것을 가난이라 하고 도를 배우고도 행하지 못하는 것을 병이라고 합니다. 그렇다면 나는 가난한 것이지, 병든 것이 아니라오."라고 말하였다. 《莊子 讓王》

고 선을 지향한다고 내세우지는 않았지만 옛사람처럼 되고자 기약했던 자이다. 내가 능히 이를 잘 알고 있으니, 세상에 아는 사람이 없다고는 할 수 없으리라. 설생(薛生)이 말한 임종 때의 태연한 모습을 통해서도 또한 그 기이함을 알 수 있다. 그 부인의 아우 이성기(李聖基)가 말하기를,

"군보는 죽고 그 자녀는 어리니 그대의 글을 얻어 어린 자식들에게 남기고자 하오."

하였다. 나는 이전이 생전에 명예를 추구하는 것을 부끄럽게 여겼음을 안다. 이 때문에 남에게서 들은 말만 기록하여 이전 군보의 소전을 짓는다.

잡저 雜著

창연정설
蒼然亭說

회수(淮水) 가에 황폐한 언덕이 있는데, 내가 그 꼭대기를 평평하게 다져 정자를 짓고는 창연정(蒼然亭)이라 이름 붙였다. 어떤 객이 내게 따지기를,

"이 정자는 산수가 모인 곳에 있습니다. 뒤쪽으로는 두협(斗峽)이 자리하고 앞쪽으로는 우산(牛山)이 지나가며, 동쪽으로는 화악(華岳)이 높이 치솟았고 서쪽으로는 어병(御屛)이 뻗어 있습니다. 백운동(白雲洞)과 중은동(中隱洞)이 두 강을 끼고서 옆으로 뻗어 있고, 두곡(杜曲)과 소평(昭坪) 마을은 수많은 밭을 개간하여 곁에 자리하고 있습니다. 고산(孤山)은 용처럼 비상하고 지주(砥柱)는 거북처럼 엎드려 있습니다. 이 몇 가지로 정자 이름을 짓기에 부족하였습니까?"

하였다. 내가 대답하기를,

"그런가요? 그렇지 않습니다. 이것들은 모두 물(物)입니다. 내가 세속에 살면서 대했던 크고 작은 물 중에 나의 눈과 귀를 호사롭게 하고 마음과 뜻을 즐겁게 했던 것이 어찌 한정이 있겠습니까. 그런데

도 잡초와 덤불을 제거하고서 띠풀로 지붕을 엮고 땅을 자리삼아 집을 지어 이 언덕에서 즐기는 것은 내가 장차 물을 버리고 이를 벗어나 노닐고자 하는 것입니다. 그렇다면 높은 산과 흐르는 물에서 나는 그 울창한 모습만 볼 뿐입니다. 그대가 말한 것은 물이고, 내가 즐기는 것은 정신이니, 내가 장차 물에 부림을 당하겠습니까."

하니, 객이 입을 다물고 물러갔다. 마침내 그 말을 기록하여 벽에 걸어 둔다.

천설에 대한 변론[6]

天說辯

하늘은 밝게 아래를 굽어보아 한 사물도 빠뜨림이 없다고 하고, 하늘은 무지하여 전혀 관섭함이 없다고도 한다. 유종원(柳宗元)은 이 두 설을 참작하여 천설(天說)을 지었는데, 한유(韓愈)의 말을 반박하여 다음과 같이 말하였다.

"천지는 큰 열매이고, 원기는 큰 종기이고, 음양은 큰 초목이다. 공이란 스스로 세우는 것이고, 화라는 것은 스스로 초래하는 것이다."

유종원의 설을 가지고 본다면, 밝은 하늘이란 도리어 어두운 것인가? 공이 과연 스스로 세우는 것이고, 화가 과연 스스로 초래하는 것이라면 화복을 주는 자는 누구란 말인가?

하늘은 고요하여 조짐이 없지만 만상의 이치가 빼곡하게 갖추어 있으니, 아직 감응하지 않았다 해서 앞의 일도 아니며 이미 감응했다고 해서 뒤의 일도 아니다. 그런데 이미 감응한 것을 보고 한 물건도 빠뜨리지 않았다고 하고, 아직 감응하지 않은 것을 보고 전혀 관섭이 없다고 한 것이다. 한유의 말이 참으로 흥분한 바가 있어 나온 것임은

6 천설에 대한 변론 : 이 글은 유종원(柳宗元)이 지은 〈천설(天說)〉에 대한 변론이다. 〈천설〉은 한유(韓愈)의 하늘과 인간의 관계에 대한 견해를 반박한 글로, 먼저 한유의 주장을 설명한 뒤에 유종원이 자신의 의견을 설파하는 형식으로 구성되어 있다. 한유는 인간이 천지 만물을 해치는 존재이므로 인류를 번성시키는 자는 하늘의 원수이고 따라서 화를 당한다는 견해이고, 유종원은 하늘을 의지를 지니지 않은 자연물로 파악하여 한유의 견해에 반박하였다.

여러 말할 필요 없이 분명한데, 유종원의 설 또한 근본을 보지 못한 견해이다.

하늘은 바로 이치이다. 이치에는 애초 하늘과 사람의 구별이 없으니 사람이 능히 하늘과 덕을 함께 할 수 있다. 하늘의 명을 받들어 하늘의 도를 행한다면 이 또한 하늘인 것이다. 천작(天爵)[7]이라 하고 천토(天討)[8]라 하였으니, 성인이 어찌 나를 속였겠는가. 그렇다면 과연 밝은 하늘을 어둡다 할 수 있겠는가. 천지와 원기와 음양은 열매와 종기와 초목일 뿐이요, 공은 스스로 세우는 것이며 화는 스스로 초래할 뿐이라 말할 수 있겠는가. 아! 유종원은 대도(大道)를 듣지 못하고서 사설(私說)을 세운 자일 것이니, 또한 스스로 흥분한 바가 있어 분발한 것이리라. 슬프구나!

7 천작(天爵) : 《맹자》 〈고자 상(告子上)〉에 "인의충신(仁義忠信)은 하늘이 내려준 벼슬〔天爵〕이요, 공경대부(公卿大夫)는 사람의 벼슬〔人爵〕이다."라고 한 데서 온 말로, 사람이 지닌 고상한 도덕과 수양을 가리킨다.

8 천토(天討) : 《서경》 〈고요모(皐陶謨)〉에 "하늘이 덕 있는 이에게 관작을 내리고〔天命有德〕, 하늘이 죄 있는 이를 토벌한다.〔天討有罪〕"라고 한 데서 온 말로, 천명에 따라 죄인을 응징하고 다스린다는 뜻이다.

나헌에 대한 설

懦軒說

덕우(德雨)[9]는 지조를 지키고 굽히지 않기로 세상에 이름난 사람인데, 자신의 집을 '나헌(懦軒)'이라 명명하고서 내게 글을 써주기를 부탁하였다.

나약함〔懦〕이란 게으름에 가까우니 몸을 다스리는 데 방해되고, 나약함이란 유약함에 가까우니 임금을 섬기는 데 방해된다. 이 두 가지는 악덕(惡德)인데, 이것을 가지고 집을 명명한 것은 어째서인가. 경계하기 위해서이다.

덕우는 자신을 다스림에 있어서는 본성을 따랐다고 자부하고, 임금을 섬김에 있어서는 숨김이 없다고 자부한다. 또한 세상에서도 우뚝하게 지조를 지키고 굽히지 않은 인물로 그를 지목하고 있으니, 나약함과는 이미 거리가 먼 사람인데, 또 무엇을 경계한단 말인가.

비록 그러하나 성인이 아닌 이상 혼자만 알고 있는 데서 기미가 나타나지 않을 수 없으니 그 병통에 따라 제거해야 한다. 보통사람들의 행실이 비록 선하더라도 한 쪽에 치우치게 되면 장단이 서로 드러나 가릴 수 없게 된다. 본성을 따르더라도 스스로 공경하고 중하게 여기지 않는다면 혹 나태함으로 빠지게 되고, 숨김없이 임금을 섬기더라도

9 덕우(德雨) : 박황(朴潢, 1597~1648)으로, 본관은 반남(潘南), 자는 덕우, 호는 나옹(懦翁)・나헌(懦軒)이다. 1621년(광해군13)에 문과에 급제하여 병조 판서, 대사간, 대사헌 등을 역임하였다.

임금의 뜻을 범할 수 없다면 혹 유약하다는 의심이 든다. 본성을 따르는 것이 본디 좋은 일이니, 자신의 몸을 공경하고 중하게 여긴다면 혹시라도 게으름에 빠지는 일이 없을 것이다. 숨김없이 임금을 섬기는 것이 본디 마땅한 일이니, 눈치를 보지 말고 과감하게 간할 수 있다면 유약하다고 의심할 단서가 없을 것이다. 우뚝하게 지조를 지키고 굽히지 않는다는 품평이 종신토록 쇠하지 않는다면 어찌 그 나약함을 걱정할 필요가 있겠는가. 옛사람이 말하기를,

"주역을 잘 이용하는 사람은 주역을 논하지 않는다."[10]

라고 하였다. 만일 나약함〔懦〕이 악덕인 줄 안다면 덕우는 집을 명명할 필요가 없었을 것이요, 나에게 글을 구할 필요도 없었을 것이다.

10 주역을……않는다 : 소옹(邵雍)의 《황극경세서(皇極經世書)》〈관물외편(觀物外篇)〉에 "주역의 이치를 안다고 해서 반드시 주역을 인용하여 강술하고 해석할 필요는 없다. 맹자는 저서에서 주역을 언급한 적이 없지만 그 글 가운데 주역의 도가 존재한다. 다만 그것을 아는 사람이 드물 뿐이다. 주역을 이용하는 사람은 주역을 아는 사람인데, 맹자의 경우는 주역을 잘 이용한 사람이라고 할 만하다."라는 구절이 있다.

쌍흘의 책에 쓰다

雙仡卷

하늘은 이 이치와 이 기운을 소유하여 만물에 부여하고, 사람은 하늘에서 이 이치와 이 기운을 받아 만물을 헤아린다. 만물이 이 이치와 이 기운으로써 생겨난 이상 살아있는 것은 죽음이 없을 수 없는데, 생사(生死)를 일러 오고가는 것이라 말한다. 오고가는 흔적은 사람이 또한 알 수 없는 일이라 오직 이치로 헤아려 볼 뿐이다.

기운이 모이면 형체에 붙었다가 기운이 흩어지면 하늘로 돌아가는데, 종종 평정을 얻지 못하면 옮겨 붙는 것이 있어 요얼(妖孼)이 된다. 일체 어둠속 기괴(奇怪)가 불씨(佛氏)가 말하는 삼계(三界)인데, 향불을 피우고 육미(六味)로 공양하여 이들을 구제하는 것은 자비심(慈悲心)에서 나온 것이다.

불씨의 뜻이라면 다음과 같다. 바른 기운을 얻은 자는 살아서는 어진 사람이 되고 죽어서는 신명(神明)이 되며, 바르지 못한 기운을 얻은 자는 살아서는 사악한 사람이 되고 죽어서는 악귀가 된다. 어진 사람은 사람들이 사모하는 존재이므로 공경하는 마음이 생기고, 사악한 사람은 사람들이 혐오하는 존재이므로 꺼리고 두려워하는 마음이 생기니, 사모하는 존재는 흠향하게 하고 꺼리고 두려워하는 존재는 포식하게 한다. 그 대접은 비록 다르지만 맺혀 있던 기운을 풀어주고 이끌어 하늘로 돌아가게 하였다가 혹 다시 사람의 모습을 받고 사람으로 태어나 악인에서 선인으로 바뀌기를 바라는 것이다.

이는 이치로 보아 혹 그러할 수 있다. 자신을 버려 중생을 구제하려는 공덕승(功德僧)이 손발이 부르트도록 분주하게 목탁을 두드리고 비는 것은 불씨의 자비심을 자신의 마음으로 삼아서이다. 향불을 올리는 비용은 반드시 선남자(善男子)와 선여자(善女子)[11]의 보시를 기다려야 하니, 그 보시하는 마음이 또한 불씨의 마음이요, 복을 쌓는 근원이 진실로 여기에 있는 것이다.

아! 이 이치와 이 기운 속에 있으면서 누구는 선인(善人)이 되고 누구는 악인(惡人)이 되는 것은 모두 수행(修行)과 패역(悖逆)의 차이에서 비롯된 것이다. 어느 누가 생사왕래의 고통에서 벗어날 수 있겠는가. 어찌 서로 권면하지 않으랴!

11 선남자(善男子)와 선여자(善女子) : 불법을 신봉하는 속계(俗界)의 남녀를 말한다.

구십주[12]의 〈백묘나한도〉에 쓰다

題仇十洲白描羅漢圖

오백 명의 아라한(阿羅漢)이 성문과(聲聞果)[13]에 들었는데, 그 중 16인의 응진(應眞)[14]에 대해서는 특별히 그림으로 그려서 세상에 퍼트렸다. 마힐(摩詰)[15]과 관휴(貫休)[16] 같은 무리들은 괴이하고 허탄한 뜻을 창시하여 세상 사람들의 눈을 현혹시켰는데, 우리나라의 오래된 사찰 벽이나 탱화에 종종 볼 만한 것이 있는 것은 모두 그 유법을 모방한 것이라 한다.

12 구십주(仇十洲) : 명(明)나라 제일의 궁정화가(宮廷畫家)인 구영(仇英)으로, 호가 십주이며, 자는 실부(實父) 또는 실보(實甫)이다.

13 성문과(聲聞果) : 성문사과(聲聞四果)로, 성문들이 깨닫는 네 단계의 깨달음을 말한다. 성문은 부처의 설법을 듣고 사제(四諦)의 이치를 깨닫고자 하는 불제자를 말한다.

14 16인의 응진(應眞) : 부처의 명을 받들어 세간에 영주(永住)하면서 정법(正法)을 수호하는 임무를 맡는다는 16인의 아라한을 말한다. 아라한은 범어(梵語)의 음역으로, 세간의 대공양(大供養)을 받을 만한 성자라는 뜻이다. 대승(大乘)과 소승(小乘)을 막론하고 불교 최고의 과위(果位)를 얻은 자를 말하는데, 줄여서 나한(羅漢)이라고 하고, 의역해서 응진(應眞)이라고 한다. 불경이 한역(漢譯)된 이래로 대개 선종(禪宗) 사찰에서 신선의 모습으로 그 상을 조성하였다.

15 마힐(摩詰) : 불법을 신봉했던 당(唐)나라의 시인이자 화가였던 왕유(王維)로, 호가 마힐이다.

16 관휴(貫休) : 당말오대(唐末五代) 때의 승려로, 호는 선월대사(禪月大師)이다. 수묵화에 능해 오월(吳越)에서 공부하던 중 꿈에 16나한을 보고, 그 상을 그렸다고 한다.

내가 일찍이 사구(司寇) 왕원미(王元美 왕세정(王世貞))가 이백시(李伯時 이공린(李公麟))의 〈도해아라한도(渡海阿羅漢圖)〉에 쓴 발문을 읽은 적이 있는데, 매우 정밀하게 묘사하여 마치 눈으로 직접 보는 듯하였다. 내가 그 문장을 좋아하여 이백시의 그림도 보고 싶었지만 볼 수가 없었다.

얼마 전에 칙사 황손무(黃孫茂)가 이조 참판 이자시(李子時 이민구(李敏求))에게 보낸 구실부(仇實夫)[17]의 〈백묘나한상(白描羅漢圖)〉을 보게 되었는데, 구도가 정연하고 발묵(潑墨)이 선명하며 심지어 귀차(鬼叉), 용어(龍魚), 구름, 파도 같은 것들은 가려졌다가 분분히 드러나 그 신기한 형상이 드러나기도 하고 감추어지기도 하였다.

이는 대체로 왕원미의 글과 일치하지만, 삼매(三昧)의 경지에 노닐며 환상의 세계를 묘사하여 조금 체세(體勢)를 조정하여 차이를 나타내었으니, 나의 숙원을 풀어주기에 충분하였다. 어찌 굳이 이백시의 그림에만 눈길을 줄 필요가 있겠는가. 다만 이자시와 함께 엄원(弇園 왕세정(王世貞))의 방장(方丈)에 나아가 주미(麈尾)[18]를 흔들며 품평하고 인과(因果)와 깨달음에 대해 변론하지 못하는 것이 한스럽다. 그러나 왕원미 또한 염부제(閻浮提)[19] 속에 살면서 사갈라용왕(娑竭羅龍

17 구실부(仇實夫) : 구십주(仇十洲) 즉 구영(仇英)인데, 저자가 조금 혼동한 듯하다. 구영의 호는 실부(實父) 또는 실보(實甫)이다.

18 주미(麈尾) : 고라니 꼬리털로 만든 먼지떨이를 말하는데, 위진(魏晉) 시대 때 청담(淸談)을 즐기던 사람들이 많이 가지고 다녔으며, 선종(禪宗)의 승려들도 애용하였다고 한다.

19 염부제(閻浮提) : 염부(閻浮) 나무가 무성한 땅이라는 뜻으로, 수미산(須彌山) 사대주(四大洲)의 남주(南洲)에 있다는 땅 이름이다. 원래는 인도(印度)를 가리키는

王)[20]의 법안(法眼)에 미치지 못한 것을 한스러워했으리라.

말이었는데, 나중에는 인간 세상, 곧 현세의 의미로 쓰였다. 《長阿含經 卷18 閻浮提洲品》

20 사갈라용왕(娑竭羅龍王) : 사가라용왕(娑伽羅龍王)이라고도 하는데, 불법을 수호하는 팔대용왕(八大龍王)의 하나로, 《법화경(法華經)》에서 여덟 살에 성불(成佛)했다는 용녀(龍女)가 바로 이 용왕의 딸이다. '사갈'은 '큰 바다'라는 뜻이다.

서후 書後

선조(宣祖)의 친필첩(親筆帖) 뒤에 쓰다

書宣廟宸翰後

나는 만력(萬曆) 기해년(1599, 선조32) 가을에 부마로 왕실의 일원이 되었다. 당시 왕자와 의빈(儀賓)들은 해서(海西)로 피난하였고 오직 두 왕자만이 대궐을 나가지 않고 상을 좌우에서 모시고 있었다. 장자(長子)는 나와 동갑이고 차자(次子)는 나보다 한 살 어렸는데, 스승에게 글을 배워 능히 방장대자(方丈大字)[21]를 쓸 수 있었다. 내가 글 짓는 재주를 조금 익힌 덕에 함께 어울리는 것을 허락받았다. 이 때문에 문안을 마치면 곧장 북저(北邸)로 달려가 수시로 출입하였는데, 이와 같이 한 것이 여러 해였다. 그 사이 분수에 넘는 상의 총애를 받았으니, 술과 음식, 갖옷과 말, 서적, 의복과 기물을 하사하신 것은 말할 것도 없고 직접 쓰신 글씨도 자주 내리셨다. 어떤 때는 임금께서 보낸 자가

21 방장대자(方丈大字) : 사방으로 한 길이 되는 큰 글자를 말한다. 진(晉)나라의 서예가 왕헌지(王獻之)가 일찍이 벽에 사방으로 한 길이 되는 큰 글자를 썼는데, 아버지 왕희지(王羲之)가 매우 훌륭하게 여겼으며 수백 명이 와서 구경했다고 한다. 《晉書 卷80 王獻之列傳》

의금부 직소(直所)로 나를 찾아와 지키고 앉아 화답시를 받아간 적도 여러 번 있었다.[22]

매번 상 앞에 이르면 자상하고 간곡한 말씀으로 학문을 권면하셨으며 문장이나 글씨와 같은 말단의 일도 반드시 이끌어주시고 독려하셨으니, 한 집안의 부자지간 이상으로 친밀하게 대해주셨다. 그러나 나는 어리고 무지하여 몸을 게을리하고 버려둔 탓에 지금 늙어 머리털이 듬성듬성하도록 성취한 것이 없으니, 은혜를 저버림이 크다고 하겠다.

수십 년 이래로 차마 말할 수 없는 천시(天時)와 인사(人事), 화복과 존망의 변고가 있었는데, 죽지 못한 이 몸은 예(羿)의 구중(彀中)[23]에서 겨우 벗어났으나 거듭된 가화(家禍)로 모든 일마다 비통하고 괴로웠다. 이것이 어찌 분수를 넘지 말라는 경계를 범해서 그런 것이 아니겠는가.

우연히 오래된 상자를 정리하다가 상께서 친히 쓰신 글씨 몇 편을 발견하고는 한동안 비통한 생각에 젖었다. 예전에 보관해 두었던 글씨와 비교해보면 열에 예닐곱 편은 경황없는 전쟁 통에 잃어버렸다. 퇴색되어 글을 알아볼 수 없게 될까 두려운 마음에 삼가 모아서 하나의 첩(帖)으로 만들어 아이들에게 맡겨 길이 잊지 않는 뜻을 보인다.

22 임금께서……있었다 : 한국문집총간 77집에 수록된 《청음집(淸陰集)》 권26 〈동양위신공신도비명(東陽尉申公神道碑銘)〉에 따르면, 선조(宣祖)가 저자의 재주를 시험하고자 숙직하는 곳으로 중사(中使)를 보내어 당시 문장가가 지은 시에 화답시를 짓도록 명하고 재촉하여 받아오게 하였는데, 즉석에서 써서 올리자 크게 칭찬하여 어좌(御坐)와 백마(白馬)를 하사하였다고 한다.

23 예(羿)의 구중(彀中) : 예는 중국 고대 하(夏)나라 때의 활쏘기의 명수이고, 구중은 화살이 미치는 사정거리로, 소인배나 권력자의 수중(手中)을 뜻한다.

박금주[24]가 소장한 서화첩 뒤에 쓰다
書朴錦洲所藏書畫帖後

박대관(朴大觀)이 고금 사람들의 서화(書畵)를 모아 첩으로 만든 것이 몇 권 있다. 권 중에 있는 이암(頤庵)[25]과 남창(南窓)[26]의 글씨는 비교적 법도를 잃지 않았다. 석봉(石峯)[27]의 작은 행서(行書)는 운필(運筆)이 자못 대령(大令)[28]을 모방했으나 수시로 본래의 서체를 드러내니 아마도 젊은 시절에 쓴 글씨인 듯하다. 청송(聽松)[29]이 쓴 절

24 박금주(朴錦洲) : 박정(朴炡, 1596~1632)으로, 본관은 반남(潘南), 자는 대관(大觀), 호는 하곡(霞谷), 봉호(封號)가 금주군(錦洲君)이다. 1619년(광해군11)에 문과에 급제하여 대사간, 대사헌, 이조 참판 등을 역임하였다.

25 이암(頤庵) : 송인(宋寅, 1516~1584)으로, 본관은 여산(礪山), 자는 명중(明仲), 호는 이암이다. 중종(中宗)의 셋째 딸 정순옹주(貞順翁主)에게 장가들어 여성위(礪城尉)에 봉해졌다. 해서(楷書)에 능하여 공사간의 모든 금석문(金石文)을 썼다고 한다.

26 남창(南窓) : 김현성(金玄成, 1542~1621)으로, 본관은 김해(金海), 자는 여경(餘慶), 호는 남창이다. 1564년(명종19)에 문과에 급제하여 양주 목사, 동지돈녕부사 등을 역임하였다. 시서화(詩書畵)에 두루 능했는데, 글씨에 더욱 뛰어났다고 한다.

27 석봉(石峯) : 한호(韓濩, 1543~1605)로, 본관 삼화(三和), 자는 경홍(景洪), 호는 석봉·청사(淸沙)이다. 해서, 행서, 초서에 모두 탁월하여 최립(崔岦)의 시, 차천로(車天輅)의 문장과 송도삼절(松都三絶)로 불린다. 오랫동안 사자관(寫字官)을 지냈으므로 그 영향으로 사자관체(寫字官體)가 만들어지기도 하였다.

28 대령(大令) : 진(晉)나라 왕헌지(王獻之)가 중서령(中書令)을 맡았다가 물러난 뒤 왕민(王珉)이 그 후임이 되었는데, 이 두 사람이 평소 명망이 나란하였기에 당시 사람들이 왕헌지를 대령이라 부르고 왕민을 소령(小令)이라 불렀다 한다. 《晉書 卷王35 王珉列傳》

구 몇 행은 그 고색창연(古色蒼然)함이 당연 압권이었다. 그 나머지도 모두 명망과 덕행을 지닌 사람들이 남긴 글씨이니 진귀하게 여길 만하다.

계수(季綏)[30]가 그린 인물화와 영모화(翎毛畵)는 언뜻 보면 크게 남보다 뛰어난 점이 없는 듯하지만, 찬찬히 살펴보면 진부한 화법에서 벗어나 구도와 채색이 입신(入神)의 경지로 들었으니, 그 일종의 풍격(風格)과 기운(氣韻)은 절로 남이 미치지 못하는 점이 있다.

계길(季吉)[31]의 꽃과 새와 나무와 돌 그림은 그 기력은 고풍스럽고 굳세지만 생기발랄한 정신은 계수에게 조금 못 미친다.

이정(李楨)[32]의 인물화는 중국의 그림들과 나란히 두더라도 크게 뒤지지 않을 것이다. 이정의 그림 중에 이것이 가장 수작이다.

이징(李澄)[33]은 화가의 집안에서 태어나 견문이 풍부하고 재능이 뛰

29 청송(聽松) : 성수침(成守琛, 1493~1564)으로, 본관은 창녕(昌寧), 자는 중옥(仲玉), 호는 청송·죽우당(竹雨堂)·파산청은(坡山淸隱)·우계한민(牛溪閒民)이다.

30 계수(季綏) : 김시(金禔, 1524~1593)로, 본관은 연안(延安), 자는 계수, 호는 양송당(養松堂)·양송헌(養松軒)·양송거사(養松居士)·취면(醉眠)이다. 1537년 부친 김안로(金安老)가 정유삼흉(丁酉三凶)으로 몰려 권좌에서 물러나자 일생을 독서와 서화에 전념하여 산수·인물·우마(牛馬)·화조 등 여러 분야에서 뛰어나 당시 최립(崔笠)의 문장, 한호(韓濩)의 글씨, 그의 그림을 일컬어 삼절(三絶)이라 하였다.

31 계길(季吉) : 이경윤(李慶胤, 1545~1611)으로, 본관은 전주, 자는 계길(季吉), 호는 낙파(駱坡)·낙촌(駱村)·학록(鶴麓)으로, 성종(成宗)의 열한 번째 아들 이관(李慣)의 종증손이다. 산수화와 인물화에 뛰어났다.

32 이정(李楨) : 1578~1607. 본관은 전주(全州), 자는 공간(公幹), 호는 나옹(懶翁)·나재(懶齋)·나와(懶窩)·설악(雪嶽)이다. 13세 때 장안사의 벽화를 그렸으며, 산수화와 인물화를 잘 그렸다.

33 이징(李澄) : 1581~?. 본관은 전주(全州), 자는 자함(子涵), 호는 허주(虛舟)

어났으므로 마침내 두루 통달하였다. 이징에 대해 평가하기를, 산수화는 계수의 웅장하고 원대함만 못하고, 인물화는 이정의 정신과 기상만 못하고, 풀과 벌레와 꽃과 과일을 그린 것은 두성(杜城)[34]의 핍진함만 못하고, 새와 나무와 돌을 그린 것은 계길의 고풍스럽고 굳셈만 못하다고 한다. 그러나 이징의 그림은 구도가 여유롭고 기복(起伏)이 법도에 맞으며, 실물을 사실대로 그리는 데 있어서는 전적으로 의태(意態)를 위주로 하여 평범함을 초월하여 신묘한 경지에 이르렀다. 대체로 그 전체를 들어 말한다면 근세의 인물 중에 계수를 제외하곤 이징과 대적할 만한 자가 없을 것이다. 이징이 남을 위해 그린 그림이 어찌 한량이 있겠는가마는 여러 작품이 모두 극치에 이른 것으로 이 화첩만한 것이 없으니, 박대관을 위해 그의 재주를 다한 것이리라.

두성(杜城), 석양(石陽),[35] 황(黃),[36] 어(魚)[37] 몇 사람은 비록 한쪽

로, 이경윤(李慶胤)의 서자이다. 산수·인물·영모(翎毛)·초충(草蟲)에 모두 능하여, 이정(李楨)이 죽은 뒤에는 "본국제일수(本國第一手)"라고 평가되었다.

34 두성(杜城) : 이암(李巖, 1499~?)으로, 본관은 전주(全州), 자는 정중(靜仲), 봉호는 두성령(杜城令)이다. 세종(世宗)의 넷째 아들 임영대군(臨瀛大君)의 증손이다. 영모(翎毛)와 잡화(雜畫)에 뛰어났다.

35 석양(石陽) : 이정(李霆, 1554~1626)으로, 본관은 전주(全州), 자는 중섭(仲燮), 호는 탄은(灘隱), 봉호는 석양군(石陽君)이다. 세종(世宗)의 현손(玄孫)이다. 유덕장(柳德章)·신위(申緯)와 함께 조선시대 3대 묵죽화가(墨竹畫家)로 꼽힌다.

36 황(黃) : 황집중(黃執中, 1533~?)으로, 본관은 창원(昌原), 자는 시망(時望), 호는 영곡(影谷)·비목당(卑牧堂)이다. 묵포도(墨葡萄)를 특히 잘 그려 이정(李霆)의 묵죽(墨竹)과 어몽룡(魚夢龍)의 묵매(墨梅)와 함께 당시 삼절(三絶)로 불리었다.

37 어(魚) : 어몽룡(魚夢龍, 1566~?)으로, 본관은 함종(咸從), 자는 견보(見甫), 호는 설곡(雪谷)·설천(雪川)이다. 묵매(墨梅)를 잘 그려서 이정(李霆)의 묵죽과 황집중(黃執中)의 묵포도와 함께 당시 삼절로 불리었다.

방면으로만 치우친 점은 있으나 타고난 재주가 모두 지극히 뛰어난 자들이니 세상에 이름이 드러난 것이 요행이 아니다.

아! 강릉(康陵 명종(明宗))과 목릉(穆陵 선조(宣祖)) 두 시대의 유명한 작품들이 모두 박대권의 시화첩에 들어 있으니, 부지런히 수집한 것을 보면 그가 매우 서화를 좋아했음을 알 수 있다.

나는 병든 몸으로 그림을 감상하고서 내 생각대로 썼으니, 왕 사구(王司寇 왕세정(王世貞))의 말처럼 제대로 알지도 못하면서 억지로 평가한 것이리라.

아! 초봄에 병이 심하고 무료하여 금주(錦洲)의 집에 있는 서화를 빌려 감상한 뒤에 품평하는 글을 지었다. 금주가 이것을 보고 싶어 했으나 미처 내놓지 못했는데, 금주의 곡을 마친 뒤에 마침내 검을 걸어두겠다[38]는 말을 뇌문(誄文)에 언급하였다. 이에 조금 한가한 틈에 우연히 상자를 열었다가 옛 초고를 발견하니 격세지감을 금치 못하겠다. 이 글을 써서 그 자식들에게 돌려보낸다.

38 검을 걸어두겠다 : 생전에 다하지 못했던 우정을 이룬다는 뜻으로, 박대관(朴大觀)이 생전에 보고자 했던 저자의 품평을 보내겠다는 말이다. 춘추 시대 오(吳)나라 계찰(季札)이 진(晉)나라로 사신 가는 도중 서(徐)나라에 잠시 들렀는데 서나라 임금이 계찰의 보검을 갖고 싶어 하였다. 계찰이 이를 알고는 임무를 마치고 돌아오는 길에 주리라고 마음속으로 생각했는데, 돌아오는 길에 들렀더니 이미 서나라 임금이 죽은 뒤였으므로 그의 묘소를 찾아가 나뭇가지 위에 보검을 걸어 놓고 왔다는 고사가 있다. 《史記 卷31 吳太白世家》

어비첩 뒤에 쓰다

書御批後

불초한 우리들이 부친상을 당한 뒤로 모진 목숨 죽지도 못한 채 울부짖었으나 소용없는 일이었다. 세월은 기다려주지 않아 어느덧 상기(祥期)가 되었다. 천지가 망망하여 날마다 선친의 유고(遺稿)와 손때 묻은 서적을 대하며 그립고도 슬픈 마음을 붙였다. 어느 날 우연히 선친의 책 상자를 열어보다 어비(御批) 41장을 발견하였는데, 엎드려 읽는 사이에 나도 모르게 눈물이 줄줄 흘렀다.

선친께서 반정 초기에 복권되어 직임을 맡으시니 온갖 책임이 뒤따라 모여들었으나 시국이 어려워 외환(外患)과 내홍(內訌)이 들끓었다. 신흥 권신(權臣)들이 파벌을 나누어 세력을 다투는 통에 유언비어가 마구 생기고 일마다 서로 견제하였으니, 선친께서는 더욱 이들과 부화뇌동할 수 없었다. 이 때문에 선친에 대한 비난이 은밀하게 불어나 심지어 모함하여 해치려고까지 하였다. 이에 선친께선 3년 동안 사직을 청한 것이 여러 차례였고 병인년(1626, 인조4)에 이르러선 결코 떠나지 않을 수 없었다. 정묘년(1627)에 호란(胡亂)이 발생하자 다시 기용되어 마침내 몸 바쳐 국사를 돌보다 병으로 돌아가셨다. 아, 애통하다!

선친의 행적은 실록(實錄)에 기록되어 있고 태상시(太常寺)에도 보존되어 있는데다 여러 군자들이 지은 명(銘)·뇌(誄)·서(敍)·지(志)에 그 정론(定論)이 수없이 빛나고 있으니, 불초한 우리들이 어찌 감히 사사로이 여기겠는가.

예전에 슬하에서 모실 적에 보니, 선친께선 매사에 감개하여 아는 것에 대해선 말하지 않은 경우가 없으셨다. 말세에 영의정의 중책을 짊어지자 더욱 스스로 분발하여 사심 없는 깨끗한 마음으로 나태하지 않으셨으니 거의 뜻을 펼칠 수 있을 듯하였다. 그런데 운수에 가로막혀 뜻을 다 이루지 못하고 세상을 떠나셨으니, 또한 시운이 그렇게 만든 것이 아니겠는가.

세상 사람들이 항상 말하기를,

"임금과 재상이 서로 협력하면 나라가 다스려진다."

라고 한다. 비답에 드러내신 성상의 생각이 이와 같은데도 시기하는 자들이 날마다 일어나 제지해도 그치지 않았으니, 어느 겨를에 임금과 재상이 서로 도와 실질적인 공효를 낼 수 있었겠는가. 아, 애통하다!

경자년(1600, 선조33) 실록 세초첩 뒤에 쓰다

書庚子實錄洗草帖後

수령 이사심(李士深)[39]씨가 본래 옛것을 좋아하는 성벽(性癖)이 있어, 한가할 때면 서로 방문하여 고금의 서화(書畵)를 품평하느라 해가 지는 줄도 몰랐으니, 나는 그가 단순히 옛 서화의 감식이 깊은 정도에 그치지 않은 것이 기뻤다.

하루는 사심씨가 두루마리 한 축을 소매에 넣어와 내게 보여주었다. 이것은 가정(嘉靖) 경자년 열성(列聖)의 실록을 세초할 때에 사국(史局) 여러 공들의 계회(稧會)를 그림으로 그리고 성명을 기록한 데다 상국 성세창(成世昌)이 그 일을 서술하고 시를 지은 것으로, 오래된 물건이었다. 사심씨가 두 손을 모으고 내게 부탁하기를,

> "기사관 황열(黃悅) 공은 바로 나의 외증조입니다. 고을 사람에게서 이 세초첩에 구하고 보니 갱장(羹墻)의 그리움[40]이 있습니다. 이것을 모사(摹寫)하여 보관했다가 후손에게 물려줄 것인데, 그대가 글

39 이사심(李士深) : 이후원(李厚源, 1598~1660)으로, 본관은 전주(全州), 자는 사심, 호는 우재(迂齋)이다. 유생 신분으로 인조반정에 참여하여 정사공신(靖社功臣) 3등에 녹훈되고, 완남군(完南君)에 봉해졌다. 태인 현감 등 수령을 거쳐 1635년(인조12)에 문과에 급제하여 이조 판서, 한성부 판윤, 우의정 등을 역임하였다.

40 갱장(羹墻)의 그리움 : 사후(死後)에 간절히 흠모하는 마음을 말한다. 옛날 요(堯)임금이 죽은 뒤에 순(舜)임금이 3년 동안 지극히 앙모한 나머지 국그릇에서도 요임금을 보고 담장에서도 요 임금을 보았다는 고사에서 나온 말이다. 《後漢書 卷63 李固列傳》

을 써주지 않으렵니까."

내가 삼가 살펴보고는 놀라 일어나 다음과 같이 말한다.

두루마리 속에 열일곱 번째로 기록된 동지춘추관사 이조 참판 신공(申公)은 바로 나의 증조부시고, 서른세 번째로 기록된 편수관 의정부 사인 송공(宋公)은 선친의 외조부이다. 지금 사심씨로 인해 실록을 수찬한 우리 집안 두 조부의 자취를 비로소 보게 되었으니, 아! 사람이 재주가 있고 재주가 없음이 여기에서 갈라진다. 나와 사심씨는 둘 다 남의 자손된 몸인데, 사심씨는 옛것을 좋아하고 근본을 중시하여 옛 자취를 모사하여 돌아가신 분을 추모하는 정성을 담았으니, 나처럼 불초한 사람은 부끄러워 절로 이마에 땀이 흐른다. 옛날 영고숙(穎考叔)이 어머니를 사랑하는 마음으로 남의 마음을 움직인 것[41]을 군자가 훌륭하게 여겼으니, 사심씨는 끝없는 효성을 지닌 효자라 할 수 있으리라.

경자년은 지금부터 거의 백여 년 전이니, 황씨와 우리 집안이 모두 여러 세대가 바뀌었다. 그런데 작은 두루마리의 남은 묵적(墨跡)은 참혹한 병란 속에서도 보존되어 마침내 사심씨의 손에 들어오고 내가 그 일을 기록하는데 참여하게 되었으니 기이하다 하겠다. 선대에서 함께 일한 정의(情誼)를 두 집안의 자손들이 계승하여 집안의 명성을

41 영고숙(穎考叔)이……것 : 영고숙은 춘추 시대 정(鄭)나라 영곡(潁谷)의 봉인(封人)이다. 당시 정(鄭)나라 장공(莊公)이 아우 숙단(叔段)의 반란과 관련된 어미 강씨(姜氏)를 영성(潁城) 유폐시켰는데, 하루는 장공이 내린 고깃국을 영고숙이 국물만 먹고 고기를 남기기에 까닭을 물으니, "소인에게 어미가 있어 가져다 드리려 합니다."라고 하자, 장공이 이에 감동되어 마침내 모자 관계를 회복하였던 고사이다. 《春秋左傳 隱公 元年》

떨어뜨리지 않는다면 다행일 것이다.

황공의 후사 장계부원군(長溪府院君) 황정욱(黃廷彧)은 문장과 공업으로 세상에 이름이 드러났는데, 사심씨가 바로 그의 외손이다.

지공[42] 화상축에 쓰다

書指空畫像軸

내가 신미년(1631, 인조9) 가을에 금강산에 들어가 이름난 사찰을 두루 구경하였는데, 그 빼어나고 웅장한 모습은 두말할 것도 없거니와 종종 세간에 없는 오래된 기물과 불화(佛畫)들을 볼 수 있었다. 마지막으로 마하연(摩訶衍)[43]에 이르러 먼지 속에서 낡은 족자 하나를 발견하였는데, 승려의 화상이었다. 애초 채색을 하지 않아 자연스러운 생동감이 있었으니, 필시 우리나라 국수(國手)의 솜씨거나 다른 나라의 기이한 작품일 것이다. 노승에게 물어보니, 지공화상(指空和尙)의 초상화인데 확실하지는 않다고 하였다. 비록 지공의 초상이 아니라 할지라도 비범한 승려의 초상임은 분명하였다.

내가 이 그림을 아껴서 이것이 마멸될까 걱정되어 마침내 서울로 가져와 표구(表具)한 다음 도승 쌍흘(雙仡)에게 맡겨 산으로 돌려보냈다.

그림 속의 사람이 누구인지도 알 수 없고, 그림을 그린 자도 누구인지 모르겠지만, 그 사람들은 이미 뼈와 함께 모두 썩었을 것이다. 그렇다면 그림이 파손되고 없어져도 애석할 것이 없을 것인데, 나는 도리어

42 지공(指空) : 인도의 승려 제납박타(提納薄陁)의 호(號)이다. 인도 마갈타국(摩羯陀國)의 왕자로 19세에 인도를 떠나 서역을 거쳐 중국에 왔고, 1328년(고려 충숙왕15)에 우리나라에 와서 선종(禪宗)을 전수하고 중국으로 돌아간 인물이다.

43 마하연(摩訶衍) : 금강산에 있는 유점사(楡岾寺)의 말사(末寺)로, 661년(신라 문무왕1)에 의상대사(義湘大師)가 창건했다고 한다.

애석하게 여겨 이를 전하고자 하니, 과연 무슨 마음이란 말인가. 훗날 나의 글을 보는 자들도 필시 내가 누구인지 모를 것이다.

이자시의 〈장원백행〉[44] 뒤에 쓰다

書李子時壯元柏行後

성균관 대사성 이자시(李子時 이민구(李敏求))가 〈장원백행(壯元柏行)〉을 지으니 청음(淸陰) 김상헌(金尙憲) 공과 계곡(溪谷) 장유(張維) 공이 화답시를 지어 그 운에 차운하기도 하고 그 일을 읊기도 하였는데,[45] 마침내 문단의 성대한 일이 되었다. 그 잣나무가 언제부터 장원이라는 호칭으로 함께 불렸는지는 알 수 없으나 한 허풍쟁이가 마음대로 지은 것에 불과할 텐데, 그대로 미담(美談)이 되어 과시(課試) 때마다 선비들이 다투어 그 나무 아래로 달려갔다. 대사성 공이 삼장(三場)[46]에서 장원한 것도 이 나무 아래에서 얻었을 것이다.

44 장원백행(壯元柏行) : 장원백에 대한 노래라는 뜻으로, 당시 이민구가 성균관 대사성으로 있으면서 장원백을 심고 지은 시이다. 장원백은 성균관에 있는 나무 이름으로, 《어우야담(於于野談)》에 그 이름의 유래가 나온다. 세종(世宗)이 과거를 실시하기 전에 성균관 서편 정자의 잣나무를 용 한 마리가 감고 있는 꿈을 꾸고는 관노에게 살펴보게 하였더니, 한 선비가 잣나무 아래에 누워서 잣나무에 발을 걸치고 자고 있었다. 합격자가 발표되어 최항(崔恒)이 장원에 올랐는데, 관노가 최항의 얼굴을 보니 바로 잣나무에서 자던 사람이었다. 이로부터 그 잣나무를 '장원백(壯元柏)'이라 불렀다고 한다.

45 청음(淸陰)……하였는데 : 김상헌의 시는 한국문집총간 77집에 수록된 《청음집(淸陰集)》 권6에 〈대사성 이자시가 거듭 장원백(壯元柏)을 심고 내게 시를 지어주기를 청하였다〔李大司成子時重植壯元柏請余賦詩〕〉라는 제목으로 실려 있고, 장유(張維)의 차운시는 한국문집총간 92집에 수록된 《계곡집(谿谷集)》 권25에 〈제주 이자시가 장원백을 거듭 심으면서 지은 시에 차운하다〔和李祭酒子時重植狀元柏之作〕〉라는 제목으로 실려 있다.

46 삼장(三場) : 초시(初試), 복시(覆試), 전시(殿試)를 말한다.

사물이 오래되면 폐해지는 것이 당연한 이치요 그 본질이 없어지면 이름도 따라서 없어지는 법인데, 굳이 새로 심어서 그 옛 이름을 지키고자 한 것은 매우 애쓴 것이다. 게다가 또 노래로 읊어 성대하게 드러내기까지 하였다.

반궁(泮宮 성균관)은 현사(賢士)들이 머무는 곳이요, 뜰과 섬돌 사이의 나무는 또한 현사들이 노닐며 쉬는 곳인데, 잣나무는 그 중에서도 가장 뛰어난 나무이다. 이 때문에 자시(子時)가 흙을 북돋아 잣나무를 심은 것이다. 이는 자르지 말고 베지 말라는 뜻이나, 실은 인재를 길러 성취시키려는 뜻을 담고 있다. 그러나 오래전에 시든 잣나무가 삼장에서 장원한 자시를 만나지 못했다면 심어지지 못했을 것이다. 또 자시의 시가 아니었다면 어찌 세상에 이름이 알려지고 아울러 여러 공들의 화답시까지 얻을 수 있었겠는가.

하나의 식물로서 무성하던 시절에는 존귀한 이름을 누리고, 시들고 난 뒤에는 여러 시에 전파되었으니, 이 잣나무는 절로 길이 전해질 것이다.

아! 천 길 되는 재목으로 골짜기 아래에서 자라 풍상(風霜)에 꺾인 것이 어찌 한정이 있겠는가. 그런데 이 잣나무는 썩은 등걸과 약한 가지가 특별히 군자의 보살핌을 받았으니, 이는 자신을 알아주는 사람을 만나느냐 못 만나느냐에 달린 것이다.

잠와의 〈유산록〉[47] 뒤에 쓰다

書潛窩游山錄後

다른 의견이 있어도 수천수만 사람이 같다고 하는 것에 대해서 같다고 할 수 밖에 없고, 수천수만 사람이 다르다고 하는 것에 대해서 다르지 않다고 할 수 없다. 그런데 구구한 필부의 견해로 수천수만 사람의 공통된 생각에 반드시 동조하지 않은 사람이 있으니, 천고 이래로 장주(莊周)가 그러한 사람이다. 성인을 비난하다 배척을 당해도 그 자신은 진실이라 여겼고, 사람들이 적궤(弔詭)[48]라 하여도 이전의 생각을 고수하였기에 구차하지 않을 수 있었던 것이다.

금강산은 산 중에 으뜸이요, 백옥 같은 봉우리라 칭하는 것은 수천수만 사람의 공통된 생각이다. 그렇다면 사람으로 치면 성인에 비견할 수 있다. 그런데 자신의 생각으로 말하기를,

"큰 언덕의 조악한 암석에 늙은 이끼가 푸르스름하게 끼었으니 백옥 같은 암석이 아니며, 산은 포개져 좁고 물살은 빠르고 거세니, 금강

47 잠와(潛窩)의 유산록(游山錄) : 잠와는 이명준(李命俊, 1572~1630)으로, 본관은 전의(全義), 자는 창기(昌期), 호는 잠와·진사재(進思齋)이다. 1603년(선조35)에 문과에 장원으로 급제하여 충청도 관찰사, 병조 참판 등을 역임하였다. 저자에게는 외숙이 된다. 이명준의 〈유산록〉은 한국문집총간 17집에 수록된 《잠와유고(潛窩遺稿)》 권3에 실려 있다.

48 적궤(弔詭) : 지극히 기이하다는 뜻으로, 《장자》〈제물론(齊物論)〉에 "공자도 그대와 함께 모두 꿈을 꾸고 있다. 또 그대에게 꿈을 꾼다고 말하는 나도 꿈을 꾸고 있는 것이다. 나의 이런 말을 일러 '지극히 의문스러운 것〔弔詭〕'이라고 한다."라 한 데서 나온 말이다.

산은 직접 보는 것이 남에게 듣는 것만 못하다."

라고 하였다. 이는 현기씨(顯基氏)[49]의 개인적인 견해로, 수천수만 사람의 공통된 생각과는 다른 것이다.

성인(聖人)을 비난한 자는 장주이고 성산(聖山)을 비난한 사람은 현기씨이니, 이들은 모두 자신의 견해를 지킨 사람들이다. 그런데 사람들은 공자를 보지 못했으면서도 장주의 말을 듣고는 반드시 장주를 배척하고, 금강산을 보지 못했으면서도 현기씨의 말을 듣고는 또한 현기씨를 배척한다.

아! 공자는 내가 미처 보지 못했으니, 나는 금강산을 직접 보고서 그 실상을 안 뒤에 장주에게 준 죄율로 현기씨의 죄를 살필 것이다. 그러나 이런 말을 하는 나도 수천수만 사람의 공통된 의견에 동조하지 않을 수 없는 자가 아닐까. 이를 써서 현기씨에게 보인다.

49 현기씨(顯基氏) : 이명준의 장남이다. 〈유산록〉에 따르면, 당시 이명준은 아들 이현기(李顯基)와 이선기(李善基)를 데리고 금강산을 다녀왔다.

이자시의 백운으로 지은 배율 뒤에 쓰다

書李子時百韻排律後

장율(長律)은 두심언(杜審言)[50]에게서 비롯되었고, 백운(百韻)은 두보(杜甫)에게서 시작되었다. 두심언과 두보의 작품에 대해서라면 평론할 것이 없지만 이후 이를 모방하여 나온 작품들은 대체로 난잡하였다. 기운을 온전하게 하려니 재주가 부족하고, 말을 다듬자니 내용이 분명하지 않으며, 음식이 많으면 바른 맛을 조화시키기 어렵고, 꾸밈이 정교하긴 하지만 참된 모습은 퇴색되기 쉽다. 뜻을 다하면 말이 너무 지루하기도 하고, 작은 것을 얻으면 큰 것을 잃기도 한다. 한신(韓信)의 다다익선(多多益善)[51]은 보이지 않고, 그저 상주(相州)의 군대가 궤멸된 것[52]만 들을 뿐이니, 이 때문에 졸약(拙約)을 지켜 이 도를 말하기 꺼리는 것이다.

50 두심언(杜審言) : 648~708. 자는 필간(必簡)이다. 진(晉)의 명장이자 학자였던 두예(杜預)의 자손이며, 성당(盛唐)의 대시인 두보(杜甫)의 조부이다. 서릉(徐陵)과 유신(庾信)으로부터 점차 형성되어 오던 근체시의 정격을 심전기(沈佺期), 송지문(宋之問) 등과 완성하였으며, 이교(李嶠), 최융(崔融), 소미도(蘇味道)와 함께 '문장사우(文章四友)'로 불렸다. 그가 지은 《화이대부사진봉사존무하동(和李大夫嗣眞奉使存撫河東)》은 40운으로 초당 근체시 중 제1장편으로 꼽힌다.

51 한신(韓信)의 다다익선(多多益善) : 한 고조(漢高祖)가 한신에게 얼마의 군사를 거느릴 능력이 있느냐고 묻자, 많으면 많을수록 좋다고 대답한 일을 말한다. 《史記 卷92 淮陰侯列傳》

52 상주(相州)의……것 : 당(唐)나라 안녹산(安祿山)의 난에 상주를 지키던 아홉 절도사의 군대가 궤멸된 일을 말하는데, 장율의 난잡함에 비유한 말이다.

관해씨(觀海氏 이민구(李敏求))는 순식간에 심회를 서술하고 다시 고친 적이 없는데도, 배열이 분명하고 결구(結句)가 정밀하고 엄격하며 절주(節奏)가 박자에 맞고 작법(作法)이 시법(詩法)에 합치되었다. 그 벼슬살이의 굴곡, 지취(志趣)의 이합, 세운(世運)의 성쇠, 기기(氣機)의 변화를 모두 한 편의 시에 담아 조화를 이루고 흠이 없었다. 시대를 근심하여 슬퍼하고 옛 일을 증험하여 분개하였으며, 마음을 설명하고 의리를 드러내며 침체된 것은 펴고 억눌린 것은 표출하였으니, 또한 모두 충후(忠厚)의 성대함에서 나온 것이다. 그렇다면 이는 시인의 풍치를 얻어 일가(一家)의 말을 이룬 것이니, 어찌 단지 과장(科場)에서 이름을 날리고 문단(文壇)에 우뚝 설 뿐이겠는가.

내가 다행히 좋은 이웃과 가까이 사는지라 외람되게도 백낙천(白樂天)이 시를 물었던 노파[53]가 되어 감히 좁은 식견으로 논하였으니, 어찌 당 아래에서 함부로 논한 죄를 피하겠는가.

53 백낙천(白樂天)이……노파 : 백낙천은 시를 지을 때마다 이웃의 노파에게 물어 이해하겠다고 하면 기록해 두고, 이해하지 못하겠다고 하면 다시 쉽게 고쳤다고 한다.

동 태사[54]의 글씨 뒤에 쓰다

題董太史書後

중국에서 근세에 명필로 불리는 자로, 지산(枝山)[55]과 징명(徵明)[56] 이후 태사 동현재(董玄宰)가 문단에 크게 이름을 떨쳤다. 이에 동 태사의 위조 글씨가 세상에 많이 나도는데, 자못 내 마음에는 차지 않았다.

이번에 잠곡(潛谷) 김백후(金伯厚 김육(金堉))의 집에서 본 금자(金字) 《반야심경(般若心經)》은 매우 필력이 있는데다 오흥(吳興)[57]의 서법(書法)에 뿌리를 두면서도 기발함은 그보다 뛰어났으니, 동현재의 진품임이 의심할 여지없이 분명하였다.

온 세상이 지금 전쟁 먼지로 가득하여 문헌이 모두 퇴색해 버렸다. 이에 동 태사의 글씨를 어루만지다보니 감회가 있어 눈물을 뿌리며 쓴다.

54 동 태사(董太史) : 동기창(董其昌, 1555~1636)으로, 명나라 말기의 문인이자 화가 겸 서예가이다. 자는 현재(玄宰), 호는 사백(思白)·향광(香光)·사옹(思翁)이다.

55 지산(枝山) : 축윤명(祝允明, 1460~1526)으로, 호가 지산이다. 명나라의 문인, 서화가(書畫家)이다.

56 징명(徵明) : 문벽(文壁, 1470~1559)으로, 자가 징명이다. 명나라의 문인, 서화가이다.

57 오흥(吳興) : 원(元)나라의 유명한 서화가인 조맹부(趙孟頫)를 말한다. 오흥 출신이라서 그의 서체를 오흥체(吳興體)라고 한다.

김백후의 〈조경일록〉 뒤에 쓰다[58]

書金伯厚朝京日錄後

승지 김백후(金伯厚)가 〈조경일록(朝京日錄)〉을 내게 보여주었는데, 읽고 나서 감개하여 나도 모르게 눈물이 줄줄 흘렀다. 연경(燕京)에 조공하는 예물은 병자년(1636, 인조14)에서 끝나고 말 것인가! 연경에 조회하러 간 사신은 백후에게서 끝나고 말 것인가!

성명(聖明)하신 천자께서 우리가 성을 나온 일[59]을 불쌍히 여겨 도리어 더욱 동정하시고 조공하러 간 사신에게 후한 상을 내리고 안전하게 호송하여 보내셨으니, 이는 바로 우리 열성조에서 천조(天朝)에 외복(畏服)한 보람이다.

본조는 홍무(洪武 명 태조(明太祖)의 연호) 임신년(1392, 태조1)에 책봉을 받았으나, 영락(永樂 명 성조(明成祖)의 연호) 이후에야 비로소 의장(儀章)과 서적을 하사받아 경사(慶事)와 상조(喪弔)의 의절이 내복(內服)[60]과 같게 되었다. 이는 헌묘(獻廟 태종(太宗))께서 명나라에 조회하였을 적에 연저(燕邸)[61]로 성조(成祖)를 찾아가 만나고 서로 마음이

58 김백후(金伯厚)의……쓰다 : 이 글은 1637년(인조15)에 지은 것이다. 김백후는 김육(金堉, 1580~1658)으로, 본관은 청풍(淸風), 자는 백후, 호는 잠곡(潛谷)이다. 1636년에 하지사(賀至使)로 연경에 다녀왔다. 김육의 〈조경일록(朝京日錄)〉은 한국문집총간 86집에 수록된 《잠곡유고(潛谷遺稿)》 〈조천록후지(朝天錄後識)〉에 실려 있다.

59 우리가……일 : 남한산성(南漢山城)에서 나와 청나라에 항복한 일을 말한다.

60 내복(內服) : 천자가 다스리는 중국 본토를 말한다. 고대 중국에서 천자가 다스리는 지역을 왕기(王畿)라 하여 내복이라 하고, 그 밖의 지역을 외복(外服)이라 하였다.

통하고 의기가 투합하였기에, 정난(靖難)[62] 이후 더욱 융숭한 은혜를 내려 수백년간 성대한 동문(同文)[63]의 아름다움이 있게 된 것이다.

선묘(宣廟 선조(宣祖))께서 길을 빌려달라는 일본의 요청[64]을 물리치심에 혹심한 화란을 입어 서울과 평양이 함락되고 팔도가 폐허가 되는 지경에 이르렀으나 그 의열(義烈)은 천하에 밝게 드러났으니, 외번(外蕃)이 중국을 대신하여 환란을 받은 것은 예전에 없던 일이다. 신종황제(神宗皇帝)께서 천하의 병력을 동원하여 7년에 걸쳐 요망한 왜적을 소탕하였으니, 중국이 외번을 위해 군대를 동원한 것도 예전에 없던 일이다. 이때부터 군신 상하간에 마음속으로 만절필동(萬折必東)[65]의 의리를 맹세하여 비록 미약한 힘으로 교만한 적을 대적하면서도 대의(大義)를 지켰다. 임진왜란에 용만(龍灣 의주(義州))으로 피신하고, 병자호란에 남한산성(南漢山城)에서 포위당하면서도 똑같이 의리를 지키고 굴복하지 않았으나 한 번은 이기고 한 번은 패하였으니, 이는 천하의 대세가 달랐기 때문이다.

61 연저(燕邸) : 명 성조는 처음에는 연왕(燕王)에 책봉되어 연경에 있었다.

62 정난(靖難) : 명 성조가 정난이라는 명분으로 조카 건문제(建文帝)를 죽이고 황제의 자리에 오른 일을 말한다.

63 동문(同文) : 《중용장구》 제28장에 "지금 천하가 수레는 궤(軌)를 같이하고, 글은 문자를 같이하고, 행실은 윤리를 같이한다.〔今天下, 車同軌, 書同文, 行同倫.〕"라고 한 데서 온 말로, 중국과 같은 문화권이라는 뜻이다.

64 길을……요청 : 임진왜란 때에 일본이 중국을 공격하도록 길을 빌려 달라고 조선에 요청했던 일을 말한다.

65 만절필동(萬折必東) : 중국의 황하(黃河)가 여러 번 굴곡(屈曲)하여도 반드시 동으로 흘러 바다로 들어간다는 말로, 어떤 일이 있어도 중국 천자에 대한 존모(尊慕)가 변치 않는다는 뜻이다.

성명하신 천자께서 가련하게 여겨 조공하러 간 사신에게 후한 상을 내리고 안전하게 호송하여 보내신 것은 하늘과 땅처럼 덮어주시고, 해와 달처럼 비춰 주신 것이다. 백후가 은혜를 입고 돌아와 복명한 뒤에 이 〈조경일록〉을 지은 것은 이를 잊지 않으려는 뜻이다.

아! 사신의 수레가 유연(幽燕)[66]에 계속 이어져 의관과 문물에 중국의 제도가 성대하니, 어찌 폐백이 병자년에 그치고 사신이 백후에게서 끝나고 말 것이라 기필하겠는가. 지금 우리 동방은 백육(百六)[67]의 시기이니, 이 〈조경일록〉을 보는 자들이 어찌 이마에 땀이 흥건하고 눈에서 눈물이 흐르지 않겠는가.

백후의 이름은 육(堉)이고, 본관은 청풍(淸風)이다.

66 유연(幽燕) : 유주(幽州)와 전국 시대 연국(燕國)을 합칭한 말로, 연경(燕京)을 가리킨다.

67 백육(百六) : 액운(厄運)을 말한다. 4천 5백 년인 1원(元) 중에 다섯 번의 양액(陽厄)과 네 번의 음액(陰厄)이 찾아오는데, 양액이 1백 6년마다 있게 되므로 백륙회(百六會)라 한다. 《漢書 律歷志上》

잠곡 소상찬
潛谷小像贊

백후의 소상(小像)이라 하자니 윤건(綸巾)과 학창(鶴氅)[68] 차림은 정축년(1637, 인조15) 이후의 의관이 아니요, 백후의 소상이 아니라 하자니 붉은 얼굴과 백발의 모습은 우천(牛川) 초가에 살던 모습이다.

외로운 소나무를 어루만지며 서성이고 있으니, 율리(栗里)의 도연명(陶淵明)처럼 살고자 하는 자이리라.

68 윤건(綸巾)과 학창(鶴氅) : 벼슬하지 않는 포의(布衣)의 차림이다. 윤건은 푸른 실로 엮어 만든 두건을 말하는데, 제갈량이 평소 애용하던 두건이라 하여 제갈건(諸葛巾)이라고도 한다. 학창은 학의 털로 만든 도포를 말하는데, 진(晉)나라 왕공(王恭)이 입고 다니던 옷이다.

고제봉[69]이 손수 초한 격문첩 뒤에 쓰다
書高霽峯手草檄文帖後

갑진년(1604, 선조37)에 고씨(高氏)의 자손이 당세의 문장가들에게 《정기록(正氣錄)》[70]을 보내어 서문(序文)과 발문(跋文)을 부탁하였는데, 나의 선친도 몇 행의 문장으로 발문을 지어 돌려보내었다.

당시 어렸던 나는 《정기록》에 실린 제봉 선생의 의병(義兵)을 모으는 격문을 읽자마자 의기(義氣)가 치솟고 목이 메여 책을 덮고 선생의 사람됨을 상상하기까지 하였다.

조금 장성하여 월정(月汀) 윤공(尹公 윤근수(尹根壽))이 지은 선생의 비문[71]을 보니, 선생의 문장과 사적이 기술되어 있고, 의병을 일으키고 순절한 일이 마치 어제 일처럼 뚜렷하게 더욱 상세히 기술되어 있었다.

69 고제봉(高霽峯) : 고경명(高敬命, 1533~1592)으로, 본관은 장흥(長興), 자는 이순(而順), 호는 제봉·태헌(苔軒)이다. 1558년(명종13)에 문과에 장원급제하여 서산 군수, 한성부 서윤 등을 역임하였다. 1592년 임진왜란이 일어나자 격문을 돌려 담양에서 6,000여 명의 의병을 규합하여 곽영(郭嶸)의 관군과 함께 금산(錦山)에서 왜군에 맞서 싸우다가 전사하였다.

70 정기록(正氣錄) : 임진왜란 때 순절한 고경명과 맏아들 고종후(高從厚, 1554~1593), 둘째아들 고인후(高因厚) 삼부자의 충절과 당시 기록을 엮은 책이다. 이들 부자가 지은 격문(格文), 통문(通文) 및 서간문을 비롯하여 제문(祭文), 신도비명(神道碑銘), 시장(諡狀) 등이 실려 있다. 고경명의 아들 고유후(高由厚)가 편찬하고 1599년(선조32)에 고유후의 아우 고용후(高用厚)가 증보하여 간행하였다.

71 월정(月汀)……비문 : 한국문집총간 47집에 수록된 《월정집(月汀集)》 권6에 〈증이조참판조공일군순의비(贈吏曹參判趙公一軍殉義碑)〉라는 제목으로 실려 있다.

이에 나는 선생의 의리를 찬송하기를 그치지 않았으며, 국가가 어려움이 많은 시기를 당하게 되자 선생처럼 충성스럽고 의로운 선비가 나오지 않는 것을 더욱 개탄하였다.

선생의 막내아들 용후씨(用厚氏)가 어느 날 나를 찾아와 소매에서 작은 책자 하나를 꺼내 보여주면서 한 마디 말을 지어줄 것을 청하였다. 삼가 책자를 살펴보니, 선생이 직접 초한 격문으로 그 손때가 완연히 남아 있었다. 이 격문들은 두 줄씩 구절을 떼고, 행초(行草)가 굳세고 수려하였으며 지우고 고친 것이 몇 글자 되지 않았으니, 충의에 격발하여 말을 뱉으면 바로 문장을 이루었던 것이지, 애초 문장을 다듬고 꾸밀 필요가 없었음을 알 수 있었다. 더구나 문필에 종사하는 사람으로서 선생이 붓을 휘둘러 쓴 글씨를 직접 보니, 예전에 선생의 글을 읽고서 의기가 치솟고 목이 메었던 것처럼 눈물이 절로 흘러나와 그치지 않았다. "제갈공명(諸葛孔明)의 〈출사표(出師表)〉를 읽고서 눈물을 흘리지 않으면 충신이 아니다."라는 옛 사람의 말이 참으로 빈 말이 아니었다.

임진년(1592, 선조25)은 지금으로부터 50년 전인데, 그동안 수많은 변고를 겪었는데도 종이의 작은 초고는 손도 대지 않은 것처럼 묵적(墨跡)이 새것 같았다. 그렇다면 지극한 정성으로 잘 간수하고 지킨 것이니, 효자의 마음씀이 근실하다고 하겠다.

아! 선생의 이름은 천지와 함께 영원할 것이요, 선생의 문장 또한 따라서 전해질 것이다. 다만 이 초본(草本)은 고씨 자손의 소유이니, 몇 대까지 전해질지 알 수 없지만 백 대 이후에도 효성스런 군자가 나와 지금처럼 잘 간수하고 지킬 수 있으리라.

내가 선생이 손수 쓰신 묵적을 다행히 보게 되고 또 선친께서 《정기록》에 발문을 쓰신 일을 생각해 보니, 선친의 뒤를 이어 글을 짓는 것이 더욱더 다행스럽다. 이에 감히 부족한 글 솜씨를 이유로 사양할 수 없어 마침내 마음속의 생각을 서술하여 돌려보낸다.

이자릉의 《서행창수》[72] 뒤에 쓰다

書李子陵西行唱酬後

남한산성(南漢山城)에서 항전할 때 나는 총관(摠管)으로 명을 받들어 금군(禁軍)을 거느리고 궁성을 지켰다. 당시 동료였던 연천공(延川公)과 함께 밤낮으로 머리를 맞대고 힘쓴 것은 오직 떳떳하게 죽는 것이었다. 때로는 부질없는 농담으로 서로 위로하기를,

"천행으로 우리들이 이곳에서 벗어난다면 즉시 사직하고 고향으로 돌아가 짧은 노를 저어 가벼운 배를 타고 우저(牛渚)와 사천(斜川) 사이를 왕래하며 여생을 보내는 것으로 족하다."

라고 하였다. 곁에서 이 말을 들은 자들은 기필할 수 없는 약속이라 여기며 눈웃음쳤으며, 우리 두 사람도 필시 이룰 수 없는 일이라고 눈짓으로 말하였다.

국사가 조금 안정되었을 때 나는 병이 들어 회수(淮水) 가로 물러나 왔고, 연천공은 휴가를 얻어 사천(斜川) 별장에서 머물렀는데, 약속대로 말을 타고 달려가 전야(田野) 사이에서 술을 마신 적이 여러 번이었다. 서로 만날 때마다 흉금을 털어놓으며 진심을 나누었고 술을 마신 뒤에는 무릎을 치며 노래를 불렀으니, 포위된 산성에서 농으로 주고받

72 이자릉(李子陵)의 서행창수(西行唱酬) : 이자릉은 이경엄(李景嚴, 1579~1652)으로, 본관은 연안(延安), 자는 자릉, 호는 현기(玄磯), 봉호는 연천군(延川君)이다. 《서행창수》는 이경엄이 1641년(인조19)에 동지사(冬至使)로 명(明)나라를 다녀오며 지은 시를 모은 시첩이다.

던 말과 부절을 맞춘 듯이 일치하였다. 이는 인간 세상의 한 가지 기이한 일이니, 당시 기필할 수 없는 약속이라며 눈웃음치던 사람들도 우리가 함께 어울리며 즐기던 일을 듣는다면 기이한 일이라 여기지 않을 수 없을 것이다.

그러나 나는 병이 들어 세상에 쓰이지 못하는 까닭에 적막한 고향에서 넉넉히 지내지만, 연천공은 나이 육십에도 강건하여 임금을 섬기기에 근력이 너끈하므로 명을 받고 이역으로 사신 가는 것을 면치 못하였다. 요동(遼東)과 심양(瀋陽)의 산천을 지나는 동안 시편(詩篇)에 드러낸 것이 많았는데, 〈북정(北征)〉 한 편은 더욱 시인의 풍치가 있으니, 참으로 두보(杜甫)의 필력을 이을 수 있을 것이다.[73]

아! 오랫동안 포위된 산성에서 임금을 섬기며 밤낮으로 머리를 맞대고 힘쓴 것이 오직 떳떳하게 죽는 것이었으니, 슬픈 일이라 하겠다. 지금 나는 살아남아 고향에서 여유롭게 지내고, 연천공은 머나먼 이국 땅으로 사신 가서 훌륭한 사신이라 칭해졌으니 또한 다행스런 일이라 하겠다. 훗날 시우정(時雨亭)[74]에서 술잔을 잡고서 이 끝나지 않은 말을 끝내리라.

73 북정(北征)……것이다 : 두보(杜甫)의 시 중에 〈북정〉이라는 제목의 장시(長詩)가 있기 때문에 한 말이다.

74 시우정(時雨亭) : 이경엄이 사천(斜川) 근처에 지은 정자 이름이다. 《記言 卷15 時雨亭記》

계정의 시축 뒤에 쓰다

書戒淨軸後

천계(天啓) 을축년(1625, 인조3)에 내가 송도(松都)의 산수를 유람할 적에 남쪽 승려 의현(義賢)이 젊은 사미승 계정(戒淨)을 데리고 나를 따르고자 원하였다. 이들과 함께 천마산(天磨山)과 성거산(聖居山)을 구경하고 돌아서 태화산(太華山)으로 들어가 십여 일을 오고갔으니 멋진 유람이었다.

3년 뒤에 하늘이 우리 집안에 화를 내려 선친께서 세상을 떠나셨다. 나는 초상을 치르고 오랫동안 여막에서 지내다보니 비장(脾臟)이 상해 곡기를 끊고 단지 솔잎을 찧어 소량의 밥이나 묽은 죽에 타서 하루에 한 그릇 먹을 뿐이었다.

의현공이 내 병이 위독한 것을 보고는 가련하게 생각하여 사미승 계정을 보내어 곁에서 보살피게 하였는데, 그가 일찍이 산 속의 노승(老僧)에게서 솔잎을 복용하는 법을 잘 배웠기 때문이다. 계정은 맡은 일을 매우 성실히 수행하여 끝까지 나태한 기색이 없었으며 3년을 하루처럼 생활하였다.

내가 그 정의(情誼)에 감동했으나 달리 보답할 방법이 없어, 종이 두루마리를 만들어 맨 먼저 오봉(五峯 이호민(李好閔)) 상공에게 청하여 칠언절구를 받아 주고, 문단의 여러 어른인 월사(月沙 이정귀) 이하 열여덟 공의 화답시를 받아 주니, 한 세대의 성대한 문장이 모두 여기에 들어있었다.

계정은 보물이라도 얻은 듯이 큰 절을 하고는 종이 두루마리를 소매에 넣어 돌아갔다. 얼마 뒤에 의현공이 입적(入寂)하자 계정은 의지할 곳 잃은 외로운 처지로 남한산성에서 수시로 왕래하였다. 내가 계정에게 말하기를,

"내 조만간 벼슬에서 물러나 한가로이 지낼 것이니, 그대는 가까운 땅에 암자를 짓게나. 백거이(白居易)의 고사[75]를 따를 수 있을 것일세."

라고 하였으니, 오십이 넘으면 사직하려는 것이 평소의 내 생각이었다.

무인년(1638, 인조16)에 나는 다행히 은혜로운 휴가를 얻어 선영(先塋)으로 내려왔다. 집 뒤에 경내가 그윽하고 단 샘물이 나오는 작은 골짜기가 있었는데, 계정이 과연 그 땅을 택해 몇 칸의 집을 지었다. 그가 약속을 지킨 것이 기쁜 나머지 나막신 신고 지팡이 짚고서 찾아가 보니, 새로 지은 조촐한 집은 부처를 그린 작은 탱화가 벽에 걸려있고 향정(香鼎)과 종, 향불까지 갖추고 있는 하나의 엄연한 법당이었다. 차를 달여 마시며 맑은 이야기를 나누고 인과(因果)를 마음껏 담론하면서 만년의 결사(結社)로 삼았으니, 전생의 묵은 빚이 아니라고 어찌 장담하겠는가.

이야기 도중에 수장하고 있던 시축을 꺼내왔는데, 예전 상태 그대로 보존되어 있었다. 이에 내가 기쁜 마음으로 읽다가 또 서글픈 심정이 들었다. 두루마리를 만들어 시를 구하던 것이 어제 일 같은데, 시축에 시를 지었던 사람들은 태반이 세상을 떠나고, 나처럼 죽지 않은 자는

75 백거이(白居易)의 고사 : 당(唐)나라 시인 백거이(白居易)가 치사(致仕)한 뒤에 향산(香山)으로 들어가서 승려 여만(如滿) 등과 함께 향화사(香火社)를 결성하고 만년을 보냈던 고사를 말한다. 《舊唐書 卷166 白居易列傳》

혼잡한 세상을 떠나 가난한 승려와 외딴 시골에 은거하고 있으니, 인연이 다해 인간 세상을 벗어난 게 아니라고 어찌 장담하겠는가.

아! 천지 사이에는 영허(盈虛)와 소식(消息)이 있을 뿐이니, 생로병사(生老病死)에 대해 또 어찌 말할 것이 있겠는가. 예전의 멋진 유람은 이미 꿈속처럼 아득하고, 오늘날의 은거가 현실의 결말이다. 작은 시축 하나를 보고 갑작스레 기뻐하고 슬퍼하니 어찌 망령이 아니겠는가. 그러나 느낀 바가 있는 만큼 써서 기록해 둔다.

발 跋

《지봉집》 발문[76]

芝峯集跋

《지봉선생집(芝峯先生集)》이 완성되고 그 후사 이성구(李聖求)가 내게 간행하는 일을 부탁하였으나, 나는 그럴 만한 사람이 아니고 또 내가 감당할 만한 일도 아니니 무슨 공효가 있겠는가. 그러나 나는 일찍이 들은 바가 있다.

"공의 담박한 마음과 조용한 처신, 확고한 신조와 깨끗한 수양, 기미를 아는 선견지명과 돌처럼 단단한 지조, 신중하게 벼슬에 나아가고 과감하게 물러나오는 점은 마땅히 옛 현인 가운데서나 찾아보아야 할 것이다. 공의 뛰어난 학문과 고아하고 심원한 식견과 도량은 절로 남들이 미치지 못할 점이 있는데다, 타고난 재주가 지극히 높고 시론(詩論)이 매우 고아(古雅)하여 마음으로 쓰고 법으로 재단하였으니,

76 지봉집(芝峯集) 발문 : 이 글은 저자가 1633년(인조11)에 지은 글이다. 《지봉집》은 이수광(李睟光, 1563~1628)의 시문집으로, 이수광의 본관은 전주(全州), 자는 윤경(潤卿), 호는 지봉(芝峯)이다. 이수광의 시문을 아들 이성구(李聖求)와 이민구(李敏求)가 편차하여 1633년에 간행하였다.

공이 지은 훌륭한 시문은 개원(開元)과 천보(天寶) 시절[77] 여러 사람들의 작품과 나란히 설 수 있을 것이다. 공이 지은 고문사(古文詞)는 답습하거나 방종하는 말이 절대 없었으며, 도리에 근본을 두고 정련(精練)하고 전아(典雅)하고 순정(純正)하여 일가(一家)의 말을 이루었다. 요컨대 세상을 경영하고 후세에 드리울 문장이다."

이것은 우리 선친의 말씀이다.

우리 선친과 선생은 어린 시절부터 사귀어 지향하는 뜻이 서로 같았으니, 질나발과 피리의 화음(和音)으로도 두 분의 조화를 비유하기에 부족하고, 명경지수(明鏡止水)로도 두 분의 담박함을 비유하기에 부족하다. 벼슬에 나아가고 물러남이 종신토록 서로 차이가 없었으며, 명성과 지위에 있어서도 그 처음과 끝이 대략 비슷하였는데, 오늘날 두 대가의 문집이 나라 안에 나란히 걸려 있으니, 후사자(後死者)[78]의 비감(悲感)이 어떠하겠는가.

아! 선생이 만년에 우리 선친의 묘지(墓誌)를 지으셨는데, 이것이 아마 선생의 마지막 문장일 것이다. 이 묘지를 읽을 때면 매번 나도 모르는 사이에 눈물이 흐른다. 옛날 정숙자(程叔子 정이(程頤))가 문인들에게 말하기를,

"훗날 나의 행적을 알고 싶은 자는 반드시 우리 형님의 행장을 살펴보라."[79]

77 개원(開元)과 천보(天寶) 시절 : 개원은 당 현종(唐玄宗)의 초기 연호(713~741)이고, 천보는 후기 연호(742~756)이다. 당시(唐詩) 4기 중 성당기(盛唐期)에 해당한다.

78 후사자(後死者) : 죽은 사람에 대해 자기를 이르는 말로, 저자 자신을 가리킨다.

라고 하였으니, 이는 두 사람의 도가 같음을 말한 것이다. 그렇다면 우리 선친의 묘지를 읽어보면 또한 선생을 알 수 있을 것이다. 뜻이 부합하면 위로 천고의 인물을 벗하고, 알아주는 자가 드물면 백 대를 기다려야 한다. 그런데 두 분은 평생의 지음(知音)이 되어 서로 정론(定論)을 내었고,[80] 이를 세상 사람들이 과장이라고 의심할 수 없었으니, 아! 성대하도다.

선생의 명성과 행적에 대해서는 당세에 말할 수 있는 자가 따로 있으니, 나는 그저 가정에서 들은 것을 엮어서 발문을 쓴다.

79 훗날……살펴보라 : 정이(程頤)가 형님인 정호(程顥)를 위해 지은 〈명도선생행장(明道先生行狀)〉에 나오는 말이다.

80 서로 정론(定論)을 내었고 : 신흠이 이수광에 대해 평가한 말과 이수광이 신흠의 묘지(墓誌)를 지은 일을 말한다.

《기암병고》[81] 발문

畸庵病稿跋

부끄럽게도 나는 행실이 방종하여 글공부에는 착실하지 못하였다. 가끔 다른 사람의 독촉으로 능력이 안 되는 글을 억지로 지었으나 공부가 부족한 탓에 대체로 미숙하여 마침내 그만두었다. 그러나 문장에 능한 사람들과는 평소에 왕래하고 지냈으니, 지국(持國 장유(張維)), 자겸(子謙 최명길(崔鳴吉)), 중연(仲淵 박미(朴瀰)) 몇 사람은 모두 나의 막역지우(莫逆之友)로, 특별한 사정이 있지 않는 한 거의 함께 모여 즐기곤 하였다. 다만 정자용(鄭子容)은 조정에서 내쳐져 호남(湖南)에 있던 터라 겨우 한 두 번 볼 뿐이었는데, 앞서 말한 몇 사람들이 매번 당세의 문장가를 논할 때면 반드시 너도나도 자용을 거론하였고, 나 또한 마음으로 인정한 지 오래였다.

이번에 자용이 잠깐 서울에 올라왔다가 특별히 나를 찾아왔는데, 평소 가깝게 사귀던 사람처럼 기쁘게 서로 속을 터놓았다. 마침내 교분을 맺게 되자 자신이 지은 《기암병고(畸庵病稿)》를 꺼내 보여주었는데, 마음이 두근거리고 눈이 현란하여 끝까지 다 읽을 수 없었다.

아! 이 사람이 이른바 대가수(大家數)[82]가 아닌가. 소체(騷體)와 선체(選體)[83]로 쓴 부(賦)와 뇌문(誄文)은 〈이소경(離騷經)〉과 《문선(文

81 기암병고(畸庵病稿) : 정홍명(鄭弘溟, 1582~1650)의 시문집이다. 정홍명의 본관은 연일(延日), 자는 자용(子容), 호는 기암(畸庵)이다.

82 대가수(大家數) : 종주(宗主)로 떠받들어지는 대가(大家)를 말한다.

選)》 수준이었고, 당시(唐詩)와 송시(宋詩)를 넘나든 그의 시는 당시나 송시만큼 훌륭하였다. 몇 사람이 문장을 논할 때마다 반드시 자용, 자용이라고 칭했던 것이 참으로 견식있는 말이었다.

비록 그렇지만, 자용의 문장으로 말하자면 성취되었다고 할 수 있으나, 자용의 나이로 말하자면 아직도 한창 공부에 진력할 나이이다. 이 사람에게 몇 년을 더 빌려주어 풍성하게 소유하고 날로 새로워지는 학업[84]을 공부하게 하여 지극한 경지에 이르게 한다면, 〈이소경〉과 《문선》 수준이던 문장이 단지 〈이소경〉과 《문선》 정도로 그치지 않을 것이며, 당시와 송시를 넘나들던 시가 단지 당시와 송시 정도에서 머물지 않을 것이니, 나는 장차 두 손을 모으고 이 날을 기다리겠다.

83 소체(騷體)와 선체(選體) : 굴원(屈原)이 지은 《이소경(離騷經)》의 문체(文體)를 후인이 본받아 소체라 하고, 《문선(文選)》에 뽑힌 시체(詩體)를 후인이 본받아 선체라 한다.

84 풍성하게……학업 : 《주역》 〈계사 상(繫辭上)〉에 "풍부히 소유함을 대업(大業)이라 이르고, 날로 새로워짐을 성덕이라 이른다.〔富有之謂大業, 日新之謂盛德.〕"라고 한 데서 나온 말이다.

《금암고》 발문[85]

琴巖稿跋

봄 무렵에 나는 병을 앓아 문을 닫아걸고 손님을 사절하였다. 하루는 이자시(李子時)가 밤중에 내 집 근처를 지나다가 특별히 찾아주었는데, 침실로 맞이하여 시문을 하나씩하나씩 담론하며 즐거운 시간을 보냈다. 내가 이로 인해 말하기를,

"신분의 고하에 관계없이 그 시대를 대표할 만한 사람을 말해보세. 우리들이 어느새 장성했으나 스스로 보기에도 형편없으니 우리들은 이미 끝났다네. 기치(旗幟)를 들고서 성대한 일을 담당할 자가 세상에 있을까?"

하니, 자시가 발끈하여 일어나 말하기를,

"죽은 벗 송몽인(宋夢寅)이 끊어진 문학의 맥을 이었다네. 좀 더 오래 살았다면 여러 문장가들의 보루를 공격하여 북채를 잡고 북을 울렸을 것일세. 불행히도 단명하여 창작의 업을 끝까지 이루지 못하였지. 지금엔 그런 사람을 아직 보지 못하였네."

라고 하였다. 이 말을 듣고 나는 마음속으로 비통하게 여겨 그의 유고(遺稿)를 보고 싶다는 생각을 늘 마음속에 품고 있었다.

85 금암고(琴巖稿) 발문 : 이 글은 저자가 1618년(광해군10)에 지은 것이다. 《금암고》는 송몽인(宋夢寅, 1582~1612)의 시문집으로, 1권 1책의 목판본이다. 송몽인의 아들 송국택(宋國澤)이 편집하고, 외숙인 이수광(李睟光)의 교열을 거쳐 친구인 이시직(李時稷)이 간행하였다. 송몽인의 본관은 은진(恩津), 자는 문병(文炳), 호는 금암(琴巖)이다.

부모님을 뵙기 위해 유양(維楊 양주(楊州))으로 향하던 도중에 백유(伯游 박호(朴濠))가 내게 책 한 권을 보여주었는데, 바로 자시가 말한 송몽인의 시였다. 나는 소망을 이룬 것을 기뻐하며 받아서 읽어보았다. 언뜻 읽었을 때에는 맑고 깨끗한 느낌이었는데, 찬찬히 음미하여 그 맛을 느끼고 그 음을 찾아보니, 정신과 재주가 부합하고 천기(天機)가 자유분방하였다. 진흙탕에서도 더럽혀지지 않을 사람[86]이라 말할 수 있겠으니, 나는 자시가 세속의 기호로 시문을 감상하지 않음을 더욱 믿게 되었다.

아! 선비가 천고의 인물과 벗하는 것은 단지 뜻이 스스로 고상해서 일 뿐만이 아니라, 또한 당대에서 그런 사람을 만나지 못해서 그런 것이니, 실로 광세지감(曠世之感)[87]이 있다. 나와 송몽인은 태어난 시대가 같고 연배도 비슷하니, 어깨를 치고 무릎을 맞대고서 한 때의 기쁨을 한껏 누렸어야 마땅하다. 그런데 살아서는 만나지 못하고 도리어 인간 세상의 느낌을 읊은 그의 글에서 찾는 것은 무엇 때문인가? 이에 나도 모르게 세 번 탄식하고서 이 글을 쓴다.

86 진흙탕에서도……사람 : 《사기(史記)》 권84 〈굴원열전(屈原列傳)〉에서 나오는 말로, "더러움을 벗어던지고 티끌세상 밖에서 노닐었고, 세속의 더러움에 물들지 않고 말갛게 진흙탕에서도 더럽혀지지 않은 자였다.〔蟬蛻於濁穢, 以浮游塵埃之外, 不獲世之滋垢, 皭然泥而不滓者也.〕"라고 하였다.

87 광세지감(曠世之感) : 동시대에 태어나지 못해 서로 만나지 못한 것에 대한 감회이다.

소 疏

선친의 문집을 진헌하는 상소[88]

進先臣文集疏

삼가 아룁니다. 책 상자 속에 있는 선친의 유문(遺文)을 차마 버리지 못하여 편차하여 간행한 것은 본래 집안에 간직하려는 뜻에서였습니다. 그런데 직접 은혜로운 유시(諭示)를 받듦에[89] 간곡하실 뿐만이 아니니 신이 진실로 감격스러워 몸 둘 곳을 모르겠습니다. 삼가 간행본 22권을 장황해서 올립니다.

선친이 일찍이 선조(宣祖)를 섬길 적에 오랫동안 연윤(演綸)[90]의 직임을 맡았던 관계로 시정(時政)과 관련하여 받들어 지은 교명(敎命)이 많았는데, 임진년(1592, 선조25)과 정유년(1597)의 난리 통에 없어졌습니다. 깊은 근심 속에 지내던 유배 기간에도 자못 논저(論著)에 힘을

88 선친의……상소 : 이 글은 1630년(인조8) 8월 26일에 올린 상소이다. 《仁祖實錄 8年 8月 26日》《承政院日記 仁祖 8年 8月 26日》

89 직접……받듦에 : 《인조실록》 8년 8월 26일 기사에 "어제 전석(前席)에서 직접 은혜로운 유시를 받들었다."는 내용이 있다.

90 연윤(演綸) : 고명(誥命)을 기초(起草)하는 것으로, 즉 조정에서 임금의 윤음(綸音)을 작성하는 것이다.

쏟았으니, 비록 자잘하고 짧은 글이라 하더라도 모두 격동되어 나온 것입니다. 우리나라의 사적(事蹟)과 인물(人物)의 시비와 관련하여 왕왕 사실대로 기록하고 금기(禁忌)를 피하지 않은 것은 시대를 아파하고 세도(世道)를 걱정하는 마음에서 나온 것으로 실로 권선징악의 뜻을 담은 것이니, 그 뜻이 참으로 슬프다고 하겠습니다.

선친이 일찍이 《송사(宋史)》를 보고 개탄하기를,

"희령(熙寧)과 원풍(元豐) 연간[91]의 간얼(奸孼)들이 당세를 속이는 것도 부족하여 후세까지 속여 역사를 어지럽히고자 하였는데, 고종이 실록(實錄)을 개수(改修)한 덕에 천도(天道)가 제대로 돌아온 것을 볼 수 있게 되었다. 선조의 실록도 흉인(凶人)들의 손에서 만들어져 마침내 더러운 역사가 되고 말았으니,[92] 소인들의 화는 옛날이나 지금이나 한결같다. 그러나 국가는 망할지언정 역사는 망할 수 없다."

라고 하고는 마침내 신종(神宗)과 철종(哲宗)의 실록을 개수한 전말을 기술하여 구사(舊史)를 개찬(改纂)하는 선례를 밝혔으니, 그 뜻이 실로 정성스럽습니다. 그러나 국가에 일이 많았던 탓에 혼조(昏朝) 때 만들어진 실록을 미처 다 산정(刪正)하지 못하였는데, 하늘이 목숨을 조금 더 연장해 주지 않아 못다 이룬 뜻을 품고서 세상을 떠났으니, 신은 상중(喪中)에서 항상 비통한 마음에 잠 못 들고 있습니다.

91 희령(熙寧)과 원풍(元豐) 연간 : 희령은 송 신종(宋神宗)의 연호로 1068년부터 1077년까지이고, 원풍 또한 신종의 연호로 1078년부터 1085년까지이다.

92 선조의……말았으니 : 선조의 실록이란 광해군 때에 간행된 《선조실록(宣祖實錄)》을 말한다. 《선조실록》은 북인(北人)의 입장에서 편찬되어 서인(西人)과 남인(南人)에게 불리한 기술이 많았다.

이어 삼가 엎드려 생각건대, 선친이 밝으신 성상을 만나 크나큰 은혜를 받아 여러 해 동안 최선을 다했으나 조그마한 보답도 못하였습니다. 그러나 나라를 근심하고 임금에게 충성하는 마음이라면 신명(神明)에게 질정해도 떳떳할 것입니다. 선친은 성상의 좋은 말씀과 훌륭한 정사를 볼 때마다 얼굴에 기쁜 빛을 드러내지 않은 적이 없었고, 혹여 잘못된 거조가 있으면 종일토록 걱정하고 두려워하였습니다. 항상 말하기를,

"오늘날 나라의 형세는 믿을 만한 것이 하나도 없고 오직 믿을 것은 임금의 덕뿐이니, 임금의 덕이 한번 무너지면 나라를 다스릴 수 없다. 민심의 결속도 임금의 덕에 달려 있고, 천명이 계속되는 것도 임금의 덕에 달려 있으니, 전곡(錢穀)과 갑병(甲兵) 따위는 근심할 일이 아니다."

라고 하였으니, 이것이 선친의 평소의 뜻입니다.

신이 선친의 뜻을 미루어서 아울러 한 가지 소견을 올립니다. 반드시 성심(誠心)으로 백성을 다스리시어 술수를 부려 군림하지 마시고, 반드시 신중하게 일을 생각하시어 여러 사람의 뜻을 어기고 독단적으로 시행하지 마소서. 사기(辭氣)를 너무 드러내어 사람들로 하여금 성상의 속내를 엿보게 하지 마시고, 언로(言路)는 반드시 넓혀서 사람들로 하여금 진심을 다 말하도록 하소서. 건괘(乾卦)의 강건함을 본받으시고 손괘(巽卦)의 굳셈을 실행하소서. 이것이 오늘날 성상께서 힘써야 할 임금의 덕입니다. 옛사람이 말하기를,

"마음이 진중하면 가벼운 외물을 이길 수 있고 체득한 것이 깊으면 조그마한 유혹도 알 수 있다."[93]

라고 하였습니다. 말은 간략하지만 뜻이 구비되어 있으니 마음 공부

에 가장 절실한 말입니다. 삼가 바라건대, 밝으신 성상께서는 유념하소서.

이에 관한 비답은 다음과 같다.

"경의 차자를 보니 매우 가상하다. 또 선경(先卿)의 유고(遺稿)를 올려 이를 대하니 서글픈 생각에 마음을 가눌 수가 없다. 차자 말미에 아뢴 말은 실로 약석(藥石)과 같은 말이니, 내가 비록 불민하지만 마땅히 이것으로 스스로 경계하겠다."

이어 내린 전교는 다음과 같다.

"이번에 사급(賜給)한 아다개(阿多介 털요) 한 장과 후추 한 말에 대해서는 사은(謝恩)하지 말라."

93 마음이……있다 : 《근사록(近思錄)》 권2 〈위학(爲學)〉에 나오는 정호(程顥)의 말이다.

차 箚

구언 전교(求言傳敎)에 응하여 진언하는 차자[94]

應旨陳言箚

삼가 아룁니다. 밝으신 성상께서 진전(眞殿)의 재변[95]을 매우 애통하게 여기시고 특별히 구언 전교(求言傳敎)를 내리셨습니다. 신은 재변의 징조를 징험하는 학술을 배우지 못했으니, 오직 듣고 본 것을 가지고 말씀드릴까 합니다.

지금 나라의 근심거리는 외적이고, 도모할 것은 전곡(錢穀)과 갑병(甲兵)입니다만, 신이 크게 두려워하는 바는 이와 다릅니다. 전하의 백성 중에는 아비를 죽인 자식도 있고 주인을 죽인 노복도 있으며, 기타 윤리를 어지럽힌 일은 다 기록할 수 없을 정도이니, 이는 인도(人道)의 지극한 변고로 본조의 풍교와 교화가 크게 무너진 것입니다. 전하께서 이 백성들로 하여금 삼강(三綱)을 지키고 대방(大防)을 따르

94 구언전교(求言傳敎)에……차자 : 이 글은 1631년(인조9) 3月 13日에 올린 차자이다. 《仁祖實錄 9年 3月 13日》

95 진전(眞殿)의 재변 : 진전은 강릉(江陵)의 집경전(集慶殿)으로, 태조(太祖)의 어진(御眞)을 보관한 곳인데, 1631년 3월 3일에 화재가 일어났다. 《承政院日記 仁祖 9年 3月 7日》

게 할 수 없다면 비록 전곡과 갑병이 있다 한들 백성들로 하여금 적에게 달려들고 죽음에 나아가게 할 수 있겠습니까. 삼가 생각건대, 밝으신 성상께서는 즉위하신 이후 도덕(道德)에 힘입어 덕성을 기르는 방도를 부지런히 힘쓰셨습니다. 그런데도 하늘의 감응이 이처럼 어긋났으니, 이것이 신이 크게 두려워하는 일입니다.

임진왜란은 예전에 없던 일로, 7년 동안이나 전란이 계속 이어졌습니다. 당시 백성들이 도탄에 빠지고 국가가 위태로운 운명에 처한 것이 어찌 오늘에 비해 배나 심할 뿐이겠습니까. 그런데도 선왕께서는 최선을 다해 힘쓰시어 중흥의 업적을 이루었으니, 이는 다름이 아니라 오직 지성으로 중국을 섬기고 지성으로 백성을 사랑하여 민심을 굳게 결속시킨 것뿐입니다. 그리고 선왕의 검소하신 덕행이 어떤 임금보다도 훌륭하셨던 것은 전하께서 친히 보신 바이니, 낡은 자리와 허름한 책상에 병풍은 화려하지 않았으며, 비빈(妃嬪)들과 귀근(貴近)들도 비단옷을 입지 않았습니다. 이런 검소한 덕에 교화되어 당시 중외에 검소한 풍조가 퍼졌습니다. 이렇듯이 선왕께서는 자신을 다스리고 남을 다스림에 있어 실질적인 일로 행하시고 형식적으로 그치지 않았으니, 이것이 바로 밝으신 성상께서 본받으실 일이 아니겠습니까.

신이 병오년(1606, 선조39) 연간에 총부(摠府)에서 숙직하고 있을 때에 선왕께서 신이 《주역(周易)》을 좀 읽었다는 소문을 잘못 들으시고 《성재역전(誠齋易傳)》[96] 1부를 하사하셨습니다. 그러나 신은 이 책을 받은 지 26년이 되도록 아직 그 깊은 뜻을 통달하지 못하였습니다.

96 성재역전(誠齋易傳) : 송(宋)나라 양만리(楊萬里, 1124~1206)가 저술한 책으로, 성재는 양만리의 호이다.

다만 삼가 이 《역전》을 살펴 보건대, 고인의 행적을 괘효(卦爻)에 배열하고 격언(格言)과 확론(確論)을 많이 기술하여 치도(治道)와 밀접한 관련이 있기에 감히 전하께 올립니다.

공자께서는 "《주역》을 지은 사람은 우환이 있었을 것이다."[97]라고 하였습니다. 전하께서 재변을 만나 참회하여 남이 보지 않고 듣지 않는 곳에서도 경계하고 걱정하여 굴신(屈伸)과 소장(消長)의 이치를 통달하고 득실과 치란의 도를 밝히며, 음양(陰陽)이 발동하는 기틀을 드러내고 강유(强柔)를 적용하는 묘미를 궁구하여 천지(天地)의 도를 본받아 꿋꿋이 행하고 시기(時機)를 살펴 의리를 취하여 간이(簡易)한 방법으로 원대한 왕업을 세우신다면 참으로 이른바 제왕의 효라 할 것이요, 하늘에 계신 조종(祖宗)의 영령을 위로할 수 있을 것입니다.

아! 건괘(乾卦)와 곤괘(坤卦)에서는 음양의 구별을 말하고, 함괘(咸卦)와 항괘(恒卦)에서는 음양의 감응을 말합니다. 구별하지 않으면 분수가 엄하지 못하고, 감응하지 않으면 마음이 통하지 않는데, 임금과 신하의 관계는 엄하지 못할까를 걱정할 게 아니라, 감응하지 못할까를 걱정해야 합니다. 〈함괘(咸卦) 구오(九五)〉에 "감응하는 것이 그 등이니 후회가 없다.〔咸其脢, 無悔.〕"[98]라고 하였습니다. 이는 마음을 비우고 사심 없이 대하는 것이 감응의 가장 성대한 일이라는 뜻이니, 성인의 뜻이 참으로 은미합니다. 삼가 바라건대, 전하께서는 유념하소서.

97 주역을……것이다 : 《주역》 〈계사전 하(繫辭傳下)〉에 나오는 말이다.

98 감응하는……없다 : 이 효사에 대한 정자(程子)의 전(傳)은 다음과 같다. "매(脢)는 등살〔背肉〕이니 심장과 서로 등져서 볼 수 없는 곳에 있다. 사심을 등질 수 있어서 보고서 좋아하는 자가 아닌 사람을 감동시키면 임금이 천하를 감동시키는 바름을 얻어 후회가 없을 것이다."라고 하였다.

신이 한직에 있는 몸으로 어리석은 소견을 함부로 아뢰었으니, 지극히 두려운 마음을 이기지 못하겠습니다. 재결하소서.

신미년(1631, 인조9) 3월 13일에 올리고, 14일에 비답이 내려졌다. 비답은 다음과 같다.

"차자를 보고 잘 알았다. 경이 근본적인 문제로 나라를 걱정하고 정성을 다해 진언하여 나로 하여금 느끼고 깨닫게 하였으니, 마음으로 매우 찬탄하는 바이다. 가져온 《역전》은 마땅히 그 뜻을 자세히 연구하여 그대의 지극한 충정을 저버리지 않겠다."

비망기(備忘記)는 다음과 같다.

"동양위(東陽尉)가 차자를 올려 내가 경계할 바를 진술하고, 아울러 《역전》을 바쳐 나에게 격언과 확론을 알게 하였으니, 깊은 충정이 있지 않다면 어찌 이렇게 하겠는가. 구마(廏馬) 1필을 사급하여 나의 뜻을 표하라."

도전 환수를 청하는 세 번째 차자
請還島田第三箚

삼가 아룁니다. 성상의 비답을 받드니 간곡한 유지(諭旨)에 신은 진실로 감격스럽고 두려워 몸 둘 바를 모르겠습니다. 다만 근심스럽고 절박한 사정이 있기에 부득이 어리석음을 무릅쓰고 성상께 애타게 호소하오니, 신의 죄는 만 번 죽어 마땅합니다. 신의 죄는 만 번 죽어 마땅합니다.

왕의 자녀의 집은 본래 대대로 지키는 가업(家業)이 없고 혼인하기 전에 국가에서 집과 전답과 소작인을 지급하는데 관사에서 법식에 따라 거행하였습니다. 임진년 이후로 매우 약소해지긴 하였어도 옛 규례는 여전히 남아있습니다.

신은 나이 열두 살에 부마가 되어 종실의 일원이 되었으니, 의식(衣食)의 근원과 전답이나 소작인의 수에 대해 전혀 관섭하지 않았습니다. 또 한빈한 집안에서 태어나 생계를 꾸리는 일에 본래 익숙하지 않는데다 선조께서 살아계실 적에는 오직 날마다 대궐에 나아가 문안을 여쭈고 조정에서 돌아와 남는 시간에는 부모의 집에서 보살핌 받으며 걱정 없이 세월을 보냈습니다. 십 년의 세월이 지나 세상이 바뀌자 온 집안이 법망에 걸려 유배지를 떠돌며 온갖 위태로움과 괴로움을 겪었습니다. 신이 그 당시에 잘 변화하지 못한[99] 탓에 화를 당한 것이 더욱 많아 교외에서 지내며 십 년 동안 견책을 기다렸으니, 그 사이에 침탈

99 잘 변화하지 못한 : 광해군의 조정에 능동적으로 잘 맞추지 못했다는 말이다.

당하고 능멸당한 일은 성상께서도 필시 통촉하고 계실 것입니다. 반정(反正)하던 날 해조에서 전교를 받들어 바로잡을 때 문건을 고찰해서 본래대로 돌려주었으니, 이 또한 한 때의 은혜입니다.

신의 집안이 복이 없어 수많은 재앙을 겪은지라, 모진 목숨이 죽지는 않았으나 늙기도 전에 미리 쇠하여 날로 생기가 줄어들었습니다. 모이면 흩어지고 가득차면 비는 이치를 조금 알기에 경영하며 마음을 쓰는 일은 하고 싶지 않아, 혼자서 쓸쓸히 지내며 분수에 따라 먹고 있습니다. 다만 타고난 성품이 호방하다 보니 성정대로 행동하다가 일이 없어도 비방을 받고 잘못이 없어도 허물을 불렀으니, 피부가 깎여지고 뼈가 드러나 장차 지탱하기도 힘든 처지입니다.

이 도전(島田)과 관련한 한 가지 일은 방백(方伯)의 장계와 비국(備局)의 계사, 간원(諫院)의 논박과 연신(筵臣)의 배척이 계속 잇달아 올라와 말이 엄중하고 의리가 정당하니, 신이 또한 무슨 마음으로 이 일에 편안할 수 있겠습니까.

아! 지금이 어떠한 때입니까. 천하에는 황제를 참칭하는 적이 있고 본조는 국경을 침입하는 도적을 근심해야 합니다. 더구나 하늘의 재앙과 사물의 이변으로 효상(爻象)이 위태롭습니다. 이에 군신 상하가 바야흐로 와신상담(臥薪嘗膽)의 뜻에 힘을 쏟고 있으니, 현자들은 스스로 본받고 어리석은 자들은 명령을 따라서 폐단을 제거하고 이로운 일을 일으키는 것이 바로 오늘 해야 할 일입니다. 그런데 도전의 혁파는 오히려 주저하고 있으니 큰 변혁과 큰 변통에 대해서 어찌하겠습니까. 곡식을 심은 자가 잡초를 제거하듯이 폐단을 제거하고, 거문고를 연주하는 자가 줄과 기러기발을 고르듯이 이로운 일을 일으켜야 합니다. 또한 세세하게 제거하지 않고 작은 것을 고르지 않는다면 이는 모두 큰 것을 해치게 될 것이니, 이점을 살피지 않아서는 안 됩니다. 신이 재삼 차자를 올려 성상을 번거롭게 하니, 이는 실로 거짓으로 하는 사양이 아닙니다.

삼가 바라건대, 천지부모와 같으신 성상께서는 신의 사정을 불쌍히 여기고 신의 간곡한 마음을 헤아려 속히 도전 혁파의 요청을 허락하시어 공적으로나 사적으로 편안하게 해 주소서.

두 신하의 마음을 분별하기를 청하는 차자

請辨兩臣心跡箚

삼가 아룁니다. 병으로 엎드려 있던 중에 삼가 김상헌(金尙憲)과 정온(鄭蘊)이 임금을 저버리고 명예를 구했다는 이유로 견책을 입었다는 말을 들으니, 신은 마음속의 근심을 이기지 못하겠습니다. 남한산성에 있을 적에 신이 총부(摠府)를 맡아 행궁(行宮)을 출입하였는데, 당시 정온이 머문 곳이 신과 울타리 하나를 사이에 두고 있어 항상 만났으며, 김상헌이 죽으려 하던 날에도 신이 방문하였으니, 신은 두 신하의 마음을 조금 알고 있습니다. 신이 당시에 본 것으로 전하를 위해 아뢰고자 합니다.

김상헌은 남한산성에서 일에 따라 논변할 적에 자주 묘당의 의논과 어긋나자 마침내 글을 찢고 통곡하면서 죽기를 작정하고 문을 닫아걸고 곡식을 끊었는데, 조정에서 척화신(斥和臣)을 조사한다는 말을 듣고는 힘써 일어나 자진해서 나가 석고대죄(席藁待罪)하였습니다. 이에 성상께서 위로하시는 전지를 특별히 내리시자 옆에서 보는 자들이 감격하여 울지 않는 자들이 없었습니다. 얼마 뒤에 산성의 군사들이 계단을 둘러싸고 성 안에 있는 척화신을 수색하라고 요청하니, 이는 김상헌 등을 가리킨 것으로 그 형세가 매우 위태로웠습니다. 이때부터 김상헌과 정온은 감히 더 이상 조정 신하들의 반열에 끼지 못하였으며, 산성을 나온 뒤로도 이들을 공격하는 논의가 태산처럼 쌓이고 척화신에게 모든 죄를 돌려 장차 말할 수 없는 사태가 일어날 수 있었으나, 다행이도 성상께서 사태를 진정시키시어 두세 신하를 가벼이 처벌하는 정도로 그쳤습니다. 그러나 김상헌을 배척하는 논의는 그친 적이 없으니, 김상헌이 산성에서부터 지금까지 오랫동안 논죄당하는 처지에서 어찌 감히 죄 없는 사람처럼 행동할 수 있었겠습니까. 죄인으로 자처하여 조수(鳥獸)들이 사는 깊은 숲으로 몸을 숨겼으나, 그래도 나라를 걱정하고 백성을 사랑하는 정성을 그칠 수 없어 죽음을 무릅쓰고 상소를 올리는 등 충성스럽고 간절한 뜻이 성대하였습니다.

정온은 산성을 나오기 며칠 전에 산성을 나가는 일을 언급하면서 강개하여 탄식하였고, 그 다음날에는 자신의 배에 칼을 찌르고 의대(衣帶)에 찬(讚)을 지었으니,[100] 그 의리가 격렬하여 나약한 자를 세우고 완악한 자를 일으키기에 충분합니다.

아! 이런 신하를 두고 도리어 불충하다고 의심하고 임금을 저버리고 명예를 구한다고 지목한다면 성세(盛世)의 일이 아닐 듯합니다. 산성에서 나온 이후의 일은 급박하고 어지러워 아는 자들만 알고 모르는 자들은 알지 못하니, 또한 오늘날 논의하는 자들이 그 실상을 깊이 알지 못하여 이러는 것이 아니겠습니까. 두 신하가 임금을 저버리거나 명예를 구하는 자가 아님을 신은 분명히 알고 있습니다. 근래에 이 일을 논의함에 있어 두 사람을 공격하는 자는 말할 것도 없거니와 두 사람을 구원하려는 자들조차도 그 실정을 제대로 알지 못하고 억측으

100 의대(衣帶)에 찬(讚)을 지었으니 : 정온이 남한산성에서 자결하면서 지은 찬은 다음과 같다. "임금의 욕됨이 너무도 심한데 신하의 죽음은 어찌 이리 더딘가. 목숨을 버리고 의(義)를 취하는 것이 지금 바로 할 일이다. 어가를 모시고 투항하는 것이 나는 실로 부끄럽구나. 칼 하나로 인을 얻으리니 죽음을 돌아가듯 여기노라.〔主辱已極, 臣死何遲? 舍魚取熊, 此正其時. 陪輦投降, 余實恥之. 一劍得仁, 視之如歸.〕" 하였다. 《桐溪先生年譜》

로 아뢰고 있으니, 이 때문에 성상께서 의심을 품고 풀지 못하게 된 것입니다.

아! 이강(李綱)[101]이 포위된 산성에 있을 적에 뜻이 부합하지 않아 떠났으나 후세인들이 비난하지 않았습니다. 신하가 임금을 섬기는 것은 한 가지 방법만 있는 것이 아니요, 더구나 충성과 간사함은 나아가고 물러남에 있지 않고, 옳고 그름은 억지로 결정해서는 안 됩니다. 두 신하입장에서야 중형을 받는다 하더라도 더 나아지거나 더 손상될 것은 없지만, 다만 밝으신 성상께 누가 될까 두렵습니다. 분수에 벗어나는 말을 했다는 비방을 피하지 않고 신이 마음속의 생각을 그대로 아뢰는 것은 전하를 위해 정성스레 아뢰는 것이지 두 신하를 위해서가 아닙니다.

삼가 바라건대, 밝으신 성상께서는 신의 어리석음을 용서하시고 신의 마음을 살펴주소서. 신이 매번 하늘이 경고하는 단서와 여론이 이합(離合)하는 기미를 볼 때마다 종국(宗國)에 대한 근심을 견딜 수 없어 심지어 한밤중에 눈물을 흘리기까지 하니, 오로지 성상의 덕이 날로 번성하고 다스림의 이치가 날로 융성하기를 바랄 뿐입니다. 신은 지극히 축원하는 마음을 이기지 못하겠습니다.

101 이강(李綱) : 남송(南宋)의 충신으로 금(金)나라와 전혀 타협하지 않은 주전론자(主戰論者)이다. 금군(金軍)이 침략하자 주전론을 강력히 주장하다 유배되었고, 그 뒤 고종(高宗)이 즉위하면서 정승이 되어 치욕을 꾀했으나 황잠선(黃潛善) 등에 의해 저지되어 70여 일 만에 파직되고 말았다. 《宋史 卷358 李綱列傳》

도총관을 사직하는 차자[102]

都摠管辭免箚

삼가 아룁니다. 신이 6, 7년 전에 발에 생긴 큰 종기가 그대로 뼈에 붙는 악창이 되는 바람에 거의 죽음의 문턱까지 갔었습니다. 해마다 그 자리가 벌어지는데 가을과 겨울이면 더욱 심해서 한창 고통스러울 때는 죽고 싶은 생각뿐이나 그럴 수 없었습니다. 금년에는 일찍 발병한데다 통증도 보통 때와는 다른지라, 약수(藥水)로 씻어 내고 따뜻한 곳에서 조리하며 지내고 있었습니다. 새로이 도총관의 직임을 제수받고서 오랫동안 사은숙배를 지체한 것이 비록 병상에 누웠기 때문이지만 명을 태만히 한 죄는 실로 크다고 하겠습니다.

신이 근심하는 것은 드러난 병뿐이 아닙니다. 병란을 겪은 뒤로 실의에 잠겨 살고 싶은 생각이 없어졌는데, 은거하여 속세의 일을 떠나니 정신이 조금 회복은 되었으나, 여러 사람이 모이는 번잡한 곳에 가면 눈과 귀가 먼저 아득해져 자주 현기증이 생기고 심한 경우에는 정신을 잃기까지 합니다. 조용한 곳에서 조리하길 바라는 마음이 간절하지만 감히 은혜로운 명을 청하지 못하여 이러지도 저러지도 못한 채 묵묵히 지내고 있는지 오래입니다.

도총부의 직책은 평소에는 번갈아 숙직하는 것에 불과할 뿐이지만 조금이라도 위급한 일이 생기면 금군(禁軍)을 통제하고 대가(大駕)를

102 도총관을 사직하는 차자 : 이 글은 1638년(인조16) 9월 11일에 올린 차자이다. 《承政院日記 仁祖 16年 9月 11日》

호위해야 하니, 지금처럼 나라가 어렵고 근심스러운 때에는 적임자를 잘 선발하여 제수하지 않아서는 안 됩니다. 신처럼 형편없는 사람은 이미 시험하여 아무런 공효도 없었으니 결코 병든 몸으로 이런 중직을 수행할 수 없습니다.

삼가 바라건대, 자애로우신 성상께서는 속히 체차를 명하시고 또 넉넉하게 휴가를 주시어 편안히 병을 조리하도록 해 주소서. 이는 천지부모와 같은 마음으로 다시 살려주는 은혜입니다. 증세가 조금 호전되어 다시 온전한 몸이 된다면 끓는 물로 뛰어들고 타는 불속을 걷는 일도 피하지 않을 것이니, 삼가 조금 살펴주시기를 바랍니다.

두 번째 차자

再箚

삼가 아룁니다. 신이 진정을 아뢰어 은혜를 청했는데 윤허는 받지 못하고 도리어 온유하게 면려하시는 교지를 내리시니, 신이 목석이라 하더라도 어찌 감격할 줄 모르겠습니까.

다만 신의 병이 조만간에 치료될 증상이 아닌데 앞으로 거동할 일이 빈번하게 생길 것이니, 결코 시위하는 직임에 절름발이와 앉은뱅이를 독촉해서 달려 나아가게 해서는 안 됩니다.

삼가 바라건대, 자애로우신 성상께서는 신의 간절하고 위급한 상황을 굽어 살피시어 속히 신이 맡고 있는 도총관의 직임을 체차하시고 또 넉넉하게 휴가를 내리시어 보잘것없는 목숨을 온전하게 해 주신다면 매우 다행이겠습니다. 신이 병상에서 치료하는 중이라 하더라도 국가에 만일 위급한 일이 생기면 마땅히 목숨을 바칠 것입니다. 신이 죽을 죄를 지어 어찌할 줄 모르겠습니다.

삼전도비 전액을 쓰라는 명을 사양하는 차자[103]

三田渡碑篆額辭免箚

삼가 아룁니다. 신이 병을 앓아 거의 죽어가던 중에, 삼전도 비문 전액(篆額)을 쓰라는 특교(特敎)가 내려졌다는 말을 들었습니다. 신은 진실로 두렵고 근심스러워 어찌할 바를 모르겠습니다.

신이 근래에 오른쪽 팔이 마비되어 거의 물건을 들지 못하는데다 학질까지 날로 심해져 침상에 몸을 의지하고 있습니다. 예전에 앓던 발의 종기가 지금 벌어져 끝내 구멍이 생겼고 상처가 문드러지고 썩어 다리 전체가 부어올랐습니다.

신의 병이 깊숙이 숨어 있어 알기 어려운 증세가 아닌지라, 눈이 있는 자들이 모두 목도하였으니, 어찌 감히 거짓으로 꾸며 말씀드리겠습니까. 또한 신은 이미 성상께서 치욕을 당하시던 날에 죽지 못한 것을 항상 통한으로 여기고 있으니, 결코 병든 몸을 채찍질하여 이 일을 담당할 수 없습니다.

삼가 바라건대, 천지부모와 같으신 성상께서는 신의 병이 실상 극심함을 불쌍히 여기시고 신의 구구한 정성을 헤아리시어 속히 개차하소서.

103 삼전도비……차자 : 이 글은 1639년(인조17) 6월 26일에 올린 차자이다.《仁祖實錄 17年 6月 26日》《承政院日記 仁祖 17年 6月 26日》

종명을 서사할 때의 서식 규례를 아뢴 차자
鍾銘書寫式例箚

삼가 아뢰니다. 해조(該曹)에서 성상의 명을 받들어 신에게 종명(鐘銘) 초본을 서사(書寫)하도록 시켰는데, 신이 마음에 불편한 점이 있어 부득이 품재(稟裁)를 청합니다.

명을 받들어 글을 지을 적에는 예법상 반드시 봉교(奉敎) 자를 써야 합니다. 이는 당(唐)나라와 송(宋)나라 때부터 이미 시작된 일로, 본국의 신라(新羅)와 고려(高麗) 이래의 유문(遺文)과 고적(古迹)에서도 분명히 찾을 수 있습니다. 더구나 이웃나라에 선물로 보내는 물건에 대해서는 더욱 삼가지 않아서는 안 됩니다. 지금 이 종명에 봉교 자를 쓰지 않는다면 이식(李植)이 개인적으로 짓고 신(臣) 익성(翊聖)이 개인적으로 쓴 것처럼 될 것이니, 일을 주관한 대마도 사람을 제외하면 일본인 중에서 임금의 명으로 이 종명이 지어졌다는 것을 누가 알겠습니까. 마땅히 변통이 있어야 하겠기에 감히 이렇게 재결을 청합니다.

왕명에 따라 종의 서(序)와 명(銘)이 지어져 올라오자 대신에게 감정을 시켰는데, 완성부원군(完城府院君) 최명길(崔鳴吉)은 심기원(沈器遠)이 지은 것을 쓰고자 하고, 승평부원군(昇平府院君 김류(金瑬))은 이명한(李明漢)의 서와 이식(李植)의 명을 쓰고자 하였다. 이에 성상께서 승평부원군의 의논대로 시행하라고 명하셨다. 재상 최명길이 모(某 저자 자신을 말함)로 하여금 글씨를 쓰게 하는 것이 좋겠다고 아뢰자, 성상께서 "글씨를 쓰는 일은 재상 최명길의 의논대로 시행하라."라고 하교하셨다. 이에 예조에서 복계(覆啓)하여 명의 초본과 지필묵을 회수(淮水)로 보내왔다. 나는 팔의 통증을 이유로 사양하고 글씨를 쓰지 않았는데, 서식(書式)상 봉교 자를 쓰지 않으면 훗날 폐단이 될까 염려하여 차자를 올려 논변하려 했으나 이 또한 타당치 못하기에 마침내 사양하고 쓰지 않은 것이다.

《황극경세서동사보편》을 진헌하는 차자[104]

進皇極經世書東史補編箚

삼가 아룁니다. 송(宋)나라 소옹(邵雍)이 〈선천도(先天圖)〉[105]를 가지고 천지(天地) 운행의 시작과 끝을 추산하여 요(堯)임금 갑진년부터 주(周)나라 세종(世宗) 기미년(959년)에 이르기까지 일을 기록하였습니다. 선신(先臣 저자의 부친 신흠(申欽)을 말함)이 일찍이 말하기를,

> "우리나라는 요 임금 갑진년에 단군이 나라를 세웠는데, 이는 태고 시절이라 징험할 만한 문헌이 없다. 그러나 삼국 시대 이후로는 점차 근거하여 기록할 만한 것이 있으니, 이를 소옹의 기사의 아래에 편입시켜 동문(同文)[106]의 문화를 이루고 싶다."

라고 하였는데, 끝내 실행하지 못했기에 신이 안타깝게 여겼습니다.

신이 거상(居喪) 중에 선친의 유업(遺業)을 수습하여, 우리나라의 역사를 《삼국유사(三國遺事)》와 《고려사(高麗史)》부터 제가(諸家)의 설에 이르기까지 빠진 것들을 찾아내고 실제의 사적을 가려 뽑아 책으로 만들어 《황극경세서동사보편(皇極經世書東史補編)》이라 제목을 붙이고 아홉 권으로 만들었습니다. 십 년 동안 세 번이나 원고를 수정하여 완성하였으니, 부지런하게 애썼다 하겠으나 참람한 죄는 피할

104 황극경세서동사보편을 진헌하는 차자 : 이 글은 1644년(인조22) 7월 28일에 올린 차자이다. 《仁祖實錄 22年 7月 28日》

105 선천도(先天圖) : 복희씨(伏羲氏)의 역(易)인 선천팔괘도(先天八卦圖)를 말한다.

106 동문(同文) : 자세한 내용은 510쪽 주63 참조.

길이 없습니다.

소옹의 책은 하도낙서(河圖洛書)에 신묘하게 계합하고 하늘과 사람에 부합하였으며, 편년(編年)의 기사에 이르러서는 실로 중니(仲尼)께서 행사에 드러내신 뜻을 취하였습니다. 주희(朱熹)는 이 책이 《춘추(春秋)》의 법을 깊이 이루었다고 하였고, 후현(後賢)들이 추중하는 바도 대개 이러합니다. 언뜻 보면 기사가 매우 간략하여 치도(治道)와 관련이 없어 보이지만, 한 글자도 구차하지 않고 모두 깊은 뜻이 있어 문장 사이에 훈계가 간곡하니, 군주 또한 이것을 알지 않아서는 안 됩니다.

이러한 책은 본디 한 개인이 간직해서는 안 되기에 감히 이렇게 정리해 써서 책으로 만들어 올립니다. 다만 병세가 점점 심해지는 바람에 미처 교정하지 못하여 오류가 필시 많을 것이나, 죽기 전에 성상께 바치고자 하는 바람입니다. 삼가 바라건대, 밝으신 성상께서는 한가로운 때에 특별히 훑어보시고 인하여 유신(儒臣)들에게 내려 고증하고 드러내어 끊어진 학문을 밝히게 하소서.

책이 완성됨에 이를 품고서 한 번 등대하여 평소 가정에서 들은 것을 두루 아뢰고 싶었으나, 갑자기 낫기 어려운 병에 걸린 탓에 더 이상 성상을 뵈올 가망이 없어졌으니, 이것 또한 신의 운명입니다. 신이 생사의 이치를 조금 알고 있기에 전혀 마음에 구애되는 일은 없습니다. 다만 은혜로이 구휼해주시는 은전이 죽음에 이르러 더욱 융숭하기에 마음속에 감격이 맺혀 무슨 말을 해야 할지 모르겠습니다. 재결하여 주소서.

이에 대한 비답은 다음과 같다.

"경의 병이 중하다는 소식을 들으니 매우 염려된다. 경이 올린 책은 마땅히 유신으로 하여금 교정하여 간행하도록 하겠다.”

이어 이 책을 옥당(玉堂)에 내렸다.

지은이 **신익성(申翊聖)**

본관은 평산(平山), 자는 군석(君奭), 호는 낙전당(樂全堂), 동회거사(東淮居士)이다. 상촌(象村) 신흠(申欽)의 아들이다. 1588년(선조21) 11월 한양 양생방(養生坊) 창동(倉洞)에서 태어났다. 1599년 선조(宣祖)의 삼녀 정숙옹주(貞淑翁主)와 혼인하여 동양위(東陽尉)에 봉해졌다. 광해조(光海朝)에 인목대비(仁穆大妃) 폐위(廢位)에 반대하여 조정에서 배척되었다가 인조반정(仁祖反正) 이후 복귀하였다. 1627년(인조5) 정묘호란(丁卯胡亂) 발발하자 세자(世子)를 따라 전주(全州)에 내려갔다. 1642년(인조20) 척화오신(斥和五臣)의 한 사람으로 심양(瀋陽)에 억류되었다가 이듬해 풀려났다. 1644년(인조22) 8월 2일 세상을 떠났다. 문집《낙전당집(樂全堂集)》및《낙전당귀전록(樂全堂歸田錄)』등의 저술이 있다.

옮긴이 **최예심(崔禮心)**

1967년 충북 제천 출생. 민족문화추진회 국역연수원 연수부 및 상임연구부를 졸업하였다. 민족문화추진회를 거쳐 단국대학교 동양학연구원 선임연구원으로 재직 중이다. 《大山集》표점 교감 및《승정원일기》(공역) 등을 번역하였다.

옮긴이 **이라나**

1971년 전북 군산 출생. 서울예술대학교 극작과, 동덕여자대학교 문예창작과를 졸업하였고 성균관대학교 동아시아학과에서 〈조선시대 백이 담론의 의리론과 문장론〉으로 석사 학위를 받았다. 한국고전번역원 고전번역교육원 연수과정과 전문과정을 마치고 한국고전번역원 번역위원을 거쳐 단국대학교 동양학연구원 선임연구원을 역임하였다. 《일성록》(공역),《일옹문집》(공역) 등을 번역하였다.

옮긴이 **권진옥(權津鈺)**

1979년 경북 영천 출생. 고려대학교 한문학과를 졸업하고, 동 대학교 국어국문학과에서 〈택당 이식의 변문・고문 연찬과 산문 창작의 실제〉로 석사학위를 받았고 〈귤산 이유원의 학문 성향과 유서・필기 편찬에 관한 연구〉로 박사학위를 받았다. 고려대학교 민족문화연구원 연구원을 거쳐 현재 단국대학교 동양학연구원 연구원으로 재직 중이다.

권역별거점연구소협동번역사업 연구진

연구책임자 김우정(단국대학교 한문교육과)
공동연구원 김문식(단국대학교 사학과)
윤재환(단국대학교 국어국문학과)
책임연구원 허호구(단국대학교 동양학연구원)
선임연구원 장유승(단국대학교 동양학연구원)
최예심(단국대학교 동양학연구원)
이라나(현 성균관대학교/전 단국대학교 동양학연구원)
연구원 권진옥(단국대학교 동양학연구원)
김홍백(현 성균관대학교/전 단국대학교 동양학연구원)
이승용(단국대학교 동양학연구원)
연구보조원 심규태(단국대학교 동양학연구원)
윤문 맹영일(단국대학교 국어국문학과)

낙전당집 2

신익성 지음 | 최예심 · 이라나 · 권진옥 옮김
2016년 12월 30일 초판 1쇄 발행
편집 · 발행 학자원
등록 2011.4.6 제2011-14호
주소 (05355) 서울시 강동구 천호대로 1121
전화 02-6403-1000 | 팩스 02-6338-1001 | 이메일 hakjaone@daum.net

값 30,000원
ISBN 979-11-85395-11-0 94810
979-11-85395-02-8 (세트)